Ralf Ahrens/Johannes Bähr

Jürgen Ponto

Ralf Ahrens / Johannes Bähr

Jürgen Ponto

Bankier und Bürger
Eine Biografie

C. H. Beck

Mit 36 Abbildungen und 3 Tabellen

© Verlag C.H.Beck oHG, München 2013
Gesetzt aus der Adobe Garamond Pro bei der Janß GmbH, Pfungstadt
Druck und Bindung: Druckerei C.H.Beck, Nördlingen
Umschlagentwurf: Kunst oder Reklame, München
Umschlagabbildung vorne: Historisches Archiv der Commerzbank
Umschlagabbildung hinten: Hilmar Pabel/bpk
Gedruckt auf säurefreiem, alterungsbeständigem Papier
(hergestellt aus chlorfrei gebleichtem Zellstoff)
Printed in Germany
ISBN 978 3 406 65581 4

www.beck.de

Inhalt

Vorwort

Die Dresdner Bank hat am 30. Juli 1977 mit der Ermordung Jürgen Pontos ihre Leitfigur verloren, Deutschland einen der führenden Köpfe seiner Wirtschaft und einen aus seiner liberalen Geisteshaltung heraus überzeugten Europäer. Pontos letzter Vortrag, gehalten am 28. Juni 1977 am 400. Geburtstag Peter Paul Rubens in Antwerpen, handelte von den Grundlagen und den Perspektiven Europas, vom offenen, liberalen Miteinander in Europa, das, allen Schwierigkeiten zum Trotz, das Ziel sein müsse. Ein Aspekt, den Ponto damals aufzeigte, ist heute aktueller denn je: die Europäische Währungsunion. Ponto begrüßte die Vorteile einer einheitlichen Währung für die Wirtschaftsabläufe in Europa, betonte aber zugleich, dass «eine gemeinsame Währung nur von einer weitgehend harmonisierten Politik getragen werden» könne. Heute erleben wir schmerzlich, wie Recht er damit hatte.

Jürgen Ponto verstand es in vorbildlicher Weise, das Bankgeschäft mit verantwortlichem Einsatz auch für Politik, Kunst und Wissenschaft zu verbinden. Besonders deutlich wurde dies beim 100-jährigen Jubiläum, zu dessen Feier die Dresdner Bank im September 1972 nach Berlin einlud. Ponto überzeugte uns alle im Vorstand, diese Gelegenheit zu nutzen, um den Festgästen aus aller Welt die Situation des geteilten Berlin vor Augen zu führen – der Stadt, in der die Bank während der 100 Jahre am längsten ihren Sitz hatte. In einer denkwürdigen Rede mit Rückblick auf bedeutende Leistungen, die von Berlin ausgingen, aber auch auf die NS-Zeit und die Jugend, die damals mit Fackeln durch das Brandenburger Tor zog, wandte er sich an die anwesenden Auszubildenden der Bank: «Erhalten wir uns ein feines Ohr für falsche Töne. Unser Beruf zwingt uns in den nüchternen Umgang mit der Realität. Diese Welt ist mit Trümmern übersät worden, weil der Verstand nicht mehr zu Wort kam.»

Anlässlich des Jubiläums gründete Ponto – einen Wunsch Herbert von Karajans aufgreifend – mit diesem und einer Reihe namhafter Unternehmen die Orchester-Akademie der Berliner Philharmoniker, eine Institution, die jetzt ein Vierteljahrhundert besteht und einen ausgezeichneten Ruf genießt.

Hätte das Schicksal der Dresdner Bank einen anderen Verlauf genommen, wenn Ponto nicht Opfer der Terroristen geworden wäre? Die Frage scheint müßig, aber sie drängt sich auf bei der Lektüre der Biografie dieses Ausnahmebankiers.

Die Eugen-Gutmann-Gesellschaft, die historische Gesellschaft der Dresdner Bank und der Commerzbank, hat das vorliegende Werk veranlasst, finanziert und seine Entstehung aktiv begleitet, auch mit Unterstützung der Jürgen Ponto-Stiftung. Dafür gilt beiden Institutionen mein besonderer Dank.

Frankfurt am Main, im Mai 2013

Dr. Wolfgang Röller

Vorsitzender der Kuratorien der Eugen-Gutmann-Gesellschaft e. V.
und der Jürgen Ponto-Stiftung zur Förderung junger Künstler

1. Einleitung

«Die Zeit der schweigenden Bankiers geht zu Ende.» Jürgen Pontos Worte auf der Bilanzpressekonferenz der Dresdner Bank im März 1974 waren zwar nur auf die aktuellen wirtschaftspolitischen Pläne der sozialliberalen Koalition gemünzt.[1] Gerade den Vorstandssprecher des zweitgrößten privaten Kreditinstituts der Bundesrepublik charakterisierten sie aber auch über den konkreten Anlass hinaus. Bankiers, und darunter vor allem die Repräsentanten der traditionsreichen Großbanken, hatten sich in den siebziger Jahren des 20. Jahrhunderts politischen und gesellschaftlichen Herausforderungen in anderer Weise zu stellen als ihre Vorgänger. Ponto hatte das vielleicht nicht als erster Bankmanager bemerkt, aber wohl am konsequentesten umgesetzt. Das wiederum entsprach nicht bloß imagepolitischer Taktik, sondern zugleich seinem Selbstverständnis als Bürger, der sich in wirtschaftspolitischen Debatten ebenso engagieren wollte wie im Kulturleben.

Als der 1923 geborene Jurist und vormalige Chefsyndikus Jürgen Ponto 1969 als jüngstes Mitglied des Vorstands zu dessen Sprecher aufstieg, war er außerhalb der Dresdner Bank nahezu unbekannt. Innerhalb des Unternehmens hatte er sich auf den klassischen Feldern des Bankgeschäfts kaum profiliert. Binnen weniger Jahre aber personifizierte Ponto nicht nur einen grundlegenden Imagewandel der zweitgrößten bundesdeutschen Geschäftsbank. Er galt vielmehr auch als wichtigster Repräsentant der deutschen Kreditwirtschaft, und zwar nicht dank eines bestimmten Verbandsamtes, sondern aufgrund seiner öffentlichen Ausstrahlung. Der *Spiegel* bezeichnete ihn 1976 als den deutschen «Leitbankier» in der Nachfolge des beinahe legendären Hermann Josef Abs. Sein Name war zu dieser Zeit auch im Ausland wohlbekannt, für das amerikanische Magazin *Newsweek* galt er als einer der fünf Manager, «die in Deutschland wirklich etwas darstellen».[2]

Die *Deutsche Zeitung* verstieg sich gar zu der Behauptung, der Vorstandssprecher der Dresdner Bank sei eine zur «Alleinherrschaft» neigende «titanische Bankerpersönlichkeit», aus deren Schatten andere Vorstandsmitglieder kaum heraustreten könnten.[3] Obwohl diese Charakterisierung seinen Führungsstil völlig verkannte, belegt sie doch einen steilen Aufstieg in der veröffentlichten Meinung. Auf dem Höhepunkt dieser Karriere, am 30. Juli 1977, verlor Jürgen Ponto sein Leben durch Schüsse von Terroristen der Roten Armee Fraktion. Es war keineswegs nur politische Gedenkrhetorik und bezog sich nicht allein auf das Attentat, dass Bundeswirtschaftsminister Hans Friderichs, der einige Monate später Pontos Position in der Dresdner Bank einnehmen sollte, diesem bei der Trauerfeier in der Frankfurter Paulskirche attestierte, er habe «symbolhaft für die Wirtschaftsordnung in der Bundesrepublik gestanden».[4]

Der schnelle Aufstieg vom Bankjuristen zur öffentlichen Person ist erklärungsbedürftig, und er ist eines der zentralen Themen dieses Buchs. Es beschäftigt sich mit der Karriere, dem Wirken und Leben Jürgen Pontos. Zu den Themen gehört zwangsläufig auch der gewaltsame Tod, der dieses Leben schon in seinem 54. Jahr beendete; doch unser Gegenstand ist der lebende, aktive Jürgen Ponto. Indirekt leistet seine Biografie natürlich insofern einen Beitrag zur Geschichte der RAF-Attentate und ihres politischen und gesellschaftlichen Kontextes, als Ponto zur öffentlichen Person, zu einer Symbolfigur der Bundesrepublik nicht aus dem Nichts wurde, sondern im Gefolge seines Aufstiegs als Bankmanager. Aber daraus folgt eben, dass man diesen Manager zunächst «bei der Arbeit» beobachten muss, wenn man seinen rasanten Aufstieg in der öffentlichen Wahrnehmung verstehen will.

Erklärungsbedürftig ist jedoch auch die allgemeine Wertschätzung, die einem Spitzenbankier zu einer Zeit entgegengebracht wurde, da die Kritik an den Großbanken hohe publizistische Wellen schlug. Dem Nachruf in der *ZEIT* zufolge war es eine geradezu «sensationelle Aussage», dass ein Bankier von der Bedeutung Pontos «keine Feinde gehabt» habe.[5] Der Vorstandssprecher war ein Sympathieträger, und das beruhte keineswegs auf Konfliktscheu. Aber es deutet darauf hin, dass hier eine herausragende Persönlichkeit, die bisweilen unangenehme Entscheidungen zu treffen hatte und die öffentliche Kontroverse gelegentlich durchaus suchte, gleichzeitig in der Lage war, Konsens zu stiften – und sozusagen selbst «konsensfähig» war, weil sie bestimmte Eigenschaften und

Wahrnehmungen verkörperte. Hohes Kommunikationsvermögen und kulturelle Bildung, ein bestimmtes Mischungsverhältnis von Modernität und Konservatismus, der häufige Appell an Vernunft und Toleranz – erst in der Verbindung mit diesem Auftreten verdichtete sich Pontos zweifellos auch vorhandenes, ebenfalls souverän kommuniziertes Fachwissen im Bankgeschäft vor allem in der zeitgenössischen Presse, aber auch in Funk und Fernsehen zum Bild einer ganz außergewöhnlichen Managerpersönlichkeit. Der «Mann, der in Millionen denkt»,[6] erschien nicht nur als nüchterner Rechner, der den Gewinn des eigenen Unternehmens zu vergrößern suchte; er strahlte auch politisches Verantwortungsgefühl aus, war zudem ein brillanter Redner und ein Förderer der schönen Künste.

Insofern verdankte sich die zeitgenössische Popularität Jürgen Pontos in hohem Maße einem Zusammentreffen von Angebot und Nachfrage: Der Vorstandssprecher der Dresdner Bank brachte alle Voraussetzungen mit, um der Öffentlichkeit ein modernisiertes Image seines Unternehmens oder die wirtschaftspolitischen Standpunkte der Finanzbranche zu vermitteln; und die Medien nahmen das Angebot dankbar an. Noch zehn Jahre vor seinem Tod wäre eine solche Medienpräsenz eines Vorstandsmitglieds kaum denkbar gewesen. Gerade die Dresdner Bank litt in den sechziger Jahren unter dem Image einer übermäßig am Wertpapiergeschäft ausgerichteten «Händlerbank», und ihre schlechte Presse im Zusammenhang mit einigen spektakulären Unternehmenskrisen hatte einiges mit einem traditionellen, eher defensiven Kommunikationsverhalten zu tun. Nicht zuletzt bietet Pontos Karriere daher ein Beispiel dafür, wie sich die Medialisierung der Bundesrepublik – ein bislang vor allem im Hinblick auf die Politik untersuchter Prozess wachsender Bedeutung von Massenmedien für die Akzeptanz und das Handeln historischer Akteure[7] – auch auf den Bereich der Wirtschaft erstreckte. Das heißt keineswegs, dass der Bankier und Bürger Ponto in diesem Buch in erster Linie als Medienphänomen analysiert werden soll. Aber seine Biografie kann nicht außer Acht lassen, wie sein persönliches Image entstand, wie viel dies mit dem Wandel der Dresdner Bank zu tun hatte und mit der Art und Weise, wie in der Bundesrepublik der siebziger Jahre wirtschaftliche Krisenerscheinungen und politische Veränderungen diskutiert wurden – die Lebensgeschichte Jürgen Pontos führt mitten hinein in die Wirtschafts- und Gesellschaftsgeschichte einer Umbruchszeit.

Die Berücksichtigung solcher Interaktionen zwischen der Person
Ponto, ihren verschiedenen Tätigkeitsfeldern und der Entstehung sowie
der medialen Vermittlung von Images beugt schließlich auch einer un-
reflektierten, allzu geradlinigen Erzählung einer Lebensgeschichte vor.
Unabhängig von der Sorgfalt der Quellenanalyse und der Korrektheit
der dargestellten Fakten sind Biografien, wie jede Geschichtsschreibung,
stets das Ergebnis einer Konstruktion. Mehr als andere historische Gen-
res können sie Historiker jedoch in Versuchung führen, die Interpreta-
tion vielfältiger und teils vielleicht widersprüchlicher Quellenbeobach-
tungen zu stark auf ein scheinbar schlüssiges, «rundes» Gesamtbild
zuzuspitzen. Man muss aus der Warnung des Soziologen Pierre Bourdieu
vor einer doppelten «biografischen Illusion»[8] nicht auf die Unmöglich-
keit einer «objektiven» Biografie schließen, aber man sollte sie durchaus
ernst nehmen: Menschen neigen dazu, ihrem Leben einen sinnhaften
Zusammenhang, eine in sich schlüssige Entwicklung zuzuschreiben; das
gilt ebenso für ihre Zeitgenossen, ihre Nachwelt und eben auch für Historiker, wenn sie beispielsweise aus einzelnen Äußerungen der biografier-
ten Person ein «Motto» herausfiltern, unter welches sich deren gesamtes
Leben subsumieren ließe.

Völlig entgehen wird man solchen Zuschreibungen kaum, denn sie
sind mit dem «wirklichen Leben» nun einmal untrennbar verbunden.
Aber man kann versuchen, sie auf ihre Ursprünge zurückzuführen und in
historische Rahmenbedingungen einzubetten, die Eigendynamiken historischer Abläufe im Blick zu behalten und sie von schlichten Zufällen zu
unterscheiden (Jürgen Pontos Eintritt in die Dresdner Bank, in der er
dann zeit seines Lebens arbeitete, war offenbar ein solcher Zufall und
nicht das Ergebnis einer früh abgeschlossenen Lebensplanung). Eine
solche Kontextualisierung einer Lebensgeschichte gehört heute zu den
Standards wissenschaftlicher Biografien, denen es nicht um die Reduzierung komplexer historischer Prozesse auf wenige «große Männer» geht, die
«große» Geschichte machen. Nachdem dieses Genre in der deutschen Ge-
schichtswissenschaft eine Zeit lang als methodisch antiquiert galt, dürfte
inzwischen unbestritten sein, dass entsprechend angelegte Biografien sich
sehr wohl dazu eignen, größere historische Strukturen oder das Funktionieren von Organisationen zu erhellen.[9]

Dass dies auch für die Wirtschafts- und Unternehmensgeschichte gilt,
hat in den letzten Jahren eine ganze Reihe quellenfundierter Bankiers-

und Industriellenbiografien mit wissenschaftlichem Anspruch und mit sehr unterschiedlichen Ansätzen demonstriert.[10] Ein gewisses Spannungsverhältnis zu den heute vorherrschenden analytischen Zugängen der Unternehmensgeschichte ist dabei freilich nicht zu übersehen. Die ältere deutsche Unternehmensgeschichte war seit ihrer Entstehung im 19. Jahrhundert wesentlich von der Tradition der Festschriften geprägt. Das implizierte eine gewisse Neigung zur Überhöhung von Unternehmerpersönlichkeiten, die aber nicht im Widerspruch zur klassischen historistischen Biografik stand. Moderne Unternehmensgeschichte hingegen begreift Unternehmen als komplexe soziale Organisationen, die in hohem Maße durch Arbeitsteilung, Routinen und Marktsignale gesteuert werden. Deshalb wird man stets darüber streiten und nur am historischen Einzelfall beurteilen können, welche Rolle die Handlungen und Entscheidungen einzelner Personen überhaupt für ihre Entwicklung spielen können.[11]

Umgekehrt geht die Biografie eines Unternehmers oder Managers nicht in seiner Tätigkeit innerhalb des Unternehmens auf. Er ist gleichzeitig dessen Repräsentant in Wirtschaft, Politik und Gesellschaft – und er ist ein ganz konkreter Mensch mit bestimmten Eigenschaften, einer bestimmten Mentalität, bestimmten Gedanken und Vorlieben, die ihn überhaupt erst zu einer konkreten historischen Person machen. Eine Unternehmerbiografie wird also stets etwas anderes bleiben als eine Unternehmensgeschichte. Aber man kann versuchen, dieses Spannungsverhältnis produktiv zu machen, indem man nach der Rolle der konkreten Person innerhalb der Arbeitsteilung des Unternehmens und nach ihrer Funktion für dieses Unternehmen fragt – und ebenso danach, wie ihre persönlichen Eigenschaften und Einstellungen in dieses Umfeld «passten», inwiefern sie dafür typisch waren oder inwiefern sie sich von denen anderer Vertreter der Wirtschaftselite unterschieden und jemanden wie Jürgen Ponto zu einer einzigartigen Persönlichkeit machten.

Eine Biografie bietet zugleich die Möglichkeit, den Wandel von Strukturen einerseits, von Wahrnehmungs- und Handlungsmustern andererseits miteinander in Beziehung zu setzen. Für eine Bankiersbiografie gilt das vielleicht sogar in besonderem Maße, denn Bankiers bilden unter den Unternehmensleitern in mancher Hinsicht eine «Klasse für sich». Aufgrund ihrer ökonomischen Funktion sind sie Spezialisten für die Aufrechterhaltung geschäftlicher Netzwerke, die zwischen Kapitalgebern und Kreditnehmern vermitteln, in Aufsichtsräten an der Kontrolle anderer Unternehmen mitwirken und dabei Informationen aus ganz verschiedenen Branchen sammeln, die sie wiederum zu gesuchten Gesprächspartnern machen. Um diese Funktionen auf Dauer erfüllen zu können, müssen sie Vertrauen und Reputation genießen, ein besonderes «soziales Kapital» erwerben und erhalten, das nicht nur von ihren fachlichen Fähigkeiten abhängt, sondern in hohem Maße von ihrem Kommunikationsvermögen und der Einhaltung bestimmter Verhaltensregeln und Tugenden – allen voran Diskretion.[12]

Streng genommen war Jürgen Ponto kein «Bankier», also ein persönlich haftender Eigentümer-Unternehmer,[13] sondern ein angestellter Bankmanager. Nichtsdestoweniger hat es sich eingebürgert, auch die Vorstandsmitglieder größerer Banken unter dieser Bezeichnung zu subsumieren. Die Unterscheidung kann hier auch deshalb vernachlässigt werden, weil die Dresdner Bank keine beherrschenden Großaktionäre hatte.[14] Analog zum Begriff des «Unternehmers» kann man einen Bankier als jemanden definieren, der für eine Bank strategische Entscheidungen von langfristiger Bedeutung zu treffen hat.[15] Die Vorstandsmitglieder einer Großbank treffen solche Entscheidungen, sie führen nicht lediglich Routinen aus oder reagieren automatisch auf Marktsignale. Doch sie üben ihre Führungsaufgaben nicht aus eigener Machtvollkommenheit aus, wie das in kleineren Familienunternehmen noch in gewissem Maße möglich ist, sondern in einem arbeitsteilig organisierten Großunternehmen unter der Kontrolle von Aufsichtsräten und Aktionären, also unter vielerlei Restriktionen. Das galt auch für Jürgen Ponto, der als Vorstandssprecher schon aus rechtlichen Gründen keine einsamen Entschlüsse fassen konnte, sondern Entscheidungen eines ebenfalls arbeitsteilig organisierten Kollegialvorstands herbeiführen musste.

Wenn man Pontos historischer Bedeutung gerecht werden will, gilt es daher zunächst, ihn innerhalb dieses Vorstands und innerhalb der Dresdner Bank zu verorten, nach seiner konkreten Tätigkeit im Unternehmen und für das Unternehmen zu fragen. Dies schließt sein Wirken in zahlreichen Aufsichtsräten anderer Großunternehmen ebenso ein wie sein Auftreten als Repräsentant der deutschen Banken in wirtschaftspolitischen Debatten, denn beides lässt sich in mancher Hinsicht als seine eigentliche Arbeit begreifen. Dabei darf freilich nicht übersehen werden, dass Jürgen Ponto auch unabhängig von seinen Stellungnahmen zur

Wirtschafts- und Finanzpolitik ein politisch denkender Mensch war, der zwischen der pragmatischen Interessenvertretung des deutschen Kreditgewerbes und persönlichen Überzeugungen zu unterscheiden wusste. Ähnliches gilt für seine Begeisterung für Musik, Literatur und gesellschaftliche Fragen, die ihm zusammen mit seiner rhetorischen Begabung zwar ein besonderes, auch beruflich nützliches Profil verlieh, aber zuallererst persönlichem Interesse entsprang. Und es gilt auch für die Pflege von Freundschaften, politischen Kontakten und anderen Netzwerken, bei der sich persönliche Neigungen und berufliche Notwendigkeiten des Öfteren überschnitten. Würde man diese Aspekte der Biografie nicht auch aus sich selbst heraus begreifen, dann könnte man als Historiker tatsächlich einer biografischen Illusion aufsitzen, indem man stillschweigend unterstellt, ein Manager wie Ponto hätte nicht einfach «abschalten» und die verschiedenen Dimensionen seines Lebens voneinander trennen können.

Die Darstellung dieses Lebens folgt nur teilweise der Chronologie, soweit die beiden folgenden Kapitel zunächst die Familiengeschichte der Pontos bis in die frühen fünfziger Jahre, sodann den Aufstieg vom juristischen Volontär zum Vorstandssprecher der Dresdner Bank bis zum Ende der sechziger Jahre nachzeichnen. Danach wechselt das Buch zu einer systematischen Darstellung, auch aus quellenpragmatischen Gründen: Jürgen Pontos Nachlass, der im Historischen Archiv der Commerzbank verwahrt wird, bietet eine außerordentlich dichte Quellenbasis, um seine Jahre als Vorstandssprecher zu beschreiben; für die Zeit vor dem Eintritt in den Vorstand liegen dagegen nur wenige Dokumente vor, die über das Alltagsgeschäft eines Bankjuristen hinausweisen. In erster Linie dient die systematische Gliederung jedoch der vertieften Beschäftigung mit den verschiedenen Aktivitäten Pontos in der Dresdner Bank, in der deutschen Wirtschaft sowie in Politik, Kultur und Gesellschaft, die den Rahmen einer chronologischen Erzählung sprengen würden. Anders als etwa bei Hermann Josef Abs, der auf ein langes Leben zurückblicken und die früher oder später anstehende Biografie durch die Anlage seines umfangreichen Nachlasses vorbereiten konnte,[16] lässt sich die Biografie Jürgen Pontos nicht als Gang durch die Kontinuitäten und Systembrüche des 20. Jahrhunderts erzählen. Sie eignet sich auch kaum dafür, langfristigen institutionellen Wandel zu den Mentalitäten, Denk- und Lebensweisen eines Elitenvertreters in Beziehung zu setzen und dadurch wiederum fundamentale Veränderungen in Wirtschaft und Politik zu erklären.[17] Stattdessen verdichtet sich in seinem Leben die Gesellschafts- geschichte der Bundesrepublik der siebziger Jahre.

Diese siebziger Jahre, die erst seit kurzem in den Fokus der Ge- schichtsschreibung gerückt sind, gelten als Zeit der Umbrüche und Übergänge, der Verunsicherung und zugleich des Aufbruchs in unsere Gegenwart. Das betraf in unterschiedlicher Weise viele gesellschaftliche Bereiche,[18] insbesondere aber die Wirtschaft. Die deutschen Unterneh- mer mussten die Erfahrung machen, dass die Zeiten des scheinbar selbst- verständlichen, exorbitanten Wachstums im «Wirtschaftswunder» end- gültig vorbei waren. Hinzu kam, dass in der Führung vieler Unternehmen ein Generationswechsel anstand; die Manager des «Wirtschaftswunders» erschienen auch in der deutschen Öffentlichkeit als erfolgsmüde oder überfordert. Die mühsame Anpassung an veränderte Rahmenbedingun- gen und verschärften Wettbewerb wurde zum Dauerproblem einer Volkswirtschaft, die mit Wachstumseinbrüchen und unsicheren Zu- kunftsperspektiven zu kämpfen hatte.[19]

Auch die deutschen Großbanken unterlagen schon seit geraumer Zeit einem verschärften Konkurrenzdruck, auf den sie mit neuen Wett- bewerbsstrategien und einer Modernisierung ihrer Organisation reagie- ren mussten. Dadurch wurden die siebziger Jahre aber zugleich eine Phase des Aufbruchs zu neuen Ufern, der sich besonders deutlich im Ausbau des internationalen Geschäfts zeigte. Die Berufung Jürgen Pon- tos zum Vorstandssprecher war deutlicher Ausdruck eines Generations- wechsels an der Spitze der zweitgrößten deutschen Geschäftsbank und damit zugleich ein Aufbruchssignal. Kapitel 4 beschäftigt sich mit der Rolle Pontos innerhalb der Dresdner Bank, mit ihrer Reorganisation und ihrem grundlegenden Imagewandel in dieser Zeit, mit ihrem Ver- hältnis zur Konkurrenz und mit ihrer breit vorangetriebenen Inter- nationalisierung.

Ponto war freilich nicht nur Sprecher der Dresdner Bank, er war zugleich ein herausragender Repräsentant jenes Netzwerks aus Großban- ken, Großindustrie und großen Versicherungen, das heute als «Deutsch- land AG» bezeichnet wird. Den Banken kam in diesem Netz aus Personal- und Kapitalverflechtungen nicht nur als Kreditgeber eine Schlüsselstellung zu, sie waren auch in den Aufsichtsräten ihrer großen Unternehmenskunden vertreten und stellten nicht selten den Aufsichtsratsvorsitzenden. In den Anpassungskrisen, die viele dieser Unternehmen seit den sechziger Jahren durchliefen, waren die finanzielle Stützung durch die Banken und der Rat ihres Spitzenpersonals wohl gefragter denn je. Kapitel 5 beobachtet Jürgen Ponto bei der Wahrnehmung seiner Aufsichtsratsmandate und fragt vor allem danach, welche Einflussmöglichkeiten auf den geschäftspolitischen Kurs und die wirtschaftliche Entwicklung der betreffenden Unternehmen ein Bankier tatsächlich hatte.

Kapitel 6 zeichnet seine Positionen und sein Auftreten in Diskussionen nach, die die Herausforderung der deutschen Unternehmerschaft durch die Politik der sozialliberalen Koalition und die veränderten wirtschaftlichen Rahmenbedingungen widerspiegeln. Es thematisiert aber auch das unmittelbare Verhältnis zu einzelnen Politikern wie Bundeskanzler Helmut Schmidt und Bundeswirtschaftsminister Hans Friderichs sowie die Rolle Pontos bei der Finanzierung politischer Parteien.

Das letzte systematische Kapitel zeigt den Bankier in Zusammenhängen, die sich zwar teilweise mit seinen beruflichen Aktivitäten als «Netzwerker» überschnitten, die aber gemeinhin nicht zum engeren Kern unternehmerischer Tätigkeit gerechnet werden: gesellschaftliche Kontakte, Freundschaften und Familienleben, schließlich seine kulturellen Vorlieben und sein Engagement in der Kulturförderung. Dass diese Aspekte seines Lebens zuletzt thematisiert werden, sollte freilich nicht als ergänzendes Kolorit missverstanden werden – die souveräne Leichtigkeit, mit der der Bankier Ponto aufzutreten wusste, verdankte sich wohl zum guten Teil dem Bewusstsein, dass es nicht nur die Welt der Banken gab. Zum Ende kehrt die Biografie zwangsläufig in die Chronologie zurück, denn sie hat auch zu berichten von Jürgen Pontos Tod, von dessen Folgen für die Dresdner Bank und für Pontos Familie, schließlich vom Gedenken an ihn und vom Fortwirken seiner Initiativen in der Kulturförderung.

Im Gegensatz zu Hermann Josef Abs, zu Alfred Herrhausen und zu Ernst Matthiensen, einem der führenden Köpfe der Dresdner Bank in den fünfziger und sechziger Jahren, hat Jürgen Ponto in der historischen Forschung bislang kaum Spuren hinterlassen.[20] Das zeitgenössische Bild dieses Bankiers und seine eigene Wahrnehmung seiner Zeit lassen sich nicht nur vielen Presseartikeln entnehmen, sondern auch zwei Bänden

mit Zusammenstellungen seiner Aufsätze und Reden.[21] Seine Witwe
Ignes Ponto hat dem 1991 ein sehr persönliches Erinnerungsbuch hinzu-
gefügt,[22] und seine Tochter Corinna Ponto hat erst kürzlich mit dem
Buch «Patentöchter» über das Attentat vom 30. Juli 1977 ihre eigenen
Erinnerungen an ihren Vater veröffentlicht.[23]

Neben wenigen ergänzenden Dokumenten aus anderen Archiven
und aus anderen Beständen im Historischen Archiv der Commerzbank
beruht dieses Buch jedoch vor allem auf dem Büronachlass Jürgen Pontos, der nach seinem Tod lange Zeit unbeachtet in einem Keller der
Volkswirtschaftlichen Abteilung der Dresdner Bank AG schlummerte
und erst nach dem Aufbau eines Historischen Archivs seit den späten
neunziger Jahren professionell archiviert wurde. Der umfangreiche
Nachlass, der nach der Übernahme der Dresdner Bank heute zu den
Beständen des Commerzbank-Archivs gehört, wurde für dieses Buch
erstmals systematisch ausgewertet. Neben der Dokumentation seiner
Aufsichtsratsmandate enthält er vor allem zahlreiche Gesprächsnotizen
und Korrespondenzen, die einerseits von der Kommunikations- und
Formulierungslust des Vorstandssprechers künden; andererseits bilden
sie in vielen Punkten nur ein sehr lückenhaftes Mosaik, weil vor allem
persönliche Beziehungen nur vereinzelte Spuren hinterlassen haben.

Ein Teil dieser Lücken konnte durch Interviews mit Zeitzeugen ge-
füllt werden, die aus sehr unterschiedlichen Perspektiven einiges zum
Bild Jürgen Pontos beitrugen, das nicht in den Akten steht.[24] Für ihre
Auskunftsbereitschaft haben wir ehemaligen Vorstandskollegen, Mitarbeitern und politischen Gesprächspartnern Pontos zu danken, ganz
besonders aber Ignes Ponto, Corinna Ponto, Stefan Ponto und Hanna
Oesten. Finanziert wurde diese Biografie, die in wissenschaftlicher
Unabhängigkeit entstand, durch die Eugen-Gutmann-Gesellschaft.
Angestoßen und vorangetrieben wurde sie durch deren Vorstandsvorsitzenden Michael Jurk, dem wir für seine Unterstützung ebenso danken möchten wie für seine Geduld, auch in seiner Funktion als einer
der Leiter des Historischen Archivs der Commerzbank AG. Dank ge-
bührt ferner Dr. Detlef Krause als Leiter des Commerzbank-Archivs
und Ralf Suermann für wichtige Hinweise zur Jürgen Ponto-Stiftung.
Dr. Andreas Graul, Dr. Matthias Kretschmer und Cornelia Kruppik
gilt unser Dank für die engagierte Unterstützung der Recherchen. Für
die sorgfältige Betreuung des Manuskripts, die organisatorische Beglei-

tung des Projekts und die Erstellung des Registers danken wir Dr. Katrin Lege. Außerdem haben wir Annkathrin Behn und Martin Ingenfeld für diverse Korrekturgänge zu danken sowie Carola Samlowsky und Dr. Sebastian Ullrich für die engagierte Betreuung beim Verlag C.H.Beck.

2. Herkunft, Jugend und Studienzeit

Jürgen Ponto stammte aus einer hanseatischen Kaufmannsfamilie, die sich durch vielseitige künstlerische Interessen auszeichnete. Seit der Zeit seiner Großeltern war die Verbindung aus händlerischem Erwerbssinn und künstlerischen Neigungen ein auffälliges Merkmal dieser Familie, die im 19. Jahrhundert in das Bürgertum der Hansestadt Lübeck aufgestiegen war.

Die Wurzeln der Lübecker Familie Ponto lassen sich bis in die napoleonische Zeit zurückverfolgen. 1809 wurde der Name erstmals in das Taufbuch einer Lübecker Kirchengemeinde eingetragen. Die Hansestadt stand damals unter französischer Herrschaft. Mit den Truppen der Besatzungsmacht kam auch ein französischer Zolloffizier namens Franz Ponto, der älteste nachweisbare Vorfahre Jürgen Pontos, nach Lübeck. Als *douanier* hatte er die Aufgabe, von einfahrenden Schiffen Zoll einzutreiben und ausfahrende Schiffe zu kontrollieren, galt es doch auch hier, an der äußersten Grenze des französischen Imperiums, die von Napoleon verfügte Wirtschaftsblockade gegen England abzusichern. Franz Ponto verbandelte sich damals mit einer jungen Lübeckerin, Catharina Schröder, die von ihm schwanger wurde. Am 1. November 1809 kam das Kind des Paares auf die Welt. Neun Tage später wurde es auf den Namen Zacharias Heinrich Franz Ponto getauft.[1]

Woher Franz Ponto kam und wie lange er in Lübeck blieb, ist nicht überliefert. Da der Name in Deutschland und besonders in Südwestdeutschland verbreiteter ist als in Frankreich, kann auch nicht als sicher gelten, dass der *douanier* französischer Herkunft war. Möglicherweise stand er nur in französischen Diensten. Die Herkunft der Kindesmutter lässt sich ebenfalls nicht ermitteln. Von beiden gibt es nur einen einzigen Nachweis, die Eintragung der Taufe ihres Sohnes im Taufbuch der evangelisch-lutherischen Pfarrkirche St. Aegidien.[2] Mit Sicherheit lebten das

Paar und sein Kind in Verhältnissen, die nicht einfach waren. Die französischen Beamten und Offiziere waren in Lübeck nicht besonders beliebt. Seit die Hansestadt im November 1806 von französischen Truppen besetzt worden war, litten ihre Bürger unter den Lasten, die ihnen für Heereslieferungen und Einquartierungen aufgebürdet wurden. Handel und Schifffahrt waren durch die gegen Großbritannien verhängte Wirtschaftsblockade, die sogenannte Kontinentalsperre, stark zurückgegangen. Im Frühjahr 1809 war rund ein Fünftel der Lübecker Bevölkerung auf Unterstützungen angewiesen und in den folgenden Jahren brach manches alteingesessene Handelshaus zusammen. Durch ein Dekret Napoleons vom 13. Dezember 1810 wurde Lübeck ebenso wie Hamburg und Bremen dem französischen Kaiserreich eingegliedert. Bis zur Befreiung durch russische Truppen am 21. März 1813 gehörte die Stadt nun zu Frankreich.[3]

Franz Ponto wird Lübeck spätestens im März 1813 verlassen haben, vielleicht auch schon wesentlich früher. Sein Sohn Heinrich, der Urgroßvater Jürgen Pontos, wuchs bei der Mutter auf. Im Alter von 31 Jahren erhielt er am 23. Februar 1841 das Bürgerrecht der Hansestadt.[4] Bald darauf gründete er ein Textilwarengeschäft am Lübecker Markt, was wohl auch damit zusammenhing, dass in der Hansestadt inzwischen ein Wollmarkt entstanden war.[5] Im Lübecker Adressbuch findet sich das Geschäft seit 1842 mit dem Eintrag «Ponto, Heinr., Wollen- und Baumwollengarn, kurze Waaren, Manufactur- und Putz-Handlung, Markt 260».[6]

Im gleichen Jahr bekamen Heinrich Ponto und seine Frau Maria ihr erstes Kind, das den Namen Ludwig erhielt. Später kamen zwei weitere Söhne und eine Tochter hinzu.[7] Die Kurzwarenhandlung, in der Garne, Bänder und Stoffe verkauft wurden, dürfte in der Hansestadt rasch ein fester Begriff geworden sein, da sie ihren Standort am Markt hatte, dem ersten Platz Lübecks. Vom wirtschaftlichen Aufschwung, den die Stadt durch den Anschluss an das Eisenbahnnetz erfuhr, wird auch der Textilwarenhandel profitiert haben. Aus dem Krämer Heinrich Ponto wurde ein Kaufmann.

Im Jahr 1871 kam es in Lübeck, aber auch bei der Familie Ponto, zu wichtigen Veränderungen. Die Hansestadt, die bis dahin ein selbständiger Stadtstaat geblieben war, trat in das neu gegründete Deutsche Kaiserreich ein. Die Reichsgründung hatte einen wirtschaftlichen Boom zur Folge, den die Pontos nutzen konnten, um den anstehenden Generatio-

Abb. 1: Ida und Ludwig Ponto

nenwechsel zu vollziehen. Der inzwischen 61-jährige Heinrich Ponto übergab die Textilwarenhandlung Ende April 1871 seinem ältesten Sohn Ludwig, der die Firma als alleiniger Inhaber weiterführte. Der jüngste Sohn Friedrich Heinrich gründete in den folgenden Jahren zwei eigene Firmen in Lübeck.[8]

Ein Jahr nach der Übernahme des väterlichen Geschäfts heiratete Ludwig Ponto die damals erst 20-jährige, im holsteinischen Reinfeld geborene Ida Albers. Das Ehepaar bekam vier Söhne, von denen einer wenige Monate nach der Geburt starb. Die drei Söhne Franz (geb. 1873), Robert (geb. 1878) und Erich (geb. 1884) wuchsen in einem größeren Altersabstand auf.[9] Ludwig Ponto wurde später von seinem Sohn Robert als ein Kaufmann von untadeligem Ruf beschrieben. Er habe sich «besonders in Geldsachen überaus korrekt» verhalten und sei deshalb «in allen Fragen auch von der Kundschaft sehr geschätzt» worden.[10] Die Familie lebte sparsam. So nähte Ida Ponto die Kleider und die Wäsche

für die Kinder bis zu deren Einschulung selbst.[11] Trotz der materiellen
Zwänge bewahrte sich Ludwig Ponto eine heitere, gesellige Art, an die
sich die Kinder später gerne erinnerten. Sein jüngster Sohn Erich schilderte den Vater als einen fröhlichen Mann, der vor Witz sprühen konnte:
«Vielleicht habe ich vom Vater her den Sinn für das Humorvolle, denn
obwohl er als Kaufmann durchaus praktisch eingestellt war, besaß er
doch eine heitere Ader und erfreute sich großer Beliebtheit wegen seiner
drolligen Art zu erzählen. Er war imstande, eine ganze Gesellschaft
stundenlang auf das amüsanteste zu unterhalten.»[12] Auch Ida Ponto hatte
Interessen, die über den Haushalt und das Kurzwarengeschäft hinausgingen. Sie besuchte gerne Theateraufführungen und Konzerte. Gemeinsam mit einigen Freundinnen gründete sie einen Lesekreis, der sich
besonders mit den Werken des mecklenburgischen Schriftstellers Fritz
Reuter beschäftigte.[13]

Ludwig und Ida Ponto, die Großeltern Jürgen Pontos, haben durch ihr
Interesse für Kultur und ihren Sinn für Humor das ältere, kaufmännische
Erbe der Familie in unverwechselbarer Weise bereichert. In geschäftlicher
Hinsicht war Ludwig Ponto nicht der Erfolg beschieden, den sein Vater
hatte.[14] Die Kurzwarenhandlung am Lübecker Markt bekam durch die
neuen Warenhäuser eine überlegene Konkurrenz. 1884 eröffnete das Wa-
renhausunternehmen Rudolf Karstadt, das drei Jahre zuvor in Wismar
gegründet worden war, eine Filiale in Lübeck. Es war die erste Filiale des
jungen Unternehmens, und Lübeck wurde nun zu einer Art Testmarkt für
Karstadt, dessen Warenhäuser Textilien und Bekleidung zu günstigeren
Preisen anbieten konnten als die örtlichen Einzelhändler.[15]

Vermutlich war dies der Grund, warum der Großvater Jürgen Pontos
im Oktober 1889 seine Kurzwarenhandlung schließen musste.[16] Die Familie verließ nach dieser bitteren Erfahrung Lübeck und zog nach Hamburg, wo Ludwig Ponto dann als Angestellter in der Buchhaltung einer
Versicherungsgesellschaft arbeitete. Die Pontos ließen sich im Stadtteil
Eimsbüttel nieder, schickten die Kinder aber im benachbarten, zu Preu-
ßen gehörenden Altona in die Schule, weil das Schulgeld dort niedriger
war.[17] Ludwig Ponto waren nach dem Umzug nur noch wenige Jahre
vergönnt. Er starb schon 1895, im Alter von 53 Jahren. Möglicherweise
hat der humorvolle Mann die Schließung des vom Vater übernommenen
Geschäfts in Lübeck und den Wechsel in die unselbständige Tätigkeit
eines Versicherungsangestellten nie verwunden.

Abb. 2: Erich, Franz und Robert Ponto (von links nach rechts)

Seine Witwe und die drei Söhne waren nach diesem Schicksalsschlag mehr denn je aufeinander angewiesen. Der jüngste Sohn Erich war damals erst zehn Jahre alt. Die Notlage dürfte die Söhne zusammengeschmiedet haben. Zwischen ihnen bestand auch später ein enger Zusammenhalt. Die drei Brüder hatten zudem eine künstlerische Ader, die sie verband. Alle drei waren, wie man sich in der Familie erinnert, «unheimlich an Kunst, Theater und Musik interessiert».[18]

Jürgen Pontos Vater Robert, der zweitälteste der drei Brüder, war beim Tod seines Vaters 17 Jahre alt.[19] Er absolvierte eine kaufmännische Lehre und setzte damit die Tradition der Familie fort. Über seinen älteren Bruder Franz ist nicht viel bekannt. Er war ausgebildeter Fotograf, spielte in jungen Jahren Violine in einem Orchester in Budapest und arbeitete mehrere Jahre lang als Sekretär an der deutschen Gesandtschaft in Lissabon. Später wohnte er wieder in Hamburg.[20]

Am stärksten waren die künstlerischen Neigungen der Familie bei Erich Ponto, dem jüngsten der drei Brüder, ausgeprägt, der später zu einem der bekanntesten deutschen Schauspieler seiner Zeit wurde.[21] Er hatte schon als Kind Gefallen daran gefunden, Texte frei vorzutragen, und als Schüler mit zwei Freunden auf einem Dachboden «Wallensteins Lager» inszeniert. Nach dem frühen Tod des Vaters erhielt Erich Ponto einen Vormund, der darauf hinwirkte, dass er das Realgymnasium besuchte und anschließend eine dreijährige Apothekerlehre absolvierte. Sein Drang, Schauspieler zu werden, war aber stärker als das Interesse an einer gesicherten beruflichen Existenz. Er brach sein Pharmaziestudium an der Universität München im zweiten Semester ab und nahm Schauspielunterricht. Bei seiner theaterbegeisterten Familie dürfte der junge Mann für diese Entscheidung einiges Verständnis gefunden haben. Nach Engagements an mehreren Provinztheatern wurde Erich Ponto 1914 Königlich Sächsischer Hofschauspieler. In Dresden stieg er rasch zum Publikumsliebling auf. Über 30 Jahre lang blieb er am dortigen Schauspielhaus, doch gelang ihm 1928 auch der Durchbruch in Berlin, bei der Uraufführung der Dreigroschenoper im Theater am Schiffbauerdamm. Nach dem Krieg ging Erich Ponto an das Stuttgarter Staatstheater, wo er bis wenige Wochen vor seinem Tod im Februar 1957 das Publikum faszinierte. Ein Star wurde er durch seine Filmrollen, vor allem als Professor Cray («Schnauz») in der *Feuerzangenbowle* (1943/44) und als Dr. Winkel in *Der Dritte Mann* (1949).[22] Erich Ponto war das erste prominente Mitglied der Familie, deren Name dadurch über Jahrzehnte hinweg in der Öffentlichkeit mit dem berühmten Schauspieler verbunden blieb.

Während Erich Ponto schon berufsbedingt immer im deutschsprachigen Raum blieb, zog es seine beiden älteren Brüder außer Landes. «Die Pontos hatten immer alle Fernweh» – so hieß es später in der Familie.[23] Bei Jürgen Pontos Vater Robert war diese Neigung besonders ausgeprägt. Er ging nach Ecuador und übernahm dort die Leitung der Casa Tagua in Bahía de Caráquez, eines Stützpunkts deutscher Überseehändler an der südamerikanischen Pazifikküste. Es ist nicht bekannt, wann er Hamburg verließ, mit Sicherheit aber noch vor dem Ersten Weltkrieg. Robert Ponto heiratete eine Frau aus dem Mecklenburgischen, die es ebenfalls in die Ferne gezogen hatte: Elisabeth (Lisbeth) Schmidt. Sie war zunächst als Haushälterin in der Casa Tagua tätig gewesen.[24] Dem Paar war kein langes Eheglück beschieden, da Elisabeth Ponto schon früh starb. Der Witwer heiratete nun eine Schwester seiner verstorbenen Frau, die Lehrerin Gabriele Schmidt[25] – ein zu dieser Zeit nicht seltener Schritt, der umso näher lag, da Gabriele Schmidt ebenfalls in Lateinamerika zu Hause war. Sie hatte vor der Hochzeit als Deutschlehrerin in Puerto Rico gearbeitet. Ein Neffe von ihr, Andreas Schmidt, war nach Ecuador gegangen, um Robert Ponto in der Casa Tagua zur Seite zu stehen.[26]

Gabriele Ponto, die Mutter Jürgen Pontos, stammte aus einer Familie, die in Holstein und Mecklenburg ansässig war, aber auch Wurzeln in Hamburg hatte. Ihre Urgroßeltern mütterlicherseits, Friedrich-Wilhelm und Juliane Brunnemann, hatten Anfang des 19. Jahrhunderts das Gut Niendorf gepachtet. Friedrich-Wilhelm Brunnemann war ein Sohn des Hamburger Senators Thomas Brunnemann, seine Frau Juliane, geborene Schulz die Tochter eines anderen Hamburger Senators. Ihre Tochter Auguste Brunnemann, die Großmutter Gabriele Pontos, soll sich während einer Hungersnot das Leben genommen haben.[27]

Robert Ponto leitete die Casa Tagua auch nach dem Ersten Weltkrieg. Nach Angaben der Familie arbeitete er für ein Hamburger Überseehaus und vertrat zudem die Reederei HAPAG in Bahía de Caráquez.[28] Gehandelt wurde dort mit tropischen Edelhölzern, Kakao und Kaffee, besonders aber mit dem Samen der Tagua-Palme, einer heute kaum noch bekannten Steinnuss, deren elfenbeinähnliches Holz vor dem Zweiten Weltkrieg in Europa sehr gefragt war und tonnenweise aus Ecuador exportiert wurde. Aus Tagua-Nüssen wurden vor allem Knöpfe hergestellt, aber auch Kämme, Spielzeug, Würfel und Pfeifenköpfe.

In Bahía de Caráquez wurde dem Ehepaar Ponto 1921 die Tochter Hanna Elisabeth geboren. Zwei Jahre später erwarteten Gabriele und Robert Ponto ihr zweites Kind, das in Deutschland auf die Welt kommen sollte, und zwar in Bad Nauheim bei Frankfurt, wo eine Schwester Gabriele Pontos eine Pension führte. Es war ein Sohn, der dann den Namen Robert Hans Jürgen erhielt.

Jürgen Ponto wurde am 17. Dezember 1923, morgens um sechs Uhr im städtischen Krankenhaus Bad Nauheim geboren.[29] Schon die ersten Monate seines Lebens sollten ausgesprochen bewegt verlaufen. Die Familie hielt sich zunächst noch in Bad Nauheim auf, reiste aber im Februar 1924 mit dem zwei Monate alten Sohn nach Ecuador zurück.[30] Auch heute benötigen Schiffe für diese Route noch mehr als drei Wochen.

Während seiner ersten Jahre wuchs Jürgen Ponto in einem geradezu idyllischen Umfeld auf, auch wenn das Leben der Familie in der knapp südlich des Äquators gelegenen Hafenstadt Bahía de Caráquez schon

Abb. 3a: Die Familie Ponto in Bahía de   *Abb. 3b:* Jürgen Ponto im Januar 1927
Caráquez, Dezember 1925

wegen des tropischen Klimas wohl nicht nur beschaulich war. Heute ist die Stadt wegen ihrer kilometerlangen Sandstrände am warmen Pazifik ein beliebter Urlaubsort. Zwischen Dezember und April herrschen dort hohe Temperaturen, aber auch eine brennende Äquatorsonne, an die sich Europäer nur schwer gewöhnen. Die Pontos lebten in einem großen Haus an einer Flussmündung. Die beiden Kinder Hanna und Jürgen verbrachten viel Zeit am Strand, spielten mit Schildkröten und freundeten sich mit Kindern verschiedener Nationalitäten an. Beaufsichtigt wurden sie von einem zweisprachigen Kindermädchen, einer «Fröbelschwester». 1926 reiste die Familie auf einem Dampfer die Pazifikküste entlang nach Valparaiso und zurück.[31]

Im Sommer 1927 gingen für Jürgen Ponto die Kindheitsjahre am Pazifik zu Ende. Nun stand die Einschulung seiner Schwester Hanna an und die Eltern entschieden, dass ihre Kinder in Deutschland zur Schule gehen sollten. Gabriele Ponto kam mit den Kindern zunächst wieder in Bad Nauheim unter. Bald darauf zog die Familie nach Hamburg. Die

Eingewöhnung der Kinder in Deutschland verlief problemlos.[32] In einem der wenigen erhalten gebliebenen Briefe Robert Pontos schrieb dieser im Herbst 1928 an seinen Bruder Erich: «Hannelies buchstabiert an allen Strassenecken und addiert fast so gut wie Vater und Mutter, der Junge treibt mehr Dichtkunst, neigt aber doch dabei auch zu Teddybären, Affen und Krokodilen.»[33]

In Hamburg wohnten die Pontos im mondänen Stadtteil Harveste-hude, zunächst in einer Parterrewohnung in der Johnsallee 4. Im Juni 1929 konnte Robert Ponto für 33 000 Goldmark ein stattliches Haus in der nahe gelegenen Magdalenenstraße 14 kaufen.[34] Die Magdalenen-straße wurde der viel gereisten Familie rasch zur Heimat. Jürgen Ponto wuchs so in einem gut situierten Hamburger Umfeld auf. Seinen Vater zog es freilich weiterhin nach Ecuador. Möglicherweise gelang es Robert Ponto auch wegen der im Herbst 1929 beginnenden Weltwirtschaftskrise nicht, in Hamburg beruflich Fuß zu fassen. 1931 ging er wieder für drei Jahre nach Ecuador und in den Jahren 1939 bis 1942 arbeitete er erneut dort.[35]

Für Gabriele Ponto dürfte es nicht leicht gewesen sein, den Ehemann über Jahre hinweg nur noch auf Besuch zu erleben. Die Kinder mussten während eines großen Teils ihrer Jugend den Vater entbehren, doch wurde dies von ihnen später nicht beklagt und ihr Verhältnis zum Vater scheint darunter auch nicht gelitten zu haben. Jürgen Pontos Schwester Hanna Oesten erinnert sich an «schöne Kinderjahre».[36] Rückblickend berichtet sie: «Ich danke meinen Eltern immer wieder dafür, dass wir damals in einer so wunderschönen Straße aufwuchsen».[37] Eine Kusine des Vaters zog damals in die Magdalenenstraße 14, um die Mutter zu unterstützen, und auch Robert Pontos älterer Bruder Franz wohnte längere Zeit im selben Haus. Für Jürgen Ponto wurde sein Onkel vo-rübergehend «eine Art Vaterersatz».[38] Franz Ponto, der früher in einem Orchester gespielt hatte, wird dem heranwachsenden Neffen auch viel von seiner Liebe zur Musik vermittelt haben.

1930 wurde Jürgen Ponto in die Bertram-Schule, eine Privatschule am Alsterufer, aufgenommen. Sechs Jahre später wechselte er auf das nahe gelegene Wilhelm-Gymnasium, das sich damals auf der Moor-weide, in der Nähe des Bahnhofs Dammtor, befand.[39] Bis zum Abitur erlebte er dort nun den Schulalltag im Dritten Reich. Das altsprach-liche Wilhelm-Gymnasium war 1881 als zweite «Gelehrtenschule»

Abb. 4: Jürgen Ponto während eines Sommerurlaubs im Harz, 1934

Hamburgs, nach dem Johanneum, gegründet worden und galt als eine konservativ-nationalliberal geprägte Lehranstalt. Nach 1933 passte sich die Leitung der nationalsozialistischen Diktatur an. Lehrer und Schüler hatten den Hitlergruß zu entbieten, Direktor Bernhard Lundius trat in die NSDAP ein und in den Räumen des Gymnasiums fanden nun Fahnenappelle mit Absingen des Deutschlandlieds und des Horst-Wessel-Lieds statt. Doch gab es auch weiterhin gewisse Freiräume, in denen der alte Geist dieses humanistischen Gymnasiums weiterlebte. So hatten die jüdischen Schüler hier weniger unter Ausgrenzung und Hetze zu leiden als an anderen Gymnasien. Denunziationen trat Direktor Lundius entgegen, der ebenso wie die Mehrheit des Kollegiums eher deutschnational als nationalsozialistisch eingestellt war.[40] Die Hitlerjugend stieß bei den gut situierten Bürgersöhnen und ihren konservativen Lehrern auf wenig Sympathie. Anlässlich des 100-jährigen Jubiläums des Wilhelm-Gymnasiums im Jahr 1981 hat sich der Historiker Volker Ullrich, der damals Geschichtslehrer an dieser Schule war, intensiv mit dem Verhalten der Lehrer und Schüler im Dritten Reich beschäftigt, auch in Form eines Rundgesprächs mit Zeitzeugen. Ullrich kam zu dem Ergebnis, dass die Leitung des Wilhelm-Gymnasiums im Dritten Reich versuchte, «nach außen einen sehr weitgehenden Konsens mit dem Regime und seinen Anforderungen vorzugeben, um nach innen, im täglichen Schulbetrieb, ein gewisses Maß an Handlungsfreiheit bewahren zu können».[41]

Es gibt nur wenige Hinweise darauf, wie sich der Schüler Jürgen Ponto in dieser Zeit verhielt. Mit der altsprachlichen Ausrichtung seines Gymnasiums tat er sich schwer. Latein war nicht eben Pontos Lieblingsfach.[42] Unter seinen Klassenkameraden gewann er gute Freunde, darunter Walther Schmitz, der später sein engster Freund blieb. Auch mit einem weiteren Klassenkameraden, Kurt Moraht, blieb er später eng verbunden. Starken Einfluss hatte auf Ponto offenbar sein letzter Klassenlehrer, Paul Albrecht. Später soll er gesagt haben: «Am meisten haben mir bei meiner Karriere meine Ehefrau und mein letzter Klassenlehrer geholfen.»[43] Einen Eindruck von Albrechts Persönlichkeit und seinem Unterrichtsstil gibt ein Hinweis in der Dokumentation zum 100-jährigen Schuljubiläum. Ein früherer Schüler Albrechts erinnert dort daran, wie dieser Pädagoge den vorgeschriebenen Hitlergruß handhabte: «Albrecht nahm seinen Hut ab, schmiß ihn auf die Fensterbank, sagte ‹Heil Hitler›, während der Hut noch flog, und setzte sich hin: ‹Was haben wir das letzte Mal gemacht?›»[44] Man kann annehmen, dass es dieser Stil war, den Ponto an seinem Klassenlehrer schätzte, was wiederum dafür spricht, dass zu den prägenden Eindrücken seiner Schulzeit eben die kleinen Freiräume gehörten, die das Wilhelm-Gymnasium damals bot. Ponto war an dieser Schule keine auffällige Erscheinung und er war wohl auch kein besonders guter Schüler. Aber er wuchs dort in einem Umfeld auf, das sich gegenüber dem Konformitätszwang im Dritten Reich eine gewisse Eigenständigkeit bewahrte.

Dabei erlebte der Schüler Jürgen Ponto auch die Repressionen gegen die Juden und die Vernichtung der wirtschaftlichen Existenz jüdischer Familien aus nächster Nähe. Seine Schwester Hanna erinnert sich daran, dass in ihrer Nachbarschaft in der Magdalenenstraße «jedes zweite oder dritte Haus» von jüdischen Familien bewohnt wurde. Deren Flucht nach England, Südamerika oder Australien habe sie damals «sehr nah und emotional miterlebt».[45] Bei ihrem Bruder wird es nicht anders gewesen sein.

Abb. 5: Lehrerkollegium des Wilhelm-Gymnasiums, 1936 (stehend 2. von links: Paul Albrecht)

Am Wilhelm-Gymnasium musste Ponto mit ansehen, wie Schüler jüdischer Herkunft gezwungen wurden, die Schule zu verlassen. Nach der Pogromnacht vom 9. November 1938 wurde Juden der Besuch «deutscher» Schulen verboten. Ein halbes Jahr später gab es am Wilhelm-Gymnasium keine Schüler mehr, die jüdischen Glaubens waren.[46] Im Herbst 1941 wurde ein Gebäude in der unmittelbaren Nachbarschaft des Wilhelm-Gymnasiums, das frühere Logenhaus der Freimaurer in der Moorweiden-straße, von der Gestapo als Deportationssammelstelle genutzt. Von hier aus wurde die Verschleppung von mehr als 3000 Hamburger Juden nach Łódź, Minsk und Riga durchgeführt. Am Wilhelm-Gymnasium blieben die ungeheuerlichen Vorgänge in der Nachbarschaft nicht unbemerkt.[47]

Die Schulzeit an den deutschen Gymnasien war 1937 wegen der Ein-führung der zweijährigen Wehrpflicht auf acht Jahre verkürzt worden. Nach Kriegsbeginn kam es zu immer häufigeren Unterrichtsausfällen, so auch am Hamburger Wilhelm-Gymnasium. Ponto verbrachte hier 1941/42 sein letztes Schuljahr, in der Klasse 8 d1, zusammen mit seinen Freunden Walther Schmitz und Kurt Moraht. Am 13. März 1942 bestand er das Abitur.

Das war ein denkbar schlechter Zeitpunkt, die Schule zu verlassen, und die Abiturienten des Wilhelm-Gymnasiums dürften sich keine Illu-sionen darüber gemacht haben, was nun auf sie zukam. Aussichten auf eine rasche Beendigung des Krieges gab es nicht mehr. Die Wehrmacht erlitt an der Ostfront hohe Verluste, die immer weitere Einberufungen zur Folge hatten. Ponto wurde nur fünf Tage nach dem Abitur zur Wehrmacht eingezogen. Obwohl er kurz zuvor noch an den Augen operiert worden war, musste er nun in der Kaserne Harburg einen Offizierslehrgang bei der dort stationierten Panzerabwehrdivision absolvieren. Am 2. Oktober 1942, ein halbes Jahr nach seiner Einberufung, wurde er an die Ostfront versetzt. Von Ponto sind aus dieser Zeit keine Berichte oder Briefe überliefert und rückblickend fällt es nicht leicht, sich vorzustellen, was in einem 19-Jährigen vorging, der sich nur wenige Monate nach dem Abitur an einem humanistischen Gymnasium in Panzerschlachten an der Ostfront wiederfand.

Im Januar und Februar 1943 wurde Pontos Einheit in den Kesselschlachten bei Woronesch eingesetzt, wo die Wehrmacht ohne Rücksicht auf Verluste versuchte, die sowjetische Offensive nach der Kriegswende bei Stalingrad aufzuhalten. Ponto wird sich dessen bewusst gewesen sein, dass seine Überlebenschancen damals, wenige Wochen nach seinem 19. Geburtstag, nicht allzu groß waren. Tatsächlich gelang es ihm nur mit unwahrscheinlichem Glück, aus dieser Hölle lebend zu entkommen. Am 5. Februar 1943 erlitt er einen Kopfschuss. Der Schwerverletzte konnte mit einem der wenigen noch zur Verfügung stehenden Flugzeuge ausgeflogen werden. Angeblich war es sogar das letzte Flugzeug der Luftwaffe, das den Kessel von Woronesch noch verlassen konnte.[48]

Erst einige Wochen später erlangte Ponto sein Gedächtnis wieder. Er lag nun in einem Lazarett in Dresden, nicht weit von der Wohnung seines Onkels Erich, und wurde einige Monate später nach Niendorf an der Ostsee verlegt. Obwohl die Verwundung durch Medikamente geheilt werden konnte, blieb Ponto zu 70 Prozent schwerbeschädigt.[49] Immerhin bewahrte ihn die schwere Verletzung, deren Folgen ihn sein Leben hindurch begleiteten, vor weiteren Einsätzen an der Front. In Niendorf befand er sich zudem in Sicherheit, als Hamburg durch den schweren Luftangriff vom 24./25. Juli 1943 getroffen wurde und auch seine frühere Schule, das Wilhelm-Gymnasium, in Flammen aufging.[50] Über seine Kriegserlebnisse hat Ponto später fast nie gesprochen, auch nicht gegenüber seinen Kindern, lediglich bei einer Moskaureise in den siebziger Jahren soll er darauf einmal Bezug genommen haben.[51]

Im Frühjahr 1944 wurde Ponto von der Wehrmacht ausgemustert und nach Hamburg entlassen. Schon im April schrieb er sich an der Universität Göttingen für ein Studium der Rechtswissenschaften ein. Zu diesem Zeitpunkt konnte an der Hamburger Universität praktisch kein regulärer Lehrbetrieb mehr stattfinden.[52] Es war daher naheliegend, dass sich der 20-jährige Kriegsversehrte dafür entschied, im damals noch unzerstörten Göttingen mit dem Studium zu beginnen. Es gibt keine Hinweise darauf, wie Ponto den Zusammenbruch des Dritten Reichs und das Kriegsende erlebte. Die Universität Göttingen wurde am 6. April 1945 mit der Übergabe der Stadt an die Alliierten geschlossen. In Hamburg dauerte der Krieg noch einige Wochen länger. Erst Anfang Mai wurde die Hansestadt von britischen Truppen besetzt und Jürgen Ponto kehrte nun in sein heimatliches Umfeld zurück, wo die Familie nach langer Zeit wieder in ihrem unzerstört gebliebenen Haus zusammenfand. Robert Ponto, der seit 1939 erneut in Ecuador gearbeitet hatte, war dort vom Krieg eingeholt worden. Er war während der letzten Kriegsjahre als «feindlicher Ausländer» in den USA interniert gewesen. Nun kam er nach Hamburg zurück, ging aber – sobald es die Verhältnisse zuließen – im Juni 1948 wieder nach Ecuador.[53]

Nachdem die Universität Hamburg Anfang November 1945 von der britischen Besatzungsmacht wiedereröffnet worden war, setzte Jürgen Ponto sein Studium hier fort. Er gehörte nun zu den «Nachkriegssemestern», einer Studentengeneration, die von der Kriegs- und Diktaturerfahrung geprägt war, alle Illusionen verloren hatte und sich zugleich durch einen unbändigen Hunger nach Bildung auszeichnete. Als «sehr abgekühlt, sehr nüchtern, sehr skeptisch», beschrieb der Nationalökonom Alfred Weber 1947 die studentische Nachkriegsgeneration, und dies dürfte auch für die Studenten der Universität Hamburg gegolten haben, von denen mehr als ein Viertel ehemalige Offiziere waren.[54]

Aus dieser Zeit sind erstmals Aktivitäten und Äußerungen Jürgen Pontos belegt, die ein gewisses Bild seiner Persönlichkeit vermitteln. Dass er neben Jura noch Philosophie und Kunstgeschichte belegte, war unter den Nachkriegssemestern nicht ungewöhnlich, spricht allerdings für seine breit angelegten Interessen, wie sie vielen Mitgliedern seiner Familie gegeben waren. Er wurde Mitglied der studentischen Auslandskommission der Universität Hamburg, schrieb für die neu gegründete *Hamburger Akademische Rundschau* und trat in einem Studententheater mit einem Programm namens «Ponto Nummer 2» auf – in Anspielung auf seinen berühmten Schauspieleronkel Erich.[55]

Abb. 6: Jürgen Ponto (rechts) mit Freunden

Die *Hamburger Akademische Rundschau* war ein Sprachrohr für die Aufbruchstimmung der Nachkriegssemester. Als erste studentische Zeitschrift in der britischen Besatzungszone war sie im Juni 1946 gegründet worden. Sie bestand bis 1950 und wurde dann, nachdem sich die Stimmung im Land und an den Universitäten geändert hatte, eingestellt. Gründer der *Hamburger Akademischen Rundschau* war Karl Ludwig Schneider, ein Germanistikstudent, der später Ordinarius für Literaturwissenschaft an der Universität Hamburg wurde. Schneider hatte im Dritten Reich dem Hamburger Zweig der Widerstandsgruppe «Weiße Rose» angehört. Er war von der Gestapo verhaftet worden und nur durch das Kriegsende vor einem Todesurteil bewahrt geblieben. Mit der Gründung der interdisziplinär angelegten *Hamburger Akademischen Rundschau,* die von Studenten und Dozenten herausgegeben wurde, verband Schneider die Hoffnung auf einen demokratischen Neubeginn. Die meisten Mitarbeiter der Zeitschrift gehörten zu seinem Freundes- und Bekanntenkreis. Einige von ihnen machten später in der Bundesrepublik eine steile Karriere, wie Conrad Ahlers, Ralf Dahrendorf – und Jürgen Ponto.[56]

Die spätere Psychotherapeutin Sonja Marjasch, die im Januar 1947 als Mitarbeiterin der Schweizer Bücherhilfe nach Hamburg kam und Kontakte zur Gruppe um Karl Ludwig Schneider knüpfte, lernte Ponto als Mitglied des engeren Freundeskreises von Schneider kennen, dem auch Peter Dreesen, Hans Joachim Lang und Ludwig Schubert angehörten. Den Eindruck, den sie von Ponto damals gewann, beschrieb Marjasch mehr als 40 Jahre später in einer Dokumentation über die *Hamburger Akademische Rundschau*: «Jürgen Ponto studierte Jurisprudenz, hätte aber ebenso gut ein ‹Phil-Einer› sein können. Er war ein musischer Mensch: Literatur, Kunst und Musik gehörten zu seinem Leben. Kurz nach dem Abitur eingezogen, wurde er an der Ostfront schwer verwundet. Die Narben des Kopfschusses waren deutlich sichtbar – wie durch ein Wunder war er davon gekommen. Jürgen Ponto war weltoffen, großzügig und hatte einen ungemeinen Charme, der ihm viele Türen öffnete, aber auch Feinde machte».[57]

Im Frühjahr 1947 reisten Jürgen Ponto und Karl Ludwig Schneider zum Gegenbesuch bei der Schweizer Bücherhilfe nach Zürich. Im Sommer 1948 traf man sich wieder in Hamburg. Sonja Marjasch erinnert sich, dass die Gruppe damals im Haus der Familie Ponto in der Magdalenenstraße 14 zusammenkam und «bis tief in die Nacht hinein» redete: «Jeder brachte mit, was er gerade hatte. Wir Schweizer Zigaretten, Kaffee, Schokolade, aber es gab auch gutes aus Care-Paketen, die ausländische Freunde oder Verwandte geschickt hatten. Es herrschte eine Generosität, wie ich sie so nie mehr angetroffen habe.»[58] Das Elternhaus Pontos wurde von dem Kreis um die *Hamburger Akademische Rundschau* immer wieder für Treffen mit Gästen aus dem Ausland genutzt. Der damalige Literaturstudent und spätere Fernsehjournalist Ludwig Schubert erinnert sich, dass man ausländische Professoren und Schriftsteller oft «die ganze Nacht hindurch» in der Magdalenenstraße ausfragte und es auch gelegentlich vorkam, dass ein Gast dort vor Erschöpfung am Tisch sitzend einschlief.[59]

Im ersten Jahrgang der *Hamburger Akademischen Rundschau* erschien ein Bericht Jürgen Pontos über einen Ferienkurs deutscher, französischer und britischer Studenten in Tübingen und Bad Teinach, an dem er vermutlich als Vertreter der studentischen Auslandskommission seiner

Universität teilgenommen hatte. Der Artikel – Pontos erste Veröffent-
lichung – belegt dessen studentisches Engagement für internationale
Begegnungen und die Völkerverständigung. In diesem Beitrag äußert er
sich aber auch ganz im Ton der illusionslosen, skeptischen Nachkriegssemester: «Der deutsche Student ist heute noch zu tief in dem Erlebnis
seiner Wirklichkeit befangen, als daß er dem offenkundigen Optimismus
seiner ausländischen Kommilitonen zu folgen vermöchte.»[60]

Das prägendste Erlebnis dieser Zeit war für den Studenten Jürgen
Ponto aber fraglos, dass er 1946 in Hamburg seine spätere Frau Ignes von
Hülsen kennenlernte. Beide begegneten sich das erste Mal in der Wohnung von Pontos Schulfreund Kurt Moraht.[61] Es entsprach der Persönlichkeit Pontos, dass er sich in eine junge Frau verliebte, die musikalisch
hoch begabt war und nahezu mittellos dastand. Für die damals erst
17-jährige Ignes von Hülsen, die ihre Eltern im Krieg verloren hatte,
stand schnell fest, dass Jürgen Ponto *der Richtige* war. Später schrieb sie:
«Mit schlafwandlerischer Sicherheit wußte ich: Er ist es – er ist der
Mann, der meinem Vater gleicht. Er ist wie dieser so blitzgescheit, gütig
und liebevoll.»[62]

Ignes von Hülsen stammte aus einer alten preußischen Adelsfamilie.
Ihre Großmutter Leonore von Hülsen, geborene von Moltke war eine
Großnichte des Generalfeldmarschalls Helmuth von Moltke, unter dessen
Leitung das preußische Heer die deutschen Einigungskriege gewonnen
hatte. Das von ihm erworbene Gut Kreisau in Niederschlesien wurde zum
Sitz der Familie.[63] Ignes von Hülsens Vater Hans Carl war hier zusammen
mit dem jüngsten Bruder seiner Mutter, Carl Viggo von Moltke, aufgewachsen. Nach dem Ersten Weltkrieg hatten beide zunächst einem Frei-
korps in Oberschlesien angehört und dann in Breslau Rechtswissenschaft
studiert. Innerhalb der Familie war Hans Carl von Hülsen als ein unter-
haltsamer Mensch bekannt, der keinem Spaß abgeneigt war, doch muss er
auch ein guter Jurist gewesen sein, da er von der Generalverwaltung des
Hauses Hohenzollern als Justitiar eingestellt wurde.[64] Ignes von Hülsen
war die Älteste von fünf Geschwistern. Sie wurde zwar in Kreisau geboren, wuchs aber in Berlin auf. Dort wohnte die Familie direkt neben dem
Schloss Charlottenburg, in einem Hofkammergebäude.[65]

Das Gut Kreisau leitete seit 1929 der Jurist Helmuth James Graf von
Moltke, ein Vetter Hans Carl von Hülsens. Im Dritten Reich setzte sich
Moltke als Anwalt für verfolgte Juden ein. Nach Kriegsbeginn kam er in

die völkerrechtliche Abteilung der Abwehr, des von Admiral Canaris geleiteten Nachrichtendienstes der Wehrmacht. Moltke scharte nun den sogenannten Kreisauer Kreis um sich, der zu einem Zentrum des Widerstands gegen Hitler wurde. Nachdem die Gestapo von seiner Widerstandstätigkeit erfahren hatte, wurde er Anfang 1944 verhaftet. Ein Jahr
später verurteilte ihn der Volksgerichtshof zum Tode. Am 23. Januar 1945
wurde Moltke, einer der fähigsten Köpfe des deutschen Widerstands, in
Berlin-Plötzensee hingerichtet.[66]

Hans Carl von Hülsen und seine Frau Editha gehörten dem Kreisauer Kreis nicht an, doch waren sie mit den Moltkes eng befreundet und
werden gewusst haben, dass Helmuth James von Moltke und seine Frau
Freya entschiedene Gegner der Hitler-Diktatur waren. Auch von Hülsen
war während des Krieges in Berlin eingesetzt, als Verbindungsmann des
Oberkommandos der Wehrmacht bei der Reichsbank. Die Luftangriffe
auf die Stadt wurden ihm und seiner Frau zum Verhängnis. Am 23. November 1943 stürzte ein voll beladener Bomber auf das Haus der Familie
in Charlottenburg. Hans Carl und Editha von Hülsen kamen in diesem
Inferno ums Leben. Eines ihrer Kinder überlebte den Zusammensturz
des Hauses, die anderen vier Kinder des Ehepaars, darunter Ignes von
Hülsen, befanden sich zu dieser Zeit nicht in Berlin.[67]

Der jähe Tod der Eltern muss für Ignes von Hülsen ein furchtbarer
Schock gewesen sein. Sie war damals 14 Jahre alt und besuchte ein Inter-
nat in der Ostprignitz. Zusammen mit ihren Geschwistern – ihr jüngster
Bruder Matthias war erst ein halbes Jahr alt – kam sie in die Obhut ihrer
Tante Leonie von Schierstaedt, die sich der Waisen annahm. In den letzten Kriegsjahren blieben ihr weitere bittere Erfahrungen nicht erspart.
Die Verhaftung und die Hinrichtung Helmuth James von Moltkes
waren für die leidgeprüfte Familie ein schwerer Schlag. Im Februar 1945
mussten die von Hülsens Kreisau verlassen, das nach Kriegsende dann zu
Polen gehörte. Auch Ignes von Hülsen flüchtete aus ihrem Internat Richtung Westen. Gemeinsam kamen sie zunächst bei einem Verwandten in
Itzehoe unter. Doch schon bald ergab sich eine ebenso dauerhafte wie
glückliche Lösung. Die Familie wurde auf Gut Testorf im Osten Schles-
wig-Holsteins aufgenommen. Bei der fürsorglichen Gattin des Gutsbe-
sitzers, Maria von Abercron, die damals vorübergehend mehr als hundert
Flüchtlinge beherbergte, fanden die Kinder und ihre Großmutter ein
neues Zuhause.[68]

Unmittelbar nachdem Ignes von Hülsen ihren späteren Mann kennengelernt hatte, ging sie für einige Monate zu einer Gastfamilie nach Schweden. Nach ihrer Rückkehr verbrachten der kriegsversehrte Student und die junge Kriegswaise gemeinsam den besonders kalten Winter 1946/47. Ignes von Hülsen begann nun mit einem Klavierstudium an einer privaten Musikakademie in Hamburg.[69] Wenige Monate nach der Währungsreform, am 7. September 1948, bestand Jürgen Ponto die erste juristische Staatsprüfung. Anschließend trat er ein Referendariat am Hanseatischen Oberlandesgericht an. Den damaligen Vorstellungen entsprechend konnte er erst jetzt, da er über eigenes Einkommen verfügte, an eine Heirat denken. 1950 fand die Hochzeit statt. Die Eheleute lebten zunächst in bescheidenen Verhältnissen, da der junge Referendar nur geringe Einkünfte hatte.[70] Immerhin hatten sie nicht unter der damaligen Wohnungsnot zu leiden. Sie konnten bei Jürgen Pontos Eltern, im geräumigen Haus in der Magdalenenstraße, wohnen. 1951 bekamen Ignes und Jürgen Ponto ihr erstes Kind, einen Jungen, der den Namen Stefan erhielt. Sechs Jahre später wurde das zweite Kind, die Tochter Corinna, geboren; da war der Familienvater bereits ein etablierter Bankjurist, in den seine Vorgesetzten große Hoffnungen setzten.

3. Vom Volontär zum Vorstandssprecher

Ein Bankjurist mit Karrierepotenzial

Die Hamburger Kreditbank, in deren Rechtsabteilung Jürgen Ponto ab November 1950 zunächst als Referendar und dann als Volontär arbeitete, war – anders als der Name suggerierte – eigentlich gar kein eigenständiges Kreditinstitut, sondern eine umgetaufte Filiale der Dresdner Bank. Ihre Umbenennung verdankte sie der alliierten Besetzung Deutschlands nach dem Zweiten Weltkrieg: Die Berliner Zentrale der Dresdner Bank wurde 1945 ebenso von den Alliierten stillgelegt wie alle anderen Kreditinstitute. Im sowjetischen Sektor Berlins und in der Sowjetischen Besatzungszone wurden ihre Filialen, ebenso wie die übrigen privaten Banken, entschädigungslos enteignet und durch neue staatliche Institute ersetzt. In den drei westlichen Besatzungszonen hingegen arbeiteten Teile der amerikanischen Militärregierung seit dem Frühjahr 1945 darauf hin, die drei Filialgroßbanken – Deutsche Bank, Dresdner Bank und Commerzbank – ihrer vermeintlichen wirtschaftlichen Macht zu berauben und sie in kleinere Einheiten zu zerschlagen.

Da die Großbanken sich diesem Programm hartnäckig widersetzten und dabei von deutschen Politikern unterstützt wurden, erließ die amerikanische Militärregierung per 6. Mai 1947 das Gesetz Nr. 57. Es schrieb den Länderregierungen der amerikanischen Besatzungszone die Einsetzung von Verwaltern vor, die bis zur endgültigen Regelung als eine Art Treuhänder über Vermögen und Geschäftsführung der Großbankfilialen in den Ländern der amerikanischen Zone verfügen sollten. Die Firmennamen waren in den einzelnen Ländern so zu ändern, dass sie nicht mehr an die alten Institute erinnerten. Ähnliche Regelungen wurden anschließend auch in der britischen und in der französischen Besatzungszone eingeführt. Für die in den Ländern zusammengefassten Filialen bürgerte sich die Bezeichnung «Nachfolgeinstitute» ein. Aktienrechtlich waren diese seit der Währungsreform nur mit einem vorläufigen Eigenkapital ausgestatteten Länderinstitute jedoch weiterhin Filialen der «ruhenden» Berliner Großbanken.

Im Fall der Dresdner Bank entstanden elf westdeutsche Nachfolgeinstitute, die jedoch keineswegs unabhängig voneinander agierten. Die alliierte Bankenpolitik konnte die informelle Zusammenarbeit über die Länder- und Zonengrenzen hinweg vielfach nicht verhindern. Die alte Bankführung – soweit sie sich nicht bis zum Beginn des Nürnberger Prozesses gegen den früheren Vorstandssprecher Karl Rasche Ende 1947 in amerikanischer Internierung befand – genoss unvermindertes Respekt bei den Filialleitungen, die Unternehmensidentität der Dresdner Bank bot gerade angesichts der unsicheren Zukunftsaussichten einen Stabilitätsfaktor. Die Reorganisation im Westen hatte schon in den letzten Kriegsmonaten begonnen, und angesichts der Stilllegung in Berlin wurde sie im Sommer 1945 umso energischer vorangetrieben. Hamburg bildete in der frühen Besatzungszeit eines der Zentren dieses organisatorischen und geschäftlichen Wiederaufbaus.[1]

Die Hamburger Kreditbank, die im Frühjahr 1948 aus der Hamburger Filiale der Dresdner Bank hervorging, war auch wegen der wirtschaftlichen Bedeutung der Region eines der wichtigsten Nachfolgeinstitute. Nach ihrem Bilanzvolumen lag sie zum Zeitpunkt der Währungsreform im Juni 1948 unter den elf Nachfolgeinstituten an dritter Stelle.[2] Bis zum Inkrafttreten der Dezentralisierungsgesetze hatte man sogar gehofft, Hamburg zum Ausgangspunkt einer zentralen Reorganisation der Filialen in den Westzonen machen zu können. Stattdessen wurde nun eine Geschäftsleitung eingerichtet, die aus den beiden altgedienten Hamburger Filialleitern Hugo Scharnberg und Hans Treue sowie dem Vorstandsmitglied Gustav Overbeck bestand. Die zentrale Figur in der Geschäftsleitung der Hamburger Kreditbank wurde dann nach seiner Entlassung aus der Nürnberger Internierung rasch Hans Rinn, der energische frühere Börsenchef der Gesamtbank. 1950 kam Emil Puhl hinzu, der als Vizepräsident der Reichsbank in den Nürnberger Prozessen verurteilt worden war.

Schon 1945 war der vermutlich wichtigste unter den frühen Förderern Jürgen Pontos nach Hamburg umgezogen: Joachim Entzian, seit 1932

Syndikus der Dresdner Bank in der alten Berliner Zentrale und während des Zweiten Weltkriegs außerdem Leiter einer Abteilung für «Sonderaufgaben» des Auslandssekretariats, fungierte zunächst informell als Chefjurist. 1947 wurde auch Entzians Tätigkeit für einige Monate durch eine Internierung in Nürnberg unterbrochen, weil er im Krieg mitverantwortlich für die Beteiligung der Bank an der wirtschaftlichen Ausbeutung Belgiens und der Niederlande gewesen war.[3] Scharnberg und Treue verkörperten demgegenüber die personelle Kontinuität der Hamburger Filiale, die vor allem für die Aufrechterhaltung der regionalen Vernetzung mit den wichtigen Kunden und die Fortsetzung der Geschäftspolitik wichtig war. Der gemäß den alliierten Dezentralisierungsauflagen eingesetzte Verwalter Heinrich Reckmann respektierte offenbar, wie es auch in den anderen Nachfolgeinstituten üblich war, den Führungsanspruch der alten Bank- und Filialleitung und hielt sich aus der eigentlichen Geschäftspolitik heraus.[4]

Als Jürgen Ponto 1950 sein Referendariat in der Bank antrat, konnte die alte Führungsriege mit einigem Optimismus in die Zukunft blicken, zumal die Währungsreform vom Juni 1948 auch die wichtigste Grundlage ihrer wirtschaftlichen Rekonstruktion geschaffen hatte. Der massive Geldüberhang, der letztlich aus der nationalsozialistischen Rüstungspolitik resultierte, und die fortgesetzte staatliche Güterbewirtschaftung bei völlig verzerrten Preisen hatten in den ersten Besatzungsjahren Schwarzmarkt und Naturaltausch lohnend gemacht, den deutschen Unternehmen aber wenig Anlass zu Investitionen gegeben. Durch den Währungsschnitt und die Einführung der Deutschen Mark wurde Geld wieder zu einem knappen Gut, während die Freigabe der Güterpreise als Investitionsanreiz wirkte und entsprechenden Finanzierungsbedarf schuf.[5]

Das Bankgeschäft boomte deshalb in den ersten Jahren nach der Reform regelrecht. Das galt, der Dezentralisierung zum Trotz, auch für die Nachfolgeinstitute der Dresdner Bank: Ihre addierte Bilanzsumme, die unmittelbar nach der Währungsreform etwa 500 Mio. DM betragen hatte, stieg allein in den darauf folgenden eineinhalb Jahren um 185 Prozent; bis Ende 1951 wuchs sie auf etwa 2,5 Mrd. DM. Der Anteil der Hamburger Kreditbank an dieser addierten Bilanzsumme lag im Mai 1950 – für andere Zeitpunkte sind solche differenzierten Daten nicht mehr vorhanden – bei rund 15 Prozent. Hamburg gehörte damit trotz einer betont vorsichtigen und liquiditätsorientierten Geschäftspolitik schon vor Beginn der Rezentralisierung zu denjenigen Standorten, an denen sich das Wachstum der Dresdner Bank konzentrierte; noch deutlicher ließ sich das an einem zunehmenden Anteil an den Kundeneinlagen ablesen.[6]

Dass Ponto seine ersten berufspraktischen Erfahrungen gerade in der Hamburger Kreditbank sammelte, hatte mit deren besonders beeindruckendem Wachstum sicherlich wenig zu tun. Er hatte sich zunächst sogar beim Hamburger Nachfolgeinstitut der Deutschen Bank beworben, war dort aber nicht zum Zuge gekommen.[7] Der studierte Jurist empfand sich wohl auch keineswegs als geborener Banker.[8] Der Hamburger Kreditbank wurde er zunächst vom Oberlandesgericht für den Ausbildungsabschnitt «Verwaltung» zugewiesen. Danach beschäftigte ihn die Rechtsabteilung als Volontär weiter, weil sein Referendariat am Oberlandesgericht zwar noch nicht abgeschlossen war, er aber nur noch einmal wöchentlich «bei Gericht» anwesend sein musste. Die Begegnungen mit dem eigentlichen Bankgeschäft blieben dabei jedoch rein «informatorisch». Pontos Charakterisierung im Arbeitszeugnis wies auf spätere Einschätzungen voraus: Der junge Jurist zeichne sich durch «leichte Auffassungsgabe», «Fleiß und Umsicht» sowie «klares Urteilsvermögen, Entschlusskraft und Verhandlungsgeschick» aus; nicht zuletzt verfüge er «über sehr gewandte, verbindliche Umgangsformen» und «sicheres Auftreten». Sein Vorgesetzter Entzian gab ihm ein persönliches Empfehlungsschreiben mit auf den Weg, demzufolge er bereits auf einen dauerhaften Wiedereinstieg des Volontärs mit seinen «sehr erheblich über dem Durchschnitt» liegenden Leistungen hoffte.[9]

Entzian sollte nicht enttäuscht werden. Im September 1951 trat Ponto einen halbjährigen, über ein Stipendium der amerikanischen Regierung finanzierten Studienaufenthalt in Seattle an, und es wird bei der Bankleitung einigen Eindruck gemacht haben, dass er sich auch in den USA ihrer Angelegenheiten annahm. Schon während des Volontariats war Ponto mit der «selbständigen Bearbeitung von Restitutionssachen» betraut worden,[10] und in zumindest einem Fall führte er Verhandlungen über die Rückerstattung «arisierten» Vermögens während seines Aufenthalts in den USA fort, ohne eine formelle Anstellung bei der Bank. Dabei ging es um die Restitution eines unmittelbar neben dem Hauptsitz der Hamburger Kreditbank am Jungfernstieg gelegenen, bebauten Grundstücks von beträchtlichem Wert, das die Dresdner Bank 1939 (zu einem angemessenen Preis und ohne die Notlage der jüdischen Eigentümer auszunutzen) erworben hatte. Dennoch war die Bank gemäß den einschlägigen Gesetzen rückerstattungspflichtig und strebte einen Vergleich mit den früheren Eigentümern an, die Verhandlungen zogen sich allerdings wegen recht unterschiedlicher Preisvorstellungen hin. Dabei wurde ein weiteres Talent Pontos deutlich: Mit erstaunlicher Selbstsicherheit knüpfte ein ehemaliger Volontär ohne formelles Beschäftigungsverhältnis namens der Hamburger Kreditbank den persönlichen Kontakt zu einem der Anspruchsberechtigten, der in New York lebte, und vereinbarte mit diesem einen Vergleichsbetrag, der um einiges über den bisherigen Zugeständnissen der Bank lag. Voraussetzung der gütlichen Einigung, die schließlich auch von der Bank akzeptiert wurde, war die Tatsache, dass Ponto überhaupt den persönlichen Kontakt hergestellt hatte; «offen und ruhig», von der NS-Geschichte der Bank unbelastet und nicht zuletzt im Geplauder über die gemeinsame Hamburger Heimat hatte der rhetorisch begabte Jurist Barrieren aus dem Weg geräumt.[11]

Schon im Februar 1952 kehrte Ponto zur Hamburger Kreditbank zurück, die ihn zunächst auch im Direktionssekretariat beschäftigte und nach dem Assessor-Examen im August desselben Jahres endgültig als «juristischen Mitarbeiter» einstellte. Offenbar war neben Entzian vor allem Vorstandsmitglied Franz Witt von Pontos Qualitäten beeindruckt und wollte ihn unbedingt in der Bank halten.[12] Die Hamburger Kreditbank wurde einige Monate später aktienrechtlich aus der alten Dresdner Bank «ausgegründet». Das Gesetz über den Niederlassungsbereich von Kreditinstituten vom März 1952 – die umgangssprachliche Bezeichnung «Großbankengesetz» beschreibt den tatsächlichen Inhalt korrekter – ermöglichte es den drei Filialgroßbanken, ihre westdeutschen Nachfolgeinstitute zu jeweils drei Regionalbanken zusammenzufassen. Die alten Berliner Großbanken konnten den Großteil ihres Vermögens und ihrer Verbindlichkeiten an die neuen Institute abgeben und diese mit eigenem haftungsfähigem Kapital ausstatten. Das Geschäft der alten Dresdner Bank in Westdeutschland wurde seit September 1952 (rückwirkend zum Jahresbeginn) von der Hamburger Kreditbank AG, der Rhein-Ruhr Bank AG mit Sitz in Düsseldorf und der Rhein-Main Bank AG in Frankfurt am Main betrieben. Damit war der rechtliche Schwebezustand der Nachkriegsjahre beseitigt, doch bereits bei Inkrafttreten des Großbankengesetzes war klar, dass Bundesregierung und Bundestag

nach einer gewissen Anstandsfrist, mit der die ehemaligen Besatzungs-
mächte ihr Gesicht wahrten, die Fusion der jeweils drei Nachfolgeinstitute zu je einer einzigen, bundesweit tätigen Universalbank ermöglichen
würden.

Die Hamburger Kreditbank, die nun auch die Filialen in Niedersachsen, Bremen und Schleswig-Holstein umfasste, war mit einem
Aktienkapital von 21 Mio. DM die «kleine Schwester» der Institute in
Düsseldorf und Frankfurt, die über ein Kapital von jeweils 36 Mio. DM
verfügten; gemäß den Absprachen zur engen Koordinierung der Geschäftspolitik der drei Banken war absehbar, dass das auch künftig so
bleiben würde.[13] An einem besonders dynamischen Wachstum der
Kundeneinlagen und der Bilanzsumme hinderte dies die Hamburger
Kreditbank jedoch nicht. Gemessen an der Kapitalausstattung erwirt-
schaftete das Institut unter den drei Dresdner-Bank-Nachfolgern überproportional hohe Erträge und konnte vorübergehend sogar die Deutsche Bank von der Führungsposition in der Region verdrängen.[14]

Jürgen Ponto setzte seine Karriere in der Rechtsabteilung der Bank
offenbar zielstrebig fort und rückte schnell in eine zentrale Position.
Sein Aufgabenfeld erstreckte sich von der Umsetzung des Betriebsver-
fassungsgesetzes[15] bis zu den Auseinandersetzungen um die Abwicklung
der im Zweiten Weltkrieg gegründeten und bei Kriegsende beschlag-
nahmten Tochterinstitute der Dresdner Bank in Belgien (Continentale
Bank) und den Niederlanden (Handelstrust West). Ponto agierte hier
faktisch als Stellvertreter des juristischen Auslandsexperten Entzian.
Beim Streit um die niederländischen Ansprüche gegen den Handelstrust West, in dem sich die Dresdner Bank in einer ausgesprochen ungünstigen Rechtslage befand und zeitweise sogar der Regress auf ihr
eigenes Vermögen drohte, ergriff Ponto 1953 die Initiative, um andere
Banken zur Abstimmung einer Strategie gegen niederländische Rück-
forderungen mit ins Boot zu holen, welche schließlich gerichtlich abge-
wiesen wurden.[16] Auch im Fall der Continentalen Bank ging es in erster
Linie darum, Forderungen des belgischen Sequesters gegen Vermögens-
werte und Kunden der Dresdner Bank in Deutschland abzuwehren.
Ponto übernahm hier die Federführung in der Vertretung der drei
Nachfolgeinstitute und installierte einen deutschen Abwesenheitspfleger
aus dem Bundeswirtschaftsministerium, der die belgischen Forderungen blockieren konnte.[17]

Abb. 7: Der aufstrebende Bankjurist:
Foto aus Jürgen Pontos Mitarbeiter-
ausweis, 1952

Pontos Spuren finden sich in zahlreichen Korrespondenzen und Ak-
tennotizen dieser Zeit. Da die maßgeblichen Entscheidungen jedoch von
anderen getroffen wurden, ist ein eigenständiges Profil nur ansatzweise zu
erkennen. Neben der für einen Bankjuristen unentbehrlichen Fähigkeit,
auf den unterschiedlichsten Sachgebieten gleichzeitig zu arbeiten, gehörten dazu sicher ein Talent für Moderation und Koordination, aber auch
der Wille zum Aufstieg. Zur Zeit der endgültigen Rezentralisierung, der
sogenannten «Wiedervereinigung» durch die Fusion der drei Regional-
institute zur Dresdner Bank AG im April 1957, hatte der aufstrebende Jurist
bereits seit vier Jahren Handlungsvollmacht («A-Vollmacht»). Am 1. Juli
1959 wurde Jürgen Ponto im Alter von nur 36 Jahren Chefsyndikus in
Hamburg, also Leiter von einer der drei Rechtsabteilungen der Dresdner
Bank AG und damit Nachfolger des in den Ruhestand getretenen Joachim Entzian.[18] Nach dem Zusammenschluss der drei Nachfolginstitute
lag die Zentrale der neuen Dresdner Bank AG zwar in Frankfurt, doch in
Hamburg und Düsseldorf blieben vorläufig die bis dahin bestehenden
Zentralfunktionen erhalten, und auch ein Teil der Vorstandsmitglieder
hatte weiterhin seinen Dienstsitz an diesen Standorten. Regelmäßig
tagende Kommissionen für das Kredit-, Konsortial-, Börsen- und Auslandsgeschäft sollten dafür sorgen, dass das Bankgeschäft auf einer einheitlichen Linie betrieben wurde. Die regionale Kundennähe und eine

entsprechende Spezialisierung schienen zunächst die zusätzlichen Verwal-
tungskosten aufzuwiegen.[19]

Der Hamburger Chefsyndikus weitete seinen Aktionsradius offenbar
zielstrebig aus. Das betraf zum einen das Verbandswesen; Ponto war
Mitglied des Rechtsausschusses des Bundesverbands des Privaten Bankgewerbes und vertrat seit 1960 als Nachfolger Entzians den Verband im
Arbeitsausschuss für Schiedsgerichtsbarkeit der Deutschen Gruppe der
Internationalen Handelskammer.[20] Zum anderen engagierte er sich allmählich auch geschäftspolitisch und versuchte die Einführung eines innovativen Bankprodukts voranzutreiben, das später zu einem täglichen
Begleiter privater Bankkunden werden sollte, zunächst aber scheiterte:
die Scheckkarte. Die Banken waren aus Rationalisierungsgründen an
der Erweiterung des bargeldlosen Zahlungsverkehrs auch im Privatkundengeschäft interessiert; zugleich vergrößerten die im Gefolge des «Wirtschaftswunders» drastisch angewachsenen Löhne und Gehälter auch der
unteren Einkommensgruppen den Markt für bargeldlose Überweisun-
gen, der allerdings stark von den Sparkassen und Genossenschaftsbanken dominiert wurde. Die Diskussionen innerhalb der Dresdner Bank
und mit anderen Kreditinstituten konzentrierten sich zunächst auf die
Einführung eines «Kaufschecks». Scheckbücher freilich besaßen viele
Bankkunden, ein weiterer «Spezialscheck» versprach daher nicht unbedingt Rationalisierungsvorteile, sondern erweiterte nur die konventio-
nelle Produktpalette. Im März 1960 unterbreitete Ponto seinen Kollegen
in Frankfurt und Düsseldorf einen Vorschlag, um die Schecks zum
regelmäßigen Zahlungsmittel weiterzuentwickeln: Die Bank solle ihren
Kunden zusätzlich eine «Legitimationskarte» ausstellen, die nach dem
Prinzip des späteren Eurocheques eine Haftungserklärung bis zu einem
gewissen Höchstbetrag einschloss, damit dem Schecknehmer die Ein-
lösung garantierte und zugleich der Bank die Anfrage ersparte, ob der
Scheck tatsächlich gedeckt war. Ponto zeigte hier nicht nur ein Gespür
für bankorganisatorische Zusammenhänge, sondern auch für Psycho-
logie und Werbung, könne doch der Besitz eines Ausweises, der durch
die Bankgarantie die Bonität des Inhabers verbürgte, nicht zuletzt «die
Eitelkeit unseres Kunden ansprechen» und ihn zur häufigeren Verwen-
dung von Schecks bei alltäglichen Einkäufen motivieren.[21]

Der innovative Vorschlag scheiterte. Er wurde umgehend der Bundesbank vorgelegt, die jedoch «alle generellen Garantieerklärungen» der

Banken ablehnte. Damit war das Projekt für die nächsten Jahre auf Eis gelegt, wenn auch nicht vergessen.[22] Bezeichnend an diesem Vorgang ist nicht zuletzt, wer mit wem sprach: Die drei Großbanken hatten keine Probleme damit, die gewerkschaftseigene Bank für Gemeinwirtschaft (BfG) in die Diskussion einzubeziehen, die als privates Kreditinstitut auf gleicher Rechtsgrundlage agierte, aber auch im Massengeschäft zunehmend zur Konkurrentin um bestimmte Marktsegmente und gelegentlich bereits als «vierte Großbank» apostrophiert wurde. Sparkassen und Genossenschaftsbanken hingegen wurden als geschlossener Konkurrenzblock betrachtet, von dem man sich möglichst wenig Verhandlungskompromisse aufnötigen lassen wollte. Jürgen Ponto wuchs zu einer Zeit in die Führungsebene einer Bank hinein, als die Abgrenzung zwischen den Sektoren der Kreditwirtschaft trotz der allmählichen Annäherung der Geschäftsprofile noch sehr ausgeprägt war und das professionelle Selbstverständnis der Bankmanager prägte.

Innovationsfreude und Moderationstalent dürften dazu beigetragen haben, dass Ponto im Oktober 1960 darauf angesprochen wurde, «ob nicht bei ihm durch eine entsprechende kaufmännische Ausbildung die Voraussetzungen für eine Stellung geschaffen werden sollten, die eines Tages zu einer Entlastung des Vorstands führen könnte». Erst jetzt forderte die Bank von ihm, «sich so langsam ein Bild vom wesentlichen kaufmännischen Geschehen» im Hamburger Niederlassungsbereich zu machen. Ponto nahm daraufhin an den täglichen Kreditsitzungen des Hamburger Niederlassungsbereichs teil und bekam die Gelegenheit, einzelne wichtige Engagements mit den Kreditsachbearbeitern durchzuarbeiten. Anschließend sollte er die nebenberufliche «Ausbildung» in zwei deutschen Filialen und bei einer ausländischen Bank fortsetzen, dabei aber seine Stellung als Chefsyndikus behalten.[23] Tatsächlich verbrachte Ponto daraufhin jeweils etwa ein Vierteljahr in Frankreich und in Bremen bei der Bremer Bank, wie die dortige Filiale der Dresdner Bank aus Traditionsgründen hieß. Dort konnte er am Beispiel des Autobauers Borgward wohl erstmals aus der Nähe beobachten, dass zu den Aufgaben einer Großbank auch das Management von Liquiditätskrisen ihrer Industriekundschaft gehörte. Aus dem Borgward-Konkurs ging die Dresdner Bank immerhin ohne Verluste hervor; die Investition in den Hamburger Führungsnachwuchs hingegen sollte sich bald als kluge Entscheidung erweisen.[24]

Der Weg an die Spitze

Im November 1964 wurde der Hamburger Chefsyndikus stellvertretendes Mitglied im Vorstand der Dresdner Bank; sein Dienstsitz blieb weiterhin Hamburg. Bemerkenswert war daran nicht nur die Tatsache, dass das zweitgrößte deutsche Kreditinstitut einen Juristen in seinen Vorstand berief, der sich soeben erst das nötige bankkaufmännische Basiswissen angeeignet hatte – in den Vorständen der Großbanken war zwar seit Jahrzehnten ein erheblicher Anteil von Juristen vertreten gewesen, doch hatte sich der Akademikeranteil an der deutschen Bankierselite deutlich langsamer gesteigert als in den Industrieunternehmen; das typischere Rekrutierungsmuster blieb die jahrzehntelange «Hauskarriere» ausgebildeter Bankkaufleute.[25] Überdies war Ponto das jüngste von fünf neu ernannten stellvertretenden Vorstandsmitgliedern und sein Karrieresprung markierte zumindest am Standort Hamburg einen Generationenwechsel.[26] Mit Oskar Nathan und Hans Rinn schieden 1964/65 zwei der drei Hamburger Vertreter altersbedingt aus dem Vorstand der Bank aus, übrig blieb der 1906 geborene Franz Witt. Da der ebenfalls nachrückende Erich Krüger nur wenige Jahre jünger war als Witt, durfte man Pontos Berufung als Signal verstehen: Die Dresdner Bank befand sich zu dieser Zeit in einer Lage, die nach durchgreifenden Veränderungen verlangte.

Das galt zunächst für die polyzentrische Organisation des Instituts und des Vorstands. Die Führungsriege der Nachkriegszeit hatte mit Hans Rinn, Alfred Hölling oder Hugo Zinßer aus ebenso agilen wie machtbewussten Persönlichkeiten bestanden, die bei aller Loyalität zur «alten» Dresdner Bank doch notgedrungen jeweils eigenständige Führungsgremien aufgebaut hatten. Die stabile regionale Verankerung war vor allem in den ersten Jahren der Dezentralisierung, die 1957 endgültig abgeschlossen war, sicherlich eine Stärke. Bei der «Wiedervereinigung» hatte man jedoch schlicht die Vorstände der drei Nachfolgeinstitute zu einem Gesamtvorstand aus neun ordentlichen und drei stellvertretenden Mitgliedern zusammengefasst,[27] und später war der Vorstand gar auf 14 Köpfe angewachsen. Wenn die drei Standorte, die jeweils mit der kompletten Abteilungsstruktur einer Großbank ausgestattet waren, als Teile einer einzigen Bank geführt werden sollten, mussten sich Ressortegoismen und Eifersüchteleien unter den Vorstandsmitgliedern negativ bemerkbar machen und den Vorteil größerer regionaler Kundennähe konterkarieren. Alle Regionalvorstände waren begreiflicherweise daran interessiert, in den wichtigen Ressorts unmittelbar mitzuentscheiden, aber insgesamt führte das zu Ineffizienz. Rinn fasste die Situation angesichts massiver Differenzen über die anstehende Neuverteilung der Ressorts 1964 in der prägnanten Formulierung zusammen, alle müssten «endlich begreifen, dass wir keine drei Herzogtümer weiterhin aufrecht erhalten könnten; es wäre vielmehr höchste Zeit, dass wir zusammenwachsen».[28]

Dass in dieser Beziehung noch einiges zu leisten war, zeigte sich auch bei dem Versuch, dem dezentralisierten Vorstand wieder eine gemeinsame Stimme zu geben. 1965 berief die Dresdner Bank mit Erich Vierhub erstmals seit 1945 wieder einen Vorstandssprecher. Die Bestellung und vor allem die Kommunikation innerhalb der Bank über Vierhubs offenbar zunächst nicht eindeutig geklärte Position – als Sprachrohr des Gesamtvorstands oder darüber hinaus als Koordinator und «primus inter pares» – sorgte aber bereits für Reibereien zwischen den Standorten. In Hamburg entstand einiger Ärger, als die Rolle des Frankfurter Exponenten Vierhub in der Wirtschaftspresse vermeintlich über Gebühr herausgestellt wurde.[29]

Eifersüchteleien waren bei drei Zentralstandorten, die trotz aller Koordinierungsabsichten zum guten Teil selbständig agierten, kaum zu vermeiden. Sie mussten sich nicht unbedingt negativ auf das eigentliche Bankgeschäft auswirken, konnten aber sehr schnell die Außenwahrnehmung der Bank beeinträchtigen und verwiesen damit auf den Punkt, an welchem sich strukturelle Defizite zuspitzten: Die Dresdner Bank hatte ein Kommunikationsproblem, das wesentlich aus der Eigenständigkeit der drei Zentralen resultierte und durch das Fehlen einer gemeinsamen Identifikationsfigur verschärft wurde. Das Wirtschaftsmagazin *Capital* spitzte das Manko im März 1964 in einem schmerzhaften Vergleich mit der Deutschen Bank zu: Die Dresdner sei eine «Bank ohne Abs», also ohne einen Sprecher oder eine sonstige souveräne Führungsfigur im Vorstand, wie es Hermann Josef Abs bei der größeren Konkurrentin war, und werde stattdessen von «konservativen Autokraten» im Aufsichtsrat mit Carl Goetz an der Spitze gelenkt.[30] Nicht umsonst richtete Rinn, selbst eine der beherrschenden Persönlichkeiten der Bank, seine Beschwerden über Ressortstreitigkeiten und Eifersüchteleien seiner Vorstandskollegen direkt und persönlich an den fast 80-jährigen Goetz, den «großen alten Mann» der Dresdner Bank, der schon in den dreißiger Jahren und wiederum nach dem Krieg die Identifikationsfunktion ausgefüllt hatte. Schon die Auswahl eines Nachfolgers für Goetz im Amt des Aufsichtsratsvorsitzenden, das im April 1965 schließlich Ernst Matthiensen übernahm, war ein schwieriger Suchprozess.[31] Jürgen Pontos spätere Bedeutung sollte ganz wesentlich daraus resultieren, dass er die Lösung dieses Problembündels geradezu verkörperte.

Kommunikationsschwächen hatten sich zu dieser Zeit auch bei einigen aufsehenerregenden Unternehmenskrisen gezeigt – nicht zuletzt auf diesem Feld sollte Ponto später vorführen, welch große Bedeutung ein offensiver, bewusster Umgang mit den Medien für die Banken hatte. Im Sommer 1962 brach zunächst der Konzern des Schiffbau- und Eisenindustriellen Willy Schlieker zusammen. Die Dresdner Bank gehörte zu den Großgläubigern, denen Schlieker und in seinem Gefolge die Wirtschaftspresse eine wesentliche Verantwortung zuwiesen. Das war zwar sachlich falsch, aber der Fall wurde noch Anfang der siebziger Jahre in der Presse als Beispiel für den angeblichen «Machtmissbrauch» einer Großbank angeführt.[32] Nach der Borgward-Pleite war der Konkurs des von Hamburg aus geleiteten Konzerns der zweite von regem öffentlichen Interesse begleitete Zusammenbruch eines Unternehmens, den Ponto hautnah miterlebte, doch diesmal war er als Leiter der Hamburger Rechtsabteilung unmittelbar in die komplizierten Verhandlungen um Auffanglösungen und Forderungsabwicklungen involviert. Er arbeitete nicht nur dem federführenden Vorstandsmitglied Hans Rinn in Rechtsfragen zu, sondern koordinierte und führte selbst zahlreiche Gespräche mit den verschiedenen Gläubigern, potenziellen Investoren oder Käufern der Konkursmasse und mit Schlieker selbst. Das verlangte neben Verhandlungsgeschick eine rasche Aneignung eines beträchtlichen Spezialwissens über die Lage der Stahlindustrie oder zum Haftungs- und Wettbewerbsrecht.[33] Ponto machte hier seine erste große Erfahrung mit dem Management industrieller Krisenfälle, das ihn in den siebziger Jahren noch ausgiebig beschäftigen sollte – auch wenn hier der Schadensfall bereits eingetreten war. Er demonstrierte dabei nicht zuletzt, dass er selbst inzwischen über die Funktion eines Bankjuristen hinaus- und in eine unternehmerische Führungsrolle hineingewachsen war.[34]

Zwei andere aufsehenerregende Krisenfälle dürfte Jürgen Ponto hingegen eher aus der Entfernung verfolgt haben. Dabei handelte es sich

zum einen um die «Krages-Affäre»: Der Aktienspekulant Hermann Krages, wie Schlieker ein prominenter Aufsteiger des «Wirtschaftswunders»,
hatte die rasante Expansion seiner Industriebeteiligungen mit aktien-
besicherten Krediten finanziert und war durch einen 1961 einsetzenden
Rückgang der Aktienkurse in eine Liquiditätsklemme geraten. Die
Dresdner Bank, die selbst nicht zu den Gläubigern der Kredite gehörte,
rettete Krages durch den Kauf größerer Aktienpakete zu angemessenen
Kursen und beruhigte dadurch den Kapitalmarkt. In der Öffentlichkeit
wurde ihr – und nicht etwa denjenigen Kreditgebern, die Krages über
vertretbare Risiken hinaus finanziert hatten – dennoch erneut der
Missbrauch von «Bankenmacht» vorgeworfen. Krages erstattete 1964 gar,
letztlich erfolglos, Anzeige gegen die Bank wegen «Kreditwuchers»,
«Kursbetrugs» und Erpressung. Auch von dieser Falschdarstellung blieb
für lange Zeit einiges am öffentlichen Bild der Dresdner Bank hängen.[35]
1963 wurden zum anderen die Mischkonzerne der Brüder Otto Stinnes
und Hugo Stinnes junior zerschlagen, nachdem ihnen die Dresdner
Bank – ähnlich wie im Fall Schlieker aus nachvollziehbaren kaufmännischen Gründen und wiederum unter starker öffentlicher Aufmerksamkeit – die finanzielle Unterstützung entzogen hatte.[36]

So unbegründet die Vorwürfe gegen die Bank in sachlicher Hinsicht
auch waren, hatten sie insofern einen realen Hintergrund, als das Institut
natürlich nicht zufällig als wichtigste große «Händlerbank» mit einem
starken Schwerpunkt im Börsen- und Wertpapier- sowie im Industriefinanzierungsgeschäft galt. Vor allem die Vorstandsmitglieder Hans
Rinn und Ernst Matthiensen, die selbst aus dem Wertpapiergeschäft
kamen, hatten das Wachstum in diesem Bereich vorangetrieben. Dem
Misstrauen der Medien gegenüber vermeintlicher «Bankenmacht», das
sich natürlich gerade an spektakulären Krisenfällen nährte, begegnete
die Bankleitung mit einer gewissen Pressescheu, die zwar der traditionellen Bankiertugend der Diskretion entsprach, auf Dauer aber ebenso
kontraproduktiv zu werden drohte wie der eher defensive Umgang mit
lästigen Aktionärsfragen, die die Hauptversammlung 1965 prägten.[37]

Die Schwerpunktsetzung im Börsen- und Industriegeschäft erwies
sich zudem als geschäftspolitische Schlagseite, weil das bundesdeutsche
«Wirtschaftswunder» allmählich abflaute. Hans Rinn, der seit der Besatzungszeit die dominierende Figur im Hamburger Vorstand gewesen
war, schilderte dem Aufsichtsratsvorsitzenden Carl Goetz anlässlich

dessen altersbedingten Ausscheidens 1965 ein ganzes Bündel von Problemen für das Hamburger Industriegeschäft. Die drei dort ansässigen Vorstandsmitglieder Witt, Krüger und Ponto hatten zwar «das Geschäft fest in der Hand» und arbeiteten «ausgezeichnet zusammen». Die norddeutsche Region litt allerdings seit geraumer Zeit unter wirtschaftlichen Strukturschwächen: Die Hafenstädte waren im Gefolge der Teilung Deutschlands und Europas in mancher Hinsicht in eine Randlage gerückt und hatten gegenüber Rotterdam oder Antwerpen an Boden verloren, traditionell bedeutende Industriebranchen waren in andere Regionen abgewandert, im Schiffbau und bei Reedereien zeichnete sich eine strukturelle Ertragsschwäche ab.[38]

Hamburg stand indes immer noch vergleichsweise gut da, während die Dresdner Bank insgesamt das Abflauen des Nachkriegsbooms zu spüren bekam. Zwar hatte um 1960 der Anteil der Banken an der Unternehmensfinanzierung endlich spürbar zugenommen, nachdem die Unternehmen ihre Investitionen im vorangegangenen Jahrzehnt noch zu einem außergewöhnlich großen Teil unmittelbar aus Gewinnen finanziert hatten. Doch die erwähnten Industriepleiten demonstrierten auch, dass die Angebotskonjunktur der fünfziger Jahre allmählich auslief und die Risiken dieses Geschäftsfeldes wieder wuchsen. Das klassische Industriefinanzierungsgeschäft verlor überdies durch den allgemeinen Strukturwandel an Gewicht, insofern der Dienstleistungssektor gegenüber der Industrie gesamtwirtschaftlich an Gewicht gewann. In den frühen siebziger Jahren sollte sich dies noch deutlicher in einer rückläufigen Bedeutung industrieller Kreditnehmer, die vor allem bei den Großbanken zu den Stammkunden gehörten, niederschlagen.[39] Dagegen hatten seit den fünfziger Jahren Arbeitsfelder massiv an Bedeutung gewonnen, die unter der etwas abschätzigen Bezeichnung «Massengeschäft» zusammengefasst wurden. Gemessen am gesamten Geschäftsvolumen war der Marktanteil der drei Großbanken zwischen 1950 und 1960 dramatisch von 19,5 auf 11,3 Prozent geschrumpft, bis 1970 sank er weiter auf 10,2 Prozent.[40]

Das lag zum guten Teil daran, dass Sparkassen, Girozentralen und Genossenschaftsbanken stärker von den während des «Wirtschaftswunders» drastisch gewachsenen Löhnen und Gehältern der mittleren und unteren Einkommensgruppen profitierten. Diese waren traditionell eher die Klientel der Sparkassen, Volks- und Raiffeisenbanken, die nun entsprechend von wachsenden Konsumansprüchen sowie der zunehmenden

Verbreitung von Lohn- und Gehaltskonten, aber auch von Sparguthaben und bargeldlosem Zahlungsverkehr profitierten. Da das Massengeschäft vor allem auf der Einlagenseite einen stabilen Wachstumsmarkt darstellte, also sowohl eine solide Finanzierungsbasis für den zunehmenden Anteil längerfristiger Kredite als auch eine Ergänzung zum konjunkturabhängigeren Industriekreditgeschäft bot, interessierten sich auch die Großbanken seit den späten fünfziger Jahren zunehmend dafür. Um eine breitere Basis an Sparkunden hatte sich insbesondere die Dresdner Bank schon seit den dreißiger Jahren bemüht, die rasche Zunahme bargeldloser Lohn- und Gehaltszahlungen machte jetzt auch den Markt für entsprechende Girokonten interessanter. Die Ausgründung von Investmentfondsgesellschaften Mitte der fünfziger Jahre markierte einen weiteren Versuch, an der wachsenden privaten Vermögensbildung teilzuhaben. Seit 1959 boten die Großbanken standardisierte Konsumentenkredite für den «kleinen Mann» an; auch diese Erweiterung der Produktpalette zielte wesentlich darauf, Einlagen von Privatkunden anzuziehen.[41]

Die Anstrengungen der Großbanken im «Wettlauf um den Einleger»[42] hatten zunächst nur recht begrenzten Erfolg, zugleich schien die damit verbundene extensive und kostenträchtige Wachstumsstrategie aber unvermeidbar. Die Mitarbeiterzahl der Dresdner Bank verdoppelte sich von knapp 8000 Anfang der fünfziger Jahre auf gut 16 000 im Jahre 1965 und war weiter im Anstieg begriffen.[43] Besonders deutlich wurde die bereits seit den frühen fünfziger Jahren verfolgte Expansionsstrategie «in die Breite» an der Ausdehnung des Filialnetzes: Anfang Dezember 1965 vermeldete die Bank die Eröffnung ihrer 500. Geschäftsstelle (einschließlich der Filialen der selbständigen Berliner Tochtergesellschaft Bank für Handel und Industrie); in den Jahren 1966 und 1967 eröffnete sie durchschnittlich an jedem fünften Tag eine neue Geschäftsstelle.[44]

Flächenwachstum im Gefolge der expandierenden Nachfrage war freilich keine hinreichende Unternehmensstrategie. Durch den Wettbewerb der Banken und Sparkassen im Massengeschäft wurden die Märkte für die einzelnen Geschäftsfelder immer enger, die Erlösmargen bei ohnehin geringen kundenbezogenen Umsätzen entsprechend schmaler, während die Kosten insbesondere für Personal weiter stiegen. Schon seit den späten fünfziger Jahren verschlechterte sich laufend die Kostendeckung einzelner Geschäftssparten. Im Zahlungsverkehr und bei der Kontoführung lagen 1968 die Kosten der Bank um mehr als 100 Mio. DM über den leistungsbezogenen Erträgen. Eine Überwälzung der Kostensteigerungen auf die Kunden verhinderte der scharfe Wettbewerb, der für die Gewinnung von Neukunden auch «Gebührenzugeständnisse» erforderte. Im Auslandsgeschäft, einer traditionellen Domäne der Großbanken, wuchs der Konkurrenzdruck ebenfalls; hier erschwerte vor allem die verstärkte Präsenz ausländischer Banken in der Bundesrepublik eine Anpassung der seit 15 Jahren praktisch unveränderten Provisionen an die gestiegenen Aufwendungen.[45] Der zunehmende Wettbewerbsdruck wurde durch die Zinsliberalisierung – bis dahin waren die Zinssätze für Einlagen behördlich limitiert – und die Aufhebung von Werbungsbeschränkungen für Kreditinstitute seit 1967 noch verschärft.[46]

Der verstärkte Wettbewerb hemmte zwar nicht zwangsläufig das Größenwachstum, wohl aber dessen Rentabilität. Das Bilanzvolumen der drei Großbanken verdreifachte sich im Laufe der sechziger Jahre annähernd, die Gewinne jedoch entwickelten sich nur dürftig. Während die Deutsche Bank noch ein leichtes Wachstum der Erträge verzeichnen konnte, herrschte bei der Commerzbank Stagnation. Bei der Dresdner Bank fiel der Überschuss zwischen 1959 und 1968 gar von 105 auf 52 Mio. DM und lag damit noch niedriger als bei der kleineren Konkurrentin.[47] Die verfügbaren Quellen lassen keine Aussage darüber zu, warum gerade die Dresdner Bank besonders schlecht dastand, aber der Problemdruck war dort jedenfalls besonders groß; er musste umso mehr für Unruhe sorgen, da die Bank schon seit den frühen fünfziger Jahren eine besonders liquiditätsorientierte Geschäftspolitik verfolgte.[48] Vor allem der rasche Ausbau des Filialnetzes, wo der Großteil des arbeitsintensiven Massengeschäfts akquiriert und abgewickelt werden musste, hatte hohe Investitions- und Personalkosten zur Folge, während zugleich eine Knappheit an qualifizierten Arbeitskräften herrschte. Kostenkontrolle und Steuerung der Geschäftspolitik wurden zudem durch das Fehlen eines ausgefeilten Berichtswesens erschwert.[49]

Der scheidende Aufsichtsratsvorsitzende Goetz gab seinem Nachfolger Matthiensen denn auch die Mahnung mit auf den Weg, die Bank müsse dringend Fortschritte im Kostenmanagement machen und benötige ein tatkräftiges Vorstandsmitglied für die Reform der inneren Organisation. Gegen diejenige Person, die schließlich diese Rolle übernahm, hatte der «große alte Mann» allerdings ob ihres akademischen Hintergrunds offenbar gewisse Vorbehalte:[50] Die Berufung von Karl

Friedrich Hagenmüller, seit 1953 ordentlicher Professor für Bankbetriebslehre in Frankfurt am Main, stellte einen drastischen Bruch mit den üblichen Rekrutierungsprinzipien dar und lenkte die öffentliche Aufmerksamkeit vielleicht noch stärker auf die Strukturprobleme der Bank.[51] Hagenmüller, der zum Jahresbeginn 1966 stellvertretendes, ab 1967 ordentliches Vorstandsmitglied wurde, ergänzte notgedrungen einen Vorstand, dessen Mitglieder sich überwiegend im Börsen- oder Industriegeschäft profiliert hatten. Ausgewiesen war er vor allem durch sein wissenschaftliches Interesse am praktischen Bankgeschäft; sein bekanntestes Werk war das bis heute in zahlreichen Auflagen erschienene Lehrbuch «Der Bankbetrieb», und die akademische Festschrift zu seinem 60. Geburtstag trug den bezeichnenden Titel «Der Bankbetrieb zwischen Theorie und Praxis».[52]

Hagenmüllers Dienstort war Frankfurt am Main, wohin Anfang 1966 auch Ponto seinen Arbeitsplatz verlegte.[53] Der Umzug an den führenden Finanzplatz der Bundesrepublik stand vermutlich schon im Zusammenhang mit einer zunächst noch vorsichtig betriebenen institutionellen Zentralisierung der Dresdner Bank, die den Standort Frankfurt nochmals deutlich gegenüber Düsseldorf und Hamburg aufwerten sollte. Hagenmüller zentralisierte die ihm unterstellten Bereiche Organisation und Revision schon 1966, also als eine seiner ersten Amtshandlungen, in Frankfurt.[54] Mit Hansjürgen Kühl wurde 1967 ein weiteres jüngeres Vorstandsmitglied vom Rhein an den Main gebeten, um dort das Konsortialgeschäft stärker zu konzentrieren. Das Frankfurter Börsengeschäft unter Herbert Henzel besaß innerhalb der Bank ohnehin besonderes Gewicht, weil dieser ehemals wesentlich in Berlin betriebene Geschäftsbereich hier von Rinn und Matthiensen nach dem Krieg zuerst wieder aufgebaut worden war und Frankfurt sich mittlerweile zum führenden bundesdeutschen Börsenplatz entwickelt hatte.[55]

Ein Jahr nach der Verlegung des Dienstsitzes und nach der üblichen «Probezeit» als Stellvertreter wurde Ponto zum Jahresbeginn 1967 zum ordentlichen Vorstandsmitglied ernannt. Neben der Unterstützung des für das Auslandsgeschäft federführenden Vorstandsmitglieds Helmut Haeusgen[56] fielen in seine Zuständigkeit die Vorstandsressorts «Geld und Kredit» sowie Werbung und Öffentlichkeitsarbeit. Die Werbeaktivitäten der Bank wurden bald nach seinem Umzug ebenfalls in Frankfurt konzentriert. Werbung war mittlerweile, das sollte sich in den siebziger

Jahren noch deutlicher zeigen, ein unverzichtbarer, aber noch wenig systematisch entwickelter Arbeitsbereich. Vor allem die gewachsene Bedeutung des Massengeschäfts auf Märkten mit sehr engen Margen verlangte nicht nur nach Rationalisierung und Kostenkontrolle, sondern auch nach der Verankerung von Alleinstellungsmerkmalen im Bewusstsein der Kunden. Es ging darum, so Ponto im Herbst 1966, «neben gezielter Werbung für Schwerpunkte unseres Geschäfts [ein] einheitliches Gesamtbild der Bank (Image)» in der Öffentlichkeit zu etablieren. Besonderes Interesse galt dabei der jüngeren Generation: Die Zahl der Kontoinhaber wuchs seit geraumer Zeit deutlich an,[57] und die Anwerbung von Berufsanfängern, die erstmals überhaupt ein Konto eröffneten, war immer noch leichter zu bewerkstelligen als die Abwerbung langjähriger Kunden anderer Institute.

Die bisherigen Bemühungen um ein geschlosseneres, zeitgemäßes Image waren freilich trotz der Einschaltung diverser Werbeagenturen enttäuschend, obwohl Umfragen eine Reihe positiver Assoziationen potenzieller Kunden mit der Bank – «Hilfsbereitschaft, persönliche Dienstleistungen für jedermann, umfassende genaue Information, Erfahrung, Tradition» – gezeigt hatten. Ponto war daher intensiv damit beschäftigt, die Werbeaktivitäten durch einen bankinternen «Werbe-Beirat» aus den verschiedenen Standorten stärker im Unternehmen zu verankern und den positiven Aspekten des Unternehmensimages durch effektivere Werbung vor allem im Privatkundengeschäft größere Geschlossenheit zu verleihen. Einen Schwerpunkt sollte dabei nicht zuletzt die «Traditionswerbung in Vorbereitung unseres 100-jährigen Jubiläums» bilden.[58] Der runde Geburtstag sollte einige Jahre später in der Tat einen zentralen Stellenwert für das Image der Dresdner Bank bekommen – allerdings gerade nicht als bloße symbolische Überhöhung einer langen Tradition, sondern im Rahmen einer geschickt damit verknüpften, grundlegenden Modernisierung des öffentlichen Auftritts, an der Ponto gravierenden Anteil hatte.

Den Auftakt zur optischen Grundrenovierung markierte im Herbst 1967 die Übereinkunft im Vorstand, einen «Entwicklungsauftrag» für ein neues Firmenzeichen zu vergeben, welches das mittlerweile seit 50 Jahren verwendete Traditionssymbol der Dresdner Bank ersetzen sollte. Es sollte noch fünf Jahre dauern, bis das Projekt abgeschlossen wurde. Zur gleichen Zeit konnte Ponto die Werbung für ein neues Produkt anlaufen lassen, das ihm seit längerer Zeit am Herzen gelegen hatte:[59] Im Sommer 1966 hatte sich herausgestellt, dass seine Erfindung der Scheckkarte im Jahre 1960 keineswegs in eine Sackgasse geführt hätte. Amerikanische und britische Kreditinstitute brachten mittlerweile Kreditkarten auf den Markt, die laut Ponto «im Detail» jenem mit einer Bankgarantie versehenen «Scheckausweis» glichen, den er selbst sechs Jahre zuvor und letztlich erfolglos zur Diskussion gestellt hatte. Das Interesse an der Ausgabe eigener Kreditkarten hielt sich bei den deutschen Banken angesichts des fragwürdigen Kosten-Ertrags-Verhältnisses indes weiterhin sehr in Grenzen. Ponto ergriff stattdessen die Gelegenheit, seinen Vorschlag eines «Scheckausweises mit Garantiekarte» wieder aufzugreifen.[60] Er nahm erneut die Verhandlungen mit der Deutschen Bank und der Commerzbank in die Hand. Binnen weniger Wochen hatten sich die drei Banken geeinigt, gemeinsam eine «Garantiekarte» für Schecks bis zu 200 DM auszugeben, um den bargeldlosen Zahlungsverkehr zu fördern.[61] 1967 kam man schließlich überein, unterschiedliche Karten in den jeweiligen «Hausfarben» an die Kundschaft auszugeben, aus denen sich wiederum nur kurze Zeit später der Eurocheque entwickeln sollte.[62]

Vorübergehend gingen die Kooperationsplanungen sogar deutlich über solche punktuellen Koordinierungen hinaus: Vor gut vier Jahrzehnten bereitete die Dresdner Bank schon einmal eine Fusion mit der – damals deutlich kleineren – Commerzbank vor. Offenbar entstanden die Gedankenspiele, nachdem im Juni 1968 die Aufsichtsratsvorsitzenden Ernst Matthiensen und Hanns Deuß den Vorständen beider Institute gelegentliche Gespräche «zur Behandlung aktueller Tagesfragen» nahegelegt hatten, wie sie zwischen den Vorständen der Dresdner und der Deutschen Bank bereits gepflegt wurden.[63] Gemeinsam mit Vierhub, Matthiensen und dem stellvertretenden Aufsichtsratsvorsitzenden Hermann Richter führte Ponto eine Reihe von Gesprächen mit dem Führungszirkel der Commerzbank, deren Verlauf und Inhalt nicht mehr nachvollziehbar sind. Dass es dabei allerdings um mehr als lose Absprachen und Kooperationen ging, belegen ausführliche Dossiers, die binnen kürzester Zeit über die Wettbewerbsposition beider Banken sowie über Kosten und Nutzen einer Zusammenlegung angefertigt wurden. Schon im August 1968 schickte Ponto eine «Übersicht» der zu diskutierenden Aspekte an Will Marx, den Vorstandssprecher der Commerzbank, in der ausdrücklich von den Auswirkungen und Kosten einer «Fusion» die Rede war.[64] Nach den ersten überschlägigen Berechnungen war die Einschätzung zumindest auf Seiten der Dresdner Bank eher skeptisch. Die potenziellen Erträge einer regelrechten Fusion waren schwer abzuschätzen, eine «handelsrechtliche Verschmelzung» wäre aber in jedem Fall teuer geworden. Der Frankfurter Chefsyndikus Lehmann empfahl daher schon im September 1968 lediglich «eine zweckentsprechende Form der Zusammenarbeit anstelle oder als Vorstufe des Zusammenschlusses», um beispielsweise in Konsortien und Verbandsgremien dem «Hegemonieanspruch» des Marktführers Deutsche Bank – die durch eine Fusion der beiden kleineren Institute auf den zweiten Platz verdrängt worden wäre – entgegentreten zu können.[65]

Daneben entstand der «Dreiecksgedanke» einer Kooperation mit der Commerzbank und der Bayerischen Vereinsbank, den die «ganz überwiegende Mehrheit der Vorstandsmitglieder» für den einzig praktikablen hielt.[66] Im Dezember 1968 vertagte der Vorstand der Dresdner Bank nach einer ausführlichen Diskussion der erwartbaren positiven Effekte, Kosten und Probleme einer Fusion die Entscheidung, blieb aber weiter überwiegend «positiv eingestellt» und setzte erneut eine Kommission zur sorgfältigen Prüfung der vorliegenden Daten ein.[67] Eine solche Kommission hatte auch die Commerzbank eingerichtet, und bald darauf war man bis zu dem Beschluss gekommen, dass die beiden Banken sich gegenseitig ihre internen Kostenrechnungen aufdecken sollten.[68] Nach einer nochmaligen Prüfung entschied der Vorstand jedoch im März 1969, Matthiesen davon zu unterrichten, dass derzeit «ein Gespräch nicht tunlich erscheine», vielmehr für die Wiederaufnahme der Besprechungen mit der Commerzbank ein «geeigneter Augenblick abgewartet werden» müsse.[69] Möglicherweise waren dafür auch die Turbulenzen im Vorstand der Commerzbank verantwortlich, wo sich just zu dieser Zeit das Rennen zwischen Will Marx und Paul Lichtenberg um die Position des einzigen Vorstandssprechers zuspitzte.[70] Danach scheinen die Überlegungen im Sande verlaufen zu sein: «Mit einer Lösung Commerzbank/Bayer. Vereinsbank sei wohl nicht mehr zu rechnen», bilanzierte Ponto nüchtern bei einer Vorstandssitzung im Juni 1970.[71]

Da war Jürgen Ponto bereits seit einem Jahr Sprecher des Vorstands der Dresdner Bank AG. Der 1964 in Hamburg eingeleitete Generationenwechsel hatte sich, nach einigen Jahren des Übergangs, bis in die

Abb. 8: Der Vorstand stellt sich
vor: Erste Ausgabe der Mit-
arbeiterzeitschrift *wir*, 1967

Führungsspitze hinein durchgesetzt. Nicht nur der Aufsichtsratsvorsitzende Ernst Matthiensen war offenbar der Meinung gewesen, dass mit
der alten Vorstandsgarde die Hypothek der Dezentralisierung nur begrenzt zu bewältigen war. Im November 1967 beschloss der Aufsichtsrat,

das Mandat Erich Vierhubs, der nach den üblichen Regularien schon
mit der Hauptversammlung Mitte desselben Jahres aus dem Vorstand
hätte ausscheiden müssen, zum zweiten Mal um ein Jahr zu verlängern,
also bis Mitte 1969. Das geschah, volle zehn Jahre nach der «Wiedervereinigung», mit der Begründung, dass «die Zusammenarbeit im Vorstand
noch etwas unter den Nachwirkungen litt, die auf die Teilung unserer
Bank in drei Institute […] zurückging, und die nach wie vor ihren sinn-
fälligen Ausdruck darin findet, dass wir drei Hauptverwaltungsbereiche
mit entsprechenden Vorstandsgruppen haben». Es sei, so Matthiensen
vor dem Präsidium des Aufsichtsrats, «immer noch manchmal schwierig
[…], den Blick der Vorstandsmitglieder von ihrem Hauptverwaltungsbe-
reich zu lösen und für eine Betrachtung der Dinge vom Standpunkt der
Gesamtbank aufzuschließen». Vierhub sollte ein weiteres Jahr als Inte-
grationsfigur wirken, «weil im Verlauf dieses Jahres die Integration der
jüngeren Herren des Vorstands als voll mitspracheberechtigte Mitglieder
eines geschlossenen Teams weiter fortschreiten» könne. Neben dem 1923
geborenen Ponto handelte es sich bei den «jüngeren Herren» um Rolf
Diel (Jahrgang 1922), Hansjürgen Kühl (1921), Karl Friedrich Hagenmüller (1917) und Helmut Haeusgen (1916) sowie die etwas älteren Cai
Graf zu Rantzau (1909) und Erich Krüger (1910); alle waren erst zwischen
1964 und 1967 in den Vorstand eingetreten.[72]

Schon zu dieser Zeit war sich der Aufsichtsrat darin einig, dass mit
Ponto ausgerechnet der jüngste Nachrücker die Nachfolge Vierhubs antreten würde, und hielt dies sogar in einem separaten Protokoll fest. Der
von Hans Rinn überlieferte Satz «Akademiker stellen wir an»[73] hatte sich
damit überlebt. Dem Vorstand wurde diese Entscheidung offiziell erst
ein Jahr später, im November 1968, mit der schlichten Begründung
Matthiensens bekanntgegeben, dass «damit auf längere Sicht eine Regelung hinsichtlich des Vorstandssprechers getroffen werde». Offenbar
hielt man Ponto nicht nur für fachlich geeignet, sondern traute ihm vor
allem auch zu, den Vorstand über längere Zeit hinweg ohne die Reibereien und Kommunikationsfehler der vergangenen Jahre zu steuern.[74]

Ähnlich knapp wurde die Presse informiert.[75] Die Berufung von
«Ponto Nr. 2» sorgte vor allem beim notorisch bankenkritischen *Spiegel*
für einiges Interesse. Eine Karriere «im Schnellgang», die bei Ponto seit
dem Einstieg bei der Dresdner Bank «gerade» 18 Jahre gedauert habe,
während andere Großbankmanager für diesen Weg angeblich «traditi-

onsgemäß drei bis vier Jahrzehnte» benötigten, wurde flugs zum «unaufhaltsamen Aufstieg» deklariert. Obwohl das Nachrichtenmagazin souverän Vorstand und Aufsichtsrat verwechselte, zudem hartnäckig die alten Falschbehauptungen über die «Affären» Krages und Stinnes repetierte, erhellt der Artikel doch jene öffentliche Wahrnehmung, die ihrerseits zur Berufung Pontos beigetragen haben mag: Der Hamburger Jurist war, im Gegensatz zu seinen älteren Vorstandskollegen, unbelastet von dem noch nicht so lange überwundenen Aufruhr um die Industriepleiten; im Gegenteil wurde ihm die souveräne Abwicklung des Schlieker-Konkurses positiv angerechnet. Trotzdem verbarg sich hinter dem forschen Ton des Artikels schlichte Ratlosigkeit, die sich in die ebenso richtige wie vage Erklärung flüchtete, der künftige Sprecher verkörpere geradezu «die im Bankgeschäft als ideal angesehene Mischung von Durchsetzungsvermögen und feiner Zurückhaltung». Warum seine Kollegen angeblich schon zu dieser Zeit von ihm erwarteten, «ein Bankier vom Format des Konkurrenten Hermann Josef Abs» zu werden, ließ sich allein damit sicher nicht begründen. Ponto selbst hatte sich bei dem Gespräch, das diesem Artikel teilweise zugrunde lag, mit dem Kommentar «Man wird sehen» jedenfalls gleichermaßen hanseatisch-diskret wie ambitioniert gezeigt und damit gewiss jenem Bild seiner Persönlichkeit entsprochen, das der Artikel skizzierte.[76] Andere Presseorgane paraphrasierten lediglich die von der Dresdner Bank verbreitete Notiz und verwiesen knapp auf den Generationenwechsel in der Führungsetage;[77] die *Zeit* apostrophierte den neuen Sprecher noch Monate später als «unbeschriebenes Blatt», das bislang «im stillen gewirkt» habe.[78]

Richtig daran war zweifellos, dass Jürgen Ponto nicht zu den bekannteren Gesichtern der Bank gehörte. Der rasante Aufstieg seit etwa 1960 hatte ihn wohl selbst überrascht.[79] Der geringe Bekanntheitsgrad dürfte wesentlich seinen Ressortkompetenzen geschuldet gewesen sein, doch das sollte sich rasch ändern. Mit der Hauptversammlung der Dresdner Bank am 4. Juni 1969 schied Vierhub aus dem Vorstand aus und Ponto wurde offiziell zu dessen Sprecher ernannt. Der Aufsichtsratsvorsitzende Matthiensen bescheinigte Vierhub, für einen «fugenlosen Übergang» des Amtes an seinen Nachfolger gesorgt zu haben.[80] Nur wenige Monate darauf, im November 1969, zog er im Präsidium des Aufsichtsrats eine sehr zufriedene Eröffnungsbilanz der Ära Ponto: Die ungewöhnliche Entscheidung, den Chefjuristen zum Vorstandssprecher zu berufen, sei «gut und richtig» gewesen, die «Resonanz aus der Kundschaft» auf die neue Führungsfigur «ausgezeichnet» und vor allem hätten – noch einmal kamen hier die Kommunikationsschwächen der vergangenen Jahre zum Ausdruck – die «Äußerungen von Herrn Ponto in der Öffentlichkeit [...] hohes Niveau gezeigt».[81] Das öffentliche Wohlwollen für den neuen Sprecher sollte bald ein Ausmaß erreichen, von dem womöglich auch Matthiesen nicht zu träumen gewagt hatte.

4. Ponto und die Dresdner Bank

Jürgen Ponto war zum Sprecher, nicht zum Vorsitzenden des Vorstands oder gar zum «Chief Executive Officer» berufen worden. Nicht nur schrieb das deutsche Aktienrecht zwingend die kollektive Verantwortung der Vorstände von Aktiengesellschaften für die Geschäftsführung vor. Die deutschen Großbanken betonten durch das Amt des Sprechers überdies schon semantisch, dass bei ihnen traditionell die Konvention einstimmiger Vorstandsentscheidungen galt.[1] Doch selbst diese Position hatte es in den Vorständen der drei Nachfolgeinstitute der Dresdner Bank nicht gegeben, sondern sie war, wie erwähnt, erst kurz zuvor wieder eingeführt und mit Erich Vierhub besetzt worden. Der letzte Vorstandssprecher – und zugleich der letzte Akademiker an der Spitze des Instituts vor Jürgen Ponto – war in den letzten Jahren des Zweiten Weltkriegs Karl Rasche gewesen. Pontos Funktion war es zuallererst, die «Koordinierung der Ressorts und eine kollegiale Zusammenarbeit innerhalb des Gesamtvorstands» sicherzustellen. Umgekehrt waren die übrigen Vorstandsmitglieder verpflichtet, «Angelegenheiten, die den Aufsichtsratsvorsitzenden oder die Kreditkommission» betrafen (einen mit «banksachverständigen» Mitgliedern besetzten Ausschuss des Aufsichtsrats, dem geplante Kredite ab einer bestimmten Größenordnung vorzulegen waren), «vor Rücksprache mit dem Vorsitzenden des Aufsichtsrats dem Vorstandssprecher zur Kenntnis zu bringen». Jürgen Ponto fungierte insofern als intermediäre Instanz zwischen Vorstand und Aufsichtsrat, ohne dass damit «eine besondere Entscheidungsvollmacht verbunden» war. Daneben blieb er fachlich zunächst hauptverantwortlich für die Ressorts Werbung und Öffentlichkeitsarbeit (einschließlich der Volkswirtschaftlichen Abteilungen), für Liquiditätspolitik, Geldanlage und Devisenhandel sowie für die Kontrolle der vom Frankfurter Vorstandsbereich aus betreuten Filialen; außerdem war er stellvertretend zuständig

Abb. 9: Ponto mit dem Aufsichtsratsvorsitzenden Ernst Matthiensen (links) und Vorstandsmitglied Helmut Haeusgen bei einer Filialleitersitzung in Hamburg 1971.

für das Inlands- und Auslandskreditgeschäft, den Bereich Bilanzen, Buchhaltung und Betriebswirtschaft sowie das Personalwesen.[2]

Dabei dürfte allerdings klar gewesen sein, dass sich Ponto angesichts der Vielzahl der mit dem Sprecheramt verbundenen Belastungen nicht detailliert um die einzelnen Felder des operativen Bankgeschäfts kümmern konnte. Spätere Ressortwechsel spiegelten denn auch nicht besondere Vorlieben des Sprechers, sondern die Reorganisation des Vorstands und das Hinzukommen neuer Vorstandsmitglieder. Der Vorstandssprecher einer Großbank musste nicht zuletzt delegieren können. Für seine eigenen Arbeitsbereiche konnte er zum einen auf die Abteilungen der Bank zurückgreifen, wenn es etwa um die Finanzlage von Unternehmen ging, in deren Aufsichtsräten er saß. Zum anderen verfügte er über zwei Sekretärinnen und einen Assistenten, der seinerseits zwei weitere Sekretärinnen beschäftigte; weitere Zuarbeiten erledigte das allgemeine Vorstandssekretariat. Seine öffentlichkeitswirksamen Reden wurden häufig vom Leiter des Vorstandssekretariats, Bernhard von Loeffelholz, oder vom Chefvolkswirt Reinhold Stößel entworfen, denen Ponto zuvor inhaltliche Grundzüge skizzierte und deren Entwürfen er anschließend einen letzten

Schliff gab. Beide waren aber in dieser Arbeit «enorm von ihm geprägt»; Bernhard von Loeffelholz beschreibt seine Zeit in der Umgebung Jürgen Pontos als «regelrechte Sprachschulung».[3] Pontos Auftritte auf den Hauptversammlungen der Dresdner Bank, bei denen die herausgehobene Rolle des Sprechers vielleicht am deutlichsten zum Ausdruck kam und wo seine rhetorischen Fähigkeiten im Umgang mit kritischen Fragen der Aktionäre entsprechend gefordert waren, wurden überdies durch die Bankjuristen sorgsam vorbereitet.

Pontos Aufgabe, das vom Aufsichtsratsvorsitzenden Ernst Matthiensen geforderte «geschlossene Team» zu formen und auch zu lenken, wurde durch die Verjüngung des Führungsgremiums sicher erleichtert. Der Generationenwechsel in der Leitung der Dresdner Bank, der in seinem Amtsantritt den deutlichsten Ausdruck erhalten hatte, setzte sich in den nächsten Jahren fort. Mit Adolf Schäfer, Werner Krueger, Fritz Reinhold, Herbert Henzel und Franz Witt verließen zwischen 1970 und 1973 die letzten der in den fünfziger Jahren berufenen Mitglieder aus Altersgründen den Vorstand; mit Wolfgang Leeb, Karl-Ludwig Bresser, Manfred Meier-Preschany, Wolfgang Röller, Horst Schmeling, Christoph von der Decken und Werner Funke kamen allein zwischen 1970 und 1972 sieben neue Vorstandsmitglieder hinzu, um die 1964 eingeleitete «Runderneuerung» abzuschließen. In der Ära Ponto gab es mit Hans-Joachim Schreiber 1974 und Hans Wuttke 1975 nur noch zwei weitere Nachrücker.[4]

Jürgen Ponto war als «großer Integrator»[5] vermutlich die Idealbesetzung für die Spitzenposition in dieser neuen Führungsmannschaft. Er pflegte einen konsensorientierten Führungsstil, festigte dabei aber zugleich seine eigene Stellung als Primus mit der Kompetenz fürs Wesentliche. Als unangefochtene Führungsfigur der Dresdner Bank – ernsthafte Konflikte mit anderen Vorstandsmitgliedern sind auch aus den frühen Jahren an der Spitze nicht überliefert – genoss er den Ruf, sich nicht in die Fachressorts seiner Kollegen einzumischen und sich in öffentlichen Stellungnahmen zur Geschäftspolitik der Bank auf grundsätzliche Fragen zu beschränken.[6] Begeisterungsfähigkeit, Kommunikations- und Moderationstalent waren offensichtlich elementare Voraussetzungen dafür, in einem Vorstand dieser Größe nicht nur einen für das Funktionieren des arbeitsteiligen Großunternehmens Dresdner Bank nötigen Minimalkonsens zu stiften, sondern auf vielen Feldern gleichzeitig eine Reorganisation des Unternehmens und seines

Images voranzutreiben, die letztlich darauf zielte, sich in einer Zeit vielfältiger Umbrüche im Wettbewerb mit altbekannten und neuen Konkurrenten zu behaupten.

Imagepolitik

Die Auflösung der traditionellen Abgrenzung von Interessensphären und Kundensegmenten zwischen den verschiedenen Institutsgruppen und der verschärfte Wettbewerb hatten bereits in den sechziger Jahren die Einsicht reifen lassen, dass weiteres Wachstum nicht auf Kosten der Rentabilität gehen durfte. Zugleich war offensichtlich, dass eine Verbreiterung der Kundenbasis ebenso nach innovativen Konzepten verlangte wie die angestrebte Ausdehnung auf den internationalen Märkten. Im nationalen wie im internationalen Wettbewerb war die Dresdner Bank auf der Suche nach dem, was man heute «Alleinstellungsmerkmale» nennt – und Jürgen Ponto selbst wurde binnen kurzer Zeit vielleicht ihr wichtigstes Alleinstellungsmerkmal. Noch Anfang 1971 behauptete etwa der *Spiegel* in einer Titelstory über die angeblich unkontrollierte Macht der Banken, Ponto sei «nur den Abnehmern von Großkrediten und Besuchern von Hauptversammlungen bekannt».[7] Spätestens im Sommer des folgenden Jahres war es damit vorbei. «Eine Großbank korrigiert ihr Image», titelte die *Wirtschaftswoche* ausgerechnet zum 100-jährigen Jubiläum der Dresdner Bank im September 1972.[8] Das dazugehörige Titelfoto zierte jene Person, die diese Bank mittlerweile regelrecht personifizierte: Jürgen Ponto thronte buchstäblich auf dem Cover der Zeitschrift. Das Foto suggerierte zwar nicht gerade eine Dynamik des Umbruchs, sondern vermittelte eher den Eindruck konservativer Gediegenheit – allerdings gebrochen durch ein jovial-ironisches Schmunzeln, dem man ablesen mochte, dass sich der abgebildete Vertreter der deutschen Bankierselite sehr bewusst war, seine Bank nicht wie ein Patriarch regieren zu können.

Jedenfalls bereitete es Jürgen Ponto ein sichtliches Vergnügen, den 100. Geburtstag der Dresdner Bank öffentlichkeitswirksam zu zelebrieren. Unmittelbar nach seiner Ernennung zum Sprecher, also gut drei Jahre vor dem festlichen Ereignis, forderte er seine Vorstandskollegen bereits zu Vorschlägen für die Gestaltung des Jubiläums auf.[9] Auch in der Folgezeit lagen Verantwortung und Initiative für die Inszenierung des Festaktes bei ihm selbst und dem von ihm als Organisator eingesetzten Bernhard von Loeffelholz. Der eigentliche Jubiläumstermin wäre der 12. November 1972 gewesen. Ponto hatte jedoch frühzeitig darauf hingewiesen, dass ein Tag im Spätherbst «für besondere Veranstaltungen nicht besonders geeignet» sei.[10] Zwei Jahre vor dem Ereignis schlug er dem Vorstand vor, es bereits Mitte September und damit unmittelbar nach den Olympischen Spielen in München stattfinden zu lassen; das erhöhte nicht zuletzt die Chancen, durch die Begrüßung möglichst vieler international bekannter Gäste die internationalen Ambitionen der Dresdner Bank zu demonstrieren. Die Wahl des Festortes konzentrierte sich zusehends auf das ebenfalls über die Landesgrenzen hinaus symbolträchtige West-Berlin, wo im Rahmen einer Abendveranstaltung mit etwa 1500 Teilnehmern auch eine «künstlerische Darbietung» stattfinden sollte.[11]

Auch die Deutsche Bank erinnerte sich zu dieser Zeit der öffentlichen Aufmerksamkeit ihres früheren Hauptsitzes und veranstaltete anlässlich des 100-jährigen Jubiläums im April 1970 eine Pressekonferenz mit Journalistenempfang in Berlin, die eigentlichen Feierlichkeiten fanden jedoch in Frankfurt statt.[12] Bei der Dresdner Bank hingegen verdankte sich die Konzentration auf die geteilte «Frontstadt» ebenso dem persönlichen Engagement des Vorstandssprechers wie die Förderung von Kunst und Wissenschaft; beides entsprang wesentlich seiner persönlichen Initiative und dem engen Zusammenwirken mit Loeffelholz. Die Veranstaltung war Ponto offensichtlich ein Herzensanliegen und nicht nur eine geschickt kalkulierte Marketingaktion. Zugleich bot sie freilich den idealen Anlass, sich selbst der Öffentlichkeit zu präsentieren. Nicht zuletzt begründete Jürgen Ponto damit seinen Ruf als Förderer des künstlerischen Nachwuchses, auf den später noch zurückzukommen ist, indem er und Loeffelholz im direkten Kontakt mit dem Dirigenten Herbert von Karajan als federführende Mitgründer einer von namhaften Unternehmen finanzierten Orchesterakademie der Berliner Philharmoniker fungierten.

Schon vor der Gründungsinitiative war verabredet worden, dass die Philharmoniker die Feierlichkeiten eröffnen würden. Im Anschluss an ein glanzvolles Konzert und einen Empfang beim Regierenden Bürgermeister nutzte Ponto eine Pressekonferenz, um gleichzeitig die Einrichtung eines Stiftungsfonds zur Förderung von Kunst und Wissenschaft, der diverse Museen vor allem in Berlin unterstützen sollte, und die Errichtung einer Repräsentanz in Moskau anzukündigen. Mit diesem Schritt demonstrierte die Dresdner Bank ihren Anspruch, das führende bundesdeutsche Kreditinstitut im Geschäft mit der Sowjetunion zu werden – Geschäftssinn und Wachstumsambitionen, Kultur und Weltoffenheit wurden symbolisch zusammengeführt. Seinen großen Auftritt hatte Ponto indes erst am nächsten Tag, dem 12. September 1972, in der Berliner Kongresshalle. Der Aufsichtsratsvorsitzende Ernst Matthiensen eröffnete den Reigen der Festansprachen mit einer historischen Skizze, bevor sich mit dem früheren Bundeswirtschaftsminister Ludwig Erhard eine Symbolfigur des inzwischen verflossenen «Wirtschaftswunders» zu wirtschaftspolitischen Fragen äußerte; es folgten Grußworte von Vertretern der Privatwirtschaft und der Bundesbank.[13]

Dann ergriff der Sprecher das Wort. Geschickt an Erhards Image als Vater der Sozialen Marktwirtschaft anknüpfend und mit dezenten Hinweisen auf die Verdienste der Bank um den Wiederaufbau der westdeutschen Wirtschaft, reklamierte Jürgen Ponto trotz vieler historischer Reminiszenzen letztlich die Verantwortung für die Zukunft als sein eigentliches Aufgabenfeld: Die grundsätzliche Aufgabe von Unternehmern bestehe in «aktiver Auseinandersetzung mit der Zukunft». Die dabei zu treffenden Entscheidungen müssten gerade in der Wirtschaft – dort, wo die «Umwandlung von Phantasie in Wirklichkeit» stattfinde – auf der Grundlage individueller Wahlfreiheit erfolgen können. In Erinnerung an den Fackelzug der Nationalsozialisten durch das Brandenburger Tor knapp 40 Jahre zuvor rief er vor allem die jungen Mitarbeiter der Bank dazu auf, «ständig dicht an der Realität zu leben» und ihrem eigenen Verstand zu folgen: «Erhalten wir uns ein feines Ohr für die falschen Töne.» Von dieser Mahnung schlug er abschließend geschickt den Bogen zu einem Bekenntnis zu Berlin als Symbol der Auseinandersetzung um politische Freiheit und zu den USA als deren Garant.[14]

Pontos Ansprache, die auf knappstem Raum ein emphatisches Bekenntnis zu Vernunft, individueller Freiheit und politischer Nüchternheit ablegte, dokumentierte nicht nur sein rhetorisches Talent. Sie demonstrierte auch mit öffentlicher Wirkung, dass der Sprecher der Dresdner Bank in nachdenklichem Optimismus weit über sein professionelles Tätigkeitsfeld hinausdachte. Dieser Eindruck war nachhaltig: Noch kurz

Abb. 10: Festveranstaltung zum 100-jährigen Jubiläum der Dresdner Bank in der Berliner Kongresshalle, 12. 9. 1972

vor seinem Tod wurde Ponto vom Regierenden Bürgermeister Stobbe und dem Verleger Wolf Jobst Siedler eingeladen, sich als Teil einer «Reihe international bekannter Persönlichkeiten» auf einem Symposium «über Funktion und Zukunft unserer Stadt zu äußern».[15]

Die Berliner Rede steigerte zweifellos seine Popularität; Hans-Günther Sohls spätere Einschätzung, erst damit sei ihm «auch in der Öffentlichkeit der Durchbruch zu einer der führenden Persönlichkeiten unserer Wirtschaft gelungen»,[16] wird man dennoch relativieren müssen. Das Jubiläumsereignis allein erklärt Jürgen Pontos Aufstieg zur öffentlichen Person nicht; die größten Schlagzeilen machten hier seine Ankündigung, die Dresdner werde als erste bundesdeutsche Bank eine Repräsentanz in Moskau eröffnen, und Ludwig Erhards drastische Warnungen vor der «Todsünde» der Inflation. In längeren Artikeln zur Geschichte der Bank, die bereits eine Woche vorher erschienen, tauchten Fotos Jürgen Pontos hingegen bereits neben dem Bild des Bankgründers Eugen Gutmann auf.[17] Auch das erwähnte Titelbild der *Wirtschaftswoche* erschien bereits eine Woche vor der Veranstaltung. Schon

längere Zeit vor seinem Auftritt hatte das *ZEITmagazin* Ponto mit dem
Satz vorgestellt, er habe «das moderne Gesicht des Unternehmens» geprägt, obwohl es in dem Artikel nur um Expertentipps zur Geldanlage
ging.[18] Fast zeitgleich hatte die *New York Times* einen längeren Artikel
zur Wettbewerbslage im deutschen Kreditwesen mit zwei Porträtfotos
illustriert. Zu sehen waren Hermann Josef Abs und Jürgen Ponto – der
große alte Mann des deutschen Bankgewerbes und der populärste Vertreter der nächsten Generation.[19]

Der sorgfältig inszenierte Festakt in Berlin war zwar ein herausragendes Ereignis. Er fügte sich jedoch in eine seit längerem angelaufene
Kampagne zur Verbesserung des Unternehmensimages, die wiederum
eng verbunden war mit der Reorganisation der Bank und ihrer geschäftlichen Expansion. Zum Ausdruck kam der Imagewandel nicht zuletzt in
einer Festschrift, die im Gegensatz zu den zuvor erschienenen Jubiläums-
bänden der Deutschen Bank und der Commerzbank den runden Geburtstag nicht in einer großen historischen Selbstdarstellung zelebrierte.[20] Der
ehemalige Chefvolkswirt Kurt Hunscha und der Bankenhistoriker Erich
Achterberg hatten zwar als Basis bereits einen ersten historischen Abriss
vorbereitet, der den damals für Festschriften gängigen Mustern folgte
(und die Rolle der Bank in der NS-Zeit dementsprechend verharmloste).
Ponto sorgte jedoch dafür, dass diese Chronologie «nur als Kalendarium»
einem großformatigen Buch angehängt wurde, das sich «grundlegend
von anderen Festschriften» unterscheiden sollte.[21]

Eingeleitet wurde die Jubiläumsgabe von einem geschichtsphiloso-
phischen Essay des Schriftstellers Klaus Harpprecht. Ponto hob in seiner
Festansprache ausdrücklich die kontroversen Diskussionen mit dem
Redenschreiber des sozialdemokratischen Bundeskanzlers Willy Brandt
hervor. Der Vorstandssprecher demonstrierte also einen grundsätzlichen
Wandel der Bank hin zu einem offeneren Umgang mit neuen gesellschaftspolitischen Strömungen; Harpprecht seinerseits berichtete später,
dass sein Essay bei politisch linksstehenden Freunden auf Kritik gestoßen war.[22] Den Hauptteil bildeten 274 Bildtafeln, die als «Chiffren einer
Epoche» fast ohne Kommentierung und in bewusst verwirrender Vielfalt
die gesellschaftlichen Brüche des vergangenen Jahrhunderts dokumen-
tierten oder künstlerisch einfingen. Der Vorstandssprecher persönlich
hatte entschieden, dass die Bank statt einer historischen Selbstbespiege-
lung ein «Bilderbuch» herausgeben würde. Bernhard von Loeffelholz ließ

den Journalisten Karl Pawek, der durch die Organisation zweier «Weltausstellungen der Photographie» im Auftrag des Magazins *Stern* bekannt geworden war, eine größere Bildauswahl zu dem von Ponto verfügten Motto «100 Jahre – 100 Kontraste» zusammentragen. Loeffelholz und ein «Vorstandsausschuss» aus Ponto, Hagenmüller und Meier-Preschany trafen die endgültige Auswahl aus den Fotografien, die auf dem Fußboden im zehnten Stock des Vorstandsgebäudes ausgelegt worden waren. Am Ende ließ Ponto es sich nicht nehmen, gemeinsam mit Loeffelholz die knappen Unter- oder Zwischentitel zu formulieren.[23]

Das Ergebnis darf man gewagt nennen, denn im Kontrast mit historischen Stichen präsentierte der Band nicht nur moderne Kunst oder Fotos aus dem zeitgenössischen Familienleben – Ponto riskierte es beispielsweise auch, in einer Jubiläumsfestschrift das Thema «Umwelt» mit einer Doppelseite voller verendeter Fische zu illustrieren. Solch visuelle Verdichtungen gesellschaftlicher Umbrüche der frühen siebziger Jahre machen die Festschrift, im Gegensatz zu vielen herkömmlichen Chroniken, auch heute noch lesens- bzw. sehenswert. Die Bank signalisierte damit ihren Kunden und Mitarbeitern zum runden Geburtstag in erster Linie den dynamischen Aufbruch in ein neues und durchaus unsicheres Zeitalter. Dass Tradition und Verlässlichkeit dabei nicht über Bord geworfen würden, zeigte andererseits nicht nur die abschließende Chronik der Dresdner Bank, sondern auch ihr konservativ-ironisch inszenierter Vorstandssprecher auf dem Cover der *Wirtschaftswoche*.

Man mochte dem Foto auch eine gewisse Zufriedenheit über das binnen drei Jahren Erreichte ablesen. Jürgen Ponto hatte den öffentlichen Auftritt der Dresdner Bank schon vor seiner Ernennung zum Sprecher mitbetreut, und die Vorbereitung des Jubiläums betrieb er bewusst als Teil einer umfassenden Verbesserung des Unternehmensimages.[24] Dass der Wandel der Medienöffentlichkeit nach einem offensiveren Auftreten verlangte und die Zeiten allzu distinguierter Zurückhaltung vorbei waren, hatte sich schon nach den Krisen bei Schlieker, Krages und Stinnes in den frühen sechziger Jahren gezeigt.[25] Eine wirkliche, und zunächst immer noch zaghafte, Professionalisierung der Öffentlichkeitsarbeit fand dennoch erst in der Ära Ponto statt. Sichtbar wurde das nicht nur an der persönlichen Präsenz des Sprechers, der ein gesuchter Interviewpartner war, gemeinsam mit anderen Vorstandsmitgliedern regelmäßig informelle Pressegespräche mit einem größeren Redakteurskreis der

Abb. 11: Der Sprecher als
Imagefaktor: Titelbild der
Wirtschaftswoche vom 8. 9. 1972

Frankfurter Allgemeinen Zeitung führte und seit 1973 dem «Ausspache-
kreis» der Redaktion des *Handelsblatts* mit einflussreichen Repräsentanten der Wirtschaft angehörte,[26] sondern auch in der Organisation der
Kommunikationspolitik innerhalb der Dresdner Bank. Die Presse- und
Öffentlichkeitsarbeit war bislang Sache der Volkswirtschaftlichen Abteilungen an den drei zentralen Standorten gewesen, während die Deutsche
Bank seit geraumer Zeit über eine eigene Stabsabteilung für diesen Bereich verfügte und in Großunternehmen der deutschen Industrie bereits
hochprofessionelle PR-Abteilungen nach amerikanischem Vorbild exis-
tierten.[27] Mit dem Volkswirt Walter Vielmetter berief Ponto zum ersten
Mal einen Pressesprecher der Dresdner Bank. Die gesamte Öffentlichkeitsarbeit wurde 1971 unter Vielmetter in Frankfurt zentralisiert und
direkt beim Vorstandssprecher angesiedelt. Das unmittelbare Ergebnis
darf man allerdings nicht überschätzen: Noch Jahre später beklagte Vielmetter mangelnde Unterstützung, eine chronische Unterausstattung
seiner Abteilung im Vergleich zu anderen Unternehmen und den personalpolitischen Ressortegoismus der Volkswirtschaftlichen Abteilungen;
zwar seien «theoretisch die Voraussetzungen für eine ausgesprochen

moderne Konzeption der Öffentlichkeitsarbeit» gegeben, die aber nur unzureichend in die Praxis umgesetzt werde.[28] Sichtbarer als bei der Professionalisierung der PR-Arbeit waren die Erfolge bei der Modernisierung der Werbung, mit der sich Ponto vor seiner Berufung zum Sprecher ausgiebig beschäftigt hatte. Vorstandsmitglied Cai Graf zu Rantzau hatte ihm schon 1965 geschrieben, insbesondere das werbeintensive Massengeschäft müsse «nicht nach Gefühl und Wellenschlag, sondern ähnlich wie das Geschäft bei unseren Seifenpulver-Freunden aufgezogen» werden, also wie bei den Herstellern von Massenkonsumgütern.[29] Eine ausführliche Analyse der «Marktlage und der Position der Dresdner Bank im Hinblick auf Werbung und Öffentlichkeitsarbeit», die Werbechef Kurt Richebächer Ponto Mitte 1969 zukommen ließ, dürfte daher auf sein reges Interesse gestoßen sein. Schon Richebächers Position in der Dresdner Bank demonstrierte, dass die institutionelle Reorganisation der Bank mit einer modernisierten «Imagepolitik», von der jetzt öfter die Rede war, verzahnt werden sollte: Ponto selbst hatte ihn als Leiter der 1966 neu geschaffenen zentralen Werbeabteilung in Frankfurt installiert, mit deren Einrichtung die Dresdner Bank dem Vorbild der beiden anderen Großbanken folgte.[30]

Richebächers Papier griff weit über die eigentliche Werbung hinaus. Der Verfasser konstatierte einen verschärften Wettbewerb der deutschen Kreditinstitute insbesondere um Privatkunden, der den bereits skizzierten Trend seit den fünfziger Jahren nur noch verstärken werde: Notwendig war nicht nur intensivere Werbung um neue Kunden, sondern angesichts der herrschenden Vollbeschäftigung auch um qualifiziertere Fachkräfte und Auszubildende; eine weitere Differenzierung der Angebotspalette und wachsende Investitionen in Serviceleistungen trafen auf einen «Wandel in der Mentalität und in der Einstellung der Kundschaft gegenüber den Banken in Richtung höherer und differenzierterer Leistungsanforderungen». Die traditionelle Segmentierung der Märkte zwischen den verschiedenen Bankengruppen erodierte weiter («Alle konkurrieren gegen alle»), während ein zunehmender Anteil von Spar- und Termineinlagen an den Kundengeldern bei relativ hohen Sparzinsen die Erträge drückte und der Personalaufwand weiter anstieg. In dieser Situation versprach die bislang verfolgte Wachstumsstrategie des Filialausbaus allein wenig Verbesserung, wenn sie nicht von einer Werbestrategie flankiert wurde, die weniger auf spontane Improvisation setzte als bisher.

Sowohl die Werbung als auch die Öffentlichkeitsarbeit der Dresdner Bank waren bislang «praktisch auf sich allein gestellt». In Zukunft sollten sie, verzahnt mit Absatzpolitik und Serviceangeboten und gestützt auf präzise Marktanalysen und Prognosen, systematisch «den Unternehmensgeist ausstrahlen und die Geschäftspolitik unterstützen». Nicht nur Werbekampagnen, sondern sämtliche geschäfts- und investitionspolitischen Entscheidungen, die auf Jahre hinaus erhebliche Summen banden, dürften sich mittlerweile «nicht mehr auf Erfahrungen der Vergangenheit», sondern müssten sich «einzig und allein auf umfassende und sorgfältige Prognosen der zukünftigen Markt- und Kostenentwicklung stützen».

Dieser umfassende Planungsgedanke war ein typisches Kind der Zeit und fügte sich unmittelbar in Hagenmüllers Reformkonzepte für die Organisation der Dresdner Bank, die ebenfalls auf die Schaffung differenzierter und gleichzeitig verwissenschaftlichter, standardisierter Strukturen und Abläufe für die verschiedenen Kundensegmente zielten. Richebächer begriff seine Überlegungen nicht nur als Reformvorlage für die Werbekonzeption der Bank, er wollte gleich «die notwendigen Voraussetzungen für eine Planung und Koordination auf den Gebieten der Absatzpolitik und vor allem in den Teilbereichen der Werbung, Öffentlichkeitsarbeit sowie der volkswirtschaftlichen Information und Marktforschung» vorantreiben. Ganz besonders galt das für das Massengeschäft mit der Privatkundschaft, wo Sparkassen und Genossenschaftsbanken massiv an einer Modernisierung ihres Images und ihrer Angebotspalette arbeiteten; insbesondere die Sparkassen warben gezielt und erfolgreich um junge Neukunden. Eine Verschärfung des Wettbewerbs war aber auch im Investment- und Wertpapiergeschäft zu beobachten, wo Service und Beratung eine erhebliche Rolle spielten.

Allein mittels einer wettbewerbsfähigen Gestaltung von Preisen und Leistungen waren freilich Neukunden nicht zu gewinnen, denn deren Motive waren «nicht nur rationaler, sondern auch psychologischer Natur». Die potenzielle Kundschaft entscheide «nach dem Hörensagen und optischen Eindrücken, letzten Endes nach dem Image des betreffenden Instituts». Neben der Qualität der Leistungen entschied damit das «optische Erscheinungsbild» über den Erfolg der Bank. Das galt gerade für ein Kreditinstitut, dessen Außenwahrnehmung ganz wesentlich von den Fassaden und «tausenden Schaufenstern» seiner Filialen bestimmt wurde. Richebächer plädierte daher für eine Grundrenovierung der Filialen, die nach Meinungsumfragen insgesamt «eher altmodisch und klein» wirkten. Durch eine systematische Erneuerung des Corporate Designs sollte sich die Dresdner Bank nicht nur gegenüber der Konkurrenz abgrenzen, sondern die Zugehörigkeit zur «Spitzenkategorie von Wirtschaftsunternehmen» und zugleich «kulturellen Rang» demonstrieren.

Vor allem aber sollten die «assoziativen Mittel» der Ästhetik «neue Möglichkeiten zur Gewinnung von Vertrauen» potenzieller Kunden bieten, die über die wenig subtile «Selbstanpreisung» der üblichen Werbeanzeigen hinausgingen.[31] Man mag einen Teil dieser Überlegungen für übersteigert halten und dem Profilierungsbedürfnis eines Werbeexperten zuschreiben. Aber Richebächers Forderung, die Imagepolitik der Dresdner Bank müsse endlich «der soziologischen und geistigen Strömung der Zeit entsprechen»,[32] wurde von der Bankleitung durchaus ernst genommen. Mit Otl Aicher, Mitbegründer der Ulmer Hochschule für Gestaltung und seit 1967 Gestaltungsbeauftragter für die Vorbereitung der Olympischen Spiele in München 1972, gewann die Dresdner Bank für ihre optische Runderneuerung einen der profiliertesten deutschen Designer, der schon andere Großunternehmen bei der Modernisierung ihres Images unterstützt hatte. Corporate Design hatte für Aicher einem umfassenden Konzept zu folgen, in dem die einzelnen Elemente nicht beliebig zu wählen und leicht ersetzbar waren, sondern im Zusammenspiel mit Werbung und interner Unternehmenskommunikation elementare Eigenschaften des Unternehmens verkörperten.[33]

Dem gegenwärtigen «technischen Zeitalter» angemessen war für Aicher eine nüchterne, «Rationalität, Funktionalität und Objektivität» signalisierende Formgebung. Gerade die visuelle Neuerfindung der Dresdner Bank, die in Meinungsumfragen (in Aichers Worten) als Kreditinstitut «mit einem humanen Gebaren, mit einem persönlichen Umgangston» erschien, entsprach dabei auch einem gesellschaftspolitischen Anspruch seiner Arbeit. In der Konsequenz sollte beispielsweise der Namenszug der Bank «ohne repräsentative Mittel» dargeboten und in einen grünen Streifen, das eigentliche visuelle Erkennungsmerkmal, integriert werden; das war ein radikaler Bruch mit dem Stil, in welchem der Name der Bank im Grunde seit dem Kaiserreich an Fassaden und Türen oder auf Briefbögen prangte. Ganz im Sinne von Riche-

bächers Überlegungen zur Gewinnung von Vertrauen bei potenziellen
Neukunden sollte die systematische Erneuerung der äußeren Erscheinung der Tatsache gerecht werden, dass der selbständige Umgang mit
Geld und das Aufsuchen einer Bankfiliale «zu den neuen Selbstver-
ständlichkeiten auch schon in der jüngeren Generation» gehörten. Für
Aicher signalisierten seine funktionalen Entwürfe nicht «Gleichförmig-
keit und Strenge, sondern Freiheit, Vitalität und Seriosität».[34]
Aicher scheint bei seinen Entwürfen weitgehend freie Hand bekommen zu haben. Eine Ausnahme war seine Idee, in Zukunft völlig auf
ein Firmenzeichen zu verzichten, weil der alte Name im neuen Design
genügend Signalkraft besitze.[35] Jürgen Ponto hatte sich bereits 1967 für
ein neues, markantes Emblem der Dresdner Bank eingesetzt und trat
offenbar auch weiterhin dafür ein. Anlässlich des 100-jährigen Jubiläums präsentierte die Bank schließlich ein hochabstraktes und betont
schlichtes Erkennungszeichen, das sich hervorragend in Aichers Entwürfe fügte. Das Logogramm, ein nach oben weisendes weißes Dreieck
in einem grünen Sechseck, löste das seit 1917 mit nur geringen Ab-
wandlungen benutzte Firmenzeichen ab, welches die Buchstaben D
und B um einen stilisierten Merkurstab, das Symbol für den Gott des
Handels, gruppierte. Das neue weiße Dreieck stand für den griechi-
schen Buchstaben Delta, ließ sich also als Abkürzung für «Dresdner
Bank» interpretieren und sollte zugleich Dynamik signalisieren. An der
traditionellen weiß-grünen Farbkombination, hergeleitet aus den sächsischen Landesfarben und selbst von Aicher für «frisch» und «optimistisch» befunden, wurde dabei festgehalten. Entworfen hatte das neue
Logo der Münchner Grafiker Jürgen Hampel; ob die in der Bank ge-
läufige Bezeichnung als «Ponto-Auge» tatsächlich darauf zurückging,
dass der Sprecher selbst sich gelegentlich an Entwürfen versuchte, lässt
sich nicht mit Sicherheit belegen.[36]
     Aicher entwarf nicht nur neue Schriftzüge, sondern machte auch
Vorschläge für die Teppichböden oder die an den Filialwänden aufzu-
hängenden Fotografien. Gemeinsam mit dem Architekten Hannsgeorg
Beckert konzipierte er ein kohärentes Design für die vollständig neue
Inneneinrichtung der Filialen. Auch der Architekt, der 1971 in einem
Pilotversuch die Kassenhalle der Frankfurter Hauptverwaltung um-
baute, betrachtete seine Arbeit als «Humanisierung im Sinne unserer
heutigen Zeit». Das grün-braune Ergebnis mag man heute eher nieder-

Abb. 12: Logo und Schriftzug der Dresdner Bank, alt und neu

drückend finden, doch damals markierte es tatsächlich einen Bruch mit der traditionellen Distanz zwischen «Bankbeamten» und Kunden: Der inhaltliche Kern des Umbaus bestand in einer visuellen Öffnung der Schalterhallen zum Kunden, indem für einen Teil der Servicebereiche Beratungstische anstelle trennender Theken eingerichtet wurden, so dass die Trennung zwischen Kunden- und Arbeitsbereichen weniger scharf erschien. Die Möblierung erfolgte in einem Baukastensystem, das ein durchgehendes Design in variablen Farbmustern und flexibler Anordnung der einzelnen Möbel ermöglichte. Bis hin zu Türgriffen und Nachttresoren war es durchgehend auf Aichers Design abgestimmt.[37]

Die umfassende optisch-architektonische Erneuerung der Dresdner Bank, die in den nächsten Jahren in den meisten Filialen umgesetzt wurde und ganz erheblich zu ihrer Imagekorrektur beitrug, verantworteten mit Ponto, Hagenmüller und Kühl drei Vorstandsmitglieder.[38] Sie war auf das allgemeine Erscheinungsbild der Bank abgestimmt, das inzwischen ebenfalls Modernität und Dynamik zum Ausdruck brachte,

Abb. 13: Inneneinrichtung der Frankfurter Hauptfiliale, 1971

nachdem Ponto seit 1966 energisch die Zentralisierung der Werbeaktivitäten betrieben hatte. In Besprechungen mit Richebächer und den
Werbeleitern der anderen Standorte hatte er sich auch regelmäßig und
äußerst kritisch in die Inhalte der Werbekampagnen (bis hin zur Neu-
gestaltung von Spardosen oder Taschenkalendern) und die Auswahl der
zu beauftragenden Werbeagenturen eingeschaltet. Im Zentrum stand
dabei, wenig überraschend, das Massengeschäft vor allem mit Spar-
konten.[39]

Deutlich länger dauerte es allerdings, bis man sich zur Nutzung des
seinerzeit modernsten Massenmediums durchrang. Schon 1968 schlug
ein Werbeexperte vor, dass die Dresdner Bank als erste Großbank im
Fernsehen auftreten sollte, weil das gemessen an der Zahl der dadurch
erreichten potenziellen Kunden wesentlich kostengünstiger sei als die
Werbung in Tageszeitungen. Der Einstieg ins Fernsehzeitalter wurde jedoch durch die überkommenen Strukturen der deutschen Kreditwirt-

schaft gebremst, denn dazu wäre es notwendig gewesen, ein Abkommen über den Verzicht auf Fernsehwerbung mit den beiden anderen Großbanken und den Privatbanken aufzukündigen.[40] Auf den ersten Blick erstaunt es, dass gerade der medienbewusste Jürgen Ponto bezüglich der Nutzung des längst zum Massenmedium aufgestiegenen Fernsehens zunächst äußerst zurückhaltend blieb und sogar die Deutsche Bank in einer Absprache darauf verpflichtete, «dass wir endgültig auf Fernsehwerbung verzichten».[41] Teils dürfte sich das aus einer gewissen Zurückhaltung des distinguierten Großbankiers gegenüber einem Medium erklären, das in einer bestimmten Weise die Massen ansprach. Die Dresdner Bank betrieb zwar bereits Werbung im Radio, dafür verlangte Ponto aber «dezidiert sachliche, im Kontrast zur Waschmittelwerbung stehende Spots».[42] Allzu aggressive Werbung galt unter den Großbanken als verpönt; der Liberalisierung von 1967 zum Trotz gab es zumindest mit der Deutschen Bank bis weit in die siebziger Jahre hinein Aussprachen über Werbebudgets und Formen der Werbung.[43] Den korporatistischen Traditionen entsprach es, dass der Bundesverband des privaten Bankgewerbes schon seit 1966 eine «Fernsehgemeinschaftswerbung» unter dem drögen Slogan «Banken sind erfahren – darum Bankensparen» betrieb, der statt der Konkurrenz unter den privaten Kreditinstituten ihre Gemeinsamkeiten betonte.[44]

Ein weiterer Grund für die Zurückhaltung war möglicherweise, dass Fernsehwerbung angesichts der begrenzten Kapazitäten der öffentlich-rechtlichen Sender bei wachsender Nachfrage sehr langfristig im Voraus gebucht werden musste. Im Zuge einer systematischeren Planung und Budgetierung der Werbeaktivitäten dürfte eine solch langfristige Investition aber allmählich näher gelegen haben. Spätestens 1972 wurde bei der Dresdner Bank denn auch intern darüber nachgedacht, das Verzichtsabkommen aufzukündigen. Den Anstoß gab auch auf diesem Feld die Konkurrenz der Sparkassen und Volksbanken, die auf diesem Weg gerade im hart umkämpften Massengeschäft zusätzliche Kunden gewannen.[45] Auf der Basis einer langfristig angelegten, im Februar 1975 verabschiedeten «geschlossenen» Werbekonzeption gab es 1976 den ersten Fernsehauftritt der Dresdner Bank. «Modern» und speziell auf das Medium Fernsehen orientiert war nach eigener Einschätzung, dass man im Gegensatz zur Deutschen Bank bewusst auf eine «emotionale Ansprache» des Publikums setzte.[46] Zugleich wurde damit der Bogen zu Otl Aichers

Abb. 14: Jürgen Ponto, Reinhold Stößel und Karl Friedrich Hagenmüller (von
rechts) bei einer Pressekonferenz zur Vorstellung der Baupläne für die neue
Zentrale der Dresdner Bank, 16. 12. 1976.

neuem Corporate Design aus dem Jahr 1970 geschlagen: Aus Aichers
grünem Streifen wurde der bekannte Werbeslogan vom «grünen Band
der Sympathie», mit dem die Dresdner Bank vor allem durch die entsprechende Melodie in der Fernsehwerbung lange Zeit identifiziert
wurde.[47]

Erst damit war die traditionsreiche Dresdner Bank auch optisch
ganz in einer wirtschaftlichen und gesellschaftlichen Umbruchszeit angekommen, die als Chance für einen Aufbruch zu neuen Ufern wahrgenommen wurde. Sichtbar wurde das in einigen hundert Filialen in
der ganzen Republik, aber vielleicht am deutlichsten im Frankfurter
Bahnhofsviertel. Die Dresdner Bank baute dort in den siebziger Jahren
ein neues Verwaltungshochhaus, das damals höchste Gebäude der
Bundesrepublik. Ein «Bauausschuss», in dem neben den Vorstandsmitgliedern Ponto, Haeusgen, Hagenmüller und Meier-Preschany die bereits im Filialumbau erfahrenen Architekten Beckert und Becker ver-

treten waren, erörterte seit 1972 die einzelnen Schritte. Auch das neue Hochhaus stand sinnbildlich für den offensiven Umgang mit neuen Herausforderungen: «So schnell wie möglich, so hoch wie möglich», resümierte Jürgen Ponto die erste Sitzung des Ausschusses.[48]

Die Reorganisation der Dresdner Bank

Der Vorstandssprecher erlebte die Fertigstellung jenes Hochhauses nicht mehr, das nach seiner Ermordung die Adresse «Jürgen-Ponto-Platz 1» erhielt. Der Hauptverantwortliche für den Hochhausbau war auch nicht er, sondern Karl Friedrich Hagenmüller. «Der Professor», dessen bankinterner Spitzname recht deutlich Vorbehalte gegen den wissenschaftlichen Organisationsexperten ohne Stallgeruch und seinen Führungsstil zum Ausdruck brachte, verantwortete in den siebziger Jahren den größten Teil der Binnenstrukturen und internen Arbeitsabläufe der Bank. Seine Zuständigkeit erstreckte sich zeitweise auf die Ressorts Organisation, Revision, Bauten, Personal, Rechnungswesen und Betriebswirtschaft. Hagenmüller hätte seine Reformpläne schwerlich umsetzen und sich in dieser einflussreichen Position kaum so lange halten können, wenn ihm nicht der Vorstandssprecher die nötige Rückendeckung geboten hätte. Zeitweise konnte sich Ponto offenbar sogar vorstellen, dass Hagenmüller ebenfalls das Amt eines Vorstandssprechers übernehmen würde, um die Dresdner Bank ähnlich wie die Deutsche Bank mit einer «Doppelspitze» zu führen.[49]

Jürgen Ponto war eigentlich nicht übermäßig an Organisationsfragen interessiert. Während der grundlegenden Reformen in der Bank, die Hagenmüller in den frühen siebziger Jahren initiierte, fuhren beide jedoch zeitweise alle vier Wochen gemeinsam in die Jagdhütte der Dresdner Bank im Odenwald, um in Klausur die nächsten Schritte zu diskutieren.[50] Dabei standen Veränderungen auf vielen Feldern zur Diskussion, die teils gleichzeitig zu erledigen waren. Professionelle Öffentlichkeitsarbeit, modernisiertes Corporate Design und systematischere Werbung waren Aspekte eines umfassenderen Konzepts, das sowohl innerhalb der Bank als auch in der Öffentlichkeit als «Reform an Haupt und Gliedern» wahrgenommen wurde.[51] Dass dieser grundlegende Umbau von einem

Wissenschaftler betrieben wurde, der mit den aktuellen Ansätzen moderner Unternehmensführung vertraut war, äußerte sich nicht zuletzt in dem Grundgedanken einer systematischen Planbarkeit von Geschäftsabläufen und Geschäftsentwicklung durch Organisation und Information, der die Reformüberlegungen auf vielen Feldern durchzog. Hagenmüller und sein Stab folgten damit einem zeitgenössischen, vor allem in der zweiten Hälfte der sechziger Jahre aufgekommenen Planungsoptimismus, der zeitweise auch in der Politik und der öffentlichen Verwaltung herrschte.[52]

Nicht nur die Werbung und das Corporate Design der Dresdner Bank sollten seit Ende der sechziger Jahre «zu einem System koordiniert werden».[53] Schon 1966 hatte Hagenmüller ein ausführliches Exposé für eine «Fünfjahresplanung der Dresdner Bank» vorgelegt, also ein mittelfristiges Entwicklungskonzept, das in der deutschen Kreditwirtschaft – anders als in der Industrie – eine Neuheit war. Die Expansion auf den einzelnen Geschäftsfeldern und das dafür benötigte Personal sollten zukünftig ebenso über solche Zeiträume hinweg geplant werden wie Kosten und Erträge.[54] Die problematische Kosten-Ertrags-Relation der Dresdner Bank war Mitte der sechziger Jahre häufiger Gegenstand von Diskussionen, die vor allem Rationalisierungsmaßnahmen gegen den Kostendruck erörterten, ohne jedoch zu durchschlagenden Ergebnissen zu kommen. Dabei wurde deutlich, dass die Kostenprobleme eng mit der in der Dezentralisierungsphase gewachsenen Organisation der Bank zusammenhingen. Erste Reformversuche zielten darauf, mittels einer neuen Geschäftsordnung an den drei Zentralstandorten jeweils einen Teil der überregionalen Ressorts anzusiedeln. Schon dieser Reformanlauf war nur mühsam durchzusetzen, und in der Praxis änderte er wenig daran, dass jeder Standort darauf hinarbeitete, seinen Vorstandsmitgliedern weiterhin Einfluss in sämtlichen Geschäftsfeldern zu verschaffen.[55]

Zu Hagenmüllers ersten größeren Aufgaben gehörte eine Reorganisation und Modernisierung des gesamten Rechnungswesens, um solche Schwachstellen klarer identifizieren zu können.[56] Im Juli 1969 trug Hagenmüller seinen Vorstandskollegen den Stand der Kostendämpfung vor und stellte fest, die Filialen seien inzwischen zumindest «bemüht [...], die Kosten insbesondere auf dem Personalsektor in den Griff zu bekommen», bedürften dabei aber weiterer Überwachung. In den Hauptverwaltungen waren zu dem Thema inzwischen Arbeitsgruppen gebildet worden, was beispielsweise bei einer «Durchleuchtung» von 400 Arbeitsplätzen in der Frankfurter Zentrale zu dem Ergebnis geführt hatte, dass zehn Prozent davon überflüssig waren. Insbesondere die Verzahnung von Kostenkontrolle und Unternehmensorganisation war jedoch noch lange nicht zufriedenstellend. Um dem grundsätzlich abzuhelfen, schlug Hagenmüller neben vielen Einzelmaßnahmen zur Kostenersparnis eine in den deutschen Banken damals noch ungewöhnliche Maßnahme vor, nämlich eine «Organisationsprüfung» durch die Unternehmensberatung McKinsey, und erhielt dafür die Zustimmung des Vorstands.[57]

Die externen Berater analysierten ein halbes Jahr lang die gesamte Bankorganisation vom Vorstand bis zu den Filialen. Während ein ähnliches Projekt bei der Deutschen Bank kurz zuvor gescheitert war, hatte die Untersuchung bei der Dresdner Bank weitreichende Konsequenzen. Teils mag das einem größeren Problemdruck zuzuschreiben sein, teils vielleicht auch der geschickteren Verankerung der Experten innerhalb der Bank, denn ihre Analysen wurden regelmäßig mit einem zwanzigköpfigen Organisationsausschuss diskutiert, in dem sowohl die Vorstands- als auch die Filialebene vertreten war.[58] Auf der Vorstandsebene bestand die Konsequenz in einer weiteren Zentralisierung. Ponto hatte bereits unmittelbar nach seinem Amtsantritt die Sitzungen des Gesamtvorstands, der sich bis dahin nur einmal im Monat getroffen hatte, auf einen zweiwöchentlichen Turnus umgestellt.[59] Im Zuge der Reform wurden die bislang eigenständigen Zentralstandorte Hamburg und Düsseldorf endgültig zu Niederlassungen mit entsprechend geringerem Personalbestand herabgestuft, an denen allerdings weiterhin Vorstandsmitglieder domizilierten. Die Ressortstruktur des Vorstands wurde so umgestellt, dass sechs Mitglieder für die Niederlassungsbereiche und sechs weitere für die zentralen Fachressorts verantwortlich waren, während bis dahin gewöhnlich jedes Vorstandsmitglied sowohl für die Aufsicht bestimmter Filialbezirke als auch für einzelne Fachressorts zuständig gewesen war. Diese überregionalen Fachgebiete wurden jetzt endgültig in Frankfurt zentralisiert bzw. Stabsstellen für den Wertpapier- und Vermögensbereich neu geschaffen. Hagenmüller hatte seine eigenen Arbeitsbereiche Organisation und Revision schon 1966 in Frankfurt zusammengezogen, insofern knüpfte die Umstrukturierung an frühere Maßnahmen an.[60]

Doch die drei seit den späten vierziger Jahren entstandenen Parallel-apparate besaßen offenbar eine erhebliche Beharrungskraft. Bereits die 1967 begonnene Zentralisierung der von Ponto beaufsichtigten Werbeab-teilung erwies sich als mühsames Unternehmen, für das etwa drei Jahre Zeit benötigt wurde, obwohl davon nur 38 Angestellte betroffen waren und offen zutage lag, wie zeit- und kostenaufwändig die bisherige Drei-teilung war.[61] Die Rationalisierung der Ressortstrukturen wurde jetzt deutlich energischer vorangetrieben, obwohl sie sich in einzelnen Fach-bereichen bis 1974 hinzog. So wurde im August 1970 die kurzfristige Ein-richtung zentraler Wertpapier- und Vermögensverwaltungs-Abteilungen in Frankfurt beschlossen, an deren Spitze ein von den Eigeninteressen der alten Hauptverwaltungen unabhängiger Leiter «mit Weisungsrecht gegenüber jeder einzelnen Filiale der Gesamtbank» stand.[62] Ponto, der den McKinsey-Experten die grundlegenden Ziele der Vorstandsreorga-nisation (und die finanziellen Grenzen ihrer eigenen Tätigkeit) gelegent-lich auch selbst eindringlich vermittelte, zog sein Ressort «Geld und Devisen» im November 1970 in Frankfurt zusammen.[63] Und nicht zu-letzt war in letzter Instanz der Sprecher dafür zuständig, bei den kaum vermeidbaren Eifersüchteleien und wechselseitigen Beschwerden der ver-schiedenen Standorte die Wogen zu glätten, zugleich allerdings keinen Zweifel an der Aufwertung Frankfurts gegenüber Hamburg und Düssel-dorf aufkommen zu lassen.[64]

Auch die Filialen wurden nach einem Vorstandsbeschluss von Ende 1970 grundlegend reorganisiert, indem man sie einer Divisionalisierung, also einer Gliederung nach den wichtigsten Geschäftsfeldern, unterzog. Ähnlich wie Richebächers Werbekonzeption knüpften diese Maßnah-men an Erfahrungen der deutschen Industrie an, die sich ihrerseits an amerikanischen Konkurrenten orientierte.[65] Nachdem ein Projektteam aus Beratern und Mitarbeitern in der Kölner Filiale mit einem Pilot-projekt die nötigen Erfahrungen gesammelt hatte, wurden die übrigen Niederlassungen in der zweiten Jahreshälfte 1971 jeweils binnen weniger Wochen auf das «Kölner Modell» umgestellt.[66] In allen Filialen und Zweigstellen wurden getrennte Arbeitsbereiche für das Firmenkunden-geschäft sowie für «Privatkundengeschäft und Bankbetrieb» eingerichtet. Dieser zweite Bereich umfasste neben der eigentlichen Privatkunden- und der Wertpapierabteilung auch Personalwesen, Organisation, Rech-nungswesen und Information. Dahinter stand die Vorstellung, dass das

Massengeschäft mit Privatkunden in ähnlicher Weise standardisiert und systematisch geplant werden könne wie die Innenabteilungen.[67] Um die Leistungen der Filialen effektiver zu steuern und zu kontrollieren, wurde gleichzeitig das historisch gewachsene Kopfstellensystem mit teils extremen Größenunterschieden durch 14 Niederlassungsbezirke ersetzt, deren Geschäftspolitik wiederum den detaillierten Regelungen eines einheitlichen «Organisationshandbuchs Niederlassung» folgen sollte. Die Verbesserung des zentralen Berichtswesens durch ein «Führungs-Informations-System» und die Vereinheitlichung der – an den verschiedenen Standorten bisher ebenfalls eigenständig ausgebauten und deshalb teils inkompatiblen – elektronischen Datenverarbeitung rundeten die systematische Modernisierung der Unternehmensführung ab.[68]

Einen weiteren zentralen Bereich der Reformen bildete die Personalführung. Der omnipräsente Hagenmüller hatte in den sechziger Jahren zur intensiveren Motivation der Bankmitarbeiter vor allem auf die Förderung des Betriebssports und den Neuaufbau einer Mitarbeiterzeitung mit dem bezeichnenden Namen *wir* gesetzt, also auf klassisch-paternalistische Identifikationsangebote. Die McKinsey-Berater wiesen indes schon in ihrer ersten Bestandsaufnahme 1969 darauf hin, dass der schärfere Wettbewerb «eine intensive Führung und Leitung der Mitarbeiter durch die oberste Geschäftsleitung erforderlich» mache.[69] Personalkosten waren einer der wesentlichen Kostenblöcke; im August 1970 forderte der Vorstand die Niederlassungsleiter sogar auf, Neueinstellungen nur in Ausnahmefällen und mit Genehmigung der Zentrale durchzuführen, an der Zusatzverpflegung bei Überstunden zu sparen und sich notfalls von überforderten «Angestellten, die Ihr Budget und Ihre anderen Mitarbeiter nur unnötig belasten, im Einvernehmen mit dem Betriebsrat und unter Vermeidung sozialer Härten ohne Ersatz zu trennen». Diese Rationalisierungsmaßnahme war sehr ernst gemeint: Bis Jahresende war der Frankfurter Zentrale mitzuteilen, welche Mitarbeiter davon betroffen sein würden, oder «Fehlanzeige» zu melden.[70] Der konstruktive Teil der Personalpolitik zielte auf eine verstärkte Orientierung der Beschäftigten an den Anforderungen des Marktes: Durch systematische, für alle Mitarbeiter verbindliche Fortbildungen in einem eigenen zentralen Schulungszentrum im Taunus seit 1971 wollte Hagenmüller den traditionellen «Bankbeamten» zum marktorientierten «Bankkaufmann» umerziehen.[71]

Dass Hagenmüller dabei für einen «kooperativen Führungsstil» und für die Förderung von Teamarbeit in den Abteilungen der Bank plädierte,[72] entsprach einem allgemeinen personalpolitischen Trend, der sich seit den sechziger Jahren abzeichnete.[73] «Kooperation» und Förderung waren Instrumente der Motivation und zugleich der Kontrolle, um auch auf diesem Feld mittels systematischer Planung dem verstärkten Kostendruck zu begegnen. Das zeigte sich deutlich an einem einheitlichen System der Mitarbeiterbeurteilung mittels eines standardisierten Leitfadens für die Filialen, das 1972 eingeführt wurde.[74] Als nächster Schritt wurde 1974 ein «Personalvorgabesystem» beschlossen, um Arbeitsabläufe, Filialorganisation und Kundenbetreuung systematisch und «auf einheitlicher objektivierter Basis» zu integrieren und damit ein neues «Steuerungsinstrument» zu schaffen.[75]

«Objektivierung», Steuerung und Planung prägten schließlich auch die Versuche, durch professionalisiertes Marketing die Akquisition und Betreuung der Kunden rentabler zu machen. Das schien umso notwendiger, als anlässlich der Ernennung Pontos zum Sprecher der weitere Ausbau des Privatkundengeschäfts mit seinen schmalen Gewinnmargen ausdrücklich als ein wesentlicher Schwerpunkt der künftigen Geschäftsentwicklung benannt wurde.[76] Zu leisten waren die entsprechenden Tätigkeiten in erster Linie von den Filialen und Zweigstellen, der Ausbau des Filialnetzes sollte nun jedoch einer systematischeren zentralen Planung unterliegen. 1971 begann die Dresdner Bank, in Zusammenarbeit mit der Nürnberger Gesellschaft für Konsum-, Markt- und Absatzforschung (GfK) eine Datenbank aufzubauen, um Schwerpunkte und Dichte ihres Filialnetzes mit regionalen Wirtschafts- und Bevölkerungsdaten abzugleichen und auf dieser Grundlage einen langfristigen Expansionsplan aufzustellen.[77] Der Wissensstand über die Einkommenslage und den Betreuungsbedarf der eigenen Kundschaft scheint bei anderen Kreditinstituten nicht wesentlich größer gewesen zu sein – 1972 beauftragten die Dresdner Bank, die Deutsche Bank, die Commerzbank, die Bayerische Hypotheken- und Wechsel-Bank, die Bayerische Vereinsbank und die Kundenkreditbank gemeinsam die Umfrageinstitute Infratest und Contest mit einer großangelegten Umfrage. Knapp 32 000 Bundesbürger ab 14 Jahren sollten Auskünfte über ihre Bankverbindungen liefern, um auch die Privatkundenbetreuung einer zentralen Planung zu unterwerfen.[78] Im Herbst 1974 begannen die Filialen der Dresdner Bank überdies im Segment des mittleren Firmengeschäfts, neue Kunden systematisch mittels Brief- und Telefonaktionen sowie Hausbesuchen von Kundenbetreuern zu akquirieren.[79]

Die Marketingaktivitäten zielten gleichzeitig darauf, die Dresdner Bank von einem «produktionsorientierten» zu einem «marktorientierten», nachfragegesteuerten Kreditinstitut zu machen.[80] Die Resultate sind an dieser Stelle nicht weiter zu verfolgen, sie lassen sich mangels Quellen auch schwer beurteilen. Bankinterner Widerstand gegen die Reformen, die in der Tendenz den Angestellten einige Umstellungen abverlangten, lässt sich ebenfalls nur sehr punktuell feststellen. Ein anonymes Pamphlet in Jürgen Pontos Akten deutet zumindest an, auf welche Hindernisse die Grundrenovierung stoßen konnte: «Nur karrieristische Mitläufer», so die Verfasser, könnten «das neue System gutheißen, wie überhaupt die Angst, als nicht progressiv zu gelten, Grundmotiv der allgemein mehr oder weniger geheuchelten Zustimmung» sei. Gegen Hagenmüller persönlich richtete sich offensichtlich die vage Drohung, dass «man professionelle Initiatoren einmal zur Verantwortung ziehen» werde. Diffuse Empörung galt aber vor allem der Tatsache, dass sich «ein deutsches Vorstandsgremium bei der Erfüllung seiner eigentlichsten Aufgabe, einen Konzern zu organisieren, amerikanischer, betriebsfremder Beratung» bediente.[81] Zumindest auf der Vorstandsebene der Bank gibt es jedoch keine Hinweise darauf, dass solche Vorbehalte die Reformer ernsthaft verunsicherten. Gegen Ende der Ära Ponto regte sich aber offenbar ein gewisser grundsätzlicher Widerstand seitens des Betriebsrats, der die Rationalisierung des Personalwesens ursprünglich mitgetragen hatte.[82]

Insgesamt dürfte es aber eher der Trägheit großer Organisationen zuzuschreiben sein, dass Teile des Reformprojekts langsamer vorangingen als geplant. Noch 1977 forderte Hagenmüller genaue «Analysen der Ertragsstruktur und der Volumenstruktur in den Geschäftsstellen und Regionen»,[83] der gewünschte Informationsstand des Vorstands über sein eigenes Unternehmen war also noch nicht erreicht, obwohl es inzwischen tatsächlich Fünfjahrespläne der Dresdner Bank gab. Auch die McKinsey-Berater waren zehn Jahre nach ihrer ersten Analyse, trotz Verbesserungen in einigen Bereichen, keineswegs mit den Ergebnissen der Reformmaßnahmen zufrieden. Die Wettbewerbsposition der Dresdner Bank gegenüber den beiden anderen Großbanken hatte sich nach

ihrer Darstellung insgesamt nicht verbessert. Der notierte Beratungsbe-
darf spiegelt sicher auch das Eigeninteresse der Unternehmensberater an
weiteren Aufträgen. Aber nach dem Reformoptimismus der frühen siebziger Jahre signalisierte auch das vorzeitige Ausscheiden Karl Friedrich
Hagenmüllers aus dem Vorstand der Dresdner Bank im April 1980, zu
dem es nicht nur aus den offiziell angeführten gesundheitlichen Gründen kam, eine gewisse Ernüchterung. Der Wettbewerb hatte sich insgesamt noch verschärft, und inzwischen schleppte sich die bundesdeutsche
Wirtschaft durch eine anhaltende Wachstumsschwäche, die sich auch in
den Bankbilanzen und Dividenden niederschlug.[84]

In der ersten Hälfte der siebziger Jahre jedoch galt die Dresdner Bank
mit ihrer weit ausgreifenden Organisationsreform als Vorreiterin bei der
Bewältigung neuer Herausforderungen, denen sich die beiden anderen
Großbanken noch zu stellen hatten.[85] Die Bank wandelte sich in vielen
Bereichen gleichzeitig und, gemessen an ihrer 100-jährigen Geschichte,
in einem dramatischen Tempo – und die Galionsfigur ihres Imagewandels war, unabhängig von seiner Rolle in den verschiedenen Reformpro-
zessen, Jürgen Ponto. Der in der *Wirtschaftswoche* zum Jubiläum erschienene Artikel etwa benannte durchaus die Verdienste Hagenmüllers und
des Aufsichtsratsvorsitzenden Matthiesen. Aber der Wandel insgesamt
fand für die Presse eben «unter Ponto» statt, der die neue Dynamik der
Dresdner Bank und ihre Bereitschaft, es bei der weiteren Expansion mit
jeder Konkurrenz aufzunehmen, personifizierte.[86]

Kooperation und Konkurrenz:
Die Dresdner Bank im Wettbewerb

Nicht nur in Kurt Richebächers Exposé zur Imagepolitik tauchte eine
Bezugsgröße für die Reformen dieser Jahre auf, die für Pontos Handeln
als Vorstandssprecher immer wieder eine zentrale Rolle spielte: die
Konkurrenz zur Deutschen Bank, die schon aufgrund ihrer reinen
Größe in Meinungsumfragen hinsichtlich «Qualität der Leistungen
und der Organisation, […] Wissensstand und Informiertheit der Ange-
stellten» sowie des Einflusses in Wirtschaft und Politik deutlich vor der
Dresdner Bank lag, obwohl sie dem durchschnittlichen Bankkunden

zugleich als «autoritär und herablassend» galt.[87] Es oblag dem Vorstandssprecher, den Abstand zur unbestrittenen Marktführerin möglichst zu verkürzen, und er wurde auch in dieser Hinsicht mit dem von ihm geführten Unternehmen identifiziert.[88] Jürgen Pontos eigentliches «Ressort» war die Vertretung der Bankinteressen als Ganzes – ob in der deutschen Bankenlandschaft, gegenüber wichtigen Industriekunden oder in der Politik; und in diesem Kommunikationsgeschäft fühlte er sich offensichtlich äußerst wohl.

Das war nicht nur seinen öffentlichen Auftritten abzulesen. Es prägte auch die zahllosen Briefe und Gesprächsnotizen, unter denen ausführliche Vermerke über die langen Telefonate mit dem Deutsche-Bank-Sprecher Franz Heinrich Ulrich besonders herausstechen. Ponto diskutierte mit Ulrich nicht nur regelmäßig über die Ansprüche der beiden Banken auf Mandate in den Aufsichtsräten erster Adressen der bundesdeutschen Industrie, über die Umstrukturierung von Industriebeteiligungen oder das Abstimmungsverhalten beider Banken auf Hauptversammlungen von Unternehmen, an denen sie Beteiligungen hielten. Er besprach mit ihm auch ein breites Spektrum geschäftspolitischer Fragen wie die Bildung offener Reserven, Kapitalerhöhungen und die Ausschüttung von Dividenden oder die Umsetzung von Leitzinsänderungen in den Kreditzinsen. Selbst die Vergabe eines Bonus an die Tarifangestellten galt als Angelegenheit, über die man sich abzustimmen hatte, und gemeinsame Positionen in der bankenpolitischen Debatte zählten natürlich erst recht dazu.[89]

Entsprechende Telefonate und Besprechungen gab es auch mit Paul Lichtenberg, dem Sprecher der Commerzbank, oder dem WestLB-Chef Ludwig Poullain. Sie nehmen in Pontos Nachlass zwar deutlich geringeren Raum ein,[90] aber bisweilen bot sich die persönliche Kommunikation auch in größerem Rahmen für informelle Absprachen an. So diskutierten Ponto, Ulrich, Poullain und der Vorstandssprecher der Bank für Gemeinwirtschaft, Walter Hesselbach, am Rande eines gemeinsamen Abendessens beim Bundeskanzler Senkungen des Spar-Eckzinses, nachdem Ponto von Bundesbank-Präsident Klasen bestätigt worden war, dass demnächst eine Leitzinssenkung möglich sei.[91] Dennoch befanden sich die verschiedenen Spitzenbanker auf unterschiedlicher Augenhöhe, die auch an den Treffen der Gesamtvorstände abzulesen war. Die Vorstände der Dresdner Bank und der Deutschen Bank hatten sich schon vor der

Ära Ponto regelmäßig zu Besprechungen über Grundfragen der Geschäftspolitik, ihre gemeinsamen Beteiligungen an Auslands- und Hypothekenbanken, den Umgang mit schwächelnden Industriekunden oder
die «Ordnung» von Finanzierungskonsortien getroffen.[92] Gegenüber der
Commerzbank blieb es bezeichnenderweise dabei, gelegentlich «den guten
Willen einer verbesserten Zusammenarbeit» zu bekunden.[93]

Jürgen Pontos Persönlichkeit spielte sicher eine erhebliche Rolle für
den Ablauf dieser Besprechungen, aber sie waren keineswegs Ausdruck
persönlicher Beziehungen: Mit dem 1972 zum Vorstandsmitglied der
Deutschen Bank ernannten Eckart van Hooven war Ponto zwar persönlich befreundet,[94] aber die geschäftliche Korrespondenz hielt sich
gleichwohl in Grenzen. Teils lässt sich der unterschiedliche Umgang
mit der Konkurrenz sicher aus den Marktstrukturen erklären: Der
Zwang, sich an der Geschäftspraxis der einzelnen Konkurrenten zu
orientieren, war im Falle des Branchenprimus Deutsche Bank natur-
gemäß größer. Aber es gab auch so etwas wie traditionelle «feine Unterschiede» zwischen den großen Banken, die auf den persönlichen Umgang zurückwirkten.

Die Gespräche waren natürlich niemals gänzlich offen, was Lage und
Strategie des eigenen Instituts anbetraf. Vielmehr waren sie zuallererst
taktisch motiviert, um Informationen über die Konkurrenz zu gewinnen. Das Verhältnis der großen bundesdeutschen Banken changierte in
charakteristischer Weise zwischen Konkurrenz und Kooperation. Allen
war bewusst, dass man sich im verschärften Wettbewerb untereinander
befand, aber dabei blieb ein gewisser traditioneller Komment einzuhal-
ten: Als die Deutsche Bank Anfang 1971 im Alleingang ihre Zinssätze
für Spareinlagen erhöhte, teilte Ponto seinem Pendant umgehend mit,
der Vorstand der Dresdner Bank sei «unangenehm berührt», und Ulrich
gab sich entsprechend zerknirscht.[95] Insbesondere Ponto scheint es als
seine Aufgabe betrachtet zu haben, gegen Verletzungen des Komments
durch die große Konkurrentin einzuschreiten. Das eigene Bemühen um
größere Anteile an den Finanzierungskonsortien von Großkunden
schloss das Beharren auf traditionellem Proporz keineswegs aus, wo es
im Interesse der Dresdner Bank lag: Als bei einer Umbildung des Konsortiums des Freistaats Bayern eine «unterschiedliche Verbesserung der
Quoten» – also eine relative Schlechterstellung der Dresdner Bank –
hingenommen werden musste, bezeichnete der Vorstand die «generelle

Einstellung» der Deutschen Bank im Verteilungskampf als schlechthin «unerträglich» und Ponto führte als wichtigstes Argument an, «dass wir im bayerischen Raum mindestens gleich stark tätig seien und Unverständnis für unsere Einstellung uns unverständlich bleiben müsse».[96] Bisweilen wurden bei den einschlägigen Reibereien um Einfluss beim Kunden Vokabeln wie «Guerillakrieg» verwendet,[97] während Ponto zugleich beteuerte, nur das «Ziel einer vernünftigen Proportion zur Deutschen Bank» zu verfolgen.[98]

Das Denken in «Proportionen» bestimmte zu einem nicht geringen Teil auch Jürgen Pontos Agieren auf Verbandsebene. In der Geschäftsführung des Bundesverbands deutscher Banken war man durchaus nicht glücklich über den starken Einfluss der Deutschen Bank, der sich in einer Reihe von Ausschussvorsitzen äußerte, und hätte es gern gesehen, wenn Ponto als Vorsitzender des Kreditpolitischen Ausschusses auch in den Vorstand eingetreten wäre, in dem von den drei Großbanken nur der Branchenprimus vertreten war.[99] Auch hier bildete sich das charakteristische Verhältnis von Kooperation und Konkurrenz ab: Gegen die Präsenz aller drei Großbanken im Vorstand waren nicht diese selbst, sondern die ebenfalls im Bundesverband organisierten Privatbankiers und Regionalbanken. Der Deutsche-Bank-Vorstandssprecher Ulrich bemühte sich selbst darum, Ponto und auch Lichtenberg in den Vorstand zu holen. Ulrich sprach sich auch gegen faktische «Erbhöfe» einzelner Banken in den entscheidenden Verbandspositionen aus, obwohl sein Institut bislang davon profitierte, und plädierte dafür, die bislang unbefristete Zugehörigkeit einzelner Bankenvertreter zumindest im Präsidium auf drei Jahre zu limitieren.[100]

Lichtenberg war ebenfalls von der Vorstellung angetan, alle drei Großbanken könnten gleichzeitig im Verbandsvorstand vertreten sein und am besten im dreijährigen Turnus abwechselnd den Vorsitzenden stellen.[101] 1975 beschloss der Verband dann tatsächlich, das Mandat des Präsidenten in dreijährigem Abstand neu zu besetzen, und zwar in einer Art Proporz: Im Anschluss an den aktuellen Verbandspräsidenten F. Wilhelm Christians von der Deutschen Bank sollte ein Privatbankier den Posten übernehmen, danach wiederum ein Vertreter einer Großbank. Schon zu diesem Zeitpunkt war dafür Jürgen Ponto vorgesehen, und zwei Jahre später schien sogar eine unmittelbare Christians-Nachfolge möglich, weil aus den Reihen der Privat- und Regionalbanken keine passende Persönlichkeit bereitstand. Ponto hätte dieses Amt wohl tatsächlich übernommen, obwohl er sich nach eigener Darstellung nicht danach drängte und sich eigentlich zu jung fühlte – «Verbandspräsident solle ein Herr über 60 sein».[102]

Die deutschen Großbanken hatten allen Anlass, Teile ihrer Geschäfts- und Interessenpolitik zu koordinieren. Der gegenüber der unmittelbaren Nachkriegszeit verschärfte Wettbewerb trat in den frühen siebziger Jahren in mancher Hinsicht in eine neue Phase. Die veränderten Rahmenbedingungen für die Werbung und vor allem die rentabilitätsmindernden Auswirkungen der 1967 eingeführten Zinsliberalisierung machten sich deutlich bemerkbar, und die Konkurrenz der anderen Institutsgruppen nahm eher zu als ab.[103] Das galt, nach den Geländegewinnen der Sparkassen «vor Ort», jetzt insbesondere für deren Dachinstitute, die Girozentralen und Landesbanken. So änderte die Deutsche Girozentrale, bislang vor allem eine «Zentralbank der Sparkassenorganisation», 1970 ihre Satzung mit dem Ziel, künftig primär als ertragsorientierte, vollwertige Geschäftsbank agieren zu können, und gründete eine Luxemburger Tochtergesellschaft, um vom schnell wachsenden «Euro-Markt» zu profitieren.[104]

Anfang 1969 entstand aus der Fusion der rheinischen und der westfälischen Girozentrale faktisch eine neue Großbank, die Westdeutsche Landesbank Girozentrale (WestLB), die weiterhin die Privilegien eines öffentlich-rechtlichen Kreditinstituts besaß. Unter dem ehrgeizigen Vorstandsvorsitzenden Ludwig Poullain expandierte die WestLB aber wie die Geschäftsbanken im In- und Ausland und verfolgte dezidiert das Ziel eines Ausbaus zur Universalbank. Vor allem das Wachstum des Industriekreditgeschäfts, der Einbruch in die Emissionskonsortien der Großbanken und die rasche Zunahme des Beteiligungsbesitzes kündeten von diesen Ambitionen.[105] Einen ähnlichen Zusammenschluss gab es 1970 in Niedersachsen. Auch die Bayerische Landesbank, die 1972 ebenfalls aus der Fusion zweier öffentlich-rechtlicher Institute entstand, expandierte wie bereits ihre Vorläufer über die Finanzierung öffentlicher Aufgaben hinaus in die verschiedenen Geschäftsfelder der Universalbanken.[106] Die Bank für Gemeinwirtschaft (BfG) schließlich, die keineswegs nur als Hausbank der Gewerkschaften fungierte, nahm den Großbanken weiterhin Marktanteile ab.[107]

Reorganisation war eine Strategie, sich in diesem Wettbewerb zu behaupten; Wachstum durch Konzentration eine weitere. Angedeutet hatte sich dies bereits in den letztlich gescheiterten Bemühungen um eine Fusion mit der Commerzbank in den sechziger Jahren, mit der die Dresdner Bank zu den herausragenden Beispielen für einen allgemeinen Trend gehört hätte. Nach der Rezentralisierung der Großbanken 1957/58 markierten «die Jahre 1968 bis 1974 den Höhepunkt des Konzentrationsprozesses im deutschen Bankgewerbe». Betroffen waren davon neben den Sparkassen und Genossenschaftsbanken zahlreiche kleinere Privatbanken, die sich bislang oft in geschäftlichen Nischen behauptet hatten, angesichts der Auflösung der traditionellen Marktsegmente aber dem verschärften Wettbewerb nicht mehr standhielten.[108] Es war insofern nichts Ungewöhnliches, dass die Dresdner Bank durch den Erwerb zweier alteingesessener Privatbankhäuser expandierte. Dabei handelte es sich um Mehrheitsbeteiligungen beim Münchener Bankhaus Neuvians, Reuschel & Co. im Jahre 1970 (seit 1972 wurde das Institut unter dem Namen Reuschel & Co. geführt) und 1974 bei der ins Trudeln geratenen Hamburger Sloman Bank KG, die 1976 mit der Frankfurter Dresdner-Bank-Tochter Hardy & Co. fusioniert wurde.[109]

Diese Konzernerweiterungen wurden in der Presse zwar umstandslos Pontos persönlichem Engagement zugeschrieben;[110] im Fall Neuvians ging die Übernahme jedoch eindeutig auf die Initiative des Münchner Vorstandsmitglieds Wolfgang Leeb zurück. Zwar signalisierte auch Ponto 1969 dem Inhaber Heinrich Reuschel vorsichtiges Interesse der Dresdner Bank für den Fall, dass man an der Aufnahme neuer Gesellschafter interessiert sei, zumal auch hier der Wettbewerb mit der Deutschen Bank und der Commerzbank ein wichtiger Aspekt war.[111] Den Kauf setzte ein Jahr später allerdings Leeb, der Reuschel und dessen Vater seit langem persönlich kannte, mit der Unterstützung Matthiensens und später auch Pontos gegen einige Widerstände im Aufsichtsrat durch. Die mit diversen Zweigstellen in München und vor allem durch die WKV Teilzahlungsbank in ganz Südbayern vertretene Privatbank verbreiterte die süddeutsche Basis der Dresdner Bank im «mittleren» Privatkundengeschäft erheblich, und sie entwickelte sich auch weiterhin positiv.[112]

Die Sloman-Übernahme hingegen gilt heute als die einzige gravierende Fehlleistung Jürgen Pontos. Die Dresdner Bank übernahm auf Weisung von Friedrich-Wilhelm Slomans «Jugend- und Jagdfreund»

Ponto ein Viertel des Sloman-Kapitals und trat als persönlich haftende Gesellschafterin in die Privatbank ein, als diese in eine scheinbar vorübergehende Liquiditätskrise geriet. Der überstürzte Einstieg sollte sich zu einem großen Verlustgeschäft auswachsen, doch handelte es sich dabei keineswegs einfach um einen Freundschaftsdienst oder, unfreundlicher ausgedrückt, einen Fall von Vetternwirtschaft. Den unmittelbaren Anlass bot vielmehr der aufsehenerregende Bankrott der Kölner Herstatt-Bank im Juni 1974; Ponto und der Hardy-Gesellschafter Clemens Graf Kageneck waren sich einig, dass eine daraus resultierende Vertrauenskrise «nicht auch eine anständige junge Privatbank gefährden sollte».[113]

Zudem war Ponto unter Wettbewerbsaspekten schon in den späten sechziger Jahren an einer Kooperation mit der Sloman Bank und einer eventuellen Kapitalbeteiligung interessiert gewesen, während «FriWi» Sloman damals den Einstieg einer Sparkasse vorgezogen hatte. 1972, also noch lange bevor die Privatbank in die Krise rutschte, ließ er sich eine Analyse der Geschäftsentwicklung vorlegen, deren knappe Auswertung der Bilanzpresse offenbar keine Anhaltspunkte für besondere Risiken ergab.[114] Selbst als im Juli 1974 über eine Kooperation zwischen Sloman und der Dresdner-Bank-Tochter Hardy beraten wurde, die «auch für andere Privatbanken offen sein sollte», galt «die Situation bei Sloman als allgemein geordnet», eine Liquiditätskrise nur als vorübergehendes Problem.[115] Ponto, Sloman und Kageneck, die sich zu dieser Zeit erstmals zur Vorbereitung der «Verlobung» Hardy-Sloman in Pontos Haus trafen, waren sich zwar über einen nicht unerheblichen Abschreibungsbedarf einig, der allerdings in einer separaten Holding für die Altgesellschafter abgewickelt werden sollte.[116]

Dabei war stets geplant, dass die Dresdner Bank sich als persönlich haftende Gesellschafterin bei Sloman nach der Überwindung der Liquiditätsprobleme möglichst bald wieder zurückziehen und stattdessen an der fusionierten Hardy-Sloman-Bank eine Schachtelbeteiligung übernehmen sollte.[117] Christoph von der Decken, der in der Zeit vor der Fusion als Hamburger Vorstandsmitglied mit dem Vorgang betraut wurde, musste jedoch erleben, wie sein Expertenstab aus den Sloman-Büchern «einen Frosch nach dem anderen» hervorzog.[118] Aus der kurzfristig gedachten Liquiditätsbrücke, die Ponto für Sloman bauen wollte, wurde ein ernsthaftes Problem, als die Sloman Bank im Spätherbst 1974 durch den Zusammenbruch des Stumm-Konzerns fast die Hälfte ihres Kapitals verlor. Zunächst erschien es aber nicht nur Ponto durchaus rational, die Gelegenheit zu einer weiteren Expansion in das Privatbankiersgeschäft zu ergreifen, die letztlich auf derselben geschäftspolitischen Linie lag wie im erfolgreichen Fall Reuschel. Offenbar konnte Ponto sich schlicht nicht vorstellen, dass Sloman seine Kredite so viel leichtfertiger vergeben hatte als die sorgsam auf Liquiditätsaspekte achtenden Kreditexperten der Dresdner Bank. Doch selbst deren Revisoren wurde erst 1978, als die Dresdner Bank neben einigen vermögenden Einzelgesellschaftern knapp die Hälfte der Hardy-Sloman-Bank besaß, das ganze Ausmaß an gefährdeten Großkrediten und ein erheblicher Negativsaldo von Slomans Privatkonto deutlich. Bis zum Frühjahr 1979 beliefen sich die Verluste aus der Abwicklung fauler Kredite nach Pressemeldungen bereits auf 40 Mio. DM.[119]

Die Beziehungen zu anderen Banken bewegten sich für Ponto ebenfalls in dem taktischen Spannungsverhältnis von Kooperation und Konkurrenz, in dem er gleichzeitig den Markt stabilisieren und die Wachstumsperspektiven des eigenen Unternehmens wahren wollte. So bot er 1971 Klaus Dohrn, dem Geschäftsinhaber der BHF-Bank, die Unterstützung der Dresdner Bank gegen «eine etwaige Überfremdung» an. Anlass war die Befürchtung, dass ein größeres Aktienpaket des Frankfurter Kreditinstituts aus dem Besitz der Quandt-Gruppe auf den Markt kommen würde – und in den Besitz einer der anderen Großbanken geraten könnte. Ponto teilte Dohrn offen mit, «es sei für die Dresdner Bank nicht gleichgültig, ob irgendeine andere Großbank sich in solchem oder ähnlichem Zusammenhang einen Einfluss auf die BHF-Bank sichern könne. Sie würde in solchen Vorgängen eine Verschiebung der ‹Machtverhältnisse› unter den deutschen Großbanken erblicken, der sie keinesfalls gleichgültig gegenüberstehen könne. […] Die Dresdner Bank hätte nicht die Absicht, für sich Einfluss bei uns zu gewinnen, aber ein ganz ernstes Interesse daran, zu verhindern, dass wir unter den Einfluss eines ihrer großen Konkurrenten gerieten.»[120]

Das Motiv einer Selbstregulierung des Wettbewerbs durch persönliche Absprachen prägte auch Pontos Umgang mit der Commerzbank, wo sich nach der in den späten sechziger Jahren gescheiterten Fusion Mitte der siebziger Jahre erneut eine stärkere Annäherung unter dem neuen Vorstandssprecher Robert Dhom abzeichnete.[121] Noch deutlicher wurde die Wichtigkeit persönlicher Beziehungen an der Zusammenarbeit der Dresdner Bank mit der Bayerischen Hypotheken- und Wechsel-Bank, wo zeitweilig gar über Fusionsabsichten spekuliert wurde. Das Hauptmotiv für die Kooperation mit diesem großen Regionalinstitut lag allerdings in der internationalen Expansionsstrategie, auf die im Folgenden noch zurückzukommen sein wird. Jürgen Ponto agierte jedoch auch über den Kreis der drei Filialgroßbanken und der anderen alteingesessenen privaten Kreditinstitute hinaus in ähnlicher Weise und mit ähnlichen Motiven. Mit dem WestLB-Chef Ludwig Poullain suchte er schon 1970 die Zinspolitik der Großbanken und der Sparkassen zu koordinieren, und beide waren überdies bestrebt, den Wettbewerb bei den Kontogebühren zu dämpfen.[122] Ponto mobilisierte zwar schon einmal seine persönlichen Kontakte, um «Einbruchsversuche» der Landesbanken in das eigene Kreditgeschäft abzuwehren;[123] zugleich erging aber an die WestLB die Aufforderung, einem «Gentlemen's Agreement» der drei Filialgroßbanken beizutreten, demgemäß man auf die gegenseitige Abwerbung leitender Angestellter verzichtete.[124]

Dass Ponto auf Poullain zuging und den Landesbanker praktisch als seinesgleichen akzeptierte, war sicher zuallererst eine pragmatische Reaktion auf den Strukturwandel der bundesdeutschen Kreditwirtschaft seit den fünfziger Jahren, auf die Auflösung der traditionellen Marktbegrenzungen und den Aufstieg neuer Konkurrenten, die auch die geläufigen «feinen Unterschiede» innerhalb der Bankierselite verwischten. Ökonomisches Kalkül und die notwendige Offenheit des Sprechers gegenüber anderen – politischen wie wettbewerblichen – «Lagern» ergänzten sich dabei jedoch hervorragend: Eine gewisse Annäherung bzw. der Abbau von Berührungsängsten fand in den letzten Jahren der Ära Ponto offenbar auch gegenüber dem Vorstand der BfG und seinem sozialdemokratischen Vorsitzenden Walter Hesselbach statt.[125]

Die neue Austarierung des «Gleichgewichts der Kräfte», Marktbereinigungen und die Tendenz zur Vergrößerung von Anteilsbesitz kennzeichneten ebenfalls den Sektor des «Realkredits». Die Geschäftsbanken hatten sich nach 1945 sukzessive um größere Kapitalbeteiligungen an Hypothekenbanken bemüht. Auch hier war die Konkurrenz der öffentlich-rechtlichen Institute eine wesentliche Motivation gewesen, ließ sich auf diesem Weg doch der indirekte Marktanteil am langfristigen Kreditgeschäft, einer traditionellen Domäne der Sparkassen und später auch der Girozentralen, steigern. Der Wiederaufbau im Immobilienbereich seit dem «Wirtschaftswunder» und später der «Kommunalkredit» für Infrastrukturprojekte waren zudem ein vergleichsweise sicheres und langfristiges Wachstumssegment. Für die Hypothekenbanken konnte die Anbindung an die Großbanken mit ihren Filialnetzen umgekehrt eine stärkere Bindung (potenzieller) Kunden zur Folge haben. Die Dresdner Bank erlangte, teils durch den Austausch von Anteilspaketen mit den anderen Großbanken, in den Jahren 1970/71 die Mehrheit an der Norddeutschen Hypotheken- und Wechselbank, der Deutschen Hypothekenbank in Bremen, der Hypothekenbank in Hamburg, der Pfälzischen Hypothekenbank sowie der Sächsischen Bodencreditanstalt, die 1972 mit der Deutschen Hypothekenbank fusioniert wurde. Die Geschäftsbanken fusionierten zwar nicht selbst mit den Realkreditinstituten, die in diesem Fall das Pfandbriefprivileg verloren hätten. In der Folge bemühte man sich jedoch um die Integration der Hypothekentöchter in die Organisation, die Geschäftspolitik und nicht zuletzt in das Corporate Image der Dresdner Bank.[126]

Das Wachstum der Dresdner Bank in der Ära Ponto war freilich nicht in erster Linie ein Ergebnis von Fusionen und Strukturbereinigungen. Von Ende 1969 bis Ende 1977 verdreifachte sich die Bilanzsumme (ohne Konzerngesellschaften) nahezu, indem sie von 21 auf 62 Mrd. DM stieg; das Geschäftsvolumen der Dresdner Bank wuchs damit deutlich schneller als im Durchschnitt der gesamten deutschen Kreditwirtschaft. Dieser beeindruckende Zuwachs lag inflationsbereinigt immer noch etwa im Trend der vorangegangenen zwei Jahrzehnte des Nachkriegsbooms, und selbst der konjunkturbedingte Wachstumsrückgang des Krisenjahrs 1974 hielt sich in Grenzen. Ein merkliches Abflachen des Bilanzsummenwachstums, das sich auch in drastisch sinkenden Dividenden niederschlug, begann erst 1980.[127] Auch im Vergleich mit dem Branchenprimus Deutsche Bank schnitt die Dresdner in der Ära Ponto hervorragend ab. Um die Mitte der siebziger Jahre schien sich anzudeuten, dass das dynamische Erscheinungsbild tatsächlich einem raschen Aufholprozess auf die größere Konkurrenz entsprach. Schon sehr bald nach Jürgen Pontos Tod wuchs aber der Abstand wieder auf das gewohnte Maß.

Tabelle 1: Bilanzsummen der Dresdner Bank und der Deutschen Bank 1968–1979 (Mrd. DM)[128]

	Dresdner Bank AG	Deutsche Bank AG	Dresdner Bank/ Deutsche Bank	Dresdner- Bank- Konzern	Deutsche- Bank- Konzern	Dresdner Bank/ Deutsche Bank
1968	19,2	24,8	**0,77**	21,1	27,0	**0,78**
1969	21,1	27,7	**0,76**	23,5	30,3	**0,78**
1970	24,8	31,4	**0,79**	28,1	38,4	**0,73**
1971	27,6	35,2	**0,78**	41,5	49,8	**0,83**
1972	32,0	40,2	**0,80**	48,4	58,8	**0,82**
1973	39,1	46,3	**0,84**	56,6	66,4	**0,85**
1974	41,7	50,3	**0,83**	62,2	78,7	**0,79**
1975	48,6	56,8	**0,86**	74,1	91,5	**0,81**
1976	53,9	67,4	**0,80**	84,9	105,2	**0,81**
1977	62,1	78,6	**0,79**	97,7	124,2	**0,79**
1978	70,1	92,1	**0,76**	111,0	146,1	**0,76**
1979	77,7	98,8	**0,79**	121,3	158,1	**0,77**

Um die Effizienz dieses Wachstums zu bewerten, sind leider nur wenige brauchbare Daten überliefert. Das reine Bilanzsummenwachstum war erklärtermaßen kein Ziel Pontos, der mit einem besonderen Augenmerk auf der Liquiditätssicherung der Dresdner Bank in einer längeren Traditionslinie stand.[129] Dennoch stieg in den ersten fünf Jahren unter dem Vorstandssprecher Jürgen Ponto das Volumen der von der Bank vergebenen Kredite deutlich schneller als die Kundeneinlagen; die entsprechend positive Ertragsentwicklung ging zwangsläufig zu Lasten der Liquidität. Auch unter diesem Aspekt ist also das besondere Interesse an einem Ausbau des Privatkundengeschäfts nachvollziehbar. Zugleich entwickelten sich die Personal- und Sachkosten weiterhin schneller als die Zinserträge der Bank, was 1973 gar schon als «Alarmsignal» galt; die Personalkosten wuchsen sogar schneller als die Bilanzsumme. Unvermeidbare Kapitalerhöhungen ließen zudem die Belastung durch Dividendenausschüttungen an die Aktionäre steigen, während für die aufgrund des wachsenden Geschäftsvolumens eigentlich notwendige Erhöhung der Rücklagen keine Spielräume blieben.[130]

Während die Jahresüberschüsse in dieser Zeit mehr oder weniger stagnierten und teils sogar sanken, stiegen sie in den folgenden Jahren bis zu Jürgen Pontos Tod drastisch an: Die Summe aus Dividenden, offenen und stillen Rücklagen wuchs zwischen 1973 und 1978 von 110 auf 246 Mio. DM, um dann mit der neuerlichen allgemeinen Konjunkturschwäche ab 1979 deutlich zurückzugehen. Ein erheblicher Teil, nämlich bis zu einem Viertel dieses Überschusses resultierte seit Mitte der siebziger Jahre aus dem Auslandsgeschäft, wobei aber wiederum Sondererträge aus der einige Jahre lang sehr erfolgreichen Spekulation mit Gold eine gravierende Rolle spielten. Doch auch die Nettoerträge aus dem Inlandsgeschäft verdoppelten sich im Zeitraum 1973–1978 von 101,5 auf 207,5 Mio. DM, die in der zeithistorischen Literatur häufig als Krisenzeit charakterisierten Jahre nach dem ersten «Ölpreisschock» waren also für die Dresdner Bank eine sehr ertragreiche Zeit.[131] Eine tiefere Aufgliederung dieser Zahlen nach den einzelnen Geschäftssparten liegt jedoch nicht vor, so dass sich ein unmittelbarer Zusammenhang zwischen den umfangreichen Unternehmensreformen, der Konzentration auf einzelne Geschäftsfelder und dem wirtschaftlichen Erfolg der Bank nicht belegen lässt. Wie weit diese Entwicklung das Ergebnis der allgemeinen Aufbruchseuphorie und der personellen Erneuerung der Bankführung war, muss ohnehin offen bleiben.

Aus eigener Sicht war jedenfalls den Reorganisations- und Rationalisierungsbemühungen der Ära Ponto-Hagenmüller einiger wirtschaftlicher Erfolg beschieden. Der Ausbau des Filialnetzes wurde weiter vorangetrieben: 1977 wurde für die kommenden fünf Jahre mit jährlich 33 neuen Geschäftsstellen kalkuliert, die alle in mittelgroßen, bislang unterdurchschnittlich erschlossenen Städten liegen sollten. Dabei wurde weiterhin einem kontinuierlichen Wachstum im Privatkundensegment eine wesentliche Rolle für die gesamte Geschäftsentwicklung der Bank zugemessen, als entscheidender Wachstumsmarkt zur Finanzierung der nötigen Investitionen und laufenden Aufwendungen galt mittlerweile jedoch das «breite und mittlere Firmenkundengeschäft». Die Nettoertragsspanne – das Verhältnis von Aufwendungen, Dienstleistungserträgen und Zinsspanne in Relation zur Bilanzsumme – war im Firmengeschäft deutlich höher als bei den Privatkunden; die Zinsmarge war gerade bei Krediten an kleinere und mittlere Unternehmen überdurchschnittlich hoch, und zugleich barg dieses Segment noch ein

relativ hohes Rationalisierungspotenzial. Das wiederum machte es für
Hagenmüllers Planungsstab besonders interessant, weil man die «be-
merkenswerten Produktivitätserfolge» der zurückliegenden zehn Jahre
für «in der Zukunft kaum wiederholbar», ein leichtes Absinken der
Nettoertragsspanne hingegen für absehbar hielt.[132]

Im Vergleich zu den beiden anderen Großbanken konnte die Dresdner
Bank außerdem einen deutlich überproportionalen Zuwachs an jüngeren
Kunden verbuchen, von denen auch in Zukunft Wachstumseffekte zu erwarten waren. Dafür dürfte das dynamisch-moderne Erscheinungsbild
der Bank wohl eine gewisse Rolle gespielt haben. Im Gegensatz zu jenem
Image, das sich in den Werbekonzepten Richebächers und dem «humanen» Corporate Design Otl Aichers niedergeschlagen hatte, besaß die
Bank allerdings einen deutlich höheren Anteil von Kunden aus «mittleren
bis gehobenen sozialen Schichten (Dresdner Bank 48 %, Deutsche Bank
45 %, Commerzbank 44 %)» – an denen man natürlich weiterhin interessiert war, weil in diesem Segment die Abgrenzung zu den Sparkassen,
deren Kundschaft insgesamt über ein deutlich niedrigeres Durchschnitts-
einkommen verfügte, am stärksten war.[133]

Schlecht aufgestellt war die Bank bei Jürgen Pontos Tod demnach
jedenfalls nicht. Das galt auch für das internationale Geschäft, war doch
das Geschäftsvolumen der Auslandsniederlassungen geradezu stürmisch
gewachsen. Teils lag das an bescheidenen Ausgangsniveaus, doch im Geschäftsjahr 1973 entfielen allein drei Viertel des Wachstums der Bilanzsumme auf die ausländischen Geschäftsstellen.[134] Zumindest auf diesem
Feld spiegelten die Zahlen sehr deutlich eine strategische Neuausrichtung der Dresdner Bank in den frühen siebziger Jahren, nämlich eine
nicht nur von Jürgen Ponto betriebene, aber ganz wesentlich durch ihn
symbolisierte Internationalisierung.

Der Sprecher als «Botschafter»:
Der Ausbau des internationalen Bankgeschäfts

Als Ponto 1969 Vorstandssprecher der Dresdner Bank wurde, hatte das
Auslandsgeschäft der deutschen Finanzbranche noch weitgehend dasselbe Profil wie in den fünfziger Jahren. Zum größten Teil bestand es aus

der Finanzierung des deutschen Außenhandels und der Durchführung des Zahlungsverkehrs mit dem Ausland. Das internationale Bankgeschäft befand sich noch in den Anfängen. Gleiches galt für die Geschäfte mit Geldern ausländischer Kunden. Dementsprechend gab es auch keine Niederlassungen deutscher Banken im Ausland. Es genügte, dort durch Repräsentanzen vertreten zu sein. In der Zeit Pontos änderte sich dies grundlegend. Das Geschäft der deutschen Banken mit ausländischen Kunden stieg allein zwischen 1973 und 1977 auf mehr als das Dreifache an.[135] Auch die Dresdner Bank wurde nun internationaler. Sie eröffnete eine Reihe von Filialen im Ausland, von Singapur bis Los Angeles, und ging eine Allianz mit anderen europäischen Großbanken ein. Das erklärte, von Ponto ausgegebene Ziel war es, den Anteil des Auslandsgeschäfts am Ertrag der Dresdner Bank auf 50 Prozent zu steigern.[136]

Dieser Wandel lag im Trend der Zeit und verlief bei den anderen Frankfurter Großbanken im Prinzip ähnlich. Doch war die Internationalisierung bei der Dresdner Bank untrennbar mit der Person Pontos verbunden. Der Ausbau des internationalen Geschäfts war Teil des Imagewandels, den die Dresdner Bank in dieser Zeit vollzog: von einer als etwas veraltet geltenden «Händlerbank» zu einem Geldinstitut auf der Höhe des Zeitgeistes. Ponto war aber auch zutiefst davon überzeugt, dass die Wirtschaft in Europa und in der Welt geradezu zwangsläufig zusammenwachsen würde. In einer Rede vor Absolventen der Berliner Bankakademie stellte er im Herbst 1970 fest, das kommende Jahrzehnt werde «durch eine die alten Grenzen überschreitende Integration gekennzeichnet sein» und eine Bank müsse daher «praktisch an jedem Ort der Welt erreichbar sein». Ihm erschien es nicht mehr utopisch, «daß es vielleicht schon in 10, 15 oder 20 Jahren die Deutsche Mark nur noch im Münzkabinett geben wird.»[137]

Als Vorstandssprecher nahm Ponto keinen Einfluss auf das operative Auslandsgeschäft. Dies oblag dem zuständigen Vorstandsmitglied Helmut Haeusgen, dem erfahrenen, in Alexandria geborenen «Außenminister» der Dresdner Bank.[138] Allerdings arbeiteten Ponto und Haeusgen eng zusammen. Beide bildeten geradezu «ein Tandem», wie sich das frühere Vorstandsmitglied Meinhard Carstensen erinnert.[139] Zu Pontos Aufgaben gehörte es, die Bank im Ausland zu repräsentieren, und das nicht nur innerhalb der Finanzwelt. Sein kommunikatives Talent und sein kooperativer Stil kamen ihm gerade auch auf diesem Gebiet zugute. Dass sich das

internationale Geschäft der Dresdner Bank in dieser Zeit erfolgreich entwickelte, wurde daher gerne Pontos Einfluss zugeschrieben.

Mit der Internationalisierung des Geschäfts veränderten sich in dieser Zeit auch die Anforderungen an einen Bankier vom Rang Pontos.
Noch in den sechziger Jahren konnte sich der Vorstandssprecher einer
deutschen Großbank mit gelegentlichen repräsentativen Besuchen im
Ausland begnügen. Nun wurde eine viel stärkere internationale Präsenz
erwartet, wie sie durch die Neuerungen in der Kommunikations- und
Verkehrstechnik möglich geworden war. Ponto gehörte zur ersten Mana-
gergeneration des Jet-Zeitalters. Auslandsreisen bildeten für ihn im
Grunde einen Teil des alltäglichen Geschäfts; als Chef einer international tätigen Großbank war er rund um den Globus gefragt.

Die Dresdner Bank hatte nach der Deutschen Bank das bedeutendste
Auslandsgeschäft und die besten internationalen Geschäftsverbindungen
unter den Geldinstituten der Bundesrepublik. Die Geschäfte mit dem
Ausland waren nach dem Zweiten Weltkrieg schrittweise wieder aufgebaut
worden. Dabei hatte die Dresdner Bank ebenso wie die anderen deutschen
Banken darauf verzichtet, wieder eigene Geschäftsstellen im Ausland zu
errichten. Die internationale Präsenz wurde durch ein Netz von Repräsentanzen hergestellt, die eng mit Korrespondenzbanken in den betreffenden
Ländern zusammenarbeiteten. Die Eröffnung von Auslandsfilialen kam
zunächst schon wegen der schmalen Kapitalbasis und der fehlenden Kon-
vertibilität der Deutschen Mark nicht in Betracht.

Aber auch nachdem diese Gründe weggefallen waren und das Auslandsgeschäft durch die Handelsintegration innerhalb der Europäischen
Wirtschaftsgemeinschaft (EWG) zugenommen hatte, blieben die deutschen Banken ausschließlich durch Repräsentanzen im Ausland vertreten.
Vereinzelt kamen noch Kapitalbeteiligungen bei ausländischen Kreditinstituten hinzu. Die Dresdner Bank konnte nach ihrer Neugründung im
Jahr 1957 das Auslandsgeschäft über Korrespondenzbanken in mehr als
100 Ländern abwickeln.[140] Repräsentanzen bestanden vor allem im öst-
lichen Mittelmeerraum und in Lateinamerika. Hier war die Dresdner
Bank bzw. ihre Tochtergesellschaft Deutsch-Südamerikanische Bank vor
dem Krieg mit mehreren Filialen vertreten gewesen. Übereinstimmend
war man in der Finanzbranche der Meinung, dass die Zeiten vorbei seien,
in denen es sinnvoll gewesen war, ein ausgedehntes Niederlassungsnetz im
Ausland zu unterhalten.[141] Für das bestehende Auslandsgeschäft wurden

auch gar keine eigenen Filialen benötigt, da es sich fast vollständig in der Finanzierung des deutschen Außenhandels und der Durchführung des Zahlungsverkehrs erschöpfte.[142] Erst in den sechziger Jahren wurden – in zunächst bescheidenem Umfang – auch Kredite ins Ausland vergeben und Beteiligungen an internationalen Emissionsgeschäften übernommen. Das Auslandsengagement der Frankfurter Großbanken lag aber nach wie vor weit hinter dem der deutschen Industrie zurück, besonders bei den Direktinvestitionen.

Durch das Wachstum der deutschen Exportindustrie, die handelsverstärkenden Effekte der EWG und die zunehmenden Dollar-Guthaben in Europa (Euro-Dollar-Markt) stieg das Auslandsgeschäft der Geldinstitute jedoch überproportional an. Hatte es 1960 erst einen Anteil von 2,6 Prozent an der Bilanzsumme der deutschen Geschäftsbanken, so waren es 1970 schon 8,7 Prozent.[143] Die Eröffnung eigener Filialen im Ausland wurde allerdings auch weiterhin nicht erwogen. Auslandsniederlassungen galten als zu teuer und auch als Affront gegenüber den vor Ort ansässigen Korrespondenzbanken. Vor der Hauptversammlung der Dresdner Bank erklärte Vorstandssprecher Erich Vierhub 1967: «Wir haben die Erfahrung gesammelt, daß es nicht der Weisheit letzter Schluß ist, im Ausland eigene Filialen zu unterhalten. Außerdem würden wir im Wesentlichen unsere Geschäftsbeziehungen zu unseren ausländischen Geschäftsfreunden beeinträchtigen, weil sie eine Filiale von uns als Konkurrenz betrachten».[144]

Doch machte die Dresdner Bank im selben Jahr noch einen vielbeachteten Schritt über die Grenze, indem sie als erste deutsche Bank nach dem Krieg eine Tochtergesellschaft im Ausland gründete, die Compagnie Luxembourgeoise de Banque. Bei dieser Bank handelte es sich freilich nicht um eine klassische Auslandsniederlassung. Sie zielte ausschließlich auf den expandierenden Euro-Dollar-Markt, durch den Luxemburg ein wichtiger Finanzplatz geworden war. Entgegen der bisherigen Gepflogenheit der Banken wurden mit dem Euro-Dollar-Markt erstmals im großen Stil Fremdwährungskonten nicht im Heimatland der betreffenden Währung geführt. Die Anfänge dieses Markts gingen darauf zurück, dass Dollar-Guthaben dem Zugriff der US-Währungsbehörden entzogen werden sollten. Durch das steigende Zahlungsbilanzdefizit der USA wurden immer mehr Dollar-Guthaben an europäischen Finanzplätzen und damit außerhalb der Kontrolle durch die amerikanische Notenbank geführt. Die Dresdner Bank erkannte frühzeitig die geschäftlichen Chancen, die sich hier boten; sie war «der deutsche Pionier im Euro-Markt».[145] Bei der Deutschen Bank galten Geschäfte auf dem Euro-Dollar-Markt als verpönt, solange Hermann Josef Abs Vorstandssprecher war.[146]

Der größte Teil des Auslandsgeschäfts der Dresdner Bank fand innerhalb Europas und insbesondere innerhalb der EWG statt, zu der seit Anfang 1973 auch Großbritannien, Irland und Dänemark gehörten. Doch nahmen die Geschäfte mit Nordamerika und Asien in der Ära Ponto stark zu. Hier eröffneten sich neue Chancen, die von der Dresdner Bank in einigen Ländern rascher genutzt wurden als von anderen deutschen Banken. Schon 1968 errichtete sie in Boston eine auf das Wertpapiergeschäft in den USA spezialisierte Brokergesellschaft, die German-American Securities Corp. (GASC). Diese Gründung ging auf eine Initiative des damaligen Börsenchefs Wolfgang Röller zurück und führte dazu, dass die Dresdner Bank als erstes europäisches Kreditinstitut direkt an einer amerikanischen Wertpapierbörse vertreten war. Der Vizepräsident der GASC, Theodor Schmidt-Scheuber, wurde 1969 in den Vorstand der Bostoner Börse gewählt.[147] Unter Ponto wurde die GASC weiter ausgebaut und dann in die ABD Securities Corp. umgewandelt, die ihren Sitz in New York hatte. An dieser Gesellschaft waren außer der Dresdner Bank auch die Algemene Bank Nederland und die Banque de Bruxelles beteiligt.[148]

Der Wertpapierhandel spielte bei den Auslandsgeschäften der Dresdner Bank nicht nur in Nordamerika, sondern auch in anderen Regionen eine wichtige Rolle. Das Institut war einer der größten Händler mit Anleihen der Bundesrepublik, die wegen der erstklassigen Bonität der Emittentin und der Stärke der Deutschen Mark weltweit gefragt waren. Der Wechselkurs der Deutschen Mark gegenüber dem US-Dollar stieg die gesamten siebziger Jahre hindurch an. 1970 entsprach ein Dollar 3,6463 DM, 1976 nur noch 2,5173 DM. Viele internationale Anleger investierten deshalb in Deutschen Mark.

Bei den führenden europäischen Banken zeichnete sich Ende der sechziger Jahre ein breiter Trend ab, untereinander neue Formen der Kooperation einzugehen. Sie reagierten damit auf die zunehmende Internationalisierung der Geld- und Kapitalströme, aber auch auf die Expansion amerikanischer Banken nach Europa. Ponto wies bei der Hauptversammlung der Dresdner Bank vom Mai 1970, seiner ersten als

Vorstandssprecher, auf die Vorteile einer europäischen Bankenkooperation hin: «Die in Zukunft anstehenden Größenordnungen, aber auch die zu erwartenden Kosten/Ertrags-Relationen lassen den Aufbau eines eigenen weltweiten Filialnetzes unrealistisch erscheinen. Der Weg einer engen Kooperation mit befreundeten Banken scheint hier eher gangbar.»[149] Eine erste derartige Zusammenarbeit war die Dresdner Bank bereits drei Jahre vorher eingegangen, als sie sich an der Errichtung der Société Financière Européenne (S.F.E.) beteiligt hatte, einer Art Konsortium aus sechs Großbanken mehrerer europäischer Länder und einer amerikanischen Bank, das als «erste multinationale Bank in Europa» galt, aber unter dem vorherrschenden Einfluss der Banque Nationale de Paris (BNP) stand.[150]

Diese ersten Ansätze verfestigten sich Anfang der siebziger Jahre in der Bildung sogenannter Bankenclubs. Neu war dabei weniger die Tatsache als die Form der multinationalen Zusammenarbeit. Die europäischen Bankenclubs verfügten über eine eigene «Managementgesellschaft», deren Leitungsgremien von den Mitgliedsbanken gemeinschaftlich nach einem bestimmten Proporz besetzt wurden.[151] Diese Gesellschaften sollten die Zusammenarbeit innerhalb der Gruppe koordinieren und erweitern. Dazu gehörte nicht nur die Vergabe von Konsortialkrediten, sondern auch die Errichtung gemeinsamer Auslandsvertretungen, vor allem in Übersee. Im Oktober 1970 schloss sich die Deutsche Bank mit Partnerbanken aus Großbritannien, Belgien und den Niederlanden zu einer derartigen Gruppe, der EBIC, zusammen. Wenig später folgten die Commerzbank und die Westdeutsche Landesbank, indem sie sich mit befreundeten Banken aus Westeuropa zu den Gruppen Europartners bzw. Orion verbanden.[152]

Nachdem sich die Deutsche Bank, die Commerzbank und die Westdeutsche Landesbank an europäischen Bankenclubs beteiligt hatten, war es nur noch eine Frage der Zeit, bis die Dresdner Bank und ihre Partnerbanken in der S.F.E. nachzogen.[153] Doch ergab sich hier das Problem, dass außer der Dresdner Bank auch noch eine andere S.F.E.-Mitgliedsbank, die Algemene Bank Nederland (ABN), bereits über eine Tochtergesellschaft für den Wertpapierhandel in den USA verfügte. Als Mitglieder eines Bankenclubs konnten beide Institute nicht miteinander konkurrieren, doch wollten weder die Dresdner Bank noch die ABN ihre jeweilige US-Tochter aufgeben. Bei den Ver-

Abb. 15: Unterzeichnung des EBU-Vertrags am 23. 2. 1971. Von links nach rechts:
Helmut Haeusgen, Jürgen Ponto; Klaus Hartlieb, Anton Ernstberger (Bayerische
Hypotheken- und Wechselbank); Lois Camu, Alexandre Lamfallusy (Banque des
Bruxelles); J. C. Wurfbain, A. F. J. Dijkgraaf (ABN)

handlungen in Amsterdam und Frankfurt, die auf Seiten der Dresdner
Bank von Helmut Haeusgen und Wolfgang Röller geführt wurden,
näherte man sich im Herbst 1970 an. Die Dresdner Bank war nun bereit, gemeinsam mit der ABN eine neue Investmentbank in New York
zu gründen.[154] Im Gegenzug gab die ABN ihre bisherige Zurückhaltung gegenüber einer umfassenden Kooperation mit der Dresdner
Bank und den anderen europäischen Partnerbanken auf.[155] Anfang
1971 einigten sich die Dresdner Bank und die ABN mit der Banque de
Bruxelles und der Bayerischen Hypotheken- und Wechsel-Bank auf
die Errichtung eines neuen europäischen Bankenverbunds. Am 23. Februar 1971 schlossen sich diese vier Banken zur European Banking
Union (EBU) zusammen.[156] Die EBU verfügte über ein ständiges
Sekretariat in Brüssel. Im Unterschied zur S.F.E. war der deutsche
Einfluss hier zunächst dominant, doch traten dem Verbund dann auch

weitere S.F.E.-Mitglieder bei: die Banca Nazionale del Lavoro, die BNP und die Barclays Bank.

Im März 1972 gingen die vier Gründungsbanken der EBU noch einen Schritt weiter. Der Verwaltungsrat (Steering Committee) der Gruppe beschloss, das ständige Sekretariat in eine Aktiengesellschaft belgischen Rechts mit Sitz in Brüssel umzuwandeln. Am Aktienkapital in Höhe von 10 Mio. bfrs. (rund 720 000 DM) waren die vier Gründungsbanken mit jeweils 25 Prozent beteiligt, wobei auch ihre Vorstandsvorsitzenden jeweils eine Aktie zeichneten. Die neue Managementgesellschaft erhielt den Namen Associated Banks of Europe Corporation S. A. (ABECOR) und so nannte sich auch der Verbund aus den vier Instituten ABN, Banque de Bruxelles, Bayerische Hypotheken- und Wechsel-Bank und Dresdner Bank.[157] 1974 traten die Banca Nazionale del Lavoro, die BNP und die Barclays Bank der ABECOR bei. Vier Jahre später schlossen sich zudem die Österreichische Länderbank und die Banque Internationale à Luxembourg diesem Bankenverbund an.

Mitte der siebziger Jahre galt die ABECOR mit rund 9700 Geschäftsstellen und 165 000 Beschäftigten als die größte Bankengruppe der Welt.[158] Immerhin gehörten dem Verbund die jeweils größten Banken Frankreichs, Großbritanniens und Italiens sowie die zweitgrößte Bank der Bundesrepublik an. Der Dresdner Bank, die im internationalen Vergleich nur an fünfzehnter Stelle lag, war es mit der ABECOR – wie auch schon mit der EBU – gelungen, starke Partner in den anderen großen EWG-Ländern an sich zu binden, stärkere als sie die Deutsche Bank in der EBIC-Gruppe hatte. Mit diesem Rückhalt konnten sich Ponto und seine Vorstandskollegen gute Chancen ausrechnen, im internationalen Bankgeschäft den Abstand gegenüber der Deutschen Bank zu verringern.

Die Mitgliedsbanken der ABECOR vereinbarten, ihre Kunden gegenseitig bevorzugt zu betreuen, bei Krediten und Emissionen zusammenzuarbeiten, Informationen untereinander auszutauschen und Gemeinschaftsrepräsentanzen im Ausland zu errichten. Geleitet wurde die ABECOR von einem Verwaltungsrat (Steering Committee) und einem Exekutivausschuss (Coordinating Committee). Der Verwaltungsrat setzte sich aus Vorständen der Mitgliedsbanken zusammen, zwischen denen der Vorsitz turnusmäßig wechselte. Die Dresdner Bank war in diesem Gremium durch Ponto und Haeusgen vertreten.

Tabelle 2: Die Banken der ABECOR-Gruppe 1975

Bank	Sitz	Jahr des Eintritts	Bilanzsumme in Mrd. DM (Stand Ende 1969)	Beschäftigte (Stand Febr. 1971)
Algemene Bank Nederland (ABN)	Amsterdam	1972	16,2	16 850
Banca Nazionale del Lavoro	Rom	1974	41,0	12 000
Banque de Bruxelles	Brüssel	1972	10,8	9 000
Banque Nationale de Paris (BNP)	Paris	1974	34,3	40 000
Barclays Bank	London	1974	51,7	50 800
Bayerische Hypotheken- und Wechsel-Bank	München	1972	12,6	9 700
Dresdner Bank	Frankfurt am Main	1972	23,5	25 400

Quelle: HAC-500/18107-2000

Der ABECOR-Vertrag beließ den beteiligten Banken ihre individuelle Aktionsfreiheit.[159] Anders als viele Beobachter vermuteten, war eine Fusion nie geplant. Die Kooperation sollte auf der Basis voller Autonomie durchgeführt werden und überall dort erfolgen, wo dies praktikabel und profitabel erschien.[160] Das Club Banking führte denn auch zu keinen größeren Veränderungen innerhalb der beteiligten Institute. Die ABECOR-Banken behielten ihre bestehenden Strukturen und ihre jeweilige nationale Prägung. Nur in wenigen Fällen wurden Mitarbeiter zwischen ihnen ausgetauscht. Ähnliches galt für die anderen Bankenclubs. Die Internationalisierung der europäischen Großbanken schlug sich während dieser Phase noch nicht auf der Ebene des Managements nieder und auch nicht in der Zusammensetzung der Belegschaft. Eine Tätigkeit im Ausland galt bei den deutschen Kreditinstituten damals noch nicht als besonders karriereförderlich und war beim Bankiersnachwuchs entsprechend wenig gefragt.[161]

Im Oktober 1972 konnte in Mexiko-Stadt die erste gemeinsame Auslandsrepräsentanz der ABECOR-Banken eröffnet werden. Sie ging aus der dortigen Repräsentanz der Dresdner-Bank-Tochter Deutsch-Süd-amerikanische Bank hervor und wurde in Personalunion mit dieser geleitet. Auch bei der einen Monat später gegründeten Gemeinschaftsrepräsentanz der ABECOR in Johannesburg war die Dresdner Bank federführend. Weitere ABECOR-Repräsentanzen entstanden in Sydney (November 1972) und Teheran (August 1973). In den USA gingen die Tochtergesellschaften der Dresdner Bank und der ABN, die German-American Securities Corp. und die ABN Corp., in einer neuen Investmentbank auf, der ABD Securities Corp. An diesem Institut waren alle ABECOR-Banken beteiligt. Es hatte seinen Sitz in New York und eine Filiale in Boston. Insgesamt brachte die Dresdner Bank in die Gemeinschaftsgründungen der ABECOR-Gruppe mehr ein als jede andere Mitgliedsbank. Sie stellte bei drei der vier neuen Gemeinschaftsrepräsentanzen (Johannesburg, Mexiko, Teheran) den Chief Representative und hatte maßgeblichen Anteil an der Gründung der gemeinsamen US-Tochter ABD Securities Corp.[162]

Von der Kooperation im Rahmen der ABECOR erwarteten sich die beteiligten Banken große Vorteile. Man glaubte, auf diese Weise mit einem geringen Kapitaleinsatz den Kunden eine dichte Präsenz innerhalb der gesamten EWG bieten und die Risiken auf den außereuropäischen Märkten auf mehrere Schultern verteilen zu können. Ähnlich wie die anderen Bankenclubs wurde die ABECOR auch als eine Antwort auf die «amerikanische Herausforderung» verstanden. Nur durch die Bildung solcher multinationaler Gruppen konnten die europäischen Großbanken in die Dimension der führenden US-Banken vorstoßen, die damals massiv nach Europa expandierten. Die Bilanzsummen der Bank of America oder der Chase Manhattan waren zu diesem Zeitpunkt größer als die der Deutschen Bank, der Dresdner Bank und der Commerzbank zusammen.[163]

Die europäischen Bankenclubs haben die in sie gesetzten Erwartungen nicht erfüllt. Schon bald zeigte sich, dass die Mitgliedsbanken nicht bereit waren, auf eine eigene Auslandspräsenz zu verzichten und ertragreiche internationale Geschäfte zu teilen. Häufig wurden den Partnerinstituten nur Kunden überlassen, die als problematisch galten. Wegen ihrer Größe und der komplizierten Abstimmungsmechanismen erwiesen sich die Bankenclubs auch als zu unbeweglich. Zudem konnten die beteiligten Banken über diese Zusammenschlüsse kaum weiteres Know-how im internationalen Geschäft gewinnen. Aus diesen Gründen gilt das Club Banking heute als ein gescheiterter Ansatz.[164] Am ehesten noch bewährte sich das gemeinsame Ausbildungszentrum für Führungskräfte der ABECOR-Banken, das 1975 in Bad Homburg entstanden war. Als die Dresdner Bank in den neunziger Jahren eine strategische Partnerschaft mit der BNP einging, war das ABECOR-Konzept endgültig überholt. Bereits 1991 hatte die ABN wegen ihrer Fusion mit der Amsterdam-Rotterdam Bank (AMRO) den Verbund verlassen.[165] Ende 1997 beschlossen die verbliebenen Mitgliedsbanken, die ABECOR aufzulösen. Auch bei der Dresdner Bank war man der Meinung, dass der Bankenclub «nicht mehr in die heutige Zeit» passen würde.[166]

Ponto hatte zur ABECOR keinen besonderen persönlichen Bezug. Für ihn waren die europäischen Bankenclubs eher ein Mittel zum Zweck. Den Banken stellte sich seiner Ansicht nach die Aufgabe, «durch Intensivierung ihrer Zusammenarbeit den Aufbau eines europäischen Finanz- und Kapitalmarkts und die Bildung europäischer Unternehmensgruppierungen zu fördern».[167] Er selbst nahm innerhalb der ABECOR die Aufgaben wahr, die ihm als Vorstandssprecher der Dresdner Bank übertragen wurden – nicht mehr, aber auch nicht weniger. Durch besondere Initiativen innerhalb des Verbunds fiel Ponto nicht auf und die ABECOR war wiederum weder in seinen Reden noch in seiner Korrespondenz ein vorrangiges Thema.

Aus der Sicht der Dresdner Bank war die ABECOR allerdings auch in Bezug auf den deutschen Bankenmarkt von Bedeutung. Dass Jürgen Ponto hier nicht zuletzt taktisch dachte, zeigt sein Versuch, auch den BHF-Geschäftsinhaber Dohrn von den Vorteilen eines Beitritts zu überzeugen, um dessen Institut enger an die Dresdner Bank zu binden. Der Versuch scheiterte jedoch, weil die BHF-Bank großen Wert auf Äquidistanz zu allen Großbanken legte.[168] Durch die Zusammenarbeit mit der Bayerischen Hypotheken- und Wechsel-Bank (Hypo-Bank oder auch «Bayern-Hypo»), die ebenfalls zu den Gründungsmitgliedern des Bankenclubs gehörte, ergaben sich hingegen interessante Perspektiven. Ponto versprach sich von dieser Kooperation viel und trieb sie gemeinsam mit Anton Ernstberger, dem Chef der Bankabteilung und späteren Vorstandssprecher der Hypo-Bank, voran.

Die Hypo-Bank hatte sich 1970 gegen eine mögliche Fusion mit der Bayerischen Vereinsbank und der Bayerischen Staatsbank entschieden.[169]

Ernstberger hatte es damals vorgezogen, eine Partnerschaft mit der Dresdner Bank einzugehen, um auf diese Weise ins internationale Geschäft zu kommen. Die Hypo-Bank war zwar die größte Bank Bayerns, hatte aber nur ein geringes Auslandsgeschäft und war im Ausland auch kaum vertreten. Durch die Kooperation mit der Dresdner Bank und die Mitgliedschaft in der EBU bzw. in der Gruppe ABECOR konnte sie am internationalen Geschäft teilhaben, ohne dafür ein eigenes Netz von Auslandsniederlassungen aufbauen zu müssen. Die Dresdner Bank konnte durch die Zusammenarbeit mit der führenden bayerischen Geschäftsbank wiederum ihr Inlandsgeschäft ausweiten, auch wenn beide Banken sich in Bayern weiterhin gegenseitig Konkurrenz machten. Gemeinsam mit der Hypo-Bank betrieb die Dresdner Bank zum Beispiel den Zusammenschluss zwischen der Schultheiss-Brauerei und der Dortmunder Union-Brauerei, durch den ein neuer Brauereikonzern entstand.[170] Einige Jahre später gab die Hypo-Bank die Publikumsfonds ihrer Investmentgesellschaft Allfonds an die Dresdner-Bank-Tochter Deutscher Investment-Trust (DIT) ab und übernahm eine zehnprozentige Beteiligung am Grundkapital des DIT.[171]

Ponto engagierte sich sehr für die Zusammenarbeit mit der Hypo-Bank. Bezeichnend dafür war die Pressekonferenz, die er gemeinsam mit Anton Ernstberger am 24. Februar 1971 im Münchner Hotel Continental abhielt. Hier – und nicht etwa in Frankfurt oder Brüssel – informierte Ponto über die am Vortag erfolgte Gründung des europäischen Bankenverbunds EBU.[172] Der Bayer Ernstberger hatte zwar einen ganz anderen Charakter als der Hanseat Ponto. Beide verfolgten aber innerhalb ihrer Banken ähnliche Ziele. Auch Ernstberger ging seit seiner Berufung an die Spitze der Hypo-Bank im Jahr 1969 daran, diesem Institut ein neues Image zu verschaffen. Die Hypo-Bank hatte bis dahin im Ruf gestanden, eine «stockkonservative, geradezu verschlafene weiß-blaue Bank» zu sein.[173] An der Börse ging man schon 1971 davon aus, dass die Dresdner Bank und die Hypo-Bank auf eine Fusion zusteuerten.[174] Als sich die Hypo-Bank 1976 am DIT beteiligte, kamen erneut derartige Spekulationen auf. Ernstberger wie Ponto stritten zwar entschieden ab, eine Fusion anzustreben. Doch hielten sich die Vermutungen, dass Ponto langfristig auf eine Übernahme der Hypo-Bank hinarbeitete, um auf diese Weise die Deutsche Bank zu überholen.[175] Intern bekundeten Ponto und Ernstberger Anfang 1976 ihr Einverständnis, dass «wenn sich einmal in Eu-

ropa oder in Deutschland die Fusionen größerer Banken als notwendig
erweisen sollten, dann die Hypo-Bank und die Dresdner Bank diesen
Schritt füreinander vorgesehen hätten».[176] Dass solche Überlegungen
nicht aus der Luft gegriffen waren, bestätigt rückblickend auch das in
München ansässige Vorstandsmitglied Wolfgang Leeb: «Ponto war auf
dem Wege, dass wir uns mit der Hypo zusammenschlossen.»[177]

Hatte Ponto noch im Mai 1970 den Aufbau eines eigenen weltweiten
Filialnetzes als zu aufwändig bezeichnet, so teilte er zwei Jahre später auf
der Hauptversammlung der Dresdner Bank mit, dass die Errichtung von
Auslandsfilialen «an sorgfältig ausgewählten international bedeutenden
Finanzplätzen» vorbereitet wurde.[178] Im Vorstand hatte in dieser Frage
also ein Umdenken stattgefunden. Die neue Strategie setzte sich quasi
parallel zum Aufbau der europäischen Bankenclubs durch. Trotz aller
Bekenntnisse zur ABECOR wollte die Dresdner Bank an den führenden
Finanzplätzen der Welt selbst mit vollem Service präsent sein und das
Geschäft dort nicht mit ihren europäischen Partnern teilen. Die Koope-
rationsstrategie und die Going-alone-Strategie wurden nicht mehr als
Gegensatz, sondern als komplementäre Bestandteile der Auslandspräsenz angesehen. Die Dresdner Bank stand damit nicht allein. Auch die
Deutsche Bank und die Commerzbank gingen die Internationalisierung
in diesen Jahren mit einer solchen Doppelstrategie an, indem sie sich sowohl auf die Kooperation innerhalb ihrer europäischen Bankengruppen
stützten als auch eigene Auslandsfilialen errichteten.

Im Juni 1972, drei Monate nach Gründung der ABECOR, erhielt die
Dresdner Bank erstmals seit dem Zweiten Weltkrieg wieder eine Aus-
landsfiliale – in Singapur. Dass dieser Schritt in Südostasien erfolgte und
nicht – wie bei den anderen Frankfurter Großbanken – in London oder
New York, hing mit dem damaligen Umbau der Deutsch-Asiatischen
Bank zusammen. Die Dresdner Bank war an der Deutsch-Asiatischen
Bank, die ein Konsortium unter Führung der Deutschen Bank 1889
gegründet hatte, mit 22 Prozent des Aktienkapitals beteiligt. Nach
Gründung des europäischen Bankenclubs EBIC ging die Deutsche Bank
daran, die Beteiligungen der anderen Banken an der Deutsch-Asiati-
schen Bank aufzukaufen, um dieses Institut in die neue, von den EBIC-
Mitgliedern gemeinsam gegründete Europäisch-Asiatische Bank (Euras-
Bank) einzubringen. Die Dresdner Bank bestand darauf, ihre Beteiligung
mit der Abtretung einer Filiale abgegolten zu bekommen, während sich

die anderen Gesellschafter ausbezahlen ließen. Ponto machte die Angelegenheit zur Chefsache und verhandelte darüber mit Franz Heinrich Ulrich, dem Vorstandssprecher der Deutschen Bank. Wie aus einem Vermerk vom Juni 1971 hervorgeht, hat er dabei «klar verlangt, daß wir durch einen Sachwert abgefunden würden».[179] Schließlich einigte man sich darauf, dass die Deutsch-Asiatische Bank ihre Filiale Singapur an die Dresdner Bank abgab.[180]

Schon bald kam es zu weiteren Filialgründungen im Ausland. Am 28. August 1972 eröffnete die Dresdner Bank eine Niederlassung in New York, wo sie im März 1965 bereits «die bisher einzige ständige Vertretung einer deutschen Bank» errichtet hatte. Die Repräsentanz war freilich weit vom Leistungsangebot einer Filiale entfernt, sie diente lediglich dazu, «die umfangreichen geschäftlichen Verbindungen der Dresdner Bank und ihrer Kunden in den USA zu betreuen und weiter auszubauen».[181] Anfang 1973 wurde die Londoner Repräsentanz in eine Filiale umgewandelt – zeitgleich mit dem EWG-Beitritt Großbritanniens. Es war die erste Niederlassung eines deutschen Geldinstituts in London nach dem Zweiten Weltkrieg.[182] Bereits im Frühjahr 1972 hatte die Dresdner Bank damit begonnen, die Gründung einer Filiale in Tokio vorzubereiten.[183] Nach längerem Vorlauf und eingehender Prüfung durch das japanische Finanzministerium konnte diese Niederlassung Anfang November 1973 eröffnet werden. Im September 1974 kamen Filialen in Los Angeles und Chicago hinzu. Damit war die erste Welle von Filialgründungen im Ausland abgeschlossen. Erst Ende der siebziger Jahre wurden in Madrid und Hongkong weitere Auslandsniederlassungen errichtet.

Unter Ponto eröffnete die Dresdner Bank somit innerhalb weniger Jahre sechs Auslandsniederlassungen. Hinzu kam noch die bereits 1971 gegründete Filiale der Tochtergesellschaft Deutsch-Südamerikanische Bank in Panama, die ausschließlich Offshore-Finanzierungen betrieb.[184] Die rund 20 Auslandsrepräsentanzen der Dresdner Bank blieben weiterhin bestehen, drei von ihnen als ABECOR-Gemeinschaftsrepräsentanzen. Sie waren für die Auslandspräsenz der Bank nach wie vor von großer Bedeutung. Dagegen hatten die Kapitalbeteiligungen bei ausländischen Banken und Nichtbankenunternehmen einen eher geringen Stellenwert, wenn man von der Tochtergesellschaft Compagnie Luxembourgeoise de Banque S. A. absieht. Auf sie entfielen über 70 Prozent des Buchwerts aller Auslandsbeteiligungen.[185] Verglichen mit der Deutschen Bank, die eine ähnliche Strategie im Ausland verfolgte, eröffnete die Dresdner Bank unter Ponto mehr Auslandsniederlassungen. Dies galt allerdings auch für die Commerzbank, und die Deutsche Bank war wiederum über ihre Tochtergesellschaft Deutsche Ueberseeische Bank sowie über die Konsortiumsbanken der EBIC-Gruppe an mehreren außereuropäischen Finanzplätzen indirekt mit Filialen vertreten.[186]

Tabelle 3: Repräsentanzen der Dresdner Bank im Ausland (Stand 30. 6. 1973)

Land	Stadt
Ägypten	Kairo
Argentinien	Buenos Aires*
Australien	Sydney
Bolivien	La Paz*
Brasilien	Saô Paulo*
	Rio de Janeiro*
Chile	Santiago de Chile *
Frankreich	Paris
Japan	Tokio
Kolumbien	Bogota*
Libanon	Beirut
Mexiko	Mexiko Stadt**
Paraguay	Asuncion*
Peru	Lima*
Spanien	Madrid
Südafrika	Johannesburg**
Türkei	Istanbul
UdSSR	Moskau
Uruguay	Montevideo*
USA	Los Angeles*
Venezuela	Caracas*
Panama/Zentralamerika	Panama

*   Gemeinschaftsrepräsentanz mit der Deutsch-Südamerikanischen Bank
** ABECOR Gemeinschaftsrepräsentanz
Quelle: HAC-500/18105-2000

Die Geschäftätigkeit der neuen Auslandsniederlassungen richtete sich am Profil der jeweiligen Finanzplätze aus, hatte aber ihren Schwerpunkt durchweg im Interbankengeschäft. Bei der Londoner Filiale der Dresdner Bank wurden neben dem Geld- und Devisengeschäft auch noch Kredit- und Einlagengeschäfte mit Nichtbankenunternehmen, vor allem Versicherungsgesellschaften, getätigt. Die Filiale Singapur betrieb fast ausschließlich Interbankenhandel. Kredit- und Wertpapiergeschäfte spielten hier kaum eine Rolle.[187] Dienstleistungen für Auslandsniederlassungen deutscher Firmen hatten für die Geschäfte der Auslandsfilialen offenbar keine größere Bedeutung. Ebenso wie die Deutsche Bank und die Commerzbank hatte die Dresdner Bank diese Niederlassungen nicht wegen ihrer Industriekunden eröffnet, von denen viele schon in den fünfziger und sechziger Jahren mit Direktinvestitionen ins Ausland gegangen waren.

Die neuen Auslandsstützpunkte der Frankfurter Großbanken befanden sich nicht in den bevorzugten Zielländern der Direktinvestitionen deutscher Industrieunternehmen. Sie wurden vielmehr an Standorten errichtet, die für das internationale Finanzgeschäft von herausragender Bedeutung waren. Die Banken erwarteten sich davon Vorteile für ihren weltweiten Interbanken- und Wertpapierhandel, der ein größeres Wachstumspotenzial hatte als das klassische Außenhandelsfinanzierungsgeschäft. Zugleich nahm die Kreditvergabe an ausländische Kunden, das rentabelste Auslandsgeschäft, erstmals größeren Umfang an. Zum Ende der siebziger Jahre galt unter den Frankfurter Bankern nur noch die Kreditvergabe ins Ausland als «richtiges Auslandsgeschäft».[188]

Beim Ausbau des internationalen Geschäfts und bei der Gründung der Auslandsniederlassungen gaben Ponto und Haeusgen in der Regel nur die Generallinie vor. An Detailfragen war Ponto allenfalls dann beteiligt, wenn – wie bei den Verhandlungen um die Filiale Singapur – Differenzen mit anderen Banken auf höchster Ebene ausgeräumt werden mussten. An den Standorten im Ausland hatte er als Vorstandssprecher vor allem repräsentative Aufgaben wahrzunehmen. Besonders war er gefordert, wenn es galt, eine neue Filiale am jeweiligen Finanzplatz einzuführen. Diese Rolle war wie auf ihn zugeschnitten und er nahm sie bereitwillig wahr. So absolvierte Ponto zum Beispiel in Tokio anlässlich der Filialeröffnung im Herbst 1973 ein mehrtägiges Programm. Dazu gehörten Höflichkeitsbesuche beim japanischen Finanzministerium und bei

Abb. 16: Jürgen Ponto mit Helmut Haeusgen (2. von links) und Ernst Matthiensen
(3. von links) in Tokio, 1970

mehreren Banken sowie ein Empfang, den er als Vorstandssprecher der
Dresdner Bank gab.[189]

Pontos Stärke bei solchen Auftritten lag einmal mehr in seinem kom-
munikativen Talent und seinen breiten Interessen. Er traf geradezu intui-
tiv den «richtigen Ton», verlor sich nicht in Floskeln und nahm auch auf
historisch-kulturelle Dimensionen Bezug. Ein gutes Beispiel dafür ist die
Pressekonferenz, die er im Januar 1973 in London anlässlich der Eröffnung der dortigen Filiale der Dresdner Bank gab. Ponto erinnerte dabei
an die erste Filialgründung im Jahr 1895 wie auch an die Tätigkeit Herbert Gutmanns, des Sohns des Gründers der Dresdner Bank, als Leiter
der früheren Londoner Filiale. Den britischen EWG-Beitritt würdigte er
mit einer Hommage an das Heimatland des Liberalismus: «This country
has always been one of the formost strongholds of liberal thinking and
liberal reality.»[190]

Besonders engagiert betrieb Ponto den Ausbau des Geschäfts mit
Ländern, in denen sich damals neue Märkte eröffneten. «Die Märkte von
morgen werden uns nicht geschenkt» – schrieb er in einem Artikel vom

Februar 1975.[191] Große Chancen sah Ponto im Ostgeschäft, wo sich durch die Ostpolitik der sozialliberalen Bundesregierung unter Willy Brandt und Walter Scheel ganz neue Möglichkeiten boten, aber auch im Geschäft mit den ölexportierenden Staaten des Nahen Ostens, die durch den Anstieg des Ölpreises in wachsendem Maße über anlagesuchendes Kapital verfügten. Vermutlich dürfte Ponto darauf gesetzt haben, dass es der Dresdner Bank hier durch entschlossenes Vorgehen gelingen würde, auch den Rückstand gegenüber dem internationalen Geschäft der Deutschen Bank zu verkürzen. Tatsächlich blieb die Deutsche Bank zwar weiterhin die führende deutsche Auslandsbank, doch holte die Dresdner Bank erkennbar auf. Sie war nicht nur in London früher als die Deutsche Bank mit einer Filiale vertreten, sondern auch die erste deutsche Großbank, die eine Repräsentanz in Moskau eröffnete.

Bereits ein knappes Jahr nach Unterzeichnung des Moskauer Vertrags reiste Ponto im Juni 1971 mit Berthold Beitz (Krupp), Hans Groebe (AEG), Max Grundig, Christian P. Henle (Klöckner) und Willy Ochel (Krupp-Aufsichtsrat) zu Gesprächen mit Vertretern der sowjetischen Regierung nach Moskau. Dem stellvertretenden Ministerpräsidenten Kirilin erklärte er, der Besuch der deutschen Wirtschaftsdelegation sei «eine große Chance, den guten Willen zu zeigen, für langfristige Geschäfte zur Verfügung zu stehen».[192] Ponto wies bei dieser Gelegenheit auch auf die führende Beteiligung der Dresdner Bank an der Erdgasfinanzierung hin.[193] Als ihn Ministerpräsident Kossygin fragte, «ob die Dresdner Bank auch eine Investitionsbank sei», bejahte er dies.[194]

Dass die Dresdner Bank im Ostgeschäft eine Vorreiterrolle übernahm, ging eindeutig auf Ponto zurück. Nach Ansicht des langjährigen Dresdner-Bank-Vorstandsmitglieds Meinhard Carstensen lag es sogar «nur an Ponto», dass die Dresdner Bank eine führende Position unter den deutschen Kreditinstituten in Moskau hatte.[195] Carstensen erinnert sich, dass Ponto ihm sagte: «Russland und die Ostblockländer sind für uns ein weißes Gebiet, ich will da hin, ich möchte dafür etwas machen.» Als Carstensen dann mit einigen Mitarbeitern begann, den Einstieg in das Sowjetunion-Geschäft vorzubereiten, ließ ihm Ponto freie Hand.[196]

Es gab freilich noch einen weiteren Grund dafür, dass die Dresdner Bank als erstes deutsches Kreditinstitut die Eröffnung einer Repräsentanz in Moskau beantragte. Der Vorstand hatte die Sorge, dass sich der

Abb. 17: Ponto (6. v. r.) und Berthold Beitz (2. v. r.) beim Gespräch mit dem
sowjetischen Ministerpräsidenten Kossygin (l.) am 23. 6. 1971 im Kreml.

Name der Bank im Ostgeschäft wie auch an außereuropäischen Finanzplätzen als hinderlich erweisen könne, und wollte dies möglichst rasch
geklärt wissen. Im Zusammenhang damit hatte es Überlegungen gegeben, die Bank umzubenennen. Vorstandsmitglied Wolfgang Röller hatte
vorsichtshalber schon einmal ein kleines Geldinstitut mit dem Namen
«Deutsche Länderbank» gekauft, auf das man bei einer Umbenennung
hätte zurückgreifen können. Um über die Namensfrage rechtzeitig vor
dem 100-jährigen Bankjubiläum im September 1972 entscheiden zu können, beschloss der Vorstand, als eine Art Testlauf umgehend in Moskau
einen Antrag auf Eröffnung einer Repräsentanz zu stellen. Bei den For-
malitäten, die nun begannen, wurde schnell klar, dass sich die sowjetischen Behörden keineswegs am Namen der Dresdner Bank störten.
Die Umbenennungspläne waren fortan kein Thema mehr und das Unternehmen beging das Jubiläum als Dresdner Bank.[197]
     Im Januar 1973 nahm die Moskauer Repräsentanz die Arbeit auf. Das
Büro befand sich im Hotel Intourist in der Twerskaja uliza, wo dann
auch der Empfang zur offiziellen Eröffnung der Repräsentanz am 12. Fe-

bruar stattfand. Ponto ließ dieses Ereignis im großen Rahmen begehen. Er selbst reiste mit einer zehnköpfigen Delegation an, zu der auch die Vorstandsmitglieder Haeusgen, Henzel und Meier-Preschany gehörten. Am Empfang der Dresdner Bank nahmen der stellvertretende sowjetische Staatsbankpräsident Balagurow, der Leiter der sowjetischen Außenhandelsbank Iwanow und zahlreiche weitere Repräsentanten teil. Der deutsche Botschafter Sahm soll angesichts der aufgebotenen Prominenz mit einem Anflug von Neid gesagt haben: «Da sieht man die Macht der Banken!»[198] Einen Höhepunkt bildete eine Ansprache Pontos, bei der sich der Vorstandssprecher der Dresdner Bank «als vorzüglicher Redner» erwies, wie die *Frankfurter Allgemeine Zeitung* berichtete.[199] Ponto hatte mit seinen rhetorischen Fähigkeiten schon einige Tage vorher, bei einer Pressekonferenz in Moskau, geglänzt. Dabei war er auch auf die Erfahrung der Weltkriege eingegangen und hatte ein Bekenntnis zum Frieden abgelegt, das die sowjetische Seite miteinschloss: «Aber wir stimmen in einem überein und wir sind glücklich über diese Übereinstimmung: wir sind überzeugt von der Notwendigkeit des Friedens».[200]

Für die Geschäfte mit der Sowjetunion setzte er sich vehement ein, obwohl er zunächst durchaus Vorbehalte gegenüber der Bonner Ostpolitik hatte.[201] Das geschäftliche Interesse verband sich dabei mit persönlichen Anliegen, den Lehren, die er für sich aus der Kriegserfahrung gezogen hatte, und seiner Bewunderung für die russische Kultur. Es bewegte Ponto, als er bei einem Flug von Moskau auf die Krim die Schlachtfelder sehen konnte, auf denen er fast sein Leben gelassen hätte. Zusammen mit seiner Tochter ging er in Moskau zum Grab des Dichters Boris Pasternak und besuchte den Bildhauer Vadim Sidur in dessen Atelier, wobei man spätabends auch auf Kriegserinnerungen zu sprechen kam.[202]

Die von Werner Pahlitzsch geleitete Moskauer Repräsentanz arbeitete in den folgenden Jahren sehr erfolgreich. Die Dresdner Bank konnte die Führung mehrerer Konsortien übernehmen, die hohe Kredite an die Sowjetunion und den Rat für Gegenseitige Wirtschaftshilfe (RGW), den wirtschaftlichen Zusammenschluss des Ostblocks, vergaben. Sie arbeitete mit der sowjetischen Außenhandelsbank und der International Investment Bank, einer Gemeinschaftsgründung der RGW-Länder, zusammen.[203] Als Ponto im Juli 1975 wieder nach Moskau kam, konnte er den stellvertretenden Ministerpräsidenten Nowikow darauf hinweisen, dass der Sowjetunion von der Dresdner Bank «größere Kredite zur Verfügung gestellt werden als ganzen Kontinenten wie Afrika oder den USA».[204] Die Ostgeschäfte der Bank konzentrierten sich im Übrigen stark auf die Sowjetunion und die zentralen Institutionen des RGW. In Warschau, Prag und Budapest entstanden erst 1990, nach dem Fall des Eisernen Vorhangs, eigene Repräsentanzen.[205]

Im Nahen Osten eröffneten sich der Dresdner Bank durch den Anstieg des Ölpreises im Herbst 1973 neue geschäftliche Möglichkeiten. Die Staaten der Organisation erdölexportierender Länder (OPEC) wurden nicht nur ein wichtiger Markt für die deutsche Exportindustrie. Sie benötigten bei der Anlage der «Petrodollars» auch die Expertise westlicher Banken, die wiederum durch den Verkauf von Wertpapieren dazu beitrugen, diese Gelder zu «recyceln», also in die Ölabnehmerländer zurückzuholen. Die OPEC-Leistungsüberschüsse – im Jahr 1974 waren dies immerhin 55 Mrd. US-Dollar – flossen zum überwiegenden Teil Banken in den USA und Europa als Einlagen zu.[206] Die Dresdner Bank verfügte im Nahen Osten über gute Kontakte, weil sie einer der größten Verkäufer der dort sehr begehrten Schuldscheine des Bundes war. Wolfgang Röller, das für den Wertpapierhandel zuständige Vorstandsmitglied, flog zu dieser Zeit alle zwei Wochen in den Nahen Osten.[207] Auch war die Dresdner Bank über die S.F.E. an der Compagnie Arabe et Internationale d'Investissement in Paris beteiligt. Helmut Haeusgen war dort Vizepräsident des Verwaltungsrats.[208]

Ponto war der Überzeugung, dass die deutschen Unternehmen ihre Position auf dem Weltmarkt nur behaupten konnten, wenn es im Gegenzug ausländischen Investoren möglich war, lukrative Kapitalbeteiligungen in Deutschland zu erwerben. Märkte, so schrieb er im Februar 1975, wollen «mit einer auf Gegenseitigkeit abgestellten Balance gewonnen und gesichert werden».[209] Für ihn war es daher nur konsequent, dass er über eine Beteiligung des Irans am führenden deutschen Kraftwerksbauer, der Kraftwerk Union AG, verhandeln ließ und gemeinsam mit Röller die bis dahin größte Investition eines arabischen Staats in der Bundesrepublik einfädelte, eine Kapitalbeteiligung des Emirats Kuwait bei der Daimler-Benz AG; auf beides wird im folgenden Kapitel noch näher eingegangen.[210]

Als Ponto Kuwait im Mai 1975, ein halbes Jahr nach dem Mega-Deal, besuchte, wurde er dort sehr herzlich empfangen. Wie die Tageszeitung

Al-Seyessah schrieb, würdigte man in Kuwait die «vernünftige und freundschaftliche Haltung», die «Herr Ponto den Arabern gegenüber einnimmt».[211] Hohes Ansehen genoss der Vorstandssprecher der Dresdner Bank nun auch in anderen arabischen Staaten. Der saudi-arabische Ölminister Scheich Jamani traf sich im Oktober 1975 mit Ponto und erläuterte ihm seine Strategie innerhalb der OPEC. Wenige Wochen vorher hatte der saudi-arabische Botschafter in Bonn, Jamil Ibrahim Al Hejailan, zusammen mit seiner Gattin an einem Cocktailabend im Haus Pontos in Oberursel teilgenommen.[212] Von den guten Verbindungen in den Nahen Osten profitierte die Dresdner Bank auf vielen Gebieten. Das galt für ihren Einfluss bei Daimler-Benz wie auch für ihr Ansehen bei der Weltbank und den Wettbewerb mit der Deutschen Bank. Als die Dresdner Bank gemeinsam mit der Kuwait Investment Company bei einer 400-Mio.-DM-Anleihe der Weltbank Regie führte, konnte sie damit ein prestige- und provisionsträchtiges Monopol der Deutschen Bank durchbrechen.[213]

Eine wichtige Rolle spielte die Dresdner Bank auch im Südafrika-Geschäft. Sie war bei mehreren Anleihen Südafrikas federführend beteiligt und stellte den Leiter der 1972 gegründeten ABECOR-Repräsentanz in Johannesburg. Der südafrikanische Energiekonzern Eskom gehörte zu ihren großen Kreditkunden. Da der deutsche Südafrikahandel zu Pontos Zeit noch keinen Embargobestimmungen unterlag, verstieß die Dresdner Bank damit zwar nicht gegen die Vorgaben der Bonner Außenpolitik. Doch gab es in der Südafrika-Frage einen starken Dissens mit der sozialliberalen Bundesregierung. Das zeigte sich auch bei der Amtseinführung des südafrikanischen Präsidenten Nicolaas Diederichs im Frühjahr 1975. Wie in einem Vermerk seines Sekretariats festgehalten wurde, wollte Ponto Bundeskanzler Schmidt und Außenminister Genscher «wegen des unmöglichen Verhaltens der Bundesregierung gegenüber Südafrika anläßlich der Einführung von Herrn Dr. Diederichs» ansprechen.[214] In einem langen Brief an Diederichs, den er im Februar 1977 schrieb, ging Ponto auch auf die Apartheidspolitik ein. Er schlug dem Präsidenten vor, eine «Declaration of the Independant Man» nach dem Vorbild der amerikanischen Unabhängigkeitserklärung zu verfassen, als eine «Erklärung, die einschließen müßte, daß der Weiße nicht den Schwarzen und der Schwarze nicht den Weißen beherrschen will».[215]

In diesem Fall dürfte es die Sorge vor einer internationalen Isolation des Landes gewesen sein, die Ponto veranlasst hat, einen derartigen Vorschlag zu machen. Grundsätzlich war er der Ansicht, dass es im Interesse seiner Bank lag, mit Regierungen unabhängig von den politischen Verhältnissen in den betreffenden Ländern zusammenzuarbeiten, in Moskau wie in Johannesburg oder im Nahen Osten. Es lag ihm fern, sich gegenüber Südafrika so zu verhalten wie etwa die Leitung der Partnerbank ABN, die aus Rücksicht auf die Politik und die öffentliche Meinung in den Niederlanden nur geringes Interesse an Geschäften mit dem Apartheid-Staat zeigte.[216]

Wegen seiner hochrangigen internationalen Kontakte wurde Ponto mitunter auch als «Außenminister der Banken»[217] bezeichnet und als Berater der Mächtigen in aller Welt dargestellt. Das Nachrichtenmagazin *Der Spiegel* schrieb im August 1976, nachdem Ponto kurz zuvor einen Milliardenkredit für den RGW eingefädelt hatte: «Mit Russen-Premier Kossygin fachsimpelte er im Kreml, mit Schah Resa in der kaiserlichen Sommer-Residenz am Kaspischen Meer. Ägyptens Anwar el Sadat plauderte ebenso interessiert mit ihm wie Südafrikas Regierungschef B. J. Vorster.»[218] Leicht wurde dabei übersehen, dass sich diese Kontakte nicht allein aus Pontos beruflicher Position ergaben, sondern auch aus persönlichen Fähigkeiten, die gerade nicht dem Klischee eines Großbankers entsprachen. Auch Staatsoberhäupter waren beeindruckt, wenn sie auf einen profilierten Finanzfachmann trafen, mit dem sie über anderes reden konnten als über Geld. Hans Friderichs erinnert sich, wie er als Bundeswirtschaftsminister einmal mit einer großen Wirtschaftsdelegation nach Teheran reiste und dort erfuhr, dass er nur zwei Mitglieder dieser Delegation zur Audienz beim Schah mitnehmen durfte, der sich an seinem Sommersitz am Kaspischen Meer aufhielt. Friderichs entschied sich für Jürgen Ponto und Krupp-Chef Berthold Beitz, weil er glaubte, «dass sie den Schah beeindrucken, einfach durch ihre Persönlichkeit». So kam es denn auch. Man sprach weniger über Geschäfte als über Weltpolitik und «allgemeine Dinge», wobei Ponto und Beitz nach Friderichs Einschätzung «einen hervorragenden Eindruck» hinterließen.[219] Ähnlich wird es sich mit Pontos persönlichen Beziehungen zu Staats- und Regierungschefs verhalten haben, etwa als er es sich bei einer USA-Reise nicht nehmen ließ, den amerikanischen Präsidenten Gerald Ford zu einem Empfang einzuladen. Der mächtigste Mann der Welt nahm die Einladung an und das geschah sicherlich nicht, weil Ponto Vorstandssprecher der Dresdner Bank war, und wohl auch nicht, weil er als Leitbankier der Bundesrepublik gehandelt wurde. Es war vielmehr ein persönlicher Reverenzerweis und wurde auch als solcher empfunden. Ein Mitglied der damaligen Delegation Pontos erinnert sich: «... und da kam Präsident Ford, um Ponto die Ehre zu geben.»[220]

Jürgen Pontos großes Renommee im Ausland beruhte also darauf, dass er nicht bloß als Chef einer Großbank auftrat. Er war zugleich «ein sympathischer und überzeugender Botschafter», wie es Wolfgang Röller einmal formulierte.[221] Seiner Bank dürfte Ponto gerade dadurch manche Türen geöffnet haben, die anderen verschlossen blieben. Für die Dresdner Bank war dieser Faktor umso wichtiger, als sie im Ausland nicht so bekannt war wie ihre große Konkurrentin. Gemessen an der Deutschen Bank waren «Imageausprägung und Bedeutungseinschätzung der Dresdner Bank» im internationalen Geschäft «vergleichsweise geringer», wie es in einem Briefing der Zentralen Werbeabteilung für die Auslandswerbung vom Februar 1976 hieß. Der Deutschen Bank wurde bescheinigt, dass sie im Ausland häufig schon deshalb einen Konkurrenzvorteil hatte, weil ihr Name ihr «die Imagevorteile einer staatlichen Bank oder aber die als der bedeutendsten deutschen Bank verleiht».[222] Die Dresdner Bank galt dagegen im internationalen Geschäft häufig als «nur DM-Bank», der man keine Kompetenz für Geschäfte in anderen Währungen zutraute. Mitunter wurde sie wegen ihres Namens sogar als ostdeutsche Bank wahrgenommen, weshalb man im Ausland den Sitz Frankfurt am Main nachdrücklich herausstellte.

Bei der Dresdner Bank wusste man sehr wohl, welche Bedeutung solche Imagefragen für das internationale Geschäft hatten. Da auf den wichtigsten Feldern dieses Geschäfts kaum Unterschiede zwischen den Angeboten der einzelnen Banken bestanden, war «von den Dienstleistungen selbst kaum ein Ansatzpunkt zur erfolgreichen Differenzierung gegeben».[223] Die Zentrale Werbeabteilung sah «Ansatzpunkte zur Imageprofilierung» vor allem in Eigenschaften, die «mehr aus dem persönlichen Bereich stammen, und nicht von vornherein allen in der Leistung vergleichbaren Banken zugeordnet werden».[224] Dazu gehörten der persönliche Kontakt zum Kunden und eine ausgeprägte Bereitschaft, auf die Wünsche der Kunden einzugehen. Die Filialleiter und Repräsentanten der Dresdner Bank im Ausland mussten sich die Wertschätzung der

Kunden häufig härter erarbeiten als ihre Kollegen von der Deutschen
Bank, denen schon der Name des Instituts eine gewisse Reputation verlieh. Dies gelang ihnen offenbar mit einigem Erfolg, denn nach Einschätzung der Zentralen Werbeabteilung waren sie in ihren jeweiligen
Ländern «auch im Vergleich zu anderen Banken ausgesprochen beliebt».[225]

Pontos Auftreten als «Botschafter» und Sympathieträger war ein
überaus wichtiger Beitrag zur Imageprofilierung der Dresdner Bank im
Ausland. Durch ihn gewann die Bank Mitte der siebziger Jahre dort
enorm an Ansehen. Für viele, denen der Name Dresdner Bank wenig
sagte, war dieses Institut nun auch außerhalb Deutschlands «die Bank
Pontos». Innerhalb der Bundesrepublik repräsentierte er inzwischen
nicht nur die Dresdner Bank, sondern für viele Beobachter die deutschen
Banken insgesamt. Der weltläufige, rundum gebildete Akademiker hatte
jene «Tatmänner in Hemdsärmeln» ersetzt, die das Image der Dresdner
Bank bis in die späten sechziger Jahre geprägt hatten.[226] Diese Charakterisierung seiner Vorgänger in der Presse war zwar überzogen bis an die
Grenze zur Karikatur, aber sie macht umso deutlicher, welche Bedeutung Imagefragen inzwischen zukam.

Dabei changierte manches an Jürgen Ponto merkwürdig zwischen
Modernität und Traditionalität: Bei aller Dynamik, die der Sprecher verkörperte wie kaum ein anderer Bankier dieser Jahre, war seine Wahrnehmung der deutschen Kreditwirtschaft doch deutlich von einem traditionellen und in gewisser Weise statischen Verständnis geprägt. Die
Dresdner Bank stand zwar in einem verschärften Wettbewerb und hatte
anderen Wettbewerbern Konkurrenz zu machen, doch zugleich gab es
historisch gewachsene Ansprüche auf angemessene Beteiligung in den
verschiedensten Finanzierungskonsortien, die auch Jürgen Ponto ver-
innerlicht hatte. Dass er trotzdem die reformierte Dresdner Bank und
ihren Modernitätsanspruch regelrecht verkörperte, hatte indes nicht nur
mit seinen öffentlichen Auftritten als Repräsentant der Dresdner Bank
zu tun, es war auch seinem raschen Aufstieg innerhalb der deutschen
Wirtschaftselite zu verdanken. Der Sprecher der Dresdner Bank war in
den siebziger Jahren ein herausragender Exponent jenes fein austarierten
Netzwerkes aus Großbanken, Versicherungen und Großindustrie, das
man heute als «Deutschland AG» bezeichnet.

5. Ponto und die «Deutschland AG»

Der rasante Aufstieg Jürgen Pontos in der öffentlichen Wahrnehmung war zwar eng mit dem reformierten Image der Dresdner Bank verbunden, doch er beruhte nicht allein auf seiner Stellung innerhalb der Bank und als deren öffentlicher Repräsentant. Aufsichtsratsmandate und einige Aufsichtsratsvorsitze bei traditionsreichen deutschen Großunternehmen zeugten von einem schnell wachsenden Renommee in der deutschen Wirtschaftselite. In einem engen Geflecht von Großbanken, Versicherungen und Großindustrie, für das sich heute die Metapher «Deutschland AG» eingebürgert hat,[1] amtierte der Vorstandssprecher der Dresdner Bank als Kontrolleur und Berater des Managements anderer Unternehmen. Die Präsenz von Bankiers in den Aufsichtsräten von Industrie- und Handelsunternehmen oder Versicherungen hatte in Deutschland eine lange Tradition und war eng mit der Institution von «Hausbanken» verbunden, die über lange Zeiträume hinweg relativ stabile Erträge aus Finanzierungsgeschäften bezogen, dafür aber auch bei Unternehmenskrisen finanzielle Unterstützung bereitstellten. Den Kreditinstituten verschafften diese Aufsichtsratsmandate zusätzliche Kontrollmöglichkeiten über die Geschäftsführung von Kunden, an deren Gewinnen sie häufig auch als Besitzer von Aktienpaketen beteiligt waren, und minderten das Risiko von Kreditausfällen.

Zugleich konkurrierten natürlich die Banken um große Industriekunden, die entsprechend lukrative Kredit- und Wertpapiergeschäfte versprachen. Neben dem laufenden Konten- und Kreditgeschäft ging es dabei besonders um Beteiligungsquoten in den Finanzierungskonsortien, die Aktien- und Anleihenemissionen oder auch Exportfinanzierungen abwickelten. Schon daraus ergab sich zugleich ein Zwang zur Kooperation der verschiedenen bei einem Unternehmen engagierten Kreditinstitute. Eine Sonderrolle für die Dresdner Bank spielte dabei von jeher das Verhältnis zur größeren Konkurrentin, der Deutschen Bank. Um die Berücksichtigung in Aufsichtsräten und Kreditkonsortien «befreundeter» Unternehmen, und insbesondere um die Besetzung von Aufsichtsratsvorsitzen, herrschte ein stetiger Konkurrenzkampf, der sich etwa bei der Münchener Rückversicherung, der Allianz Versicherungs-AG oder der Metallgesellschaft wenigstens bis in die fünfziger Jahre zurückverfolgen lässt. «Gleichrangigkeit» mit der Deutschen Bank war vielleicht das wichtigste Kriterium, an dem sich ein Vorstandssprecher der Dresdner Bank zumal dann messen lassen musste, wenn er wie Ponto den Anspruch verkörperte, den Abstand zur Marktführerin zu verkürzen. Das war nicht nur eine Frage des wirtschaftlichen Erfolgs, sondern auch eine des Renommees. Die Rolle des wichtigsten öffentlichen Repräsentanten des deutschen Kreditgewerbes konnte Ponto nur einer streitig machen: Franz Heinrich Ulrich, der Vorstandssprecher der Deutschen Bank. Gerade die Rivalität der beiden Banken und ihrer Sprecher zwang sie freilich auch zu regelmäßigen, ausführlichen Gesprächen.

Umgekehrt war es auch für die ersten Adressen der deutschen Wirtschaft eine Imagefrage, gerade Jürgen Ponto in ihrem Aufsichtsrat zu «begrüßen», wie die übliche Formulierung lautete. In charakteristischer Weise vermischte sich dabei das Gewicht der Dresdner Bank als Geldgeberin oder Aktionärin mit der herausgehobenen Stellung, der persönlichen Integrität und dem Kommunikationstalent des Sprechers. Persönliches Vertrauen war geradezu eine Funktionsbedingung der «Deutschland AG», um zu gewährleisten, dass gewisse Regeln des Wettbewerbs und des Umgangs miteinander eingehalten wurden.[2] Die «Deutschland AG» war dadurch nicht nur ein funktional definiertes Geflecht von Unternehmen, sie war auch und vielleicht in erster Linie ein Netzwerk persönlicher Beziehungen unter einflussreichen Managern, die sich in wechselnden Konstellationen regelmäßig bei Aufsichtsratssitzungen oder Aktionärsversammlungen begegneten und mitunter ganz nebenbei über den An- und Verkauf von Aktienpaketen oder die Zusammensetzung der Führungsspitze anderer Unternehmen diskutierten.

Diese informellen Beziehungen konnten wiederum eine erhebliche Bedeutung für die strategische Besetzung weiterer Aufsichtsgremien haben, wobei neben ähnlichen Interessen der repräsentierten Unternehmen das Vertrauen in einzelne Personen eine wichtige Rolle spielte. Insbesondere zu Hans-Günther Sohl, dem stellvertretenden Aufsichtsratsvorsitzenden der Dresdner Bank, pflegte Ponto ein solches «persönliches Vertrauensverhältnis», weil das Selbstverständnis des Vorstandsvorsitzenden (bis 1973) und späteren Aufsichtsratsvorsitzenden der August Thyssen-Hütte AG in ähnlicher Weise über den Bereich der Wirtschaft hinausreichte wie bei Ponto. Das schlug sich ebenso in Gesprächen über grundlegende Besitz- oder Personalveränderungen nieder wie der stete Kontakt zu seinem engen Freund Karl Gustaf Ratjen aus dem Vorstand der Metallgesellschaft, der Ponto unter anderem 1970 in einen Gesprächskreis der Finanzchefs deutscher Industrieunternehmen einführte.[3]

Viele dieser Unternehmen befanden sich in den siebziger Jahren in ähnlichen Umbruchsituationen wie die Dresdner Bank: Die sinkenden gesamtwirtschaftlichen Wachstumsraten nach dem Ende des «Wirtschaftswunders» und erst recht die Stagnation nach dem «Ölpreisschock» von 1973 verschärften den Wettbewerb und forderten von den Unternehmen neue Produkte und Wachstumsstrategien, organisatorische und verkaufsstrategische Modernisierungen.[4] Daraus ergaben sich auch für Aufsichtsräte wie Jürgen Ponto neue Herausforderungen. Besonders deutlich wurde das in den Unternehmenskrisen bei der AEG und, wenn auch weniger dramatisch, beim Krupp-Konzern; aber auch der Verkauf eines großen Daimler-Benz-Aktienpakets der Familie Quandt nach Kuwait, der in der Wirtschaftspresse der siebziger Jahre hohe Wellen schlug, war Ausdruck eines grundlegenden Umbruchs, in dem sich die bundesdeutsche Wirtschaft befand. Eine Reihe weiterer prominenter Mandate, etwa bei der Allianz-Versicherung oder beim Rheinisch-Westfälischen Elektrizitätswerk (RWE) erweisen sich hingegen bei genauerem Hinsehen als inhaltlich recht unspektakulär. Aufschlussreich sind sie jedoch, um den Aufstieg Jürgen Pontos zum öffentlichen Repräsentanten der deutschen Kreditwirtschaft zu veranschaulichen: Sie zeigen den Sprecher der Dresdner Bank auf dem Höhepunkt seiner Präsenz in der deutschen Wirtschaftselite, obwohl seine konkrete Aktivität sehr begrenzt blieb. Das gilt besonders für den Aufsichtsratsvorsitz beim RWE, den Ponto von Hermann Josef Abs übernahm. Wenige Monate vor seinem Tod schien dieser symbolhafte Stabwechsel zu belegen, dass nicht mehr die Deutsche Bank, sondern die Dresdner Bank den einflussreichsten Bankier der Bundesrepublik stellte.

Abb. 18: Ignes und Jürgen Ponto beim 70. Geburtstag von Hermann Josef Abs

Während allerdings Abs Mitte der sechziger Jahre noch über 30 Mandate in Aufsichtsräten und ähnlichen Gremien innehatte, konnte Jürgen Ponto nach der Novellierung des Aktienrechts 1965 nur maximal zehn Mandate gleichzeitig ausüben. Und selbst als Vorsitzender eines Aufsichtsrats blieb sein Einfluss auf bestimmte Fragen begrenzt, die diesem Gremium per Gesetz oder durch die Satzung des Unternehmens vorbehalten waren, also die formale Prüfung von Jahresabschlüssen, die Bestellung des Führungspersonals und die Diskussion strategischer geschäftspolitischer Entscheidungen. Die Position im Aufsichtsrat eines Großunternehmens bedeutete also keineswegs automatisch «Macht» im Sinne der Durchsetzungsfähigkeit eigener Interessen, auch wenn dies nicht nur von bankenkritischen Teilen der Öffentlichkeit so wahrgenommen wurde.[5] Über die konkreten Gestaltungsmöglichkeiten hinaus aber konnten gerade Bankiers wie Abs oder Ponto dadurch, dass sie durch ihre Mandate über verschiedenste Branchen hinweg mit anderen einflussreichen Unternehmern vernetzt und deshalb oft als Ratgeber gefragt waren, besonderen Einfluss und «soziales Kapital» akkumulieren[6] – und sich nicht zuletzt dadurch ein

Renommee erarbeiten, das sie wiederum als Aushängeschilder für weitere Unternehmen interessant machte.

Renommee und Konkurrenz

Vor 1966 hatte Jürgen Ponto bereits Aufsichtsratsmandate bei der Allianz Lebensversicherungs-AG, bei Blohm & Voss und bei der «Nordsaat» Saatzuchtgesellschaft inne. Zudem war er Vorsitzender des Aufsichtsrats der Norddeutschen Wollkämmerei und Kammgarnspinnerei (Nordwolle) und stellvertretender Vorsitzender bei der Dresdner-Bank-Tochter Deutsch-Südamerikanische Bank sowie bei der Deutsch-Asiatischen Bank.[7] Traditionell wurden solche Mandate bis über das Rentenalter hinaus ausgeübt, doch angesichts der begrenzten möglichen Zahl lag es nahe, dass Ponto nach seinem Aufstieg zum ordentlichen Vorstandsmitglied und vor allem nach der Berufung als Sprecher in die Kontrollgremien prominenterer Unternehmen wechselte. So waren beispielsweise, anders als das frühe Mandat bei der Allianz Leben, der Sitz im Aufsichtsrat der Konzernholding Allianz Versicherungs-AG, wo Ponto 1976 den stellvertretenden Vorsitz übernahm, und der Vorsitz bei der Münchener Rückversicherungsgesellschaft mit großem Prestige verbunden.

Die beiden Versicherer hatten ihre Geschäftsfelder säuberlich abgegrenzt, waren aber zugleich über wechselseitige Kapitalbeteiligungen und Aufsichtsratsmandate eng miteinander verbunden.[8] Die Dresdner Bank und die Deutsche Bank gehörten zu den Gründungsaktionären der Allianz und waren alteingesessene Hausbanken, wobei die Dresdner Bank wohl über etwas engere Verbindungen verfügte. 1972 bestätigte der Allianz-Generaldirektor Wolfgang Schieren, die Dresdner Bank genieße «in der Allianz-Gruppe bevorzugte Parität».[9] Schieren bekräftigte damit ein traditionelles Verhältnis in einer Zeit des Umbruchs, denn sein Amtsantritt als Generaldirektor Anfang 1971 markierte den Beginn einer «neuen Ära». Er trieb die Internationalisierung der Allianz voran und machte sie zum größten deutschen Industrieversicherer, zugleich ließ er im Unternehmen ein umfassendes Rationalisierungs- und Personalentwicklungsprogramm anlaufen. Ähnlich wie die Dresdner Bank war der

Versicherungsriese auf die Zeit «nach dem Boom» bislang nicht vorbereitet gewesen und musste sich auf neue Wachstumsstrategien bei größerem
Kostenbewusstsein einstellen, zumal auch die Versicherungsmärkte
durch Wettbewerber unter Konkurrenzdruck gesetzt wurden, die auf
Vertriebswege über die Sparkassen und Genossenschaftsbanken zurückgreifen konnten.[10] Mit dem eigentlichen Versicherungsgeschäft hatte Ponto, der 1973 in
den Allianz-Aufsichtsrat eintrat, indes nichts zu tun. Er engagierte sich
selbst dort nicht besonders, wo die unmittelbare Zusammenarbeit der
beiden Unternehmen zur Diskussion stand: Weil andere Versicherungen
inzwischen mit anderen Kreditinstituten kooperierten, war die Allianz
daran interessiert, die Kundenbasis der Großbanken für den Versiche-
rungsvertrieb zu nutzen. In einer 1974 eingesetzten Bankenkommission
wurden Möglichkeiten einer Vertriebskooperation der jeweiligen Dienst-
leistungsangebote ausgelotet, wie sie die Allianz – ganz im Sinne des späteren Allfinanz-Konzepts – bereits mit bayerischen Regionalbanken un-
terhielt. Obwohl die Dresdner Bank durchaus ein Interesse gehabt hätte,
Allianz-Versicherungsnehmer als neue Bankkunden «zugeführt» zu bekommen, blieb ihre Position ebenso vorsichtig ablehnend wie diejenige
der anderen Großbanken – neben den Kosten eines solchen Projekts wog
vor allem das Risiko schwer, dadurch die rund 80 anderen Versiche-
rungsunternehmen vor den Kopf zu stoßen, die bei ihr erhebliche Gelder
angelegt hatten. Trotz diverser Gespräche auf Vorstandsebene zerschlugen sich daher die Kooperationspläne, zumal letztlich auch die Allianz
zögerlich blieb.[11]

Pontos Betätigungsfeld war, wie bei anderen Mandaten, schon
eher die strategische Beteiligungspolitik des Versicherungskonzerns. Das
betraf nicht nur mögliche Umschichtungen der umfangreichen Industriebeteiligungen, die im Zuge der konzentrierten Neuausrichtung der
Allianz zur Diskussion standen, und das damit verbundene Arrange-
ment der Mandate von Allianz-Vertretern in den Aufsichtsräten anderer
Unternehmen.[12] Schon vor der offiziellen Übernahme des stellvertretenden Aufsichtsratsvorsitzes im Juli 1976 konnte Ponto sein Talent als Kri-
senkommunikator im Konflikt mit der Bayerischen Hypotheken- und
Wechsel-Bank beweisen, mit der die Allianz bereits seit den zwanziger
Jahren durch ein Kooperationsabkommen «befreundet» war.[13] Bayern-
Hypo-Chef Anton Ernstberger versuchte trotz der traditionellen Bindung

und der erheblichen Kapitalbeteiligung der Allianz von 20 Prozent eine unabhängige Geschäftspolitik zu sichern. Damit prallte er 1975 auf Schierens Anspruch, die Allianz-Beteiligung nicht mehr nur als Finanzanlage einzustufen, «sondern als einen aktiven industriellen Beteiligungswert zu definieren». Der Allianz-Chef beanspruchte ein Mitspracherecht sowohl bei der Benennung von Ernstbergers künftigem Nachfolger als Vorstandssprecher als auch bei der Zusammensetzung des Aufsichtsratspräsidiums, das ihm angesichts der hohen Beteiligung auch kaum zu verwehren war.[14] Darüber hinaus aber gingen bereits Gerüchte um, die Allianz strebe eine Beherrschung der Bayern-Hypo an. Es war Jürgen Ponto, der die angespannte Situation in einer Besprechung mit Ernstberger und Schieren beruhigte, indem er als Moderator einer Diskussion fungierte, in der gegenseitige Vorwürfe zurückgenommen und gemeinsame Interessen beschworen wurden. Ernstberger erhielt die Zusage, demnächst den Aufsichtsratsvorsitz der Bayern-Hypo übernehmen zu können, und versprach im Gegenzug, den Vertreter der Allianz im Aufsichtsrat zu unterstützen.[15]

Diese Episode ist interessant, weil sie nicht nur eines von zahlreichen Beispielen für Jürgen Pontos Rolle als Moderator darstellt, sondern auch eine häufig zu beobachtende Zielrichtung: die Stiftung von Konsens zwecks Beseitigung von Unsicherheiten. Man könnte auch sagen, Ponto sorgte dafür, dass in einer bislang gut funktionierenden Konstellation der «Deutschland AG» alles beim Alten blieb. Dabei war er eigentlich kein neutraler Diskussionspartner, sondern hatte klare eigene Interessen: Er betrachtete wie seine Vorstandskollegen «die Allianz als eine Verbindung [...], die zwischen uns und der Deutschen Bank in etwa paritätisch geteilt werden könne, während die Commerzbank eindeutig im dritten Rang stünde».[16]

Um ihren «Rang» zu festigen, pochte die Dresdner Bank auf die informelle Regel, dass einer von zwei stellvertretenden Aufsichtsratsvorsitzenden abwechselnd von der Deutschen Bank und der Dresdner Bank gestellt wurde, die auch abwechselnd das Finanzierungskonsortium der Allianz anführen durften (den Anspruch auf die andere Stellvertreterposition hatte gewohnheitsmäßig die Münchener Rück). Nach dem altersbedingten Ausscheiden Franz Heinrich Ulrichs im August 1976 übernahm auf nachdrücklichen Wunsch des Allianz-Vorstands Ponto diesen Posten, obwohl die Deutsche Bank den Anspruch erhob, mit Wilfried Guth selbst den Nachfolger Ulrichs zu stellen. Der aufbrandende Konflikt ließ sich zwar entschärfen, weil Guth zunächst als Nachfolger des gleichzeitig ausscheidenden Münchener-Rück-Vertreters Alois Alzheimer in den Allianz-Aufsichtsrat eintreten konnte. Dahinter verbarg sich aber im Grunde eine Niederlage Pontos, der letztlich Schieren zugestehen musste, dass es ein wirkliches, historisch oder ökonomisch begründetes Mitspracherecht der Banken bei der Besetzung der Stellvertreterposten nicht gab, nachdem er einige Zeit vorher sogar einen förmlichen Vertrag über die Regelung angestrebt hatte. Nach Pontos plötzlichem Tod zeigte sich denn auch, dass die Berufung in dieses Amt ganz wesentlich seinem persönlichen Ansehen beim Allianz-Vorstand zu verdanken gewesen war – der Dresdner Bank wurde es schlicht verweigert, einen Nachfolger für die Stellvertreterposition zu benennen.[17]

Bei der Münchener Rückversicherung galt demgegenüber die Regel, dass die Dresdner Bank, die bereits an der Gründung des Unternehmens mit einem Drittel des Aktienkapitals beteiligt und seitdem stets größte Einzelaktionärin gewesen war, «ein Vorrecht» gegenüber der Deutschen Bank besaß. Auch hier handelte es sich um ein traditionsreiches und repräsentatives Mandat, das zuvor Carl Goetz und Ernst Matthiensen ausgeübt hatten. Ponto folgte Matthiensen Ende 1974 nicht zuletzt auf den dringenden Wunsch des Vorstandsvorsitzenden Horst Jannott und legte dafür ein anderes Mandat nieder, obwohl zu dieser Zeit bei der Münchener Rück noch «das Gefühl» herrschte, «dass es gut sei, den AR-Vorsitz nicht in die Hände eines Bankiers zu legen».[18] Dennoch wurde er im Dezember 1976 zum Nachfolger des scheidenden Aufsichtsratsvorsitzenden Alois Alzheimer gewählt. Diese Position erhielt er jedoch «rein ad personam», also ausdrücklich nicht im Sinne eines dauerhaften Anspruchs der Bank.[19] Auch bei diesem Mandat ging es gelegentlich um die Vermittlung von Industriebeteiligungen (zumal im Verbund mit der Allianz),[20] an denen die Dresdner Bank natürlich ein geschäftliches Interesse hatte. Dabei pflegte Ponto zum Vorstandsvorsitzenden Jannott aber ein ähnliches Verhältnis wie zu Schieren: In Diskussionen über Personalfragen und Kapitalbeteiligungen fungierte er eher als Berater denn als Kontrolleur von zwei Großunternehmen, deren eigentliches Geschäft eigenen Regeln folgte.

Dass die Besetzung von Aufsichtsratsvorsitzen ganz wesentlich eine

Frage des Austarierens von Repräsentationsansprüchen und nicht unbedingt der inhaltlichen Kompetenz war, lässt sich auch an einem Unternehmen zeigen, das besonders stark in das Beteiligungsgeflecht von Deutscher und Dresdner Bank, Allianz und Münchener Rück eingebunden war. Die Dresdner Bank war Großaktionärin des in Bremen ansässigen Norddeutschen Lloyd und stellte mit Franz Witt von der Hamburger Vorstandsgruppe in den sechziger Jahren den Aufsichtsratsvorsitzenden. 1970 fusionierte «der Lloyd» mit der Hamburg-Amerikanischen Packetfahrt-Actien-Gesellschaft (Hapag) zum Reedereikonzern Hapag-Lloyd AG. Hintergrund war der rasch wachsende Investitionsbedarf vor allem in der Containerschifffahrt. Hapag-Lloyd gehörte zu den größten internationalen Linienreedereien, stand aber schon infolge der Fusion unter Rationalisierungs- und Reorganisationsdruck. 1971 mussten bereits Rücklagen aufgelöst werden, um überhaupt eine Dividende zahlen zu können. Gleichzeitig arbeitete die Passagierschifffahrt mit Verlusten, und der Einstieg ins Tankergeschäft erwies sich nach der Ölkrise von 1973 zunächst als Fehlinvestition.[21]

Den Aufsichtsratsvorsitzenden der Hapag hatte die Deutsche Bank gestellt. Nach der Fusion verfügten die beiden Großbanken sowie die Veritas, eine gemeinsame Beteiligungsgesellschaft von Allianz und Münchener Rück, über Aktienpakete von jeweils mehr als 25 Prozent. Diese Großaktionäre standen vor der Aufgabe, den geschäftspolitischen Kurs eines Unternehmens auf extrem schwankenden, sowohl wettbewerbs- als auch kapitalintensiven Märkten zu kontrollieren. Zumal nach dem Ertragseinbruch von 1971 wurde diese Kontrollfunktion von der Dresdner Bank sehr ernst genommen.[22] Sie wurde jedoch weniger durch Jürgen Ponto ausgefüllt, der 1972 als Nachfolger Witts in den Aufsichtsrat von Hapag-Lloyd eintrat, sondern vor allem durch das Hamburger Vorstandsmitglied Christoph von der Decken, der den Großkunden im laufenden Finanzierungsgeschäft betreute, aber erst nach Pontos Ermordung dessen Mandat übernahm. Dass Ponto von Juli 1973 bis Juli 1974 den Vorsitz des Aufsichtsrates innehatte und danach als stellvertretender Vorsitzender fungierte, hatte auch nichts mit seiner besonderen Affinität zu Hamburg zu tun. Es resultierte allein aus einer im Zuge der Fusion getroffenen Absprache zwischen den drei Großaktionären, derzufolge der Vorsitz regelmäßig zwischen den Repräsentanten der Banken alternieren sollte. Das Mandat selbst verwaltete Ponto eher beiläufig.[23]

Letzteres galt erst recht für die wohl renommierteste Position in einem Aufsichtsrat, den Vorsitz beim RWE. Dass Jürgen Ponto hier die Nachfolge von Hermann Josef Abs antreten und dadurch symbolisch seinen Anspruch bekräftigen würde, als der Repräsentant der deutschen Banken schlechthin zu gelten, wurde zwar erst Mitte der siebziger Jahre öffentlich. Tatsächlich aber stand, was Ponto auf der Höhe seines Ruhmes erscheinen ließ, bereits wenige Jahre nach seinem Amtsantritt als Sprecher der Dresdner Bank fest. Sowohl Hans-Günther Sohl als auch Degussa-Chef Felix Prentzel, beide Mitglieder im RWE-Aufsichtsrat und Ponto zugleich über andere Aufsichtsräte verbunden, drängten ihn schon 1972 dazu, die «Präsenz» der Dresdner Bank «neu zu ordnen». Er müsse sich für dieses Mandat unbedingt «frei machen, weil die Position von Herrn Abs doch langsam im RWE einer Neuordnung zudränge».[24]

Sohls Rückendeckung spielte offenbar eine erhebliche Rolle dafür, dass auch die rheinisch-westfälischen Kommunen als wichtigste Aktionärsgruppe schnell von dem Kandidaten überzeugt waren. Sie hatten schon aufgrund der anstehenden Investitionsfinanzierungen – neben Braunkohle und Kernkraft war das Unternehmen auch noch ins Erdölgeschäft expandiert, das sich zu dieser Zeit als höchst riskant erwies – durchaus Interesse, weiterhin einen Bankier an der Spitze des Aufsichtsrats zu sehen, zumal Sohl selbst, der ebenfalls eine repräsentative Figur gemacht hätte, nur wenig jünger war als Abs.[25] Der bisherige Vertreter der Dresdner Bank, der für die westdeutschen Filialbezirke zuständige Werner Krueger, war nur einfaches Mitglied des Gremiums. Krueger sollte sein Mandat nach Ablauf seiner Amtsperiode abgeben, Ponto aber als Nachfolger genug Zeit für eine Einarbeitung bekommen. Abs' Mandat sollte daher um zwei Jahre verlängert werden, die Dresdner Bank aber verfolgte schon seit Ende 1972 das klare Ziel, Ponto in absehbarer Zeit zum Vorsitzenden wählen zu lassen.[26]

Es war also nur eine Frage der Zeit, bis der 1973 in den RWE-Aufsichtsrat gewählte Jürgen Ponto die Spitzenposition übernehmen würde. In diesem Fall hatte er sogar die volle Unterstützung der Deutschen Bank, obwohl diese mit F. Wilhelm Christians ebenfalls einen wichtigen Vertreter als Abs-Nachfolger in das Gremium zu entsenden gedachte. Da beide Banken eine ähnlich starke Position im Finanzierungskonsortium des RWE hatten, bat man darum, Christians ähnlich wie bislang Ponto die Stellung «eines zu allen Sitzungen des Präsidiums [des Aufsichtsrates] eingeladenen Gastes» zu gewähren.[27] Die informelle Koordination unter den Konkurrenten funktionierte: Nach Pontos Tod konnte Christians dessen Nachfolge antreten. Ähnlich wie bei Abs, der dem Gremium schon seit 1939 angehört hatte,[28] handelte es sich hier aber zugleich um ein Mandat «ad personam». Die Dresdner Bank war zwar traditionell im RWE-Kontrollgremium vertreten, seit dem Rückzug von Carl Goetz 1960 aber nicht mehr durch besonders prominente Repräsentanten.[29]

Der Amtswechsel von Abs zu Ponto markierte also einen deutlich sichtbaren Erfolg in dem Bemühen, die Gleichrangigkeit mit der größeren Konkurrentin zu demonstrieren. Nachdem Abs noch einige Zeit länger als ursprünglich geplant an dem Posten festgehalten hatte, übernahm Ponto ihn schließlich im Februar 1977. Er hatte sich im Gegenzug bereits geraume Zeit dafür engagiert, Abs zum Ehrenvorsitzenden des Aufsichtsrats wählen zu lassen.[30] Noch weniger als bei Allianz und Münchener Rück scheint mit Pontos Aufsichtsratsmandat eine Einflussnahme auf die Unternehmensführung verbunden gewesen zu sein. Die Akten lassen keinerlei eigenständige Aktivitäten Pontos erkennen, und selbst seine Notizen zu den RWE-Aufsichtsratssitzungen blieben sporadisch. Stattdessen investierte er – ebenso wie andere Mitglieder des Gremiums – erhebliche Zeit, um eine für alle Seiten zufriedenstellende Abwicklung des schon lange vorher beschlossenen Wechsels im Vorsitz zu garantieren. Bei aller Konkurrenz war es eine Frage der guten Sitten, die Unternehmen der «Deutschland AG» als krisenarm und reibungslos funktionierend zu präsentieren.

Loyalität und Pragmatismus

Gratwanderung: Mannesmann/Demag Tatsächlich waren die Kommandohöhen der deutschen Industrie natürlich alles andere als konfliktfreie Zonen, sondern regelmäßig von Machtkämpfen und gelegentlichen Übernahmeversuchen geprägt. Ein anschauliches Beispiel dafür, wie gerade die Vertreter der Banken dabei in Loyalitätskonflikte geraten konnten, bietet die Deutsche Maschinenbau-AG (Demag). Im Mai 1971

wurde Jürgen Ponto von Hans-Günther Sohl darauf aufmerksam gemacht, dass in dem Gremium demnächst ein Mandat frei werde. Der
aus Altersgründen ausscheidende frühere Demag-Generaldirektor Hans
Reuter war einverstanden, erstmals die Dresdner Bank aufzunehmen,
allerdings nur in Person Pontos.[31] Da Reuter sein Mandat bereits zum
Jahresende niederlegen wollte, wurde Ponto zunächst durch das zuständige Registergericht zum Aufsichtsratsmitglied ernannt und von der
Hauptversammlung 1972 bestätigt.[32] Es handelte sich dabei durchaus
um einen Überraschungscoup, aber keineswegs um einen Alleingang
Sohls. Eingeweiht waren noch das Aufsichtsratsmitglied Karl Winnacker (Hoechst) und vor allem Wolfgang Reuter, der Sohn und Nachfolger Hans Reuters in der Demag-Führung. Die übrigen Vorstands-
und Aufsichtsratsmitglieder blieben hingegen vorläufig uninformiert –
auch und gerade die durch Franz Heinrich Ulrich repräsentierte Deutsche Bank.[33]

Dahinter steckte offenkundig Sohl, der die vorbereitenden Gespräche
mit Vater und Sohn Reuter führte,[34] und dies reflektierte wiederum eine
Marktbereinigung zwischen Mannesmann und Thyssen, die freilich
nicht alle Interessenkonflikte beseitigt hatte: Laut einem Anfang 1969
getroffenen Abkommen produzierte Mannesmann nur noch Stahl und
Bleche für den Eigenbedarf und hatte die überschüssigen Kapazitäten an
Thyssen abgegeben; Thyssen hatte im Gegenzug seine Röhrenproduk-
tion in die zu zwei Dritteln im Besitz der Mannesmann-AG befindlichen
Mannesmannröhren-Werke eingebracht.[35] Gleichzeitig betrieb Mannesmann unter dem Generaldirektor Egon Overbeck eine Diversifizierung
in den Maschinenbausektor, und zu den Übernahmekandidaten gehörte
mit der Demag einer der großen und bis dahin konzernunabhängigen
Maschinen- und Anlagenbauer, dessen Aufsichtsrat Thyssen-Chef Sohl
vorsaß.[36]

Sohl wiederum war selbst an einer Expansion in den weniger kri-
sengefährdeten Maschinenbau, zumindest aber an der Unabhängigkeit
einer eng mit Thyssen verbundenen Demag interessiert.[37] Ein sehr gutes
Verhältnis zu Ponto hatte allerdings, wohl schon aus Hamburger Kin-
dertagen, auch der Mannesmann-Finanzvorstand Marcus Bierich,[38] der
sich bereits 1968 erfolglos um den Eintritt des Bankiers in den Mannes-
mann-Aufsichtsrat bemüht hatte.[39] Ponto wiederum war an der Verbindung zu Mannesmann nicht nur aus Gründen des persönlichen

Renommees interessiert, sondern auch, weil die Dresdner Bank im Finanzierungskonsortium des Unternehmens bislang nicht vertreten war.[40] Das änderte sich, durchaus zum Missvergnügen der Deutschen Bank, anlässlich einer Mannesmann-Kapitalerhöhung 1971.[41] Ponto war freilich mit einer Quote von elf Prozent immer noch unzufrieden, weil man eine Beteiligung in derselben Höhe wie die Commerzbank – die wesentlich umfangreichere Bankverbindungen zu Mannesmann pflegte – «nicht gewohnt» sei.[42]

Vielleicht erleichterte die Unzufriedenheit ihm den Eintritt in den Demag-Aufsichtsrat, der ihn allerdings in eine schwierige Lage bringen sollte. Overbeck und sein Aufsichtsratsvorsitzender Ulrich arbeiteten nämlich daran, die bislang stets auf Unabhängigkeit bedachte Demag durch Aktienaufkäufe dem Mannesmann-Konzern einzuverleiben. Sohl fühlte sich von beiden hintergegangen und ging spätestens Anfang 1972 in die Offensive, um ein Abwehrbündnis zu schmieden.[43] Nachdem sich die Deutsche Bank «neutral in einem möglichen Kunden-Interesse», also als mögliche Schaltstelle für die Ansammlung eines Majorisierungspakets, präsentiert hatte, wurde Ponto auch für den Demag-Chef Wolfgang Reuter zum Hoffnungsträger der Unabhängigkeit.[44] In einer Koalition mit dem Thyssen-Vorstand versuchte Reuter, ein gemeinsames Aktienpaket als Verhandlungsposition gegen die drohende Übernahme aufzubauen, stand dabei aber angesichts eines nur noch geringen Familienbesitzes wohl von vornherein auf verlorenem Posten. Ponto, der diese Strategie offenbar gemeinsam mit Sohl entworfen hatte, musste ihm daher bald klarmachen, dass dafür schlicht die Basis fehle. Dem Thyssen-Vorstand gab er bereits den (bald darauf umgesetzten) Rat, sich für eine Beteiligung im Verarbeitungssektor nicht auf die Demag, sondern auf den Essener Rheinstahl-Konzern zu konzentrieren.[45] Drohungen des erzürnten Sohl an die Adresse der Deutschen Bank, die seiner Ansicht nach ihre Hausbankstellung bei der Demag missbraucht hatte,[46] änderten nichts mehr an den geschaffenen Tatsachen.

Sohls Protestbrief an Ulrich wurde gemeinsam von jener Gruppe verfasst, die den Einfluss von Mannesmann (und damit indirekt der Deutschen Bank) auf die Demag zu begrenzen suchte. Zu dieser Gruppe gehörte auch Ponto, der sich spätestens jetzt in einem Loyalitätskonflikt befand, weil er gleichzeitig bemüht war, seine Bank bei Mannesmann stärker ins Geschäft zu bringen. Während Sohls Brief formuliert wurde,

verließ er daher vorübergehend den Besprechungsraum. Er betätigte sich
aber weiterhin in der Interessentengruppe Thyssen-Reuter und entwickelte den Vorschlag, durch den Eintritt mehrerer anderer Banken den
Aktienbesitz von Mannesmann vorübergehend zu «binden», also die Unabhängigkeit des Demag-Vorstands zumindest für eine Übergangzeit zu
gewährleisten.[47] Kurzzeitig suchte er sogar den Konflikt zu entschärfen,
indem man kleinere Beteiligungen außenstehender Unternehmen an der
Demag durch die Vortäuschung einer «Initiative [...] zur Abwehr von
ausländischer Überfremdung» mobilisiere.[48]

Die Loyalität zur Demag hielt ihn zwar nicht von vertraulichen Gesprächen mit seinem alten Bekannten Bierich ab; die Unterstellung,
Ponto sei wegen seiner langen Bekanntschaft mit Bierich «während der
ganzen Angelegenheit so zurückhaltend» geblieben,[49] lässt sich aus den
Akten jedoch keineswegs belegen. Ponto entwickelte Bierich gegenüber
vielmehr nochmals seine Überlegungen, die Mannesmann-Beteiligung
für einige Jahre zu «binden», und mehr war für die Demag angesichts der
Besitzverteilung kaum herauszuholen.[50] Es blieb nur, Schadensbegren-
zung zu betreiben und Overbeck nahezulegen, den offenen Konflikt mit
der Demag-Führung zu vermeiden und es dieser zu ermöglichen, die
Mehrheitsbeteiligung in der Öffentlichkeit möglichst positiv zu kommentieren. Zugleich bot Ponto an, Overbeck bei der Suche nach Käufern
kleinerer Aktienpakete zu unterstützen, um weiterhin den Anschein des
Streubesitzes an der Demag und damit einer größeren Eigenständigkeit
des Managements zu erwecken. Für die Dresdner Bank selbst lehnte er
«eine ins Gewicht fallende Beteiligung» freilich schon mangels Rentabilität ab, und zwar auch um den Preis einer deutlichen Verstimmung
Sohls.[51]

Im Zweifelsfall gingen die Interessen der Bank eben vor, zumal an
der vollständigen Übernahme nichts mehr zu ändern war. Durch ein
Umtauschangebot an die Demag-Aktionäre stieg der Mannesmann-
Besitz an dem Maschinenbauer im Laufe des Jahres 1974 bis auf knapp
90 Prozent.[52] Die Mission, die Sohl dem Sprecher der Dresdner Bank
zugedacht hatte, war damit gescheitert. Schon im Dezember 1974
schied Ponto aus dem Demag-Aufsichtsrat wieder aus, um das Mandat
bei der Münchener Rück übernehmen zu können. Als gelegentlichen
Nachfolger schlug er ein Vorstandsmitglied der Dresdner Bank vor.
Er hatte aber keine Einwendungen dagegen, dass sein Mandat vor-

läufig von einem Mannesmann-Vorstandsmitglied übernommen wurde: Marcus Bierich.[53]

Mit Vetternwirtschaft hatte dieser Mandatswechsel ebenso wenig zu tun wie Pontos Verhalten während des Übernahmekampfes. Der Bankier versuchte in dieser Zeit einen latenten Loyalitätskonflikt dadurch zu lösen, dass er die Unabhängigkeit der Demag unterstützte, ohne zugleich den Interessen seines eigenen Unternehmens zu schaden. Eine erhebliche Bedeutung genoss für ihn dabei die öffentliche Wahrnehmung der Vorgänge, weil er seine Aufgabe als Aufsichtsratsmitglied nicht zuletzt darin sah, den Eindruck eingeschränkter Handlungsspielräume des Demag-Managements oder gar einer Unternehmenskrise zu vermeiden. Das wiederum lag auch im Interesse der Banken, deren Vertreter in den Aufsichtsräten letzten Endes die wirtschaftliche Entwicklung ihrer Mandatsunternehmen über persönliche Beziehungen zu stellen hatten.

Freundschaftliche Beratung: Die Metallgesellschaft Dass der vormals recht unbekannte Hamburger Jurist Jürgen Ponto in der Finanzmetropole Frankfurt «angekommen» war und sich rasch persönliches Renommee erarbeitet hatte, zeigte sich schon vor seiner Ernennung zum Sprecher der Dresdner Bank an der Übernahme eines Aufsichtsratsmandats bei der Metallgesellschaft (MG). Die in Frankfurt ansässige Metallgesellschaft, ein Handelsunternehmen mit zahlreichen nationalen und internationalen Beteiligungen in der Herstellung und Verarbeitung von Nichteisen-Metallen, war das führende Unternehmen dieser Branche in Deutschland. Das Verhältnis zwischen der MG und der Dresdner Bank hatte sich nicht gerade spannungsfrei entwickelt. Die Rhein-Main Bank und das Bankhaus Hardy, eine Tochter der Dresdner Bank, hatten in den frühen fünfziger Jahren Beteiligungen von zusammen 36 Prozent erworben, die infolge der von den Besatzungsmächten angeordneten Dekartellierung der deutschen Industriekonzerne auf den Markt gelangt waren. Die Führung der Metallgesellschaft fürchtete angesichts einer so hohen Kapitalbeteiligung einer Großbank um ihre Unabhängigkeit und suchte deren potenziellen Einfluss möglichst gering zu halten. Es bedurfte längerer Verhandlungen, bis 1956 zunächst Hermann Richter in den MG-Aufsichtsrat berufen wurde. Der Industrieberater Richter, damals Aufsichtsratsvorsitzender der Rhein-Main Bank, konnte 1960 den

Vorsitz übernehmen und behielt ihn mit einer kurzen Unterbrechung bis
1978. Schon 1961 übernahm mit Ernst Matthiensen zusätzlich ein Vorstandsmitglied der Bank ein Mandat. Matthiensen arbeitete seitdem
erfolgreich daran, die Stimmung zu verbessern, und etablierte sich als
Berater des MG-Vorstands in Investitionsentscheidungen.[54]

Als Jürgen Ponto dieses Mandat im Frühjahr 1968 übernahm, wurde
er formal nur einfaches Aufsichtsratsmitglied. Seine Stellung unterschied
sich von derjenigen Matthiensens jedoch durch eine enge Freundschaft
mit dem Vorstandsmitglied Karl Gustaf Ratjen, die unmittelbar nach
Pontos Übersiedlung nach Frankfurt begonnen hatte.[55] Ratjen war 1963
in den MG-Vorstand berufen worden und bemühte sich seitdem um eine
Modernisierung der Finanzkontrolle. Von wirksamen Kontrollstruktu-
ren, deren Notwendigkeit immer deutlicher wurde, war die Metallgesellschaft jedoch Ende der sechziger Jahre immer noch weit entfernt.[56] Der
historisch gewachsene Verbund aus der Muttergesellschaft und ihren
Tochterunternehmen hatte bis in die sechziger Jahre hinein mehr oder
weniger ungebremst expandieren können. Die Investitionen waren jedoch zu erheblichen Teilen aus Krediten finanziert worden, und zwar in
wachsendem Maße über kurzfristige Verschuldungen, die eigentlich eine
schnelle Amortisation verlangten.[57]

Schon in den sechziger Jahren war der Einfluss des Aufsichtsrats auf
die Unternehmensführung tendenziell gewachsen.[58] Angesichts der Kre-
ditabhängigkeit galt das zumal für die Dresdner Bank sowie für die
Deutsche Bank, die in einer gemeinsamen Verwaltungsgesellschaft mit
Siemens und der Allianz-Versicherung über ein weiteres Viertel des Aktienkapitals mitverfügte. Es überrascht nicht, dass unter den Aufsichts-
ratsmitgliedern Ponto zum bevorzugten Diskussionspartner Ratjens
wurde. Das galt natürlich insbesondere für Finanzierungsfragen. Deutsche Bank und Dresdner Bank teilten sich die Führung des Bankenkon-
sortiums, das die Finanzierung der Metallgesellschaft organisierte, mit
einem Anteil am Finanzierungs- bzw. Platzierungsvolumen von je
30 Prozent. Innerhalb dieser Konsortialführung galt wiederum die
Dresdner Bank als «federführend». Diese Federführung war, wie es Ratjen angesichts einer Neuverteilung der kleineren Konsortialquoten 1969
auf den Punkt brachte, keineswegs eine rein kommerzielle Angelegenheit, sondern ebenso wie die Frage des Aufsichtsratsvorsitzes ganz wesentlich eine Prestigesache: Eine Führungsrolle bei einem bekannten

Großunternehmen brachte nicht nur Provisionen ein, sie verbesserte auch das allgemeine «Standing» einer Bank, nützte also deren Image und hatte damit wiederum eine potenzielle Hebelwirkung für ihre allgemeine Marktposition.[59]

Hinter den Kulissen der Aufsichtsratssitzungen und anderweitiger Diskussionen um die Geschäftspolitik der Metallgesellschaft spielte sich daher auch in den siebziger Jahren eine Debatte um die Verteilung der Aufsichtsratsmandate ab. In diesem Fall ging es für die Dresdner Bank darum, sich den Aufsichtsratsvorsitz nicht von der Deutschen Bank streitig machen zu lassen. Angesichts der Tatsache, dass die größere Konkurrentin gleichzeitig die Vertretung der Mitaktionäre Allianz und Siemens beanspruchte, war man bei der Dresdner immerhin bereit, nach dem Ausscheiden Richters einen ungewöhnlichen Kompromiss zu akzeptieren, nämlich einen turnusmäßigen Wechsel des Vorsitzes während der fünfjährigen Wahlperioden im Verhältnis 3 : 2.[60]

Die Deutsche Bank verlangte allerdings im Gegenzug, dass Richters letzte Amtsperiode bereits 1976, also zwei Jahre vor dem regulären Auslaufen, beendet werden solle.[61] Ponto lehnte diesen Anspruch, der noch durch gelegentliche Versuche eines Junktims mit dem Ausscheiden von Hermann Josef Abs kompliziert wurde, stets konsequent ab.[62] Was ihm zu Hilfe kam, war der Ausstieg einer «befreundeten» Großaktionärin, der Hermann Richter seit Jahrzehnten verbunden war: 1974 stieß Henkel die Beteiligung an der MG an die Dresdner Bank ab, um weiter in den eigenen chemischen Kernbereichen zu expandieren.[63] Dadurch stieg der Besitz der Dresdner Bank auf rund 45 Prozent an, ihre Verhandlungsposition verbesserte sich schlagartig, und das wurde von Ponto auch zielsicher genutzt.[64] Letzten Endes setzte sich die Dresdner Bank durch, Richter blieb einen weiteren Turnus hindurch bis 1978 Vorsitzender des MG-Aufsichtsrats.

In die jahrelangen Verhandlungen mit der größeren Konkurrentin war zwar Hermann Richter stets eingebunden, der Verhandlungsführer der Dresdner Bank aber war einfaches Aufsichtsratsmitglied und hieß Jürgen Ponto. Schon angesichts der Querelen um den Aufsichtsratsvorsitz lag es nahe, dass Ponto dem MG-Vorstandsvorsitzenden Hellmut Ley kurz nach seiner Berufung in den Aufsichtsrat mitteilte, die Dresdner Bank sei «in besonderem Maße daran interessiert», an der Finanzierung des Erwerbs neuer Beteiligungen mitzuwirken.[65] Er wurde für

Ratjen aber auch ein vertrauter Gesprächspartner in anderen Grundfragen der Unternehmensentwicklung, ohne über Expertenwissen in
den einschlägigen Industriebranchen zu verfügen.[66] Eine intensivere
Beschäftigung mit den Strukturproblemen des Konzerns schien auch
immer nötiger: 1971 schrieb der Aufsichtsratsvorsitzende Richter an
Ponto, dass die Ertragslage der Metallgesellschaft inzwischen weit kri-
tischer einzuschätzen sei, als bis vor kurzem erwartet worden war.
Nicht nur war für das laufende Geschäftsjahr eine empfindliche Kür-
zung der Dividende unvermeidbar; selbst diese gekürzte Ausschüttung
musste im Wesentlichen aus außerordentlichen Erträgen bestritten
werden, weil das laufende Geschäft nicht genug hergab. Richter forderte daher bereits «einschneidende Maßnahmen auf personellem und
sachlichem Gebiet», und zwar nicht nur beim größten Sorgenkind des
Konzerns, den Vereinigten Deutschen Metallwerken (VDM), sondern
«auch bei allen anderen Sparten».[67]

Das bezog sich nicht nur auf die eine oder andere Fehlinvestition,
sondern auch auf die Organisation des MG-Konzerns und seiner Beteiligungen. Gemessen an der Verteilung des Aktienkapitals waren die
Lenkungsmechanismen, die noch stark den historisch gewachsenen
Arbeitsabläufen eines Familienunternehmens folgten, schon länger überholt. Die Zeit schien reif für eine Zentralisierung von Informationsflüs-
sen und Planungsprozessen sowie für die Wahl einer multidivisionalen
Organisation, zu der auch andere deutsche Unternehmen zu dieser Zeit
übergingen. Um 1970 erwies sich zudem, dass die hohen Investitionen
der Erfolgsjahre Kapital in unrentablen Sektoren banden; für das Ende
des «goldenen Zeitalters» der bundesdeutschen Wirtschaft war die MG
denkbar schlecht aufgestellt. Die Dresdner Bank ließ ein Gutachten
des Beratungsinstituts Eurofinance (an dem sie selbst beteiligt war)
anfertigen, das Anfang 1971 zu einem vernichtenden Urteil über die
Organisationsstruktur des Konzerns kam.[68]

In einer «gewohnt offenen Aussprache» ließ Ponto Ratjen im November 1971 offenbar erstmals den vollen Wortlaut dieser Studie zukommen.
Beide waren sich einig, dass vor allem «in der Öffentlichkeit der Eindruck vermieden werden» müsse, «dass sich bei der MG und deren Tochtergesellschaften eine tiefgehende Führungskrise feststellen lässt». Das
galt insbesondere für die VDM, wo das aktuelle Krisenmanagement
hauptsächlich darin bestand, dass die Konzernspitze «praktisch die Lei-

Abb. 19: Karl Gustaf Ratjen

tung» der Tochtergesellschaft übernommen hatte. Das Vertrauensverhältnis zwischen Ratjen und Ponto drückte sich vor allem in der ausführlichen Erörterung des Spitzenpersonals aus. In der Krise nahmen ein einfaches Vorstands- und ein einfaches Aufsichtsratsmitglied Angelegenheiten in die Hand, die anderswo eher im engeren Führungszirkel des Aufsichtsrats diskutiert worden wären.[69]

Wenige Monate später, im März 1972, stellte Ponto allerdings bei einem Treffen mit Ratjen und dem MG-Vorstandsmitglied Casimir Prinz Wittgenstein konsterniert fest, dass die Konzernführung das tatsächliche Ausmaß der Probleme immer noch nicht dem gesamten Aufsichtsrat, sondern nur dem Vorsitzenden Richter offenbart hatte. Der MG-Vorstand hatte die dramatische Situation der Konzerntochter VDM viel zu spät wahrgenommen, die bislang eingeleiteten Maßnahmen zum Abbau der laufenden Verluste griffen nicht. Diese nahmen trotz des aktiven Krisenmanagements nicht ab, sondern zu; sämtliche VDM-Geschäftsbereiche mit Ausnahme des Verpackungssektors arbeiteten in den roten Zahlen, und in einigen Bereichen war trotz der Investitionen der sechziger Jahre technologische Rückständigkeit zu verzeichnen. Die Kritik Ratjens und Wittgensteins konzentrierte sich zunehmend auf ihren Vorsitzenden Ley, demgegenüber sie erstmals «eine betonte Reserve» zum Ausdruck brachten. Ponto hielt die Situation für so dramatisch, dass binnen Wochen organisatorische und wohl auch personelle Entscheidungen zu treffen seien.[70]

VDM-Vorstandsmitglied Jürgen Rasner bestätigte Ponto die dramatische Lage in einer vertraulichen Unterredung im Juni 1972. Rasner hielt eine Reihe von Betriebsstilllegungen und zugleich hohe Investitionen für nötig, entwarf angesichts der Marktlage aber selbst für die Zeit nach solchen Eingriffen einen pessimistischen Ausblick.[71] Ratjen forderte kurz darauf ebenfalls die Schließung von Unternehmensbereichen der VDM und damit den Abschied vom ausgreifenden Konzept der «Hütte am Markt», dem massiven Ausbau kostenintensiver Verhüttungskapazitäten, für das Hellmut Ley stand und das «nur bei permanentem Schönwetter» tragfähig sei. Zudem seien eine neuerliche Reorganisation des Konzerns bei Reduzierung auf Kernbereiche und eine verstärkte konzernweite Planung durch die MG-Zentrale notwendig. Ley hingegen wollte auch die verlustträchtigen Geschäftsbereiche durch die Krise bringen. Die Kontroverse wurde vertagt, bis er Ende 1973 überraschend verstarb.[72]

Nachdem schon in den vorangegangenen Jahren Beschäftigungsabbau stattgefunden hatte und in einigen Konzernbereichen Verluste erwirtschaftet worden waren,[73] trat Ratjen 1974 den Vorstandsvorsitz an und trieb im Rahmen seiner Reorganisationspläne die Durchsetzung der «modernsten Planungsphilosophie» durch ein elaboriertes Controlling voran. Die tatsächlichen Fortschritte blieben zwar hinter seinen Forderungen zunächst zurück, aber seit Mitte der siebziger Jahre wurde das Frankfurter Traditionsunternehmen doch zusehends durch sie geprägt.[74] Pontos Sonderrolle im Aufsichtsrat konnte durch Ratjens Aufstieg nur gefestigt werden, und die Dresdner Bank dürfte davon profitiert haben; so erleichterte der «kurze Draht» die Intervention, als man die eigene Marktposition durch Kreditangebote der Deutschen Bank an Tochtergesellschaften der MG bedroht sah.[75] Er fungierte aber keineswegs nur als Berater, sondern nahm zugleich seine eigentliche Rolle als Kontrolleur des Vorstands und Interessenvertreter der Aktionäre sehr ernst, indem er auch Ratjen gegenüber auf die Rentabilität und die Dividendenausschüttung der Metallgesellschaft pochte.[76] Das enge Vertrauensverhältnis verführte ihn keineswegs zu falscher Rücksichtnahme: Bei Bedarf konnte Ponto gegenüber Ratjen und Wittgenstein während der Ausein-

andersetzungen mit Ley unmissverständlich verdeutlichen, dass Personalfragen und grundlegende Differenzen in Strategiefragen klar formuliert und offen vor dem Aufsichtsrat ausgesprochen werden mussten, dass
also persönliche Beziehungen die Einhaltung von Verfahrensregeln zum
Wohle des Unternehmens nicht ersetzen konnten.[77]

Der Sprecher der Dresdner Bank musste schon deshalb besonderes
Interesse an der Geschäftsentwicklung der Metallgesellschaft aufbrin-
gen, weil die Bank zu den Großaktionären gehörte. Sie verfügte im
Frühjahr 1974, teils direkt und zum kleineren Teil über die Compagnie
Luxembourgeoise de Banque, über insgesamt 33,5 Prozent der MG-Aktien.[78] Als Richter die Dresdner Bank von der Absicht Henkels unter-
richtete, die achtprozentige Beteiligung an der MG abzustoßen, griff die
Bank schon deshalb zu, weil man ähnliche Verkaufsabsichten auch von
Siemens und der Allianz befürchtete und dadurch der Aktienbesitz der
Deutschen Bank drastisch hätte ansteigen können.[79] Die Bank hatte
grundsätzlich jedoch kein besonderes Interesse an großen Industriebeteiligungen, sondern wollte das Henkel-Paket weiterverkaufen; die Metallgesellschaft war daran ebenfalls interessiert, um die Beteiligung von
Banken in Grenzen zu halten. Das Aktienpaket sollte nach Ratjens
Plänen binnen Monaten einen neuen Käufer finden, über den allein
Ponto und er selbst entschieden. Dabei sollte es sich möglichst um ein
internationales Unternehmen handeln, das auf denselben Geschäftsfeldern tätig war, um die Schwachstellen der MG durch Verbundeffekte
auszugleichen.[80]

Das erwies sich allerdings als schwieriger denn gedacht. In enger Absprache mit dem MG-Vorstand bahnte die Dresdner Bank Verhandlungen mit der vor allem in Südamerika tätigen Hochschild-Gruppe an.
Diese zerschlugen sich indes bald. Nach einem ersten Gespräch im Haus
der Dresdner Bank 1975 stellte sich in den weiteren Diskussionen heraus,
dass Hochschild keine Beteiligung, sondern eine Fusion anstrebte, während die Metallgesellschaft gerade im politisch und wirtschaftlich un-
ruhigen Südamerika stets nur vorsichtig investiert hatte. Synergieeffekte
bei neuen Projekten waren kaum zu erwarten, und der Ruf der Gruppe
in der Branche schien Ratjen überdies nicht gut genug.[81] Schon im Vor-
feld der Henkel-Transaktion war außerdem die Idee aufgetaucht, den
Erzbergbaukonzern Rio Tinto auf den Erwerb von etwa zehn Prozent
der MG-Aktien anzusprechen. Auch hier war Ponto über Ratjen un-

mittelbar in die Vorgespräche involviert, die aber bis zu seinem Tod zu keinem Ergebnis führten.[82]

Zugleich unterstützte er weitere Expansionsabsichten Ratjens, der unter anderem den Einstieg in die international einflussreiche Patiño-Gruppe betrieb, und ventilierte Kooperationschancen mit dem Flick-Konzern auf dem amerikanischen Markt.[83] Ponto sah die MG-Beteiligung offenbar auch als Ausgangsbasis weiterreichender Unternehmensnetzwerke; so wurde 1977 darüber nachgedacht, «einen Energie- und Rohstoffverbund durch eine Kooperation MG/Ruhrkohle/Dresdner Bank mit Interessenahme der Ruhrkohle an MG herzustellen».[84] Zu den gescheiterten Projekten dieser Art gehörte zudem eine schon seit 1970 betriebene Fusion mit der Frankfurter Degussa, dem führenden deutschen Verarbeiter von Edelmetallen. Berührungspunkte gab es unter anderem im Uranabbau- und Kernkraftgeschäft. An der Fusion arbeitete offenbar nur ein kleiner Kreis aus den Führungsgremien der Unternehmen, der aus Ponto, Ratjen, Ley und Degussa-Chef Prentzel bestand.[85]

Jürgen Ponto war der einzige in diesem Kreis, der gleich drei betroffene Unternehmen repräsentierte, denn er gehörte seit 1970 auch dem Aufsichtsrat der Degussa an. Im Kontrast zur Metallgesellschaft trat er in dessen Sitzungen nur gelegentlich mit kurzen Nachfragen in Erscheinung. Vorsitzender des Gremiums war während dieser Zeit ebenfalls Hermann Richter. Sein designierter Nachfolger hieß zwar Ponto, der auch gelegentlich hinter den Kulissen Gespräche über die Umverteilung von Degussa-Aktien führte.[86] So war er über die Verhandlungen mit dem Degussa-Großaktionär Henkel, an dessen Widerstand 1970 die ersten Fusionsüberlegungen scheiterten,[87] frühzeitig informiert. Von strategischer Bedeutung war seine Präsenz aber schon wegen Hermann Richters enger Beziehung zur Henkel-Gruppe nicht. Das Unternehmen Henkel und einige Mitglieder der Familie hielten zusammen rund 20 Prozent des Degussa-Aktienkapitals. Statt in einer Fusion Degussa-Metallgesellschaft resultierten die Gespräche schließlich in der gemeinsamen Gründung der Gesellschaft für Chemiewerte (GfC) durch Henkel und die Dresdner Bank, um eine bereits geplante engere Zusammenarbeit der MG und der Degussa in der Forschung und Entwicklung gegen fremde Einflüsse abzusichern. Die Dresdner Bank brachte ihre Degussa-Beteiligung aus steuerlichen Gründen in die GfC ein, statt sie für ein Zusammengehen mit der MG zur Verfügung zu stellen.[88]

Bis zum nächsten größeren Revirement der Beteiligungen im Jahr 1980 blieb die Dresdner Bank damit größte Aktionärin der Metallgesellschaft. Alles in allem ist Jürgen Pontos durchaus intensive und von seinem engen Vertrauensverhältnis zu Karl Gustaf Ratjen geprägte Tätigkeit als Mitglied des MG-Aufsichtsrats, von den erfolgreichen Verhandlungen mit der Deutschen Bank über die Frage des Aufsichtsratsvorsitzes einmal abgesehen, in «industriepolitischer» Hinsicht als ergebnislos einzuschätzen. Die Metallgesellschaft überlebte die krisenhaften siebziger Jahre trotzdem, die Konzernumsätze nahmen in der zweiten Hälfte der siebziger Jahre sogar massiv zu.[89] Der schrittweise Niedergang des Traditionsunternehmens begann, unter ganz anderen Rahmenbedingungen, erst in den frühen neunziger Jahren.

Siemens, Allianz, Degussa, Henkel, Deutsche Bank und Dresdner Bank – der ganze Komplex um die Metallgesellschaft zeigt beispielhaft die komplizierten Personal- und Kapitalverflechtungen in der «Deutschland AG», in denen und mit denen ein Exponent der Großbanken wie Jürgen Ponto manövrieren musste. Die Freundschaft mit Ratjen erleichterte sicher die Kommunikation und machte den Bankier Ponto, ähnlich wie das Verhältnis zu Hans-Günther Sohl im Fall Demag, zu einem gesuchten Diskussionspartner und Strategen, dessen oberste Priorität aber letztlich stets die Interessen der Dresdner Bank darstellten. Zum ganz erheblichen Teil ging es dabei nicht um unmittelbare Zins- und Provisionserträge, sondern um die langfristige Sicherung von Hausbankbeziehungen und um das «Standing» der Dresdner Bank in der deutschen Wirtschaft; und nicht zuletzt darum, Imageschäden «seiner» Mandatsunternehmen in der Öffentlichkeit zu vermeiden. Dass dies kein Einzel-, sondern eher der Normalfall war, zeigt auch das Beispiel der Industrielegende Krupp.

Der Aufseher als Moderator: Die Restrukturierung von Krupp Zu den Leistungen, die Jürgen Ponto als «genialem Architekten unternehmerischer Konzepte» zugeschrieben wurden, gehört ein wesentlicher Anteil an der Neuaufstellung des Krupp-Konzerns. Inhaltlich gehen die seinerzeitigen Pressemeldungen freilich über den knappen Verweis auf die Mitwirkung an personellen Spitzenentscheidungen nicht hinaus.[90] Tatsächlich bestand Pontos zentrale Funktion nicht in der Auswahl des

Krupp-Führungspersonals oder gar im Entwerfen neuer Strukturen für einen weit verzweigten Industriekonzern, sondern in der beständigen Arbeit als «moderierender Kontrolleur», der hohes persönliches Vertrauen genoss.

Der Essener Traditionskonzern kämpfte seit längerem mit massiven Strukturschwächen. Der Alleineigentümer Alfried Krupp von Bohlen und Halbach hatte seit den fünfziger Jahren auf eine extensive Wachstumsstrategie gesetzt und sich geweigert, unrentable Bereiche des Konzerns zurückzuschneiden. Als das Abflauen des «Wirtschaftswunders» und die erste veritable Konjunkturkrise der Bundesrepublik 1966/67 die Strukturschwächen vollends offenlegten, zeigte sich mehrfach, dass die Liquiditätsdecke des Unternehmens zu dünn war. 1967 wurde eine regelrechte Existenzkrise überwunden, indem die Bundesregierung und die nordrhein-westfälische Landesregierung mit Bürgschaften für anstehende Exportfinanzierungen und weitere Verbindlichkeiten des Konzerns garantierten, während die Banken – deren wachsende Nervosität die Liquiditätsprobleme zunächst deutlich verschärft hatte – einen neuen Großkredit für das Exportgeschäft gewährten und die Aufrechterhaltung der bisherigen Kreditlinien zusagten. Im Gegenzug musste Alfried Krupp auf Druck der Gläubigerbanken die Konzernholding, das vormalige Einzelunternehmen Fried. Krupp, in eine GmbH mit einem Aufsichtsrat umwandeln, also die Entscheidungen der Unternehmensleitung einer externen Kontrolle aussetzen. Das Eigentum am Konzern ging auf die gemeinnützige Alfried Krupp von Bohlen und Halbach-Stiftung über. Erleichtert wurde der Übergang zu modernen Unternehmensstrukturen dadurch, dass der prospektive Konzernerbe Arndt von Bohlen und Halbach schon 1966 gegen eine großzügige Abfindung auf sein Erbe verzichtet hatte.[91]

Repräsentant der Stiftung im Aufsichtsrat der Fried. Krupp GmbH wurde Berthold Beitz. Der frühere Generalbevollmächtigte und Testamentsvollstrecker Alfried Krupps besaß nunmehr eine Schlüsselstellung als Vorsitzender des Stiftungskuratoriums. Er war auch derjenige, auf dessen Druck hin 1970 der Aufsichtsratsvorsitzende Hermann Josef Abs, der in den Restrukturierungsverhandlungen noch eine zentrale Rolle gespielt hatte, aus dem Gremium ausschied.[92] Abs' Nachfolge übernahm Beitz selbst. Die Dresdner Bank, die zuvor als wichtigste Krupp-Hausbank stets eine maßgebliche Rolle im Aufsichtsrat gespielt hatte, kehrte im Juni 1971 in Person eines neuen stellvertretenden Vorsitzenden namens Jürgen Ponto in diese Stellung zurück. Das war seit längerem vorbereitet, indem Ponto das Mandat seines ausscheidenden Vorstandskollegen Werner Krueger übernahm.[93]

Ponto geriet bei Krupp in eine besonders heikle Situation. Er genoss eine doppelte Vertrauensstellung, nämlich sowohl beim Aufsichtsratsvorsitzenden Beitz – der sich als Nachfolger Alfried Krupps und, bei aller Einsicht in die Notwendigkeit von Strukturreformen, als Wahrer der langen Unternehmenstradition mit einer starken sozialpolitischen Komponente sah – als auch beim Vorstandsvorsitzenden und damit obersten Sanierer Günter Vogelsang. Dieser erklärte im Anschluss an einen «Herrenabend» im September 1971 einer Vorstandsdelegation der Dresdner Bank, dass «der Vorstand von Fried. Krupp sich gegenüber seinem Aufsichtsrat in einer gewissen, unerwünschten Isolierung» befinde. Vogelsang begrüßte Pontos Amtsübernahme daher als Chance zu einem «vertrauensvollen und umfassenden Meinungsaustausch auch außerhalb der Aufsichtsratssitzungen». Dabei ging es, und das verdeutlicht die eigentliche Funktion von Bankiers als Aufsichtsräten in der «Deutschland AG», nicht um die laufenden Kreditbeziehungen und Bankkonditionen, denen Vogelsang «eine untergeordnete Rolle» zumaß. Es ging vielmehr darum, eines der Flaggschiffe der deutschen Schwerindustrie durch die Herausforderungen des wirtschaftlichen Strukturwandels zu begleiten. Dass die Dresdner Bank im Gegenzug an der Finanzierung von Krupps Geschäften verdienen wollte, verstand sich von selbst und wurde eher als technische Angelegenheit betrachtet, die von entsprechenden Experten abzuwickeln war.[94]

Den Meinungsaustausch betrieb Ponto sehr intensiv, und das war auch angebracht. Ähnlich wie die Metallgesellschaft war das traditionsreiche Stahlunternehmen für die Anforderungen der Märkte nach der langen Sonderkonjunktur des «Wirtschaftswunders» zu breit aufgestellt, zu wenig auf Rentabilität ausgerichtet und unzureichend organisiert. Krupp litt weiterhin unter diversen verlustbringenden Betrieben, Liquiditäts- und Kapitalmangel; in vielen Konzernbereichen wurden rote Zahlen geschrieben. Vogelsang konnte seit seinem Amtsantritt als Vorstandsvorsitzender 1968, der den Auftakt zu einem massiven Straffungsprogramm markiert hatte,[95] erhebliche Sanierungserfolge vorweisen – beginnend mit der Abwicklung der Lastwagen-Herstellung, des konzerneigenen Baubetriebs

sowie eines Hotels und eines Kaufhauses. Damals hatte er das Ziel verkündet, «in zehn Jahren den Krupp-Konzern vor allen Dingen in eine solide Relation von Eigenkapital zu Fremdkapital zu führen», was natürlich
gerade für die Besicherung von Bankkrediten von erheblicher Bedeutung
war. Zur Zeit von Pontos Amtsantritt hoffte der Vorstandschef, bereits
eine «nachhaltige Konsolidierung der finanziellen Verhältnisse, vor allem
aber eine Neuausrichtung des Denkens innerhalb des Konzerns» erreicht
zu haben.[96]

In dieser Einschätzung steckte eine erhebliche Portion Zweckopti-
mismus. Dass Ponto als stellvertretender Vorsitzender und Vertrauens-
person eine Sonderstellung besaß, zeigte sich etwa im September 1971, als
Vogelsang dem Aufsichtsrat verkündete, das Jahresergebnis werde trotz
eines Gewinneinbruchs voraussichtlich nicht negativ sein, Ponto aber
unter vier Augen mitteilte, das Unternehmen sei aktuell noch «in den
roten Zahlen».[97] Vogelsang hatte auch bereits öffentlich verkündet, die
1968 eingeleitete «Konsolidierungsphase» sei «planmäßig zu Ende gegangen», nachdem 1970 ein Gewinn von 110 Mio. DM eingefahren worden war. Nach der Behebung akuter Ertragsschwächen und dem Verkauf
einiger Tochterunternehmen stehe jetzt die dringend notwendige Stärkung der Eigenkapitalbasis im Vordergrund.[98]

Tatsächlich erlebte Krupp eher ein Zwischenhoch. Dass der Konzern noch mitten in der Bereinigung von Geschäftssparten und größeren Engagements steckte, bei denen sich heftige Reibungen zwischen
Sanierungszielen und Unternehmenstraditionen ergeben konnten, demonstrieren beispielhaft die Verhandlungen um den Ausstieg aus dem
Kraftwerksgeschäft. Darüber entspann sich eine Auseinandersetzung
zwischen Beitz und Vogelsang, die unterschiedliche konzernstrategische Prioritäten spiegelte.[99] Im Juli 1970 hatte die Fried. Krupp GmbH
nach jahrelangen Verhandlungen einen Vorvertrag über die Beteiligung
am Bau eines 300-Megawatt-Hochtemperaturreaktors im westfälischen
Schmehausen abgeschlossen, der seit Mitte der sechziger Jahre von der
Brown Boveri/Krupp Reaktorbau GmbH, einer gemeinsamen Projektgesellschaft mit dem Mannheimer Anlagenbauer BBC, entwickelt worden war.[100] Ein Jahr später warf der Bundesminister für Bildung und
Wissenschaft Hans Leussink den Essenern vor, sie hätten die unmittelbar bevorstehende Grundsteinlegung «platzen lassen», um wenige Tage
später das vollständige Ausscheiden aus dem Projekt zu verkünden.

Grund waren Differenzen über angebliche frühere Preiszusagen, Unstimmigkeiten mit dem Mitgesellschafter BBC und der kurz zuvor erfolgte Ausstieg der Gutehoffnungshütte, vor allem aber unabsehbare Kostenrisiken beim vorgesehenen Leistungsausbau dieses Reaktortyps.

Leussink ließ gegenüber einer aus Beitz, Ponto und dem Degussa-Vorstandsvorsitzenden Felix Prentzel bestehenden Delegation des Aufsichtsrats durchblicken, dass der Ausstieg sich auf die künftige Beteiligung Krupps an technologiepolitischen Projekten des Ministeriums auswirken könne. Schon die Tatsache, dass das Ministerium die Angelegenheit nicht mit dem Vorstand, sondern mit dessen Aufsehern diskutierte, dokumentierte die hochrangige industriepolitische Bedeutung. Leussink bot gewisse «Erleichterungen» des unternehmerischen Risikos an und war außerordentlich interessiert, Krupp zumindest als «Platzhalter», lieber aber mit einer Drittelbeteiligung im Baukonsortium zu halten. Bezeichnend waren die unterschiedlichen Reaktionen der Krupp-Aufsichtsräte auf die Vorwürfe aus dem Ministerium: Beitz drang lediglich auf eine Verringerung des Gesellschafteranteils und damit des unternehmerischen Risikos, hielt aber den Reaktorbau für ein zukunftsträchtiges Geschäftsfeld; Ponto hingegen bemühte sich ausführlich, die plausiblen wirtschaftlichen Gründe für das Ziehen der Notbremse darzulegen.[101]

Pontos Position befand sich hart an der Grenze zum Affront gegenüber dem Krupp-Aufsichtsratsvorsitzenden, was ihm aber offenbar nicht übelgenommen wurde. Sie beruhte auf einer kurzfristig eingeholten Problemskizze Vogelsangs, die zu dem Ergebnis kam, dass substanzielle Erträge aus dem Reaktorprojekt erst in etwa 15 Jahren erwartet werden könnten, während die Beteiligung bis dahin ein hohes finanzielles Risiko darstelle.[102] Diese Sichtweise fügte sich schlüssig in ein übergeordnetes Sanierungskonzept. Vogelsang hatte seit seiner Berufung darauf gesetzt, den Krupp-Konzern zu verschlanken und verlustbringende Tochtergesellschaften abzustoßen. Angesichts der anhaltenden Kostenprobleme lag es nicht besonders nahe, sich ausgerechnet jetzt zusätzliche Risiken im Kraftwerksgeschäft aufzubürden. Vogelsangs Linie setzte sich durch: Am folgenden Tag führte der Vorstand die Besprechungen mit dem Wissenschaftsministerium fort, und zwar mit dem Ergebnis, dass die Fried. Krupp GmbH aus der Projektgesellschaft für den Reaktorbau ausschied. Der Vorstand erklärte lediglich die Bereitschaft, als Zulieferer für Teile der Anlage zu fungieren, hatte das unternehmerische Risiko aus dem Kraftwerksbau aber abgestoßen. Beitz erklärte letztendlich seine Zustimmung.[103]

Vogelsangs Durchsetzung blieb ein Etappensieg. Ende 1971 war nicht mehr zu übersehen, dass die Differenzen mit dem Aufsichtsratsvorsitzenden Beitz nicht dauerhaft zu überbrücken sein würden. Sie kreisten jetzt vor allem um die Ausschüttung höherer Gewinnanteile an die Krupp-Stiftung und um deren Vertretung in den Aufsichtsräten der Tochtergesellschaften. Beides stand Vogelsangs Restrukturierungsplänen entgegen und bestärkte ihn in seinem seit längerem gefassten Entschluss, den Konzern zu verlassen, in dem Beitz' Machtstellung seine Kompetenzen zu beschneiden drohte.[104] Ponto hatte schon vor seinem Eintritt in den Aufsichtsrat zwischen Beitz und Mitgliedern der Familie von Bohlen und Halbach vermittelt, die einen Anspruch auf Mitsprache im Kuratorium der Stiftung erhob.[105] Auch die Differenzen zwischen Aufsichtsrats- und Vorstandsvorsitzendem wusste er zu beruhigen, indem er Beitz riet, ein letztes Vertragsangebot jedenfalls nicht mit den umstrittenen Stiftungsfragen zu verknüpfen.[106] Pontos Priorität lag jedoch letztendlich nicht auf Harmoniestiftung, sondern ganz eindeutig auf dem Unternehmensinteresse: Als Vogelsang Anfang 1972 endgültig das Handtuch warf, nachdem er offenbar zwischenzeitlich den Eindruck erweckt hatte, die Dinge hätten sich beruhigt, warnte der verärgerte Ponto ihn mit drastischen Worten davor, womöglich weitere Führungskräfte abzuwerben.[107]

Der nächste Vorstandschef Jürgen Krackow, der sich zuvor bei der (vorübergehenden) Sanierung der Krupp-Tochtergesellschaft AG Weser profiliert hatte, blieb ganze 66 Tage im Amt, weil er sich infolge einer selbstherrlichen Personalpolitik nicht nur mit Beitz gründlich verkrachte.[108] Das Jahr 1972 wurde zu Krupps «Dreikaiserjahr»:[109] Auf Krackow folgte zu Beginn des folgenden Jahres Ernst Wolf Mommsen, der in den sechziger Jahren Vorstandsvorsitzender der Thyssen-Röhrenwerke, seit 1970 dann Staatssekretär und Berater Helmut Schmidts zunächst im Verteidigungs-, später im Wirtschafts- und Finanzministerium gewesen war. Auch Mommsen pflegte ein enges Verhältnis zu Ponto, den er spätestens seit der Abwicklung des Schlieker-Konkurses 1962 kannte.[110] Der neue Krupp-Chef suchte vielleicht noch mehr als Vogelsang das separate Gespräch über die Finanzlage des Konzerns und

die nach wie vor bestehenden Strukturprobleme, die noch dadurch verstärkt wurden, dass die Fried. Krupp Hüttenwerke AG im konjunktur-
schwachen Geschäftsjahr 1972 einen Betriebsverlust von 80 Mio. DM
hinnehmen musste.[111] Ponto war Anfang 1973 «über die Ertragslage des
Konzerns in der Vergangenheit – auch über einen längeren Zeitraum
hinweg – ohne Illusionen» und wurde von Mommsens ersten Darlegungen darin bestärkt, dass bislang lediglich die akuten Liquiditätsprobleme
gelöst waren, eine wirkliche Konsolidierung unter Einschluss langfristiger Finanzierungsfragen aber weiterhin ausstand.[112]

Entsprechend hartnäckig fragte Ponto im Aufsichtsrat nach der Finanzlage, die vor allem in den metallurgischen und weiterverarbeitenden
Konzernbereichen weiterhin strukturelle Probleme spiegelte. Mommsen
plädierte nicht umsonst für eine stärkere Konzentration auf bestimmte
Marktsegmente und warnte vor allem vor Schwierigkeiten im Exportgeschäft. Selbst im vergleichsweise profitablen Hüttenbereich reichten
die «bisherigen schmalen Gewinne […] in keiner Weise aus, die Verluste
der letzten Jahre auszugleichen, die aufgezehrten Reserven wieder aufzubauen und eine befriedigende Dividende zu erwirtschaften» – und dabei
war noch nicht einkalkuliert, dass der deutschen Wirtschaft bald darauf
eine lang andauernde Investitionsflaute bevorstehen sollte, die noch dazu
von einer Strukturkrise der Stahlindustrie überlagert wurde.[113]

Ein Jahr später profitierte indes ausgerechnet der von langfristigen
Ertragsproblemen gebeutelte Krupp-Konzern von einem Ereignis, das in
vielen Industrieländern dramatische Wachstumseinbrüche bewirkte:
Der durch die Ölpreiserhöhungen des OPEC-Kartells zu erheblichen
Zusatzeinnahmen gekommene iranische Staat beteiligte sich über die
National Iranian Steel Industries mit knapp über 25 Prozent an der wichtigsten Konzerntochter, der Fried. Krupp Hüttenwerke AG. Beitz stabi-
lisierte damit Krupps Eigenkapitalbasis, und noch dazu war der Erlös
aus dem Verkauf mehr als doppelt so hoch wie der von den Banken als
realistisch eingeschätzte Wert der Beteiligung.[114] Die Transaktion wurde
auch außerhalb des Unternehmens, anders als rund ein halbes Jahr später der Verkauf der Daimler-Aktien nach Kuwait, keineswegs als «Ausverkauf» einer deutschen Industrielegende wahrgenommen, obwohl der
Iran gleich eine Sperrminorität erworben hatte, bei der Fried. Krupp
Hüttenwerke AG und bei der Holding Fried. Krupp GmbH im Aufsichtsrat vertreten sein sollte und ausdrücklich sein Interesse an west-

licher Technologie mitgeteilt hatte; vielmehr wurde dieser «Rückfluss von Öl-Millionen in die westdeutsche Wirtschaft von Politik und Öffentlichkeit allgemein als sehr positiv beurteilt».[115]

Die zentrale Figur in den Verkaufsverhandlungen war Berthold Beitz, auch wenn Mommsen später reklamierte, der erste Ideengeber gewesen zu sein. Ponto hatte mit dieser vielleicht wichtigsten Restrukturierungsmaßnahme nicht wesentlich zu tun, obwohl sie offenkundig der Position entsprach, die er in der öffentlichen Debatte über die Internationalisierung der deutschen Wirtschaft im Allgemeinen und die Liberalisierung des Kapitalverkehrs im Besonderen vertrat. Dasselbe galt für den iranischen Erwerb einer Sperrminorität bei der Fried. Krupp GmbH im Oktober 1976, durch die die Holdinggesellschaft des Konzerns erstmals einen zweiten Gesellschafter bekam. Ponto war vielmehr einigermaßen pikiert, dass er nicht einmal, anders als in der Presse verbreitet, während der Verhandlungen von Beitz ins Vertrauen gezogen worden war.[116]

Eine ähnlich gewichtige Transaktion, an der die Dresdner Bank tatsächlich wesentlichen Anteil hatte, nämlich die Übernahme der Stahlwerke Südwestfalen AG durch die Fried. Krupp Hüttenwerke AG 1974, wurde ebenfalls nicht von Ponto verantwortet, sondern von seinem Vorstandskollegen Rolf Diel, der die Dresdner Bank im Aufsichtsrat der Hüttenwerke vertrat. Krupp wurde durch den Kauf von 96,7 Prozent des Aktienkapitals der Stahlwerke Südwestfalen «das größte Edelstahlunternehmen der Bundesrepublik», gewann also erhebliche Marktanteile in einem zukunftsträchtigen Segment der Stahlerzeugung und konnte dabei noch Rationalisierungseffekte realisieren. Gleichzeitig wurde der vielversprechende Bereich der Ingenieurdienstleistungen durch die Übernahme des Anlagenbauers Koppers gestärkt.[117] Krupp schien also auf dem besten Weg zu einer nachhaltigen Neuaufstellung. Mommsen sah die Konsolidierung aber auch nach den Iran- und Südwestfalen-Transaktionen noch keineswegs erreicht. Der umfangreiche Maschinenbaubereich, der grundsätzlich einen Wachstumssektor darstellte, war weiterhin defizitär und die Zusammenfassung der einzelnen Unternehmen fehlgeschlagen. Mommsen plante daher eine deutliche Neuprofilierung zum internationalen Engineering-Konzern bei gleichzeitigem Beschäftigungsabbau in traditionellen Produktionsbereichen.[118]

Auf die Dauer musste jedoch auch Mommsens selbstbewusster Führungsanspruch mit dem Selbstverständnis des Aufsichtsratsvorsitzenden Beitz kollidieren. Schon im September 1974 deutete Mommsen an, er könne sich eine vorzeitige Amtsaufgabe vorstellen, nachdem Beitz genaue Aufklärung über die problematische Entwicklung einiger Konzernbereiche verlangt hatte.[119] Die finanziellen Probleme eines Konzerns wie Krupp waren schon in den sechziger Jahren auf großes Interesse der Presse gestoßen,[120] und auch die Turbulenzen der siebziger Jahre spielten sich unter reger journalistischer Anteilnahme ab. Im Mai 1975 brachte die *Welt* einen umfangreichen Artikel, demzufolge Mommsen vorzeitig seinen Hut nehmen werde, weil er für Beitz' Geschmack zu viel Zeit diversen Ämtern und zu wenig der Arbeit im Konzern widmete. Mommsen führte den seiner Ansicht nach rufschädigenden Artikel direkt auf Beitz zurück und sprach dies in einer Entgegnung in derselben Zeitung offen aus.[121] Damit war das Tischtuch endgültig zerrissen, weil er einen Komment der Diskretion verletzt hatte. Ponto fasste Mommsen gegenüber die Wirkung in den Worten zusammen, die ihm «zu Ohren gekommene Resonanz» laufe «im Wesentlichen auf die Frage hinaus, ob er den Verstand verloren habe». Ähnlich drastische Reaktionen von Aufsichtsräten wurden bald darauf in der Presse kolportiert.[122]

Nachdem zumindest ein Teil der Aufsichtsratsmitglieder das notwendige Vertrauensverhältnis zum Vorstandsvorsitzenden nachhaltig gestört sah, ging Mommsen vorzeitig in Rente; das entsprechende Alter hatte er zwar erreicht, wäre aber wohl eigentlich gern länger auf dem Posten geblieben. Als eine seiner letzten Amtshandlungen konnte er Ponto Ende 1975 eine Übersicht zur Wirtschaftslage zukommen lassen, der zufolge die Konzernbereiche allmählich wieder überwiegend schwarze Zahlen schreiben könnten.[123] Wie schon bei Vogelsang erwies sich die Prognose bald als überoptimistisch. Eine schwache Stahlkonjunktur, Ertragsschwächen im Werft- und Maschinenbaubereich sowie eine immer noch sehr zersplitterte, von der Konzentration auf Kernkompetenzen weit entfernte Konzernstruktur ließen vielmehr einen deutlichen Beschäftigtenabbau unvermeidlich erscheinen. Ein Dreivierteljahr nach der Amtsübernahme des Mommsen-Nachfolgers Heinz Petry (der später ebenfalls vorzeitig aus dem Amt scheiden sollte) drängten Ponto, Poullain und Daimler-Vorstandsmitglied Joachim Zahn als Mitglieder des Finanzausschusses des Aufsichtsrats sogar darauf, angesichts der Kassenlage auf eine Gewinnausschüttung aus dem Geschäftsjahr 1975 an die Alfried

Krupp von Bohlen und Halbach-Stiftung zu verzichten. Petry musste indes eingestehen, von Beitz bereits auf eine Zahlung von 20 Mio. DM verpflichtet worden zu sein.[124] Durch solche Alleingänge mussten sich die übrigen Aufsichtsratsmitglieder düpiert fühlen. Zahn, Poullain und Ponto übten deutliche Kritik an Beitz und nutzten die Gelegenheit, stärkere Einflussmöglichkeiten des Aufsichtsrats auf die Tochtergesellschaften der Fried. Krupp GmbH und eine Aufwertung des Finanzausschusses zu fordern. Ponto selbst rief den gesamten Aufsichtsrat auf, sich angesichts des neuerlichen Führungswechsels «hinter den Vorstand und hinter die [Tochter-]Unternehmen zu stellen und durch eine demonstrativ positive Einstellung dem Unternehmen zu helfen». Zugleich verkündete er die unbedingte Unterstützung der Dresdner Bank, falls Krupp in «irgendwelche finanziellen Schwierigkeiten» geraten sollte.[125]

Ponto fungierte also auch jetzt vor allem als Moderator und erfüllte damit eine wichtige Rolle, denn der Krupp-Konzern stand in der Presse nicht eben günstig da. Gleichzeitig übte er seine Vermittlerfunktion in den jahrelangen Verhandlungen über eine Abfindung Krackows aus und zeigte auch hier die Kunst, persönliche Vertrauensverhältnisse und funktionsbedingte Loyalitäten auszutarieren, damit dem von ihm beaufsichtigten Unternehmen möglichst wenig Schaden zugefügt würde.[126] Im Falle Pontos war sogar möglich, was bei einer als weniger integer geltenden Persönlichkeit wohl auf stärkeren Widerstand gestoßen wäre: 1976 wurde er auch in den Aufsichtsrat der großen Krupp-Konkurrentin August Thyssen-Hütte AG gewählt, und zwar mit der Perspektive, möglicherweise die Nachfolge des Aufsichtsratsvorsitzenden Hans-Günther Sohl anzutreten. Ponto hatte zunächst große Bedenken, weil dadurch bei Krupp «unter Umständen die Bankverbindung in Frage stünde».[127] Selbst Beitz nahm jedoch die Mitteilung «freundschaftlich, aus der Sicht Krupp sogar betont großzügig» hin.[128] Viel mehr als die Zusage, notfalls mit Krediten einzuspringen, konnte der Bankier angesichts der allgemeinen Stahlkrise, die zu dieser Zeit auch andere europäische Hersteller traf, ohnehin kaum anbieten: Kurz vor Jürgen Pontos Tod, im Juni 1977, konnte Petry der Presse zwar seine Hoffnungen auf einen positiven Jahresabschluss vortragen, musste aber zugleich weitere Betriebsstilllegungen im Stahlsektor ankündigen. Der Verlust des Vorjahres aus dem laufenden Geschäft war 1976 lediglich halbiert worden. Im Gesamtkonzern waren die Verluste sogar gestiegen, selbst die Stiftung hatte auf eine Dividende verzichten müssen.[129]

Während seiner sechs Jahre als stellvertretender Vorsitzender des Fried.-Krupp-Aufsichtsrats war Jürgen Ponto ein sehr gut informierter Kontrolleur dieses Unternehmens, der sich sehr ernsthaft mit den Darlegungen des jeweiligen Vorstandschefs auseinandersetzte und der in Finanzierungsfragen auch Expertenwissen einbrachte – und das Interesse der Dresdner Bank, einen großen Kreditkunden auf eine solide finanzielle Basis zu stellen. Die Arbeit im Aufsichtsrat war natürlich kein Selbstzweck, sondern sie sicherte der Bank Erträge aus diversen großen Finanzierungsgeschäften. Dazu gehörte etwa die federführende Finanzierung eines großen Anlagenprojekts in der DDR im Wert von 1,2 Mrd. DM[130] oder ein spektakuläres Engagement in Polen, nämlich die 1976 vereinbarte Lieferung von Kohlevergasungs- und Weiterverarbeitungsanlagen im Wert von 2 Mrd. DM durch deutsche Unternehmen, bei der die Tochtergesellschaft Krupp Koppers GmbH federführend war und die Dresdner Bank das Finanzierungskonsortium anführte.[131] Dabei war es wohl durchaus ernst zu nehmen, wenn Ponto den Abschluss dieser «historischen Verträge» zugleich als wichtigen Schritt dahin betrachtete, «das so vielfach komplizierte deutsch-polnische Verhältnis langsam zurechtzurücken», und Beitz' frühe Verdienste darum würdigte.[132] Ponto wiederum konnte seine politischen Beziehungen in die Anbahnung des Großgeschäfts einbringen, er diskutierte – nicht als Experte für die Finanzierungsdetails, aber als Repräsentant der Bank – mit dem polnischen Minister Olszewski ebenso über die Absicherung der notwendigen Kredite wie mit Bundeswirtschaftsminister Friderichs.[133]

Wirkliche konzernstrategische Konzepte hingegen stammten ebenso wenig von ihm, wie eine maßgebliche Initiative für die Auswahl der diversen Vorstandsvorsitzenden feststellbar ist (und beides gilt erst recht für die kurze Zeit im Thyssen-Aufsichtsrat, obwohl Sohl ihn in den Verhandlungen um die Rheinstahl-Übernahme offenbar als Berater schätzte).[134] Pontos eigentliche Funktion war die eines Moderators, der notfalls deutliche Worte nicht scheute. Bei genauerem Hinsehen erweist sich also der Ruf als «Architekt unternehmerischer Konzepte» in diesen Fällen als journalistische Übertreibung. Wichtiger ist im Zusammenhang der Biografie Jürgen Pontos aber etwas anderes: Sein Ruf verdankte

Abb. 20: Jürgen Ponto bei einem der letzten Interviews, Juni 1977

sich nicht zuletzt der Wahrnehmung, dass er – so der Wirtschaftsjournalist Max Kruk im Nachruf der *Frankfurter Allgemeinen* – den «Charakter
der Bank» änderte, weil er «industriell» dachte – nicht nur in «Bank-
Kategorien» und auch nicht nur in Bank-Industrie-Beziehungen, sondern gesamtwirtschaftlich und gesellschaftspolitisch.[135] Diese Charakterisierung ist sicher nicht falsch; sie lenkt aber davon ab, dass von
«industriellem Denken» noch kein einfacher Weg in die Praxis der Unternehmenskontrolle führt. Dahinter standen als eigentliche Qualitäten
ein hohes Kommunikationstalent und, damit eng verbunden, ein starkes
Bewusstsein für die Bedeutung von Vertrauen und Loyalität als unternehmerische Ressourcen.

Industriepolitik

Ein Aufsichtsrat greift durch: Bilfinger Berger   Wo es notwendig war,
konnte Jürgen Ponto indes nicht nur «industriell» denken, sondern
auch handeln. Zu seinen ältesten Mandaten gehörte die Mitgliedschaft
im Aufsichtsrat des Wiesbadener Bauunternehmens Julius Berger AG,
dem er seit dem Jahresbeginn 1966 angehörte.[136] Dieses Mandat war
ihm offenbar wichtig: Erst mit der Wahl in den Aufsichtsrat der August
Thyssen-Hütte AG legte er es Ende April 1976 nieder. Inzwischen war
Julius Berger allerdings, durch zwei Fusionen unter tatkräftiger Mitwirkung Pontos, in einer echten Branchengröße aufgegangen, nämlich
dem Baukonzern Bilfinger + Berger. Zehn Jahre zuvor war das keineswegs absehbar gewesen. Die deutsche Bauwirtschaft befand sich Mitte
der sechziger Jahre in einer Konsolidierungsphase, in der das Ende des
Rekonstruktionsbooms nach dem Zweiten Weltkrieg und eine zunehmende Kapitalintensität einen massiven Konzentrationsprozess anstie
ßen. Zu den größeren Bauunternehmen, die zu dieser Zeit unter Druck
gerieten, gehörte Julius Berger, wo in den zurückliegenden Jahren die
Expansion im In- und Ausland mit ungenügender Rücksicht auf die
Ertragslage vorangetrieben worden war.[137]

Die Dresdner Bank war indes nicht nur mit etwa elf Prozent am
Aktienkapital von Berger beteiligt. Sie besaß auch Anteile an dem

Mannheimer Bauunternehmen Grün & Bilfinger, das gegenüber den
größeren Konkurrenten Hochtief und Holzmann deutlich in Rückstand geraten war, und war mit über 95 Prozent des Kapitals Großaktionärin der kleineren, aber hervorragend aufgestellten Düsseldorfer
Bauboag; beide Unternehmen hatten wiederum bereits in den fünfziger
Jahren bei einzelnen Projekten kooperiert.[138] Die Bank musste angesichts der angespannten Branchenlage, insbesondere aber seit der Krise
bei Julius Berger grundsätzlich an einer Bereinigung ihrer Baubeteili-
gungen interessiert sein und wurde «wichtigster Akteur» bei der Fusion
der drei Unternehmen zu einem der großen bundesdeutschen Baukon-
zerne. Nachdem man schon in den späten fünfziger Jahren versucht
hatte, die Bauboag an Grün & Bilfinger zu verkaufen, scheiterte 1964
ein erster Versuch, die Bauboag-Aktien an Julius Berger abzugeben, am
Anspruch der Dresdner Bank auf eine Schachtelbeteiligung an Berger.
Die Bank kaufte daraufhin selbst Berger-Aktien auf, um den entsprechenden Steuervorteil zu erlangen, und erreichte bald einen Anteil von
über 25 Prozent.[139]

Jürgen Ponto, der 1966 das Mandat Ernst Matthiesens und den
stellvertretenden Vorsitz im Berger-Aufsichtsrat übernahm, suchte den
vergrößerten Einfluss der Dresdner Bank konsequent für die nötige Umstrukturierung zu nutzen. Ponto nahm die Konzentrationspolitik der
Bank, die zeitweise auch noch weitere mittelgroße Bauunternehmen umfasste, energischer in die Hand und forderte vehement eine Reorganisation des Unternehmens, um überhaupt eine effektive Leistungskontrolle
zu ermöglichen. Er scheiterte daran aber vorläufig, obwohl er im Zuge
einer Verjüngung des Aufsichtsrats 1968 dessen Vorsitz übernehmen
konnte.[140] Erst der offene Ausbruch einer Ertragskrise ermöglichte ungewöhnlich drastische Interventionen Pontos, der sich schon vorher durch
genaue Nachfragen in den Aufsichtsratssitzungen ausgezeichnet hatte.
Er legte ausdrücklich «Wert darauf, Details zu hören», und kommentierte
die Fehlprognosen und Verlusterläuterungen des Vorstands bis hin zum
offenen Sarkasmus: «Herr Ponto bezweifelt, dass das Wetter für einen
Bauunternehmer ein so ungewöhnlicher Umstand sei.»[141]

In rascher Folge setzte Ponto Sitzungen des Aufsichtsrats an, und sein
Misstrauen erwies sich gegen Ende des Jahres 1968 als nur allzu berech-
tigt: Nachdem der Vorstand noch im September für das laufende Jahr
einen Gewinn angekündigt hatte, waren die Prognosen jeweils im

Monatsrhythmus um dramatisch zunehmende Verluste korrigiert worden. Der Berger-Vorstand wurde daraufhin regelrecht vorgeführt, indem Ponto die betriebswirtschaftlichen Experten der Dresdner Bank in die großen Filialen des Bauunternehmens schickte, um sich selbst ein Bild von deren Lage zu machen. Dabei bestätigte sich, dass die Filialen keiner hinreichenden Erfolgskontrolle unterlagen, der Vorstand mithin gar nicht entsprechend informiert sein konnte.[142]

Erst angesichts der sich zuspitzenden Krise leitete Ponto die Lösung der Fusionsfrage auf jenem Feld ein, auf dem er als Aufsichtsratsvorsitzender den größten Einfluss besaß: in der Personalpolitik. Unter dem Eindruck der desolaten Bilanzsituation war der Berger-Aufsichtsrat Anfang 1969 einhellig der Meinung, dass dringend eine «möglichst kurzfristige Fusion Berger/Bauboag» nötig war. Nachdem wieder einer der in kurzer Folge angesetzten Vorträge des Vorstands für ungenügend befunden worden war, «bestand völliges Einvernehmen, dass der Vorstand in dieser Zusammensetzung nicht mehr geeignet ist, die Gesellschaft zu führen». Die Verhandlungen über Fusionspläne sollten nunmehr auch offiziell an die Öffentlichkeit gebracht werden, um zu demonstrieren, dass eine Lösung der Unternehmenskrise in Angriff genommen war.[143] Dabei kam dem Aufsichtsrat entgegen, dass die Fusion bei der Bauboag bereits als beschlossene Sache galt: Mit Kurt Neumann und Martin Klinge drängten zwei Vorstandsmitglieder der Bauboag von sich aus auf einen Eintritt in die Berger-Führungsmannschaft, was die zunächst vorgesehene Bestallung eines externen «Beraters», also eines Interessenvertreters des Aufsichtsrats im Vorstand, unnötig machte. Der bisherige starke Mann im Berger-Vorstand, Max R. Schulz, musste seinen Hut nehmen, nachdem im März 1969 ein Gutachten einer Wirtschaftsprüfungsgesellschaft zu einem vernichtenden Ergebnis gekommen war.[144]

Über die Unumgänglichkeit einer Fusion zur Stärkung des Unternehmens bestand im Aufsichtsrat von Berger Konsens. Wegen der beherrschenden Stellung der Dresdner Bank bei der Bauboag stand der Durchsetzung auch von dieser Seite nichts im Wege, während ein ursprünglich geplanter Zusammenschluss mit Grün & Bilfinger vorerst mit der Haltung des Mannheimer Vorstands kollidierte. An dem binnen sehr kurzer Zeit, nämlich bis Mitte 1969, fusionierten Unternehmen Berger-Bauboag hielt die Dresdner Bank, die den Zusammenschluss auch finanziell abgestützt hatte, 65 Prozent des Aktienkapitals.[145] Jürgen

Ponto war, insbesondere durch die hartnäckige Kontrolle der Bericht-
erstattungen des Berger-Vorstands und energische personalpolitische
Initiativen, die wichtigste treibende Kraft dieses Zusammenschlusses
gewesen; der von der Bauboag in den Berger-Vorstand kooptierte Kurt
Neumann agierte in den Besprechungen mit den weiteren Fusionskandidaten Grün & Bilfinger und Held & Francke (München) als sein
Kontaktmann.[146]

Ponto drängte auch nach der Verschmelzung darauf, Führungsfragen
und vor allem die Frage des Vorstandsnachwuchses ins Zentrum der personellen und organisatorischen Konsequenzen zu stellen.[147] Gespräche
mit weiteren Fusionskandidaten, insbesondere Grün & Bilfinger, fanden
schon parallel zur Vereinigung Berger-Bauboag statt. Obwohl sich die
Ertragslage danach rasch verbesserte, behielt Ponto eine weitergehende –
und möglichst kurzfristige – Fusion stets im Blick und veranlasste bereits
im Mai 1970 die formelle Zustimmung des Gesamtvorstands der Dresdner Bank. Für die «große Lösung» war man im Vorstand der Bank sogar
bereit, mit Grün & Bilfinger einen erstklassigen Kunden unter indirek-
ten Druck zu setzen und das im Besitz der Bank befindliche Aktienpaket
in die Berger-Bauboag einzubringen; gewählt wurde aber schließlich der
umgekehrte Weg. Unmittelbar nach der ersten Fusion wurde dadurch
der Zusammenschluss mit dem Mannheimer Unternehmen vorangetrieben. Umstritten war sehr bald nicht mehr, ob ein weiterer Konzentra-
tionsschub in der Bauindustrie stattfinden würde, sondern nur noch dessen Form und Ablauf.

Aus steuerlichen Gründen, und um Widerstände der Unternehmens-
leitungen und Belegschaften möglichst gering zu halten, blieb es jedoch
noch einige Jahre nur bei der vertraglich abgesicherten, internen Kooperation zweier rechtlich selbständiger Unternehmen. Erneut wurden
Klinge und Neumann, hinter denen Jürgen Ponto stand, in den Vorstand eines zu fusionierenden Unternehmens entsandt. Der Vorstand
von Grün & Bilfinger, der vertragsgemäß ein Weisungsrecht gegenüber
Berger-Bauboag besaß, wurde dadurch zum Instrument der Großaktionärin Dresdner Bank, die inzwischen 45 Prozent des Aktienkapitals hielt
und deren Sprecher auf eine «möglichst baldige Fusion» drängte.
Nachdem der allergrößte Teil der Berger-Bauboag-Aktien von Grün &
Bilfinger aufgekauft worden war, erfolgte 1973 eine aktienrechtliche
«Eingliederung» des ersteren in das zweite Unternehmen, dessen Auf-

sichtsratsvorsitzender im selben Jahr Jürgen Ponto als Nachfolger Erich Vierhubs wurde.[148]

Dass die beiden Unternehmen, anders als man noch längere Zeit nach außen hin zu suggerieren versuchte, nicht unabhängig voneinander agierten, ließ sich freilich auf Dauer kaum verheimlichen und führte zu Problemen bei der Bewerbung um öffentlich ausgeschriebene Bauvorhaben. Erneut waren es – diesmal gesamtwirtschaftlich bedingte – Ertragseinbrüche, die schließlich eine zweite Fusion der Dresdner-Bank-Beteiligungen im Bausektor ermöglichten. Es war wiederum Jürgen Ponto, der sich mit der Zwischenlösung nie hatte abfinden können und nun vor allem durch energische Hinweise auf Kostenprobleme den vollständigen Zusammenschluss vorantrieb. Mit der Gründung der Bilfinger + Berger Bauaktiengesellschaft 1975 hatte er sein Ziel erreicht. Ponto räumte, wie erwähnt, seinen Platz im Aufsichtsrat des fusionierten Unternehmens für Karl Friedrich Hagenmüller, wurde aber in Anerkennung seiner zehnjährigen Bemühungen um die Strukturbereinigung zum Ehrenvorsitzenden des Aufsichtsrats ernannt.[149]

Die Anerkennung dürfte sich auch auf unmittelbare Beiträge Pontos zur Auftragslage des Baukonzerns bezogen haben: Unter den größeren Bauvorhaben von Grün & Bilfinger war nicht zufällig das neue Hochhaus der Dresdner Bank im Frankfurter Bahnhofsviertel.[150] Der Sprecher der Dresdner Bank engagierte sich hier tatsächlich massiv als Industriepolitiker. Dabei handelte es sich insofern um eine besondere Konstellation, als die Dresdner Bank in erheblichem Maße gleich an mehreren Unternehmen beteiligt war, deren Ertragsprobleme ihr Beteiligungsportfolio zu belasten drohten. Darüber hinaus aber dürfte sein energisches Eingreifen daraus zu erklären sein, dass der Berger-Vorstand seinen Aufsichtsrat regelmäßig mit unsauberen Zahlen versorgte und damit insbesondere die Autorität des Vorsitzenden herausforderte. Dieser hatte bei der Entsendung neuer Vorstandsmitglieder, die als seine Vertrauensleute fungierten, eine glückliche Hand – aber nicht jede derartige Personalentscheidung Pontos erwies sich als geeignete Maßnahme zur Bewältigung von Unternehmenskrisen.

Der überforderte Hoffnungsträger: Die gescheiterte Sanierung der AEG
Vom 17. März 1975 bis zu seinem Tod war Ponto Vorsitzender des Aufsichtsrats der AEG, die damals unter dem Namen Allgemeine Elektricitäts-Gesellschaft AEG-Telefunken firmierte. Dabei war von Anfang an

klar, dass es sich hier nicht nur darum handeln konnte, die klassischen, aktienrechtlich vorgeschriebenen Aufgaben eines Aufsichtsratsvorsitzenden wahrzunehmen. Die AEG war zu diesem Zeitpunkt einer der größten Sanierungsfälle in der Geschichte der Bundesrepublik geworden. Sie vor dem Zusammenbruch zu retten, stellte eine wahre Herkulesaufgabe dar, die eine grundlegende Reorganisation des Frankfurter Elektrokonzerns erforderte. Als Aufsichtsratsvorsitzender musste Ponto daher wie eine Art «Übervorstand» des Unternehmens eingreifen.

Die traditionsreiche AEG, der zweitgrößte deutsche Elektrokonzern mit rund 175 000 Beschäftigten im In- und Ausland, war während der Rezession von 1974 in eine existenzbedrohende Krise geraten.[151] Die Ursachen reichten bis in die sechziger Jahre zurück, waren zunächst aber durch hohe Umsatzsteigerungen überlagert worden. Unter den Vorstandsvorsitzenden Hans Bühler (1966–1970) und Hans Groebe (1970–1976) hatte die AEG eine zügellose Expansion betrieben. Auf diese Weise glaubte man, den Rückstand zum Branchenführer Siemens aufholen zu können – ein Ziel, auf das die AEG-Vorstände seit Jahrzehnten fixiert waren. Allein zwischen 1967 und 1975 kaufte der Konzern rund 50 Firmen auf. Die ohnehin schon breit gefächerte Produktpalette weitete sich dadurch noch mehr aus. Beim Umsatz konnte die AEG unter Bühler und Groebe zwar den Rückstand gegenüber Siemens verkürzen, nicht aber bei der Rentabilität und bei der industriellen Substanz. Nur in wenigen Fertigungszweigen lag der Konzern technologisch an der Spitze. Über 80 Prozent des Umsatzes entfielen auf wachstumsschwache Bereiche. Zugleich war die Eigenkapitalbasis durch die Zukäufe schmaler geworden. Eine weitere Belastung bildeten die latenten Konflikte innerhalb des Vorstands und die häufigen Wechsel an der Spitze des Unternehmens.[152]

Der von Bühler und Groebe betriebene Expansionskurs des AEG-Telefunken-Konzerns stieß bei den Banken lange Zeit auf keine Bedenken. Das von der Dresdner Bank angeführte AEG-Konsortium gewährte für die Zukäufe großzügig Kredite, an denen die beteiligten Geldinstitute gut verdienten. Nur ein geringer Teil des Finanzierungsbedarfs von AEG-Telefunken wurde über Kapitalerhöhungen aufgebracht.[153] Als das Geschäftsergebnis der AEG 1971 erstmals massiv einbrach, wurde dies nicht als Alarmzeichen gesehen. Im Vorstand warnte Finanzchef Semler vergebens vor weiterem, unkontrolliertem Umsatzwachstum. Nach hef-

tigen Auseinandersetzungen musste Semler schließlich ausscheiden.[154]
Die AEG schüttete für das Geschäftsjahr 1972 noch eine zehnprozentige
Dividende aus, obwohl die Verschuldung des Unternehmens auf fast vier
Mrd. DM angestiegen war.

Bald darauf eskalierte die Finanzkrise so weit, dass die AEG an den
Rand des Zusammenbruchs geriet. Entscheidend dafür war ein Faktor,
mit dem vorher weder das Unternehmen noch die Banken gerechnet hatten: die Störanfälligkeit der von der AEG verwandten Kernkrafttechnik.
Die AEG hatte sich entschieden, Kernkraftwerke mit Siedewasserreaktoren zu bauen, während Siemens auf Druckwasserreaktoren setzte, die
sich als die ausgereiftere Technik erwiesen. Nachdem am 12. April 1972
aus einem Siedewasserreaktor im Kernkraftwerk Würgassen radioaktives
Wasser ausgelaufen war, wurde ein Baustopp für alle Reaktoren dieses
Typs verhängt. Die AEG erlitt allein dadurch einen Verlust von mehr als
200 Mio. DM. Für die noch im Bau befindlichen Siedewasserreaktoren
musste das Unternehmen wegen der gestiegenen Verlustrisiken seine
Rückstellungen erhöhen. Hinzu kamen Verluste einiger anderer Sparten
und der Umsatzeinbruch durch die Rezession von 1974. Insgesamt
musste die AEG im Geschäftsjahr 1974 einen Verlust von 664 Mio. DM
ausweisen – den bis dahin höchsten ihrer Geschichte.[155] Das Unternehmen war nun ganz und gar von den Gläubigerbanken abhängig.

Mit den Banken war die AEG seit ihrer Gründung durch Emil Ra-
thenau im Jahr 1883 eng verbunden, da sie sich – anders als der Konkur-
rent Siemens – von Anfang an auf Fremdkapital stützte. Unter den im
AEG-Konsortium vertretenen Banken hatte wiederum die Dresdner
Bank die Führungsrolle. In der Hauptversammlung der AEG vertrat sie
seit Ende der zwanziger Jahre einen Großaktionär, den US-Konzern General Electric, der sein Aktienpaket bei ihr deponiert hatte. Traditionell
waren die AEG und die Dresdner Bank gegenseitig durch Aufsichtsratsmandate verbunden. Im Aufsichtsrat der AEG war der Vertreter der
Dresdner Bank meistens auch einer der stellvertretenden Vorsitzenden.
Die Position des Aufsichtsratsvorsitzenden war seit Anfang der sechziger
Jahre mit ehemaligen Vorstandsvorsitzenden des Unternehmens besetzt.[156]

Die enge Verbindung entsprach den Spielregeln der «Deutschland
AG», in der Banken und Industrie in relativ klar abgegrenzten Netzwerken miteinander verflochten waren. Ebenso wie die Deutsche Bank
bei Siemens eine unbestrittene Stellung als Hausbank hatte, galt dies

für die Dresdner Bank bei der AEG. Im Fall von Siemens konnte Hermann Richter allerdings Anfang 1973 befriedigt feststellen, «dass die jahrelangen Bemühungen» der Bank «um eine Intensivierung der Beziehungen» durch die Aufnahme Karl Friedrich Hagenmüllers in den Aufsichtsrat belohnt werden sollten. Es mag sein, dass Hagenmüllers Einsatz für die Ausstattung der gesamten Bank mit Siemens-Datenverarbeitungssystemen dabei eine gewisse Rolle spielte.[157] Entscheidend für die Berufung Hagenmüllers war aber die Absage Pontos, denn der größte deutsche Elektrokonzern erwartete aus Prestigegründen eigentlich den Vorstandssprecher der Dresdner Bank im Aufsichtsrat und sah eine alternative Mandatsvergabe nur als Interimslösung.[158] Der Siemens-Finanzchef Heribald Närger hatte spätestens seit 1969 auf den Eintritt Pontos hingearbeitet. Dieser hatte freilich stets unter Hinweis auf die traditionelle Verpflichtung bei der großen Siemens-Konkurrentin AEG abgewiegelt.[159]

Trotz dieses Einbruchs in eine traditionelle Domäne der Deutschen Bank, der einmal mehr die Ambitionen Pontos und der Dresdner Bank auf eine Verschiebung der Relationen in der «Deutschland AG» demonstriert, bietet sein Krisenmanagement bei der AEG ein Beispiel für deren Fortexistenz unter den veränderten wirtschaftlichen Rahmenbedingungen der siebziger Jahre. Aus dem Hausbankenprinzip ergab sich mehr oder weniger zwangsläufig, dass eine Großbank einzuspringen hatte, wenn ein mit ihr derart verbundenes Unternehmen ins Straucheln geriet. Jürgen Ponto war im Juni 1972 in den Aufsichtsrat der AEG gewählt worden. Er hatte dieses Mandat von Erich Vierhub, seinem Vorgänger als Vorstandssprecher der Dresdner Bank, übernommen. Damit verbunden waren die Position des stellvertretenden Aufsichtsratsvorsitzenden und der Vorsitz im Finanzausschuss des Aufsichtsrats.[160] Über die Ertragslage der AEG war Ponto schon bei seinem Eintritt in den Aufsichtsrat im Bilde. Vom Industriebüro der Dresdner Bank hatte er im September 1971 eine Finanzanalyse über die AEG erhalten, die ein ungeschminktes Bild zeichnete.[161] Im März 1972 wurde Ponto von AEG-Finanzvorstand Semler darüber informiert, dass das Unternehmen im abgelaufenen Geschäftsjahr einen Verlustsaldo von 356 Mio. DM zu verzeichnen hatte.[162]

Wie groß die Probleme der AEG tatsächlich waren, haben Ponto und das Industriebüro der Dresdner Bank aber damals nicht erkannt. Die Experten des Industriebüros waren überzeugt, dass ein Unternehmen mit einer derart großen technologischen Leistungsfähigkeit den *turn-around* schaffen und aus der Verlustzone kommen würde. Auf «mittlere und längere Sicht» hielt man «das Kurspotential für beträchtlich», wie es in einer Anlagestudie des Industriebüros vom März 1973 hieß. Dabei gingen die Analysten davon aus, dass AEG-Telefunken vom Wachstum des Hausgerätebereichs und vom Farbfernsehboom profitieren würde, doch war der Markt für Hausgeräte zu diesem Zeitpunkt längst gesättigt und im Farbfernsehgeschäft herrschte ein scharfer Konkurrenzkampf. Das sich anbahnende Desaster im Kernkraftwerksbau wurde überhaupt nicht erkannt. Vielmehr glaubten die Experten der Dresdner Bank, «daß die Probleme, speziell im Kraftwerk- und Turbinenbau, vorübergehender Natur» wären.[163]

Nachdem die AEG 1974 einen Rekordverlust erlitten hatte, sah sich Ponto zusammen mit den Vertretern der anderen Gläubigerbanken zum Handeln gezwungen. Der Aufsichtsratsvorsitzende und langjährige Vorstandsvorsitzende Hans Bühler, einer der Hauptverantwortlichen für den ruinösen Expansionskurs der AEG, war nicht länger tragbar und musste im Herbst 1974 seinen Rücktritt erklären. Zuvor war Ponto von einem Insider vertraulich mitgeteilt worden, dass die Kritik an der AEG-Führung auch innerhalb des Unternehmens stark zunahm. Dem Management fehle es «an der geistigen Ausstattung und Ausstrahlung» – an Eigenschaften also, über die Ponto wie kaum ein anderer Repräsentant der deutschen Wirtschaft verfügte.[164]

Als das Präsidium des Aufsichtsrats über die Nachfolge Bühlers beriet, erklärte sich Ponto bereit, den Vorsitz zu übernehmen. Angesichts der prekären Finanzlage des Konzerns hatte es einen hohen Signalwert, dass der Chef der Hausbank nun als Krisenmanager einsprang. Es war eine Entscheidung ad personam. Ponto schien zudem am ehesten in der Lage zu sein, auch einen Wandel im Image der AEG herbeizuführen.

Am 17. März 1975 wählte der Aufsichtsrat der AEG Jürgen Ponto zu seinem neuen Vorsitzenden.[165] An diese Wahl knüpften sich außergewöhnlich große Erwartungen, innerhalb des Konzerns wie auch in der gesamten deutschen Wirtschaft. Allgemein war man der Ansicht, dass es einem Mann von den Fähigkeiten Pontos gelingen könne, die AEG zu sanieren. In der Presse war vom «Kraftakt eines Großbankiers» die Rede.[166] Angesichts der tatsächlichen Verhältnisse bei AEG-Telefunken waren diese Erwartungen überzogen. Auch ein Mann vom Format Pontos konnte sie im Grunde nicht erfüllen, zumal er die eigentümlichen Strukturen dieses Unternehmens nur von außen kannte und als Bankier nur begrenzten Einfluss auf das operative Geschäft des Elektrokonzerns hatte. Ponto selbst gab sich gleichwohl optimistisch. Er dürfte wohl kaum geahnt haben, auf was er sich hier einließ. Schließlich hatte er die Aufgabe eines obersten AEG-Sanierers auch nicht angestrebt. Sie war ihm zugefallen und er nahm die Herausforderung entschlossen an, weil er sie als eine Pflicht verstand, der er sich im Interesse der Dresdner Bank nicht entziehen konnte. Sobald die AEG wieder in der Lage sein würde, eine Dividende auszuschütten, wollte er sich aus dem Vorsitz des Aufsichtsrats zurückziehen.[167]

Pontos erste Maßnahme als Aufsichtsratsvorsitzender der AEG war es, ein Revirement im Vorstand durchzuführen. Die Berufung von zwei konzernfremden Managern, Alexander Lautenbach und Goetz Hoffmann von Waldau, sollte frischen Wind in die verkrustete Geschäftsleitung des Unternehmens bringen.[168] Doch vermied es Ponto, den Vorstandsvorsitzenden Hans Groebe zu entlassen, obwohl dieser für die Krise des Konzerns ebenso verantwortlich war wie der frühere Aufsichtsratsvorsitzende Bühler.

An der Spitze des Vorstands kam es nun zu einer eigentümlichen Lösung, die Pontos Handschrift trug. Groebe konnte noch ein Jahr, bis zur Hauptversammlung 1976, Vorstandsvorsitzender bleiben. Zugleich wurde Walter Cipa, der frühere Generaldirektor des Montanunternehmens Gelsenberg AG, als stellvertretender Vorsitzender in den Vorstand der AEG berufen. Nach dem Ausscheiden Groebes sollte Cipa sein Nachfolger werden. Ponto glaubte wohl, auf die Kenntnisse und Verbindungen Groebes erst einmal nicht verzichten zu können. Auch dürfte es ihm darum gegangen sein, einen spektakulären Abgang des Vorstandsvorsitzenden zu vermeiden, um die AEG nicht noch weiter ins Gerede zu bringen. Er wollte einen Führungswechsel demonstrieren, der «vorbildlich» sein sollte, wie es Groebe in einem gemeinsam mit Cipa geführten Interview formulierte, und der sich von den bisherigen Praktiken in diesem Unternehmen unterschied.[169] Ähnlich verfuhr Ponto bei der AEG auch später, indem er versuchte, wichtige Führungskräfte zu halten und weitere Imageschäden durch eine zurückhaltende Informationspolitik zu vermeiden – was sich letztlich als ein Fehler erwies.

Obwohl Walter Cipa zunächst nur stellvertretender Vorstandsvorsitzender wurde, genoss er das volle Vertrauen des Aufsichtsratsvorsitzenden. Er war fortan Pontos Mann bei der AEG. Bei der Suche nach einem Topmanager, der diese Rolle übernehmen konnte, war es nicht leicht gewesen, einen geeigneten Kandidaten zu finden. Da kam es durchaus gelegen, dass sich der bisherige Gelsenberg-Chef Walter Cipa ab März 1975 nach einer neuen Tätigkeit umsehen musste. Gelsenberg wurde damals von der VEBA übernommen, die Cipa keine angemessene Position in dem neuen Energiekonzern anbieten wollte. Vorangegangen war ein längerer Machtkampf um die Übernahme Gelsenbergs, den der Vorstandsvorsitzende der VEBA Rudolf von Bennigsen-Foerder mit Unterstützung der Bundesregierung gegen den Gelsenberg-Aufsichtsratsvorsitzenden Hans-Günther Sohl und dessen Protegé Cipa gewonnen hatte.[170] Es kann als sicher gelten, dass es Sohl war, der Cipa dann bei der AEG ins Spiel brachte, indem er ihn Ponto gegenüber empfahl. Dass Cipa die richtige Wahl sei, wurde dem Bankier auch von anderer Seite bescheinigt.[171]

Dabei war auch Ponto bekannt, dass Walter Cipa als eine schwierige Persönlichkeit mit ruppigen Umgangsformen galt. Das Wirtschaftsmagazin *Capital* sah in seiner Berufung zum stellvertretenden Vorstandsvorsitzenden der AEG die «problematischste Personalentscheidung dieses Jahres in Deutschlands Großindustrie».[172] Der frühere Amateurboxer Cipa stand im Ruf, ein «scharfer Hund» zu sein, der keinem Konflikt aus dem Weg ging. Ponto traute ihm wohl deshalb zu, sich innerhalb des verkrusteten AEG-Apparats durchsetzen zu können. Dass der zukünftige AEG-Chef weder Ingenieur noch Betriebswirt war und im internationalen Geschäft ebenso wenig Erfahrung hatte wie als Sanierer, spielte offenbar keine entscheidende Rolle. Trotz ihrer unterschiedlichen Charaktere gab es zwischen Ponto und Cipa ein gutes Einvernehmen.

Nicht weniger dringlich als das Revirement im Vorstand der AEG war die Konsolidierung der hohen Schulden, die der Konzern angehäuft hatte. Rund 600 Mio. DM kurzfristige Schulden mussten in langfristige Verbindlichkeiten umgewandelt werden. Durch sein Verhandlungsgeschick und sein großes Renommee in der Finanzbranche konnte Ponto in vertraulichen Gesprächen mit Vertretern der anderen Gläubigerbanken eine Regelung erreichen, die es ermöglichte, dass die Kreditlinien der AEG uneingeschränkt aufrechterhalten blieben.[173] Um den enormen

Kapitalbedarf des AEG-Telefunken-Konzerns ohne einen weiteren Anstieg der Verschuldung zu decken, war Ponto entschlossen, eine Kapital-
erhöhung durchzuführen. Dieser Schritt war für die beteiligten Banken,
vor allem aber für die Dresdner Bank, mit beträchtlichen Risiken verbunden, da sich neu ausgegebene Aktien angesichts der katastrophalen
Finanz- und Ertragslage des Unternehmens nicht im Publikum platzieren ließen. Dass das Grundkapital der AEG nach einem entsprechenden
Beschluss der Hauptversammlung vom 19. August 1975 von 704 Mio. DM
auf 929,8 Mio. DM erhöht werden konnte, war nur möglich, weil sich
die beteiligten Banken mit rund 300 Mio. DM engagierten, indem sie
die jungen Aktien zu einem Kurs von 140 Prozent auf eigene Rechnung
erwarben.[174] Im Frühjahr 1976 musste die Dresdner Bank erneut einspringen, als der US-Konzern General Electric seine damals noch achtprozentige Kapitalbeteiligung an der AEG verkaufte. Die Bank übernahm auch dieses Aktienpaket, war nun Großaktionärin und hatte sich
damit noch mehr an das überschuldete Unternehmen gebunden.

Schon als Ponto sich bereit erklärte, den Aufsichtsratsvorsitz der
AEG zu übernehmen, stand für ihn fest, dass dieser Konzern in seiner
bisherigen Form nicht überleben konnte. Die AEG-Telefunken-Gruppe
konnte nur saniert werden, wenn es gelang, defizitäre Beteiligungen zu
verkaufen und gleichzeitig die Kernkompetenzen des Elektrokonzerns
zu erhalten. Weltweit hatte AEG-Telefunken im März 1975 Schulden in
Höhe von 4,6 Mrd. DM. Allein im Kernkraftgeschäft beliefen sich die
Verluste auf rund 550 Mio. DM. Hinzu kamen Risikobewertungen in
Höhe von 592 Mio. DM für die Aufträge zum Bau der Kernkraftwerke
Brunsbüttel, Isar, Philippsburg I und II, Tullnerfeld und Krümmel.
Für diese Risiken musste die AEG Rückstellungen bilden, die sie weder
aus dem laufenden Geschäft noch aus stillen Reserven aufbringen
konnte. Es blieb ihr nur übrig, sie durch Notverkäufe zu finanzieren.[175]
Noch im Laufe des Jahres 1975 wurde das Gebäude der AEG-Zentrale
am Theodor-Stern-Kai in Frankfurt verkauft und anschließend ange-
mietet. Es folgte der Verkauf des Berliner Telefunken-Hochhauses an
das Land Berlin. Ein Jahr später wurde die seit 1920 bestehende AEG-
Beteiligung an der Osram GmbH KG an den Konkurrenten Siemens
abgegeben. Schon 1974 hatte der AEG-Telefunken-Konzern seine
Großrechnerfertigung, die Telefunken Computer GmbH, an Siemens
verkauft.

Abb. 21: Ponto bei der Hauptversammlung der AEG in Berlin 1976

Diese Notverkäufe waren freilich nur der berühmte Tropfen auf den heißen Stein. Sie brachten allenfalls eine kurzfristige Entlastung. Weitaus entscheidender war es, eine Lösung für das Kraftwerksgeschäft zu finden, auf das die höchsten Verluste und Risikobewertungen entfielen. Der Kraftwerksbau des AEG-Telefunken-Konzerns war in einer gemeinsamen Tochtergesellschaft von AEG und Siemens zusammengefasst, der in Mülheim/Ruhr ansässigen Kraftwerk Union (KWU). Die KWU war der größte deutsche Kraftwerkshersteller und hatte in der Bundesrepublik ein Monopol für den Bau von Atomkraftwerken. Ponto hatte bereits Anfang November 1974 im Finanzausschuss des AEG-Aufsichtsrats erklärt, dass die «AEG-Telefunken ihre Aktivitäten neu überdenken müsse, nachdem sie der Komplex Kraftwerksgeschäft in eine schwierige finanzielle Situation gebracht habe».[176] Aufsichtsrat und Vorstand entschlossen sich zu einer «Neuordnung» der 50-prozentigen KWU-Beteiligung. Etwa die Hälfte dieses Aktienpakets sollte verkauft werden.[177] Spätestens mit dieser Entscheidung verabschiedete

sich die AEG endgültig von ihrem früheren Ziel, den Marktführer
Siemens einzuholen.

Als Käufer des abzugebenden KWU-Pakets kam an erster Stelle
Siemens in Betracht. Der Münchener Elektrokonzern war nicht nur
ebenfalls mit 50 Prozent am Grundkapital der KWU beteiligt, sondern
hatte auch ein Vorkaufs- und Einspruchsrecht bei einem Verkauf der
AEG-Beteiligung. Ponto und Groebe nahmen mit Siemens Verhandlungen auf, mussten aber schon bald erfahren, dass man dort nicht bereit war, auf ihre Vorstellungen einzugehen.[178] Auch in München wusste
man natürlich, dass die AEG kaum Verhandlungsspielraum hatte, weil
sie ihr KWU-Engagement unter allen Umständen abbauen musste.

Die geplante KWU-Transaktion war ein Vorgang, der auch politische Brisanz barg. Der Bundesregierung konnte es nicht gleichgültig
sein, wem die AEG eine bedeutende Kapitalbeteiligung am einzigen
deutschen Nuklearanlagenhersteller verkaufte. Am 28. März 1975, nur
wenige Wochen nach seiner Wahl zum Aufsichtsratsvorsitzenden der
AEG, informierte Ponto Bundeskanzler Helmut Schmidt über den
Stand der Verhandlungen um den Verkauf der KWU-Beteiligung. In
einem mehrstündigen Gespräch im Wochenendhaus Schmidts am
Brahmsee berichtete er über die Zurückhaltung des Siemens-Konzerns,
aber auch über einen vertraulichen Kontakt mit einem ausländischen Interessenten.[179] Später stellte sich heraus, dass die Dresdner Bank in dieser
Angelegenheit mit dem Iran verhandelte.[180]

Erst wenige Monate zuvor hatte die Dresdner Bank die Beteiligung
der Familie Quandt an der Daimler-Benz AG nach Kuwait verkauft.[181]
Ponto suchte das Gespräch mit Schmidt wohl auch deshalb, weil er ähnliche Irritationen wie beim Kuwait-Geschäft vermeiden wollte. Es gelang
ihm aber nicht, die Vorbehalte des Bundeskanzlers auszuräumen. Wie
aus einer Notiz Pontos über die Besprechung am Brahmsee hervorgeht,
ließ Schmidt keinen Zweifel daran, «dass ihm die Sache ‹nicht besonders
schmecke›».[182] In einem *Spiegel*-Interview hatte der Kanzler wenige Monate vorher mit gesetzgeberischen Eingriffen gedroht, falls arabische Interessenten die KWU «aufkaufen» würden.[183] Schmidt favorisierte eine
deutsche Lösung für das KWU-Geschäft und erwähnte Ponto gegenüber in diesem Zusammenhang die Konzerne VEBA und Salzgitter.[184]

Die Verhandlungen mit der iranischen Regierung wurden dennoch
konkreter, nachdem die KWU mit Unterzeichnung des deutsch-brasilia-

nischen Nuklearabkommens vom Juni 1975 einen lukrativen Auftrag für den Bau mehrerer Kernkraftwerke in Brasilien erhalten hatte.[185] Doch war der Iran ebenso wenig wie Siemens bereit, Altlasten aus dem Siedewasserreaktorenbau der AEG zu übernehmen.[186] Zudem konnte die AEG nur eine indirekte KWU-Beteiligung über eine gemeinsame Holdinggesellschaft anbieten, da eine direkte Beteiligung die Zustimmung von Siemens erfordert hätte. Ende Juli 1975 flog Ponto in der Delegation von Bundeswirtschaftsminister Friderichs nach Teheran. Anders als Schmidt konnte sich Friderichs eine iranische Beteiligung an der KWU durchaus vorstellen. Ponto sprach bei dieser Gelegenheit den Schah auf das Thema an, der ihm zunächst antwortete, dass man im Iran genug Telefone habe, sich nach Klärung dieses Missverständnisses aber für neue Verhandlungen offen zeigte.[187] Bundeskanzler Schmidt drängte indessen weiterhin auf eine deutsche Lösung. Nachdem er im Januar 1976 ebenfalls Teheran besucht hatte, ließ er den Vorstandsvorsitzenden der Siemens AG und der AEG, Plettner und Groebe, mitteilen, dass er «einen Verbleib der Beteiligung in deutschen Händen für die beste Lösung» hielt.[188]

Die Zeit arbeitete gegen die AEG, die den Verkauf der KWU-Beteiligung nicht beliebig hinausschieben konnte. So musste Walter Cipa, nachdem er im Juli 1976 Vorstandsvorsitzender geworden war, in dieser Frage entscheidende Zugeständnisse machen. Die AEG bot Siemens nun ihre gesamte KWU-Beteiligung zum Verkauf an und erklärte sich bereit, die Frage der Altlasten auszuklammern. Auf dieser Basis wurde schließlich im November 1976 die 50-prozentige KWU-Beteiligung der AEG für 618 Mio. DM an Siemens verkauft. Obendrein gab die AEG noch die Hälfte ihrer Beteiligung an der Transformatoren Union für 50 Mio. DM an Siemens ab.[189] Dieses Unternehmen war ebenso wie die KWU 1969 als gemeinsame Tochtergesellschaft von AEG und Siemens gegründet worden.

Die Bundesregierung konnte mit der KWU-Transaktion zufrieden sein, da das Unternehmen vollständig in deutscher Hand blieb. Helmut Schmidt schrieb an Cipa, er sehe «in dieser Lösung eine gute Ausgangsbasis».[190] Für Siemens galt das zweifellos. Auf die AEG kamen dagegen später erhebliche Belastungen zu, weil sie weiterhin für die Risiken aus den Altlasten des Kernkraftgeschäfts aufkommen musste. Auch verlor die AEG mit dem Verkauf der KWU eine ihrer Kernkompetenzen, das

Kraftwerksgeschäft. Sie war in diesem Bereich nun von Fremdlieferungen abhängig. Im Grunde bedeutete der KWU-Verkauf nicht weniger als das Ende der AEG als universaler Elektrokonzern. Ein derartiger Konzern kann auf Dauer nur überleben, wenn er die Kette von der Energieerzeugung über die Verteilung bis zum Endkunden beherrscht.

Ponto hatte bei der KWU-Transaktion der AEG eine Rolle gespielt, die weit über die üblichen Aufgaben eines Aufsichtsratsvorsitzenden hinausging. Er hatte sich in die Verhandlungen mit Siemens eingeschaltet, war beim Bundeskanzler vorstellig geworden und hatte Gespräche im Iran geführt. Weil der überschuldete Elektrokonzern unter Verkaufszwang stand, hatte aber auch er in dieser Frage nur eine Lösung erreichen können, die mit desaströsen Folgen für die AEG verbunden war.

Neben dem Verkauf defizitärer Beteiligungen bedurfte es bei der Sanierung der AEG noch weiterer, tiefgreifender Maßnahmen. Ponto war von Anfang an klar, dass das Unternehmen eine effizientere Leitungsstruktur erhalten musste. Der bisherige divisonale Aufbau, wie er seit Mitte der sechziger Jahre bestand, hatte dazu beigetragen, dass sich die Leitungen der einzelnen Sparten der Kontrolle durch die Zentrale entzogen und ein intransparentes Eigenleben führten.[191] Walter Cipa erhielt nach seiner Berufung in den Vorstand den Auftrag, gemeinsam mit dem noch amtierenden Vorstandsvorsitzenden Hans Groebe einen Plan für eine Reorganisation des Unternehmens auszuarbeiten. Er präsentierte das Ergebnis in der Aufsichtsratssitzung vom 21. April 1976. Die Reorganisation sah eine Stärkung der zentralen Leitung vor, indem ein Zentralvorstand gebildet wurde, der über ein umfangreiches Planungs-, Informations- und Kontrollinstrumentarium verfügte. Dem Zentralvorstand unterstanden fünf Zentralbereiche (Finanzen, Planung und Kontrolle, Personal, Technik, Regionen und Materialwirtschaft). Ferner wurde die AEG nun in vier – statt bislang acht – Arbeitsbereiche gegliedert. Diese Bereiche wurden als Betriebsführungsgesellschaften von einem jeweils fünfköpfigen Spartenvorstand und nicht mehr von einem einzelnen Vorstandsmitglied geleitet.[192]

Die Neuorganisation, die zum 1. Mai 1976 eingeführt wurde, stieß allgemein auf Zustimmung. Jürgen Ponto sah darin eine «verständliche, durchsichtige und praktikable Ordnung der Führungsstruktur».[193] Auch erfahrene Konzernstrategen im Aufsichtsrat der AEG wie BASF-Chef Bernhard Timm und der Vorstandsvorsitzende der Gutehoffnungshütte,

Dietrich Wilhelm von Menges, hielten die neue Struktur für richtig und durchführbar.[194] Die Veränderungen auf der Leitungsebene waren allerdings nicht unproblematisch. Sie führten dazu, dass die AEG nun 26 Vorstandsmitglieder hatte – statt bisher 15 – und sie stellten hohe Anforderungen an den Vorstandsvorsitzenden, auf den dieses Konzept zugeschnitten war.[195]

Zu Cipas Sanierungsplan gehörte auch, dass die AEG einige unrentable Werke schloss und ihre Kapazitäten in den ertragsschwachen Bereichen Konsumgüterherstellung und Unterhaltungselektronik abbaute. Im Herbst 1976 kündigte das Unternehmen die Schließung von drei Werken an, darunter auch der traditionsreichen Kleinstmotorenfabrik in der Berliner Ackerstraße. Die heftigen Proteste der Belegschaften und der Gewerkschaften bügelte Cipa in rüdem Ton ab. Als der Berliner Senat der AEG vorwarf, die Berlin-Förderung zu missbrauchen, drohte Cipa damit, auch noch eine zweite Fabrik in der strukturschwachen Stadt zu schließen.[196]

Ähnlich sprang Cipa mit den Vorständen der AEG um. Die neue, zentralisierte Struktur des Unternehmens erleichterte es dem Vorstandsvorsitzenden, einen ebenso autoritären wie eigenwilligen Führungsstil zu praktizieren. Dies führte schon bald zu massiven Konflikten. Cipa gelang es schon wegen seiner ruppigen Art und seines übersteigerten Selbstbewusstseins nicht, innerhalb des Unternehmens die Unterstützung zu finden, die nötig gewesen wäre, um die verkrusteten Strukturen des Konzerns aufzubrechen. Über kurz oder lang musste es auch zu Unstimmigkeiten zwischen Cipa und Ponto kommen, der einen völlig anderen Führungsstil pflegte.

Cipas Verhalten bei der Schließung des Werks Ackerstraße brachte ihm nicht nur die Feindschaft der Gewerkschaften ein, sondern auch heftige Kritik in der wirtschaftsnahen Presse. Die *Frankfurter Allgemeine Zeitung* beklagte, der AEG-Vorstandschef habe durch seinen rüden Ton «den Unmut noch zusätzlich und gänzlich überflüssig» gesteigert.[197] Ponto ließ diese Kritik nicht gleichgültig. Er ließ Cipa noch am gleichen Tag wissen, «daß es vielleicht geschickter gewesen wäre, die Dinge auf andere Weise ins rechte Licht zu rücken».[198] Im März 1977 kam es zu weiteren Differenzen, als Cipa einen langjährigen Gefolgsmann zum Vorstandsvorsitzenden des Bereichs Konsumgeräte ernennen und sich vom Vorstandsmitglied Goetz Hoffmann von Waldau trennen wollte.

Ponto forderte Cipa auf, diese Entscheidung zu überdenken, da sie «seinen Stand im Hause nicht fördern könne».[199] Zuvor hatten sich schon Marketingvorstand Matthias Schmitt und Wolfgang Bühler, der Sohn des früheren Generaldirektors und Aufsichtsratsvorsitzenden Hans Bühler, von der AEG getrennt.[200] Wenige Monate später verließ Elmar Windthorst, Vorstandsmitglied der AEG-Telefunken Serienprodukte AG, den Konzern. Wie aus einem Vermerk Pontos hervorgeht, beklagte Windthorst, dass an der Spitze der AEG «ein Kapitänsprinzip» herrsche und sich die Konzernführung wie «auf einem Exerzierplatz» bewege.[201]

Durch die Beteiligungsverkäufe konnte die AEG im Geschäftsjahr 1976 einen Gewinn von 398 Mio. DM ausweisen. Bei den Aktionären kam Hoffnung auf, erstmals seit drei Jahren wieder eine Dividende ausgeschüttet zu bekommen. Cipa nährte diese Erwartungen und erklärte, die Weichen seien dafür gestellt, dass die AEG «wie ein Phoenix aus der Asche emporsteigt».[202] Prompt stieg der Kurs der AEG-Aktie an. Doch schon bald musste Cipa zurückrudern, da er die Lage falsch eingeschätzt hatte. Im Frühjahr 1977 zeichnete sich ab, dass das Umstrukturierungsprogramm nicht den gewünschten Erfolg bringen würde. Cipa teilte dem Aufsichtsrat auf dessen Sitzung in Berlin am 22. Juni 1977 mit, dass die Altlasten aus dem Reaktorgeschäft sehr viel größer waren als man bislang angenommen hatte. Hinzu kamen drastische Auftragsrückgänge bei den Konsumgütern und ein Einbruch bei den Bestellungen der öffentlichen Hand. Diese Hiobsbotschaften kamen für den Aufsichtsrat, wie Ponto feststellte, «völlig überraschend».[203] Die KWU hatte offenbar die Höhe der Risikobewertungen für die Siedewasserreaktoren bis dahin verschleiert.[204] Doch zeigt dieser Vorgang auch, dass es Ponto eben immer noch nicht gelungen war, ein realistisches Bild vom Zustand des AEG-Telefunken-Konzerns zu gewinnen. Auf der anschließenden Hauptversammlung in Berlin vermied es Ponto dann, den Aktionären reinen Wein einzuschenken, um «die AEG frei von Panik nach außen zu halten».[205] Während der Aufsichtsrat auf diese Weise auch sein Gesicht wahren konnte, musste der Vorstandsvorsitzende Cipa mit gewundenen Begründungen den Aktionären mitteilen, dass sie nun doch keine Dividende zu erwarten hatten. Von dem Dividendenverzicht waren freilich auch die Banken betroffen, die sich im Rahmen der Sanierungsmaßnahmen am Aktienkapital der AEG beteiligt hatten.[206]

Fünf Wochen nach dieser Hauptversammlung in der Berliner Kongresshalle wurde Ponto ermordet. Auch für die AEG war sein Tod ein unersetzlicher Verlust. Es fand sich kein Bankier, der bereit gewesen wäre, Pontos Rolle als oberster Sanierer zu übernehmen. Neuer Aufsichtsratsvorsitzender wurde BASF-Chef Bernhard Timm, der bisher stellvertretender Vorsitzender gewesen war. Für die Dresdner Bank rückte Manfred Meier-Preschany in den Aufsichtsrat der AEG nach. Anders als unter Ponto beschränkte sich der Aufsichtsrat nun weitgehend auf seine klassischen Aufgaben. Die Fortführung des Sanierungsprogramms blieb dem immer umstritteneren Vorstandsvorsitzenden Cipa überlassen. Ihm gelang es auch in den folgenden Jahren nicht, die AEG aus der Verlustzone zu führen. Vielmehr fuhr das Unternehmen 1979 einen neuen Rekordverlust in Höhe von 953 Mio. DM ein. Eine Kapitalzusammenlegung war nun unvermeidlich geworden. Die Banken mussten erneut mit Kapitalhilfen einspringen, um den Elektrokonzern vor dem Zusammenbruch zu bewahren. Wie Peter Strunk in seiner Geschichte der AEG feststellt, brachten die damaligen Kapitalmaßnahmen dem Unternehmen knapp 1,7 Mrd. DM ein, wovon die Hälfte durch das von der Dresdner Bank geführte Konsortium aufgebracht werden musste.[207]

Die Dresdner Bank war inzwischen mit Krediten, Bürgschaften und Ausfuhrgarantien in Höhe von insgesamt rund 1 Mrd. DM bei der AEG engagiert. Durch den Kursverfall der AEG-Aktie kamen noch Abschreibungen in Höhe von 200 Mio. DM hinzu.[208] Da die neuen Aktien nicht am Markt platziert werden konnten, mussten die Kapitalmaßnahmen von 1980 vollständig von den Banken des Konsortiums getragen werden. Der marode Konzern ging damit praktisch in die Hände der Banken über und so war es auch nur folgerichtig, dass die Dresdner Bank wieder den Aufsichtsratsvorsitzenden stellte, dieses Mal nicht ad personam, sondern aufgrund ihrer Beteiligungsmacht. Die außerordentliche Hauptversammlung vom Januar 1981 wählte Hans Friderichs zum neuen Aufsichtsratsvorsitzenden, der wiederum – vermutlich auf Empfehlung des Bosch-Chefs Hans L. Merkle – den bis dahin wenig bekannten schwäbischen Unternehmer Heinz Dürr zum neuen Vorstandsvorsitzenden berief.[209] Den weiteren Niedergang der AEG konnten aber auch das Gespann Dürr/Friderichs und die Notverkäufe von Konzerngesellschaften wie Olympia und Hartmann & Braun nicht aufhalten. Am 9. August

1982 musste die AEG beim Amtsgericht Frankfurt den Vergleich bean-
tragen.[210] Die Banken erließen dem Unternehmen schließlich Forderungen in Höhe von 1,8 Mrd. DM. Insgesamt hatte die Dresdner Bank
durch ihr Engagement bei der AEG bis dahin rund 500 Mio. DM verloren.[211] Dürr gelang es dann, eine Übernahme des Elektrokonzerns
durch Daimler-Benz einzufädeln. Der Niedergang der AEG setzte sich
jedoch fort. 1996 kam das Ende des traditionsreichen Elektrounternehmens. Die AEG wurde nun mit der Daimler-Benz AG verschmolzen.

Ob die AEG eine grundsätzlich andere Entwicklung genommen
hätte, wenn Jürgen Ponto nicht ermordet worden wäre, muss bezweifelt
werden. Die Sanierungsmaßnahmen der Jahre 1975–1977 konnten den
Niedergang des Elektrokonzerns nicht mehr abwenden.[212] Das Verhalten
des Vorstandsvorsitzenden Cipa spielte dabei sicher eine gewisse Rolle.
Cipas Berufung war eine der wenigen Fehlentscheidungen Pontos, deren
Wirkung noch dadurch verstärkt wurde, dass der Bankier seinem Führungsstil entsprechend Cipa großen Spielraum ließ und sich zumindest
nach außen hin vorbehaltslos hinter ihn stellte. Allein dadurch ist das
Scheitern des Sanierungsprogramms aber ebenso wenig zu erklären wie
durch das ungünstige konjunkturelle Umfeld. Ausschlaggebend war
letztlich, dass die Sanierungsmaßnahmen durch Grundprobleme des
AEG-Konzerns überlagert wurden, die praktisch jeden Versuch zunichte
machten, die Unternehmensgruppe neu aufzustellen. Dazu gehörten das
ertraglose Wachstum vieler Fertigungsbereiche, die intransparente und
ineffiziente Organisation der Unternehmensgruppe sowie eine Neigung
zu unrealistischen und auch falschen Angaben in der Unternehmens-
planung. Aber selbst eine erfolgreiche Umsetzung dieses Sanierungsprogramms hätte wohl nicht genügt, um den Niedergang der AEG aufzuhalten. Dafür hätte es noch weitergehender Maßnahmen, etwa der
Fokussierung auf wenige Kernbereiche, bedurft.

Mit der Aufgabe der AEG-Sanierung waren die Banken überfordert.
Selbst für einen Bankier wie Jürgen Ponto war es nicht möglich, die
komplexen Zusammenhänge innerhalb eines derartigen Elektrokonzerns zu verstehen. Bis zuletzt ist es ihm denn auch nicht gelungen, sich
ein realistisches Bild von den Verhältnissen bei AEG-Telefunken zu verschaffen. Die hohen Verluste, die den Banken durch ihr Engagement bei
der AEG entstanden, trugen dazu bei, dass sich die Verbindungen zwischen der Finanzbranche und der Großindustrie in der Bundesrepublik

ab den achtziger Jahren veränderten. Das Geflecht der «Deutschland AG» lockerte sich, weil die Banken derartige Risiken nun scheuten und erkannt hatten, dass sie mit der Sanierung großer Industriekonzerne überfordert waren.[213] Der Niedergang der AEG setzte sich freilich nach dem Rückzug der Banken aus dem Unternehmen fort. Damit war das Schicksal des zweitgrößten deutschen Elektrounternehmens nach mehr als 20-jähriger Krise besiegelt. Die Initialen der AEG standen nun auch für «am Ende gescheitert».[214]

«Keine Angst vor Auslandskapital»: Die Quandt-Kuwait-Transaktion von 1974

Kaum eine andere Stellungnahme Jürgen Pontos hat wohl derartiges Aufsehen erregt wie seine Äußerungen auf einer Pressekonferenz in Frankfurt am 3. Dezember 1974. Vor einem großen Medienaufgebot teilte er damals mit: «Die Regierung von Kuwait hat die Daimler-Benz-Aktien aus dem Besitz der Quandt-Gruppe erworben.»[215] Die von der Dresdner Bank vermittelte Quandt-Kuwait-Transaktion brachte Ponto scharfe Kritik und zugleich viel Anerkennung ein. Immerhin handelte es sich um einen Mega-Deal in der bislang in der deutschen Wirtschaft noch nicht gekannten Größenordnung von knapp 1 Mrd. DM und um ein Unternehmen, das als Prestigesymbol der deutschen Industrie, ja der gesamten Bundesrepublik galt. Staatssekretär Detlev Rohwedder vom Bundeswirtschaftsministerium nannte das Geschäft Presseberichten zufolge «ein dolles Ding und eine schlechte Sache». Franz Josef Strauß sprach gar von einer «Verschiebung der Eigentumsverhältnisse in ungeheurem Ausmaß».[216] In der *Welt* wurde die Transaktion dagegen als Pontos «Meisterstück» gelobt und dem Bankier bescheinigt, dass er das Zeug hätte, «den beinahe schon legendären Ruf eines Hermann J. Abs zu gewinnen».[217] Auch international fand die Quandt-Kuwait-Transaktion große Beachtung. Zum Jahresende 1974 schrieb der Pressesprecher der Dresdner Bank, Walter Vielmetter, an Ponto: «Nie zuvor hat die internationale Presse Ihren Namen und den der Bank in solcher Breite gebracht.»[218]

Die Dresdner Bank war bei diesem Geschäft nur der Vermittler gewesen, doch hatte sie vom Käufer anschließend den Auftrag erhalten, dessen Interessen wahrzunehmen. Weil sie den Namen des Käufers zunächst geheim gehalten hatten, waren Ponto und die Bank in die Kritik geraten. Der Verkauf war am 28. November – fünf Tage vor Pontos Pressekonferenz – durch eine Pressemitteilung der Quandts bekannt geworden und auch, dass das Geschäft über die Dresdner Bank abgewickelt worden war. Die Nachricht war an sich schon eine Sensation, doch gewann sie noch zusätzlich an Brisanz, weil der Name des Käufers nicht genannt wurde.[219] Presseberichten zufolge hatte Bundeswirtschaftsminister Friderichs von den Quandts erfahren, dass Ponto der Einzige sei, der den neuen Großaktionär von Daimler-Benz kennen würde.[220]

Ein derartiger Vorgang war beispiellos und sorgte nicht nur bei Daimler-Benz für Nervosität. Auch die Bundesregierung war alarmiert und in den Medien schlug die Nachricht vom «Daimler-Aktionär unter der Tarnkappe» (*Süddeutsche Zeitung*) hohe Wellen.[221] Nachdem sich herausgestellt hatte, dass weder die Bundesregierung noch der Vorstand und der Aufsichtsrat von Daimler-Benz wussten, wer der Käufer war, setzte die Presse alles daran, den Namen zu erfahren. Auch das Auswärtige Amt wurde aktiv.[222] Ponto hätte in dieser Situation freilich gar nicht anders handeln können, als Diskretion zu wahren, da sich die Dresdner Bank gegenüber Kuwait zu strikter Geheimhaltung verpflichtet hatte. Offenbar hatte die Bank die Regierung des Emirats nicht davon abbringen können, in völliger Verkennung der deutschen Verhältnisse selbst den Zeitpunkt der Bekanntgabe bestimmen zu wollen. Erst am 2. Dezember entband Kuwait die Dresdner Bank von der Schweigepflicht. Die Bank durfte nun die Bundesregierung und den Vorstandsvorsitzenden von Daimler-Benz informieren.[223] Ponto überließ es Bundeswirtschaftsminister Friderichs, am 3. Dezember der Öffentlichkeit den Namen des Käufers mitzuteilen, bevor er selbst eine Pressekonferenz einberief, auf der er dann die Details des Quandt-Kuwait-Geschäfts bekanntgab.[224]

Der Einstieg Kuwaits bei Daimler-Benz führte zu einer heute kaum noch nachvollziehbaren Debatte, die von massiven Ängsten vor einem «Ausverkauf der deutschen Industrie» geschürt wurde. Den Verfassern der Schlagzeilen fehlte es nicht an Phantasie. Selbst seriöse Medien wie die Wochenzeitung *Die Zeit* sahen den «Halbmond über Stuttgart» aufgehen.[225] Ein Stuttgarter Unternehmer soll sogar den Stern an seinem Mercedes durch ein Kamel ersetzt haben.[226] Zu tief saß der Schock, den

die von der Organisation erdölexportierender Länder (OPEC) herbeige-
führte Ölpreiskrise ein Jahr zuvor ausgelöst hatte. Die Vervierfachung
der Rohölpreise zwischen Oktober 1973 und Januar 1974 hatte in den
westlichen Industrieländern geradezu zu einer «Ölpsychose» geführt.[227]
Als Folge der Ölpreiskrise geriet die Wirtschaft der Bundesrepublik in
die bis dahin schwerste Rezession der Nachkriegszeit, während erdölför-
dernde Golfstaaten wie das Emirat Kuwait nun über gigantische Summen an sogenannten Petrodollars verfügten. Die Deutschen mussten
zur Kenntnis nehmen, dass die OPEC-Staaten mit den Überschüssen
eines einzigen Jahres sämtliche börsennotierten Unternehmen der Bundesrepublik aufkaufen konnten.[228] Vor diesem Hintergrund war es nicht
verwunderlich, dass der Einstieg Kuwaits bei der Daimler-Benz AG in
der deutschen Öffentlichkeit «nationale Emotionen» auslöste.[229]

Zum Verständnis der Vorgänge um das Quandt-Kuwait-Geschäft ist
es zunächst notwendig, einen Blick auf das Unternehmen Daimler-Benz
und seine damaligen Großaktionäre zu werfen. Mit der Massenmotori-
sierung im «Wirtschaftswunder» der fünfziger und sechziger Jahre hatte
sich Daimler-Benz wieder zu einem Star der deutschen Industrie entwickelt. Der Umsatz des Konzerns nahm zwischen 1950 und 1975 von
500 Mio. DM auf 19 Mrd. DM zu. Entsprechend stieg der Kurs der Aktie. Mitte der siebziger Jahre hatte Daimler-Benz den zweithöchsten
Marktwert aller deutschen Aktiengesellschaften. Als einziger Automobil-
hersteller der Bundesrepublik konnte das Unternehmen trotz der Folgen
der Ölpreiskrise auch 1974 noch Umsatzsteigerungen erzielen, nicht zuletzt wegen umfangreicher Aufträge aus den ölexportierenden Staaten
des Nahen und Mittleren Ostens. Daimler-Benz schüttete weiterhin
hohe Dividenden aus und war für seine Aktionäre nach wie vor eine
glänzende Kapitalanlage.[230]

Das Aktienkapital der Daimler-Benz AG befand sich seit den fünfziger Jahren mehrheitlich im Besitz dreier Großaktionäre, der Deutschen
Bank, der Friedrich Flick KG und der Quandt-Gruppe. Ältester Großaktionär war die Deutsche Bank, die 1926 die Fusion zwischen Daimler
und Benz eingefädelt hatte und seitdem nicht nur als Hausbank des Unternehmens fungierte, sondern auch den Vorsitzenden des Aufsichtsrats
stellte. 1974 besaß sie 28,5 Prozent des Aktienkapitals von Daimler-
Benz.[231] Aufsichtsratsvorsitzender des Stuttgarter Unternehmens war seit
1970 Franz Heinrich Ulrich, der dieses Amt von Hermann Josef Abs,

seinem Vorgänger als Vorstandssprecher der Deutschen Bank, übernommen hatte.[232]

Der Großindustrielle Friedrich Flick war 1952 mit zunächst verdeckten Aktienkäufen bei Daimler-Benz eingestiegen und hatte seine Kapitalbeteiligung in den folgenden Jahren auf rund 38 Prozent ausgebaut. Die Daimler-Benz-Beteiligung war das Glanzstück im Portfolio des ehemaligen Stahlindustriellen, der nach dem Krieg vom Internationalen Militärgerichtshof in Nürnberg zu sieben Jahren Haft verurteilt worden war und nach seiner vorzeitigen Entlassung einen neuen Konzern aufgebaut hatte, zu dem Unternehmen wie Buderus, Dynamit-Nobel, Feldmühle, Krauss-Maffei und die Maxhütte gehörten. Nachdem Flick 1972 gestorben war, wurde die Beteiligung bei Daimler-Benz mehr denn je zur «Cash Cow» dieser Unternehmensgruppe.[233] Die Friedrich Flick KG vertrat auf der Hauptversammlung von Daimler-Benz im Juli 1974 37,9 Prozent des Aktienkapitals.[234]

Mit Günther Quandt war Anfang der fünfziger Jahre noch ein weiterer Großindustrieller bei Daimler-Benz eingestiegen. Zu seinem Konzern gehörten unter anderem die Varta AG und die Industrie-Werke Karlsruhe. Nach Quandts Tod bauten seine Söhne Herbert und Harald die Kapitalbeteiligung bei Daimler-Benz aus. Herbert Quandt kaufte sich auch beim Münchener Automobilkonzern BMW ein, der Ende der fünfziger Jahre in eine schwere Krise geriet und von Daimler-Benz übernommen werden sollte, was auf einer legendären Hauptversammlung im Dezember 1959 in letzter Minute verhindert wurde. Quandt nahm sich nun der Sanierung von BMW an, erwarb die Kapitalmehrheit und setzte ein neues Management ein, dem es gelang, das Unternehmen aus der Krise zu führen. Doch hielt die Familie Quandt weiterhin an ihrer Beteiligung bei Daimler-Benz fest. Im Juli 1974 besaß sie hier 14,6 Prozent des Aktienkapitals.[235]

Anfang der siebziger Jahre war innerhalb der Familie Quandt ein offener Konflikt über die Verteilung des Vermögens ausgebrochen. Inge Quandt, die Witwe des bei einem Flugzeugabsturz ums Leben gekommen Harald Quandt, wollte ihr Vermögen von dem ihres Schwagers Herbert Quandt trennen und ihren Firmenbesitz verkaufen. Bei einer ersten Vermögenstrennung gingen 1973 vier Fünftel der Daimler-Benz-Beteiligung an Inge Quandt und ihre Töchter. Herbert Quandt erhielt im Gegenzug weitere Anteile an BMW. Gleichzeitig geriet seine Unternehmensgruppe zunehmend in finanzielle Schwierigkeiten. Der Konzern hatte bei den Banken hohe Kredite aufgenommen, die nicht mehr abgetragen werden konnten. Angeblich beliefen sich die Schulden auf 2 Mrd. DM. Daher waren nun beide Zweige der Familie Quandt entschlossen, sich von ihrer Beteiligung bei Daimler-Benz zu trennen, Inge Quandt, um ihren Firmenbesitz zu versilbern, und Herbert Quandt, um an dringend benötigtes Kapital zu gelangen.[236]

Im Juli 1973 begannen die Quandts damit, einen Käufer für das Aktienpaket zu suchen, was sich angesichts eines Preises von rund 1 Mrd. DM als nicht einfach erwies. Zunächst boten sie ihre Daimler-Benz-Aktien den beiden anderen Großaktionären des Unternehmens, dem Flick-Konzern und der Deutschen Bank, zum Kauf an. Beide lehnten ab. Der Flick-Konzern befand sich selbst in Finanzproblemen und die Deutsche Bank wollte aus grundsätzlichen Erwägungen nicht Mehrheitsaktionär eines der größten deutschen Industrieunternehmen werden. Nun war praktisch klar, dass sich das Quandt-Paket nicht in Deutschland unterbringen ließ. Der Kaufwert war etwa viermal so hoch wie der gesamte Jahresumsatz der deutschen Börsen.[237] Als mögliche Käufer kamen in erster Linie noch Interessenten aus den erdölexportierenden Staaten in Betracht, die über genügend anlagesuchendes Kapital verfügten. Im Januar 1974 boten die Quandts ihre Daimler-Beteiligung dem Iran an. Die Verhandlungen mussten ergebnislos abgebrochen werden.[238] Wenige Monate später erwarb der Iran stattdessen die bereits erwähnte Beteiligung an der Fried. Krupp Hüttenwerke AG.

Die Dresdner Bank hatte schon zu diesem Zeitpunkt gute Kontakte in den Nahen Osten.[239] Sie verkaufte dort vor allem Schuldscheine der Bundesrepublik. Ihr Börsenchef Wolfgang Röller, der diese Geschäfte tätigte, war am Golf ein häufiger und gern gesehener Gast. Das war auch Herbert Quandts persönlichem Generalbevollmächtigten Hans Graf von der Goltz bekannt, der für den Verkauf der Daimler-Benz-Beteiligung zuständig war. Quandt und von der Goltz fragten Röller, ob er sich nicht im Nahen Osten nach einem Käufer umsehen könne.[240] Röller fühlte daraufhin in mehreren arabischen Staaten vor. Es kam nicht nur mit Kuwait zu Verhandlungen, sondern auch mit Saudi-Arabien und Abu Dhabi.[241] Doch in Kuwait gab es das größte Interesse an diesem Geschäft, weil man hier auf eine derartige Gelegenheit nur gewartet hatte.

Schon im Frühjahr 1974 war Röller vom kuwaitischen Ministerium
für Finanzen und Öl mitgeteilt worden, dass man interessiert sei, größere
Posten deutscher Aktien zu kaufen, und sich dabei ganz auf die Expertise
der Dresdner Bank verlassen wolle. Von seinen Verhandlungspartnern,
vor allem dem Finanzdirektor im Ministerium für Finanzen und Öl,
Chalid Abu Saud, wusste Röller, dass Kuwait ausschließlich an einer
Kapitalanlage interessiert war. Das Emirat strebte keinen unternehmerischen Einfluss in Deutschland an, sondern wollte über seinen Staatsfonds Kuwait Investment Company für die Zeit vorsorgen, in der die
Ölquellen nicht mehr sprudeln würden.[242]

Im August 1974 konnte die Dresdner Bank bereits den Verkauf eines
kleineren Pakets Daimler-Benz-Aktien an Kuwait vermitteln. Am
27. Oktober traf sich Röller in Kuwait erneut mit Abu Saud. Dabei
brachte er die Daimler-Benz-Aktien der Familie Quandt zur Sprache,
die seit über einem Jahr zum Verkauf standen.[243] Innerhalb weniger Wochen wurde man sich einig. Kuwait sagte zu, das Aktienpaket ausschließlich als Kapitalanlage erwerben zu wollen und das damit verbundene
Aufsichtsratsmandat von der Dresdner Bank wahrnehmen zu lassen.
Röller versprach bei einem weiteren Treffen, dass die Dresdner Bank den
Namen des Käufers vorerst geheim halten würde. Am 25. November traf
die Zusage des Emirats per Telex in Frankfurt ein.[244]

Auf der Pressekonferenz am 3. Dezember 1974 legte Ponto die Gründe
dar, warum er den Namen des Käufers nicht früher genannt hatte. Er
teilte auch mit, dass sich Kuwait bei Daimler-Benz nicht unternehme-
risch beteiligen wollte und sein Aufsichtsratsmandat von der Dresdner
Bank wahrnehmen ließ. Auf Nachfragen der Journalisten musste er ein-
räumen, dass diese Regelung nicht vertraglich vereinbart worden war,
sondern auf einer Art Zusage per Ehrenwort beruhte.[245]

Ponto bestritt diese Pressekonferenz gemeinsam mit Röller. Es war
durchaus bezeichnend für seinen Führungsstil, dass er vor den versam-
melten Medienvertretern nicht versuchte, seine eigene Rolle beim Zu-
standekommen des Quandt-Kuwait-Geschäfts herauszustellen, sondern
den Lorbeer allein Röller überließ. Als die Frage gestellt wurde, wer das
Geschäft für die Dresdner Bank angebahnt und abgewickelt habe, antwortete Ponto: «Aller Ruhm gehört Herrn Röller, die Verantwortung
tragen wir gemeinsam.»[246] Die Medien berichteten daraufhin auch über
Röllers Verhandlungen in Kuwait. Die *Frankfurter Allgemeine Zeitung*

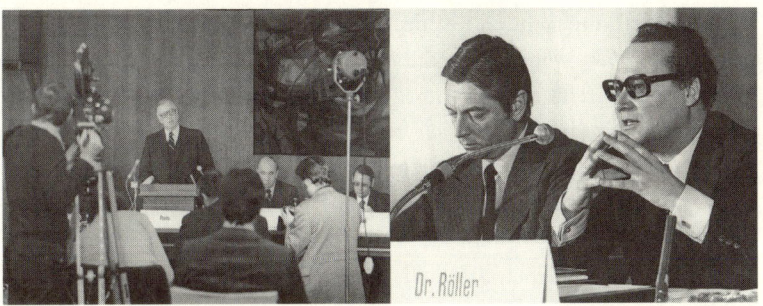

Abb. 22: Jürgen Ponto und Wolfgang Röller bei der Verkündung des Quandt-
Kuwait-Geschäfts, 3. 12. 1974

brachte ein zweispaltiges Porträt Röllers unter der Überschrift «Der
Mann, der in Kuwait war».[247] In der *Zeit* würdigte Rudolf Herlt Röllers
Leistung, «während der Vorgespräche in dem winzigen Stadtstaat unerkannt zu bleiben, obwohl Geschäftsleute aus der ganzen Welt in den
arabischen Ländern Schlange stehen und die Fürstenthrone umlagern».[248]
In den USA wurde die Rolle der Dresdner Bank bei dem Geschäft, wie
der New Yorker Filialleiter Rainer von Othegraven vermeldete, eindeutig
positiv und werbewirksam kommentiert.[249]

Für den Vorwurf, mit dem Quandt-Kuwait-Geschäft den deutschen
Interessen geschadet zu haben, hatte man bei der Dresdner Bank kein
Verständnis. Ponto wies in einem *Spiegel*-Interview nachdrücklich darauf hin, dass keinerlei Know-how von Daimler-Benz verkauft worden
sei. Durchaus zu Recht wurde – auch von der Presse – daran erinnert,
dass der Verkauf einer Sperrminorität an den Kruppschen Hüttenwerken
an den Iran ein halbes Jahr zuvor breite Zustimmung gefunden hatte.
Allerdings hatte das Quandt-Kuwait-Geschäft nicht nur eine größere
Dimension als die von Berthold Beitz eingefädelte Beteiligung des Irans
an Krupp. Es war anscheinend auch so, dass sich für die Deutschen das
Prestige ihres Landes «in dem Mercedes-Stern offenbar mehr verkörperte
als in den Krupp-Ringen», wie Jürgen Jeske in der *Frankfurter Allgemeinen Zeitung* feststellte.[250]

In der Presse wurde der Dresdner Bank bescheinigt, dass ihr Ruf unter dem Verhalten beim Quandt-Kuwait-Geschäft gelitten hätte, doch
bezog sich das zumeist auf das Verwirrspiel um den Namen des Käufers.

Bald wurden auch andere Stimmen laut. So schrieb das Wirtschaftsmagazin *Capital* wenige Monate später, Ponto werde seine Diskretion
«inzwischen bereits als Standfestigkeit hoch angerechnet».[251] Die Bundesregierung wollte nun freilich verhindern, dass derartige Transaktio-
nen auch weiterhin ohne ihr Wissen durchgeführt werden konnten, und
kündigte die Einführung einer Meldepflicht für den Verkauf von Kapitalbeteiligungen ins Ausland an. Dabei wurde sie von der Führung des
Bundesverbandes der Deutschen Industrie (BDI) um Hans-Günther
Sohl unterstützt.

Heftige Kritik am Verkauf des Quandt-Pakets kam vor allem von der
Deutschen Bank, was in dieser Form ungewöhnlich war, weil es zu den
ungeschriebenen Regeln des Bankgewerbes gehörte, Geschäfte der Konkurrenz nicht zu kommentieren. Die Deutsche Bank fühlte sich nicht
nur als Großaktionär und Hausbank von Daimler-Benz durch dieses
Geschäft brüskiert. Der Verkauf des Quandt-Pakets an Kuwait bedrohte
auch ihre Strategie, das Recycling der Petrodollars durch den Verkauf
von festverzinslichen Wertpapieren, nicht aber von Kapitalbeteiligungen
bei deutschen Unternehmen «diskret» zu handhaben.[252] Hermann Josef
Abs fühlte sich durch seinen langjährigen Geschäftspartner Herbert
Quandt geradezu hintergangen. Angeblich hatte Quandt ihm schon
Mitte der fünfziger Jahre zugesichert, seine Daimler-Benz-Aktien nur
nach einer vorherigen Mitteilung an den Aufsichtsratsvorsitzenden zu
verkaufen. Quandt wiederum war über die Kritik am Verkauf seines
Aktienpakets so verärgert, dass er aus dem Aufsichtsrat der Deutschen
Bank austrat.[253]

In der deutschen Öffentlichkeit hätte sich die Aufregung über das
Quandt-Kuwait-Geschäft wahrscheinlich rasch gelegt, wenn es nicht
kurz darauf zu einem noch spektakuläreren Mega-Deal mit Daimler-
Benz-Aktien gekommen wäre. Franz Heinrich Ulrich, der Vorstands-
sprecher der Deutschen Bank, hatte nach dem Verkauf des Quandt-
Pakets wohl schon eine gewisse Vorahnung. Er erkundigte sich umgehend
bei Friedrich Karl Flick, ob der Flick-Konzern seine Daimler-Benz-
Beteiligung ebenfalls ins Ausland verkaufen wolle. Ulrich war bekannt,
dass es auch bei Flick Finanzprobleme gab. Trotz der renditeträchtigen
Beteiligung bei Daimler-Benz war der Konzern immer weniger in der
Lage, sich das benötigte Kapital zu beschaffen. Durch den Konjunktureinbruch nach der Ölpreiskrise geriet man hier vollends unter Hand-

lungsdruck, zumal die beiden Neffen Friedrich Karl Flicks aus dem Konzern ausscheiden wollten und in diesem Fall hohe Abfindungen aufgebracht werden mussten. Da die Familie Flick nicht bereit war, kapitalstarke Partner an ihrem Firmenimperium zu beteiligen, hatte man sich schon im Frühjahr 1974 entschlossen, die Beteiligung bei Daimler-Benz zu verkaufen. Die Quandts waren den Flicks dann aber zuvorgekommen.[254]

Anfang Januar 1975 reiste Ulrich zu Friedrich Karl Flick in dessen Urlaubsort St. Moritz. Dort musste er erfahren, dass der Flick-Konzern bereit war, sein gesamtes Daimler-Paket an den Iran zu verkaufen und darüber offenbar schon Verhandlungen geführt wurden.[255] Ulrich war alarmiert. Flick besaß immerhin 37,9 Prozent des Aktienkapitals von Daimler-Benz. Wenn dieses Paket an den Iran verkauft worden wäre, hätte sich eines der wichtigsten deutschen Unternehmen, das zugleich ein Prestigesymbol der Bundesrepublik war, mehrheitlich im Eigentum von Staaten des Nahen und Mittleren Ostens befunden. Die Bundesregierung, die von Ulrich sofort informiert wurde, rechnete sogar damit, dass Kuwait seine soeben erworbene Beteiligung bei Daimler-Benz an den Iran weiterverkaufen würde. Der Schah wäre damit zum unumschränkten Herrscher über Daimler-Benz geworden. Angesichts dieser Situation entschloss sich die Deutsche Bank, das Flick-Paket selbst zu kaufen. Ulrich konnte Flick dazu bewegen, nicht das gesamte Aktienpaket abzugeben, sondern nur eine Kapitalbeteiligung von 29 Prozent, die zu dem vereinbarten Kurs – der rund 10 Prozent über dem Börsenkurs lag – einen Wert von knapp 2 Mrd. DM hatte. Den Presseberichten zufolge hat Ulrich dann bei Bundeskanzler Schmidt vorgesprochen, der ihm zusicherte, dass die Bundesregierung diese Lösung voll und ganz unterstützen würde.[256] Helmut Schmidt erinnert sich freilich an einen anderen Ablauf. Demnach hätte er die Deutsche Bank in die Pflicht genommen, die zögerlich gewesen sei, und an «deren patriotisches Verantwortungsbewusstsein appelliert».[257]

Am 14. Januar 1975 erfuhr die Öffentlichkeit durch eine gemeinsame Presseerklärung der Deutschen Bank und der Friedrich Flick KG, dass die Deutsche Bank von Flick eine 29-prozentige Kapitalbeteiligung an der Daimler-Benz AG übernehmen würde, um einen Verkauf dieses Aktienpakets an den Iran zu verhindern. Das Flick-Paket ging dann zum Jahreswechsel 1975/76 an die Deutsche Bank über. Die Transaktion wurde von allen Parteien, von den Gewerkschaften und der gesamten

Medienlandschaft einhellig begrüßt. Dass die Deutsche Bank nun über 57,5 Prozent des Aktienkapitals von Daimler-Benz verfügte, wurde angesichts der iranischen Offerte allgemein als das kleinere Übel angesehen. Selbst von notorischen Kritikern der «Macht der Banken» gab es keinen Protest.[258] Nach dem heutigen Kenntnisstand ist es allerdings fraglich, ob der Flick-Konzern Anfang 1975 wirklich kurz davor stand, seine Daimler-Aktien an den Iran zu verkaufen, oder ob die iranische Offerte nur dazu genutzt wurde, Druck auszuüben, den Preis hochzutreiben und die Transaktion als eine politisch gewünschte Lösung darzustellen, für die Flick leichter eine Steuerbefreiung erreichen konnte. Ponto wurde hinterher mehrfach von Flick-Repräsentanten versichert, dass es kein Angebot des Schahs gegeben habe.[259]

Die Deutsche Bank hatte sich nach diesem Geschäft nicht gedrängt. Sie war auch bereitwillig die Verpflichtung eingegangen, die von Flick erworbenen Daimler-Benz-Aktien nicht auf Dauer zu halten, sondern so bald wie möglich breit gestreut zu platzieren.[260] Den Imagegewinn durch ihre «nationale Rettungstat» wollte die Deutsche Bank aber maximal nutzen, gerade auch gegenüber der Dresdner Bank. Die Deutsche Bank gab sich nun als Beschützerin deutscher Interessen und versuchte, der Dresdner Bank zu unterstellen, mit dem Quandt-Kuwait-Geschäft einem «Ausverkauf der deutschen Industrie» Vorschub geleistet zu haben. Walter Vielmetter, der Pressesprecher der Dresdner Bank, schrieb im Januar 1975 an Ponto, die Deutsche Bank habe «die Flick/Daimler-Transaktion bewußt als Anti-Dresdner Bank-Kampagne aufgezogen».[261]

Die Dissonanzen zwischen den beiden größten Banken der Bundesrepublik wurden in der Presse schnell ein Thema. Das Wirtschaftsmagazin *Capital* beschrieb Ponto und Ulrich nun sogar als «Erbfeinde», was völlig haltlos war, aber zu der aufgeheizten Stimmung in diesen Monaten passte.[262] In demselben Artikel wurde Franz Heinrich Ulrich mit der Aussage zitiert, dem Verkäufer des Daimler-Pakets an Kuwait gebühre ein «Juso-Verdienstorden».[263] Obwohl Ulrich falsch wiedergegeben wurde und die Presseabteilung der Deutschen Bank umgehend eine Richtigstellung durchsetzte, trugen solche Berichte nicht gerade dazu bei, das Verhältnis zwischen beiden Banken zu verbessern.[264] Die Spannungen wegen der Daimler-Geschäfte hielten freilich nicht lange an. Die Deutsche Bank erkannte schon bald, dass es nicht in ihrem Interesse liegen konnte, die nationale Karte zu überreizen.[265]

Tatsächlich waren die Unterschiede zwischen Ponto und Ulrich nicht so groß, wie es in der Presse dargestellt wurde. Auch für Ponto war eine Kapitalmehrheit ausländischer Großaktionäre bei Daimler-Benz «keine erträgliche Vorstellung».[266] Im Unterschied zu Ulrich lehnte er allerdings generelle Maßnahmen zur Einschränkung des Kapitalverkehrs ab.[267] Entschieden widersprach Ponto in dieser Frage BDI-Chef Sohl, der von der Bundesregierung die Einführung einer generellen Genehmigungspflicht für Aktienverkäufe ins Ausland forderte. Anders als Sohl wollte Ponto eine Zustimmungspflicht des Staates nur für bestimmte Investitionen in bestimmten Bereichen der Wirtschaft einführen, verbunden mit einer Anzeigepflicht des Käufers gegenüber dem betreffenden Unternehmen und dem Staat.[268] In einem Brief an Sohl bezeichnete er eine generelle Einschränkung des Kapitalverkehrs als «Fehler von historischer Bedeutung». Gesetzliche Maßnahmen dürften sich allenfalls gegen ausländische Einflüsse auf die Geschäftspolitik deutscher Unternehmen, nicht aber gegen reine Kapitalanlagen richten.[269]

Die Bedeutung eines freien Kapitalverkehrs für die Wirtschaft der Bundesrepublik wurde für Ponto nun zu einem wichtigen Thema, auf das er immer wieder einging. Unter der Überschrift «Keine Angst vor Auslandskapital» legte er seinen Standpunkt im Februar 1975 programmatisch in einem Artikel in der *Deutschen Zeitung – Christ und Welt* dar. In diesem Beitrag betonte Ponto, dass die exportorientierte Wirtschaft der Bundesrepublik in hohem Maße auf offene Märkte und freien Kapitalverkehr angewiesen war, und warnte vor dem Schaden, der eintreten würde, «wenn wir den Kapitalverkehr über die Grenzen zu uns hinein prinzipiell anders ordnen wollten, als wir es bisher getan haben».[270]

Die weitere Entwicklung hat Ponto recht gegeben. Er hatte damals früher als viele andere erkannt, dass sich durch die Investition von «Öl-Milliarden» in deutsche Unternehmen Chancen eröffnen konnten. Inzwischen ist dies längst allgemeiner Konsens, nicht zuletzt aufgrund der Erfahrungen mit dem Engagement Kuwaits bei Daimler-Benz. Die Regierung des Emirats hat Wort gehalten und ihre Beteiligung immer nur als reine Kapitalanlage verstanden. Für Daimler-Benz erwies sich der kuwaitische Staatsfonds als ein angenehmer Großaktionär, der berechenbarer war als die Industriellenfamilien Quandt und Flick. Als 2009 ein weiterer Golfstaat, das Emirat Abu Dhabi, bei Daimler-Benz einstieg, war diese Transaktion vom Management des Unternehmens eingefädelt worden. Der Vorstandsvorsitzende Dieter Zetsche erklärte, Daimler-Benz stünde nun «auf noch festeren Füßen».[271]

Jürgen Ponto hatte im Aufsichtsrat von Daimler-Benz nicht die Position des Vorsitzenden oder eines Stellvertreters inne, er gehörte auch nicht dem Aufsichtsratspräsidium an; in den Spitzenpositionen war nur die Deutsche Bank als Großaktionärin vertreten. Die Aufsichtsratsprotokolle verzeichnen nicht einmal Diskussionsbeiträge Pontos, aber die Position im Aufsichtsrat war für den Kuwait-Deal der Dresdner Bank auch nicht von wesentlicher Bedeutung – der Verkauf des Quandt-Pakets erfolgte ohne vorherige Information des Vorstands oder des Aufsichtsrats.[272] Es war bezeichnend, dass Ponto mit dem Daimler-Vorstandsvorsitzenden Joachim Zahn eher über wirtschafts- und sozialpolitische Grundsatzfragen mit Unternehmensbezug korrespondierte als über die Finanzen des Stuttgarter Konzerns.[273]

Dennoch war die Präsenz Pontos im Aufsichtsrat von Daimler-Benz sehr deutlich vom Konkurrenzkampf mit der Deutschen Bank geprägt, der nach dem öffentlichen Trubel um die Aktienverkäufe anhielt. Zahn sprach Ponto im Herbst 1976 sogar darauf an, ob er nicht das Aktienpaket Kuwaits «etwas akzentuierter» vertreten und die kuwaitischen Investoren detaillierter über die Konzernentwicklung informieren wolle. Der Daimler-Chef sorgte sich nämlich keineswegs um ausländische Einflussnahme auf die Unternehmenspolitik. Vielmehr fürchtete er einen zu großen Einfluss der Deutschen Bank. Es war indes gerade Ponto, der sich gegen eine stärkere Einbindung Kuwaits aussprach und darauf verweisen konnte, dass der Wüstenstaat an einer Kontrolle der Entscheidungen bei Daimler-Benz überhaupt nicht interessiert war, sondern die Beteiligung weiterhin als «reine[s] Portfolio-Investment» betrachtete.[274] Bestätigt wurde das auch insofern, als das kuwaitische Finanzministerium keinerlei Interesse an einer Erhöhung der Beteiligung zeigte und Gerüchte, man strebe ähnlich wie der Iran bei Krupp eine Sperrminorität an, klar dementierte.[275]

Für die Dresdner Bank bot die Position als Stellvertreterin Kuwaits jedoch die Möglichkeit, einen weiteren Sitz im Daimler-Aufsichtsrat zu reklamieren, der zunächst mit «einem uns genehmen deutschen Unternehmer besetzt werden» sollte.[276] Ponto beanspruchte dieses Recht im März 1975 gegenüber Ulrich, ohne damit freilich auf Konfrontationskurs zu gehen: Die beiden Großbankiers kamen zu der Übereinkunft, dass statt eines eigenen Vertreters des kuwaitischen Großaktionärs bis auf Weiteres beide Banken einvernehmlich einen Platzhalter bestimmen würden.[277] Darüber hinaus festigte der Kuwait-Deal, und dies war wohl nicht der uninteressanteste Aspekt für die Dresdner Bank, deren Beziehungen zur Herbert-Quandt-Gruppe. Mit deren Generalbevollmächtigten Hans Graf von der Goltz verkehrte Ponto per du. Beide tauschten sich ausgiebig über die Reaktionen in der Debatte mit Sohl aus. Das lag schon deshalb nahe, weil Pontos Argumentation zugleich eine Verteidigungsstrategie der Quandts darstellte, die natürlich auch kein Interesse daran hatten, in der Öffentlichkeit als Ausverkäufer der deutschen Industrie dazustehen.[278] Ponto genoss aber bei Quandt offenbar bereits in der Zeit vor dem Kuwait-Geschäft eine Vertrauensstellung. Er wurde frühzeitig über die geplanten Schritte der Vermögensauseinandersetzung der beiden Familien-«Stämme» informiert, erörterte schon 1972 mit Quandt und von der Goltz mögliche Käufer des Daimler-Pakets[279] und wurde folgerichtig von Herbert Quandt um Rat gebeten, als dieser nach dem Verkauf der Beteiligung seine Finanzen neu ordnete.[280]

Es verwundert nicht, dass auch hier letztlich das Verhältnis zur Konkurrenz Pontos zentralen Orientierungspunkt markierte: Die Dresdner Bank strebte die alleinige Federführung im Finanzierungskonsortium von BMW an, wie sie die Deutsche Bank bei Daimler innehatte, und der Weg dorthin führte über den Großaktionär Herbert Quandt. Ponto gelang es in beharrlichen Verhandlungen tatsächlich, mit Quandt und von der Goltz diese unumstrittene Führungsrolle auszuhandeln, die zugleich die Konsortialquote der Dresdner Bank deutlich erhöhte. Er forderte im Frühjahr 1977 sogar eine schriftliche Fixierung der Übereinkunft, die auch zugesagt wurde, jedoch bis zu seinem Tod nicht mehr zustande gekommen zu sein scheint. Die Verstimmung Quandts über das Verhalten der Deutschen Bank nach dem Kuwait-Deal scheint zu diesem Erfolg erheblich beigetragen zu haben.[281]

Die Kuwait-Transaktion demonstriert also unter anderem, dass ein Bankier nicht unbedingt eines Aufsichtsratsmandats bedurfte, um gelegentlich gravierenden Einfluss auf die Eigentumsstruktur eines deutschen Großunternehmens zu nehmen. Umgekehrt zeigen Jürgen Pontos Aktivitäten in wichtigen Kontrollgremien der «Deutschland AG», dass sich mit Mandaten und selbst mit dem Amt eines Aufsichtsratsvorsitzen-

den nicht zwangsläufig ein nachhaltiger Einfluss auf die Flaggschiffe der
deutschen Wirtschaft verbinden musste. Jenseits gesetzlicher Rahmenbedingungen eröffnete aber die Präsenz in Aufsichtsräten informelle
Spielräume der Kontrolle von Industrieunternehmen durch Bankvertre-
ter. Das galt zumal für Bankiers mit der hochgradigen Vernetzung Pontos in diversen Aufsichtsräten, in Verbindung mit einer Kapitalbeteiligung der Bank und in besonderen Krisensituationen. Die Fälle Bilfinger
Berger einerseits und AEG andererseits zeigen jedoch, dass Krisensituationen allein noch keine hinreichende Voraussetzung für die Durchsetzung von «Bankenmacht» waren. Dort, wo es nicht um akute Finanzprobleme ging, sondern wie bei der Metallgesellschaft oder Krupp «nur» um
die mittelfristige Behebung von Strukturschwächen, hielt sich die Kontrolle über die Unternehmenspolitik noch in deutlich engeren Grenzen.
Für eine Persönlichkeit wie Jürgen Ponto hatte seine Präsenz im Zentrum der «Deutschland AG» indes noch eine ganz andere Dimension:
Sie war ein Teil der vielen Aktivitäten und Kontakte, die ihn in den siebziger Jahren zum informellen Repräsentanten der gesamten privaten
Kreditwirtschaft und zu einer öffentlichen Persönlichkeit der Bundesrepublik machten – und am Ende zum Ziel eines tödlichen Anschlags.

6. Ponto und die Politik

Die «Macht der Banken» und die Verantwortung des Bankiers

Jürgen Ponto kam in einer Zeit an die Spitze der Dresdner Bank, die für Gesellschaft, Politik und Kultur der Bundesrepublik eine Umbruchphase bedeutete. Die Veränderungen waren mit den Händen zu greifen und auch die Wirtschaftselite des Landes hatte sich auf den Wandel einzustellen. Nach außen vermittelte das Gros der Unternehmer nicht den Eindruck, dass ihnen das gelingen würde. Es schien, als hätten sich die Kapitäne des «Wirtschaftswunders» in eine «Belagerungsmentalität»[1] zurückgezogen und fühlten sich durch den «Geist von 1968», die erste sozialdemokratisch geführte Bundesregierung, die Mitbestimmungspläne, die Diskussion um die «Management-Lücke» und öffentliche Kritik an wirtschaftlicher Macht in die Defensive gedrängt. Wie neuere Untersuchungen zeigen, wurde dieser Eindruck allerdings in der zeitgenössischen Wahrnehmung und Medienberichterstattung stark überhöht. Denn auch innerhalb der Unternehmensführungen hatte es Veränderungen gegeben, die dem gesellschaftlichen Wandel nicht nachstanden, ja ihn mitunter antizipierten. Und mehr als es die Öffentlichkeit wahrhaben wollte, stellten sich die Unternehmen auf den Wandel ihres Umfelds mit bemerkenswerter Flexibilität ein, nicht zuletzt durch neue Formen der externen Kommunikation, etwa PR-Maßnahmen, als Form des «Werbens um öffentliches Vertrauen».[2]

Ponto trieb diesen Wandel nicht nur innerhalb der Dresdner Bank voran. Er wollte ihn auch der Öffentlichkeit vermitteln wie kaum ein anderer Bankier dieser Zeit, ausgenommen vielleicht Ludwig Poullain, der Vorstandsvorsitzende der WestLB. Ponto stellte sich nicht nur dem gesellschaftlichen Diskurs, sondern suchte ihn geradezu und erwartete dies auch von seinem Berufsstand. Dass ein Bankchef im Fernsehen diskutierte und sich den Fragen einer Illustrierten stellte, war für die Branche neu und für viele ihrer Spitzenvertreter wohl auch gewöhnungsbedürftig. Doch Ponto sah es geradezu als Aufgabe eines Bankiers an, sich zu erklären, um Vertrauen zu rechtfertigen und «die oft gespensterhaften Vorstellungen der Öffentlichkeit von unserem Beruf an eine lebendige Wirklichkeit heranzuführen».[3] Das bedeutete für ihn auch, sich mit öffentlichen Äußerungen auf die Themen zu beschränken, bei denen sein Sachverstand gefragt war.

Dazu gehörte die damalige Debatte um die «Macht der Banken» und das deutsche Universalbanksystem. In der Medienöffentlichkeit der Bundesrepublik kam Anfang der siebziger Jahre zunehmend Kritik an den Großbanken auf, denen ein Übermaß an wirtschaftlicher Macht vorgeworfen wurde. Es war, wie Ponto 1973 in einem Beitrag für das *Manager Magazin* schrieb, «wieder populär geworden, den Banken am Zeuge zu flicken».[4] Dabei ging es nicht so sehr um das Geschäftsgebaren und den Führungsstil der Großbanken als vielmehr um ihren Einfluss auf die Industrie und den Vorwurf der Marktbeherrschung, der bis weit ins bürgerliche Lager hinein Zustimmung fand. Die Kritik an den Banken machte sich nicht an einzelnen Instituten fest und wurde auch nicht durch einen bestimmten Vorgang ausgelöst. Es handelte sich mehr um eine Stimmung, getragen von Zweifeln, Mutmaßungen und Reformwillen. Unter Titeln wie «Macht ohne Kontrolle» und «Die Omnipotenten» schrieb *Der Spiegel* im Januar 1971: «Anders als ihre englischen, amerikanischen und französischen Konkurrenten sind die Kreditinstitute der Bundesrepublik nicht einfach nur eine Wirtschaftsbranche unter vielen anderen. Sie sind die Oberaufseher der gesamten Industrie. Die Banker verwalten 70 Prozent des gesamten Kapitals aller deutschen Aktiengesellschaften.»[5]

Die Kritik an der «Macht der Banken» zielte damit auf den Typ der Universalbank als das Herzstück der «Deutschland AG». Die in Deutschland historisch gewachsenen Universalbanken deckten alle Bereiche des Bankgeschäfts ab und verbanden Kredit-, Wertpapier- und Einlagengeschäfte. Besonders galt dies für die drei Großbanken, die Deutsche Bank, die Dresdner Bank und die Commerzbank. Anders als die Banken in den USA und in Großbritannien, wo damals eine strikte Trennung zwischen Commercial Banks und Investment Banks bestand, waren die

Abb. 23: Spiegel-Titel «Macht
ohne Kontrolle», 18. 1. 1971

deutschen Universalbanken sowohl Finanziers als auch Vermögensver-
walter ihrer Firmenkunden. Darauf basierte das Netzwerk der «Deutschland AG», auch wenn – wie im vorangehenden Kapitel gezeigt wurde –
der Einfluss von Bankiers als Aufsichtsräten nicht überschätzt werden
darf. Dass die Großbanken in den Aufsichtsräten der großen Industrieunternehmen, mitunter in Form einer Überkreuzverflechtung, vertreten
waren, Kapitalbeteiligungen an Industrieunternehmen besaßen und
über das Depotstimmrecht maßgeblichen Einfluss in den Aktionärsversammlungen hatten, war ein klassischer Kritikpunkt an vermeintlicher
«Bankenmacht», der sich unter anderem in der vorübergehenden Dezentralisierung der drei Großbanken nach dem Zweiten Weltkrieg niedergeschlagen hatte. Viele Medienberichte der sechziger und siebziger Jahre
nahmen diesen Topos wieder auf und empfahlen das angelsächsische
Trennbankensystem als Modell, weil es die Einflussmöglichkeiten der
Geldinstitute beschränken würde. So hieß es zum Beispiel in einem
Beitrag des ARD-Politmagazins *Report* vom 10. September 1973: «Eine
marktwirtschaftliche Lösung müsste sich das angelsächsische Banken-
system zum Vorbild nehmen.»[6]

Die Finanzbranche nahm diese Kritik an der «Macht der Banken» sehr ernst, da sie nicht als antikapitalistische Rhetorik linker Exponenten abgetan werden konnte, sondern von meinungsbildenden Medien vorgebracht wurde und bis in die wirtschaftsnahen Parteien hinein Wirkung zeigte. So erklärte zum Beispiel der damalige FDP-Vorsitzende Walter Scheel in einem Fernsehinterview, seine Partei wolle sich «mit der Machtstellung der Banken in der Wirtschaft» auseinandersetzen.[7] Das «Banken-Bashing» kam für die Großbanken zu einem denkbar ungünstigen Zeitpunkt, da sie gerade dabei waren, ihr Privatkundengeschäft in Konkurrenz zu den Sparkassen auszubauen, und darangegangen waren, mit neuen Marketing- und Werbemethoden Imagepflege zu betreiben. Bei der Dresdner Bank hielt man die Debatte immerhin für so brisant, dass hier im September 1973 ein «Argumentarium zur Diskussion mit Kritikern des deutschen Universalbankensystems» zusammengestellt wurde.[8]

Für Ponto war die Kritik an den Banken in erster Linie durch einen Mangel an Kenntnissen über deren Tätigkeit bedingt. Er war der festen Überzeugung, sie durch Aufklärung darüber entkräften zu können. Auch vor diesem Hintergrund betrieb er bei der Dresdner Bank den Aufbau einer Presse- und Informationsabteilung. In einem Vortrag über die «Macht der Banken», den Ponto im November 1971 vor der Frankfurter Juristischen Gesellschaft hielt, setzte er sich mit den Argumenten der Kritiker auseinander, hielt aber zugleich seinem eigenen Berufsstand vor, dass es bisher nicht gelungen sei, «in der breiten Öffentlichkeit oder auch nur unter den Politikern ein klares und gegenständliches Bild von den Banken zu zeichnen».[9] Die Zukunft der Banken hänge nicht nur davon ab, dass sie ihre Leistungsfähigkeit bewiesen, sondern auch davon, «dass sie ihre Leistung verständlich machen».[10]

Ponto stritt nicht ab, dass Geld einen Machtfaktor darstellt, hielt es aber für eine «irreale Vorstellung», daraus auf einen großen politischen Einfluss der Banken zu schließen. Jede Mittelstandsvereinigung könne ihre Forderungen im Parlament leichter durchsetzen als die Bankiers, die dort kaum vertreten seien.[11] Einen Bankier würden zudem «in seiner ganzen Tätigkeit eine Fülle von Kontrollen begleiten, Kontrollen von Seiten des Staates, der Öffentlichkeit und durch den Wettbewerb, die eigentlich jede für sich das gern gehörte Stichwort ‹Macht ohne Kontrolle› ein bisschen matt klingen lassen».[12]

Auch die anderen Argumente der Kritiker ließ Ponto nicht gelten. Dass Banken in den Aufsichtsräten großer Industrieunternehmen überproportional vertreten waren, hielt er nicht nur für legitim, weil die Banken die Kreditgeber dieser Unternehmen waren, sondern auch für effizient, da die Bankenvertreter in den Aufsichtsräten die geballte Expertise ihres Instituts hinter sich hätten. Das Depotstimmrecht würde überhaupt erst dazu führen, dass auch Kleinaktionäre auf den Hauptversammlungen vertreten seien und über Kapitalbeteiligungen könne keine Bank über ein selbstbewusstes Management herrschen. Die Großbanken hätten die Kapitalbeteiligungen oft nur in Umwandlung fauler Kredite übernommen, um die betreffenden Unternehmen zu stützen, und wären längst dazu übergegangen, sie abzubauen, wie etwa die Dresdner Bank im Falle von Adler, NSU, Triumph und Wanderer. Zudem hätten die Großbanken in der Bundesrepublik nur einen Marktanteil von zehn Prozent und gegen «etwaige Machtgelüste» einer Bank gebe es als wirksames Instrument den Wettbewerb zwischen den Banken.[13]

Pontos Argumente waren gut gewählt und werden durch neuere Untersuchungen gestützt, auch durch historische Studien über die «Macht der Banken» im Kaiserreich und in der Weimarer Republik.[14] Er selbst musste wenige Jahre später als Aufsichtsratsvorsitzender der AEG bitter erfahren, wie richtig sein Argument war, dass die Einflussmöglichkeiten der Banken im Rahmen der «Deutschland AG» mit einer Verpflichtung zur Hilfe korrespondierten.[15] Bemerkenswert ist, mit welcher Verve Ponto in dieser Debatte das traditionelle Selbstverständnis der deutschen Universalbanken vertrat. Der Modernisierer der Dresdner Bank bekannte sich vorbehaltlos zum Geschäftsmodell der Universalbank, deren Vorteil er darin sah, dass sie im Unterschied zu einem Spezialinstitut oder einem Broker nicht darauf angewiesen war, «unter allen Umständen und zu jeder Zeit Wertpapiere zu verkaufen».[16] Ohne Einschränkung verteidigte Ponto auch die bestehenden Beziehungen zwischen Großbanken und Großindustrie in der «Deutschland AG», die sich schon unter seinen Nachfolgern aufzulösen begannen, im Zuge der beschleunigten Globalisierung und unter dem Eindruck der wachsenden Zahl von Unternehmenskrisen, von denen nicht wenige den Banken hohe Verluste einbrachten.

Eine Verstaatlichung des Kreditapparats, wie sie Teile der Gewerkschaften und der SPD damals forderten, brauchten die Banken nicht ernsthaft zu fürchten. Wohl aber mussten sie damit rechnen, dass Politiker, die sich kritisch über die «Macht der Banken» äußerten, Gesetze auf den Weg brachten, die den Anteilsbesitz der Banken an Industrieunternehmen beschränkten, gegen das bestehende Universalbankensystem gerichtet waren oder auch «nur» die politische Kontrolle ihres Kredit- und Einlagengeschäfts verschärften. Andererseits hatten die Banken durchaus ein gewisses Interesse daran, dass die politischen Rahmenbedingungen das Vertrauen ihrer Kunden stärkten. Deshalb unterstützten sie grundsätzlich eine Novellierung des Kreditwesengesetzes, nachdem die deutsche Finanzwelt durch die Zahlungsunfähigkeit der Herstatt-Bank 1974 nachhaltig in Aufruhr versetzt worden war. Als Sprecher des Ausschusses für Kreditpolitik des Bundesverbands deutscher Banken unterstützte Ponto die Schaffung einer umfassenderen Einlagensicherung, die wesentlich durch die Banken selbst zu garantieren war, sprach sich aber dezidiert gegen eine schärfere Kontrolle oder gar Begrenzungen ihrer Kreditvergabe aus.[17] Die Erfolgsbilanz der Großbanken blieb am Ende durchwachsen: Die Einlagen ihrer Kunden wurden zwar durch den Einlagensicherungsfonds des Bundesverbands weiterhin in Eigenregie abgesichert, dies aber in wesentlich höherem Umfang als durch den bisherigen, freiwillig eingerichteten «Feuerwehrfonds». Vor allem aber verschärfte die Novelle des Kreditwesengesetzes, die 1976 in Kraft trat, nicht nur die Kontrollmöglichkeiten der Bankenaufsichtsbehörden zur Vermeidung von Konkursen, sondern begrenzte auch stärker als von den Banken gewünscht die Relation von Großkrediten und Eigenkapital.[18]

Jürgen Ponto agierte hier, bei aller zweifellos vorhandenen Sachkompetenz, zuallererst als Sprecher des privaten Kreditgewerbes, nicht als Experte für die technisch-juristischen Einzelheiten. Die Überlieferung deutet auch nicht darauf hin, dass er hinter den Kulissen besondere Initiative entfaltete. Dasselbe gilt für eine weit umfassendere Diskussion um die «Macht» der Großbanken, die sich über etwa fünf Jahre hinzog und auf den ersten Blick eine ernsthafte Bedrohung ihrer Wettbewerbsposition darzustellen schien. Trotz der Verluste an Marktanteilen in den fünfziger und sechziger Jahren waren die Kapitalbeteiligung an großen Industrie- und Dienstleistungsunternehmen und deren Kreditversorgung immer noch eine Bastion der drei Filialgroßbanken.[19] Seit den sechziger Jahren waren mehrere wettbewerbspolitische Gutachten der Konzentration von Verfügungsrechten bei den Großbanken nachgegan-

gen und zu durchaus kritischen Urteilen gelangt.[20] Zusätzlich motiviert
durch die im Gefolge des Herstatt-Bankrotts drohende Vertrauenskrise,
berief Bundesfinanzminister Apel im November 1974 die Studienkommission «Grundsatzfragen der Kreditwirtschaft» (nach dem Namen des
Vorsitzenden, des früheren Abteilungsleiters im Bundesjustizministe-
rium Ernst Geßler, häufig auch als «Geßler-Kommission» bezeichnet).
Neben der Frage angemessener Eigenkapitalausstattung zum Schutz gegen Insolvenzen bildete die wettbewerbspolitisch motivierte Kritik am
Universalbanksystem einen Kern der Kommissionsarbeit. In diesem
Themenfeld galt wiederum der Möglichkeit von «Machtanhäufungen
und Machtmissbrauch» der «Großbanken und einige[r] mit ihnen
gleichzusetzende[r] Institute» besonderes Augenmerk.[21]

Der 1979 vorgelegte Abschlussbericht hielt jedoch ausdrücklich fest,
die bundesdeutschen Banken verfolgten nicht das Ziel, ihre «Macht
zu konzentrieren». Angesichts der Zusammensetzung der elfköpfigen
Kommission war das nicht unbedingt erstaunlich, denn neben zwei als
eher bankenfreundlich geltenden Wissenschaftlern waren gleich fünf
Repräsentanten der Kreditwirtschaft vertreten, darunter Alfred Herrhausen aus dem Vorstand der Deutschen Bank und der Vorstandschef
der BfG Thomas Wegscheider.[22] Im Hintergrund, insbesondere über
Absprachen mit dem Vorstand der Deutschen Bank, war natürlich
auch die Dresdner Bank in die Kommissionsarbeit eingebunden. So
verständigte man sich im Mai 1975 darüber, zu welchen Themen der
Kommission aus taktischen Gründen «eine flexible Haltung einzuneh-
men» und in den Stellungnahmen des Bankenverbands zu dokumen-
tieren sei. Das galt insbesondere für das Vollmachtstimmrecht der Banken im Namen ihrer Wertpapierkunden, das zu den klassischen Themen
der Bankenmacht-Debatte gehörte.[23] Teil dieses taktischen Vorgehens
war die nachdrückliche Unterstützung des Universalbankprinzips im
Allgemeinen und des Vollmachtstimmrechts der Banken im Besonderen durch den BDI, also durch die Spitzenvertretung der industriellen
Großkunden, die sich in diesem System keineswegs von den Großbanken abhängig fühlten.[24]

Im Großen und Ganzen konnten die Banken am Ende mit dem
Abschlussbericht der Kommission wohl zufrieden sein. Grundsätzliche
Änderungen am Universalbanksystem als traditionellem Kern der deut-
schen Finanzierungslandschaft oder gar der Übergang zur Trennung des

Einlagen- und Kreditgeschäfts vom Wertpapiergeschäft wurden nicht vorgeschlagen. Da aber immerhin ein Teil der Experten das Risiko eines Machtmissbrauchs aufgrund kumulativer Einflussmöglichkeiten sah, votierte die Kommission abschließend für eine Begrenzung des Anteilsbesitzes an Nichtbankunternehmen auf 25 Prozent zuzüglich einer Aktie; die Banken sollten also nur noch Sperrminoritäten, aber keinen Mehrheitsbesitz an Nichtbanken halten können.[25] Ein Vorentwurf des Bundesfinanzministeriums für eine weitere Novellierung des Kreditwesengesetzes ging sogar noch weiter und sah eine Begrenzung auf eine Kapitalbeteiligung von zehn Prozent vor. Inzwischen hatten sich freilich die wirtschaftlichen Rahmenbedingungen durch die schwere Rezession nach der zweiten Ölpreiskrise so verändert, dass die Banken viele Kapitalbeteiligungen lieber heute als morgen abgebaut hätten, aber keine Käufer dafür finden konnten. Nach dem Regierungswechsel vom Oktober 1982 wurden die Bestrebungen, eine Beschränkung des Anteilsbesitzes oder auch Beschränkungen des Depotstimmrechts von Banken an Nichtbanken in das Kreditwesengesetz aufzunehmen, nicht weiter verfolgt.[26]

Jürgen Ponto war zwar als Vorstandsmitglied der zweitgrößten privaten Bank in die Diskussionen um das konkrete Vorgehen der Institute gegen die Kritik an ihren Industriebeteiligungen eingebunden und ergriff sowohl in der Presse als auch vor der Geßler-Kommission das Wort,[27] aber im Gegensatz zu Alfred Herrhausen engagierte er sich im Rahmen der Kommission jedenfalls nicht so, dass es sich in den Akten niedergeschlagen hätte. Der Inhalt seiner Gespräche mit Herrhausen über die «Macht der Banken» ist ebenfalls nicht dokumentiert,[28] doch dürfte der Sprecher der Dresdner Bank sich hier ebenfalls eher fürs Grundsätzliche interessiert haben. Das Bekenntnis zur Universalbank war bei Jürgen Ponto mit festen Vorstellungen von den Aufgaben und der Verantwortung eines Bankiers verbunden, der nach seinem Verständnis Treuhänder des Kundenvermögens zu sein hatte.[29] So stand es auch in den Leitlinien der Dresdner Bank für die Debatte um die Macht der Banken vom September 1973: «Sie fungieren als Treuhänder für die zinsbringende Anlage von Geld und Kapital ihrer Kunden.»[30] Dies entsprach dem klassischen Selbstverständnis der Kreditbanken, deren Geschäfte stets auf langfristigen, beständigen Kundenbeziehungen beruhten, nicht auf dem raschen, einmaligen Deal. Die Vorstellung, hohe

Einkünfte in Form von Boni zu bekommen, wäre mit seinem Selbstverständnis als Bankier nicht vereinbar gewesen. Sein Gehalt war mit rund 742 000 DM im Jahr 1976 für die damalige Zeit zwar recht ansehnlich, aber nicht exorbitant hoch. Hinzu kamen noch die Aufsichtsratstantiemen.[31] Der Grundsatz vom Bankier als Treuhänder seiner Kunden war nicht nur von den Prinzipien einer Investmentbank denkbar weit entfernt, sondern auch von allen Shareholder-Value-Modellen. Eine Bank hatte sich nach dieser Regel vorrangig an den Interessen ihrer Kunden auszurichten, nicht an denen ihrer Aktionäre. Ein derartiges Verständnis bedeutete für Ponto auch, in den Banken nicht «das Maß aller Dinge» zu sehen.[32] Trotz seiner großen Bewunderung für die USA hielt Ponto vom angelsächsischen Investmentbanking nicht viel. Es war für ihn der eigenen Bankkultur völlig entgegengesetzt.[33]

Für Ponto hatte der Bankier als Treuhänder der Kunden eine spezifische Verantwortung, die seine Handlungsmöglichkeiten begrenzte. Riskante Experimente passten dazu nicht, auch wenn sie hohe Renditen einbrachten. In einem Artikel, der im Februar 1977 in der *Börsen-Zeitung* erschien, schrieb Ponto: «Es kann und darf nicht Aufgabe der Banken sein, die Expansion ihres Geschäfts und ihres Tätigkeitsbereichs unter Ausschöpfung aller Möglichkeiten, die ihnen operativ zur Verfügung stehen, zum Selbstzweck werden zu lassen. Der Innovationslust, die auch in manchem Bankier steckt, sind die Grenzen seines Metiers gezogen. Das Konservative im besten Wortsinn muss ein Wesensmerkmal der dem wirtschaftlichen Fortschritt verpflichteten Bankiers bleiben. Wehe dem, dem es nicht gelingt, das ihm anvertraute Geld und Kapital zu wahren und zu mehren!»[34] Er gab damit einen alten Erfahrungswert der Branche wieder: dass Geld auf Dauer nur dem anvertraut wird, der damit auch verantwortlich umgeht.

Wie sich Ponto gegenüber den Veränderungen der Finanzbranche in den folgenden Jahrzehnten und dem Boom des Investmentbankings verhalten hätte, muss offen bleiben. Auch er hätte sich einem durch die Globalisierung und die Liberalisierung der europäischen Finanzmärkte veränderten Umfeld kaum entziehen können. Doch hätte er sicher nicht das Vermögen der Kunden leichtfertig aufs Spiel gesetzt. Als notorischer Optimist war der Sprecher der Dresdner Bank wohl davon überzeugt, dass es den Banken gelingen würde, an Vertrauen zu gewinnen und die in der Öffentlichkeit bestehenden Vorbehalte gegenüber der Finanzbranche zu entkräften.[35] Da die Banken davon heute weiter entfernt sind denn je, haben Pontos Empfehlungen an seinen Berufsstand nichts von ihrer Aktualität verloren.

Der Bankier als Politiker? Kontakte, Positionen und Interventionen

Jürgen Ponto suchte nicht nur den Dialog mit den Medien und auf diesem Wege letztlich mit der bundesdeutschen Gesellschaft, sondern auch das Gespräch mit politischen Entscheidungsträgern; und zwar nicht nur von Berufs wegen, also als Interessenvertreter seiner Bank, sondern gleichzeitig aus Interesse am wirtschaftlichen und politischen Schicksal der Bundesrepublik. In seiner politischen Orientierung stand er sicherlich den Positionen der CDU am nächsten, war aber nie Mitglied einer Partei. Als die Christdemokraten 1969 nach zwanzig Jahren von der Regierung in die Opposition wechseln mussten, stimmte Ponto ohne Weiteres zu, die Partei dabei zu unterstützen, «in den Fragen der Wirtschaftspolitik aktuell und sachverständig informiert zu sein». Das schien innerhalb der Dresdner Bank, und vermutlich auch in anderen deutschen Unternehmen, so selbstverständlich, dass sein Pressesprecher Walter Vielmetter es schon vorab einem Mitglied der CDU-Fraktion im Bundestag zusagen konnte.[36] 1977 erklärte Ponto sich bereit, dem Wirtschaftsrat der CDU «zur Vorbereitung von Gesetzgebungsmaßnahmen» für zwei bis drei Jahre einen Mitarbeiter der eigenen Rechtsabteilung zur Verfügung zu stellen.[37]

Als Vorstandssprecher pflegte er eine Reihe mehr oder weniger sporadischer persönlicher Kontakte zu Repräsentanten der Union. Franz Josef Strauß beispielsweise schätzte ihn,[38] und der spätere Bundespräsident Karl Carstens erinnerte sich nach Pontos Tod dankbar an dessen Ratschläge (wohl vor allem in seiner Zeit als Oppositionsführer der CDU/CSU-Fraktion im Deutschen Bundestag von 1973 bis 1976).[39] Rainer Barzel, Carstens' Vorgänger als Oppositionsführer, war Ende 1971 ebenfalls sehr zufrieden über eine konjunkturpolitische Stellungnahme Jürgen Pontos und suchte später seinen Rat bei Initiativen gegen die Steuer- und Vermögenspolitik der sozialliberalen Koalition. Dabei waren Ponto und Barzel sich einig, dass es weitere steuerliche Belastungen der deutschen Unternehmen zu verhindern gelte.[40] Dass sich die Positionen zwischen dem bürgerlich-konservativen politischen Lager und den Banken in dieser Hinsicht ähnelten, verwundert nicht. Doch auch der pragmatisch orientierte sozialdemokratische Bundesfinanzminister Hans Apel, der zu dieser Zeit im Zuge einer umfassenden, vor allem auf die Entlastung unterer Einkommensschichten zielenden Steuerreform auch die Interessen der Wirtschaft zu berücksichtigen und sich teils mit massiver Kritik auseinanderzusetzen hatte, bedankte sich gelegentlich für die Unterstützung seiner Steuerpolitik;[41] und Pontos prominentester politischer Gesprächspartner war ironischerweise ein Sozialdemokrat: Bundeskanzler Helmut Schmidt.

Schmidt und Ponto kannten sich bereits lose seit gemeinsamen Studienzeiten. Eine nähere nachbarschaftliche Bekanntschaft begann in den fünfziger Jahren, als Hannelore «Loki» Schmidt die Grundschullehrerin Stefan Pontos wurde. Als Schmidt als Bundestagsabgeordneter und späterer Fraktionsvorsitzender der SPD nach Bonn ging, verlor man sich zeitweise aus den Augen. Das änderte sich erst wieder, als Jürgen Ponto durch seine Funktion bei der Dresdner Bank automatisch auch zum Ansprechpartner für Politiker wurde.[42] Aktenkundig sind gelegentliche Besprechungen seit Mitte 1969, also etwa zur Zeit des Amtsantritts Pontos als Vorstandssprecher, noch bevor Schmidt zum Bundesverteidigungsminister ernannt wurde. Zu den Themen sollte die Wettbewerbs- und Währungspolitik ebenso gehören wie die politische Förderung deutscher Investitionen im Ausland.[43] Die Großbanken ihrerseits waren an solchen Kontakten natürlich nicht nur um allgemeinpolitischer Fragen willen interessiert, sondern zuallererst wegen der Auswirkungen politischer Maßnahmen auf ihre Geschäftssituation. So betrieb Deutsche-Bank-Chef Ulrich 1973 einen gemeinsamen Besuch von sich, Ponto und Lichtenberg beim damaligen Bundesfinanzminister Schmidt, um ihren teils umfangreichen Bestand an Industrieaktien zu rechtfertigen, der, wie erwähnt, einen zentralen Punkt der öffentlichen und politischen Kritik an der «Macht der Banken» bildete.[44]

Die Kontakte verdichteten sich dann offenbar in Helmut Schmidts Zeit als Bundesfinanzminister und vor allem als Bundeskanzler seit 1974. Schmidt lud mehrmals im Jahr eine Gruppe von etwa zwei Dutzend Repräsentanten der deutschen Wirtschaft zu einer informellen Diskussionsrunde ein; in diesen «Beraterkreis», bei dessen Organisation Krupp-Chef Mommsen eine zentrale Rolle spielte, wurde im Juli 1974 auch der Sprecher der Dresdner Bank berufen.[45] Schon vorher hatte Schmidt an einem «Herrenabend» mit diversen Frankfurter Bankiers im Haus der Pontos in Oberursel teilgenommen, den der Hausherr auf Bitten des Kanzlers ausrichtete.[46] Dieser verkehrte auch privat im Hause Ponto, und gelegentlich war er zum Grillabend im Ferienhaus der Pontos auf Gran Canaria zu Gast.[47] Sein Verhältnis zu Jürgen Ponto war zwar, nicht zuletzt wegen der gemeinsamen Zeit in Hamburg, etwas herzlicher als zu anderen Teilnehmern dieser Runden, und er schätzte die politische Offenheit ebenso wie die Diskretion des Dresdner-Bank-Sprechers – Helmut Schmidts zusammenfassende Charakterisierung lautet, Jürgen Ponto sei eben «ein Hamburger» gewesen. Aber hinsichtlich der wirtschafts- und allgemeinpolitischen Beratung war Pontos Position offenbar nicht so herausragend, wie es ihm bisweilen in der Presse zugeschrieben wurde.[48]

Ponto jedenfalls schätzte das Gespräch mit dem Kanzler offenbar sowohl aufgrund des offenen Diskussionsstils als auch wegen der «großen» Themen. 1975 notierte er, bei einem Besuch im Palais Schaumburg sei «wie immer in sehr offener und freundschaftlicher Form» diskutiert worden. «Der Bundeskanzler hatte mehr Interesse an der Erläuterung der internationalen Situation» als an den Spezialproblemen der Anlagepolitik der Großbanken auf dem Rentenmarkt, die eigentlich den Anlass des Besuchs dargestellt hatten. Diskutiert wurde über die Wirtschaftsentwicklung Großbritanniens und den unmittelbar bevorstehenden ersten Weltwirtschaftsgipfel im französischen Rambouillet, über deutsche Währungsreserven und den Euromarkt, aber auch über Haushaltspolitik. Ponto erwies sich hier in der Tat als Diplomat mit Offenheit gegenüber zeitgenössischen wirtschaftspolitischen Steuerungsansprüchen, indem er dem Kanzler vor allem mit Blick auf den Gipfel empfahl, «die Linie der rigorosen Einsparungen konsequent weiterzuverfolgen, dies aber nicht zu verwechseln mit der Notwendigkeit, den Staat weiter zu verschulden, um die wahrscheinlich unabweisliche Initiative zu behalten». Zugleich ermutigte er ihn aber zur steuerlichen Entlastung der Unternehmen und warnte, das im vorigen Kapitel ausgeführte Engagement der Banken im Fall AEG sein «kein wiederholbares Konzept» zur Rettung von angeschlagenen Konzernen, suchte also die Indienstnahme der Kreditwirtschaft zu letztlich beschäftigungspolitischen Zwecken in möglichst engen Grenzen zu halten.[49] Die «internationale Situation» beziehungsweise deren Bedeutung für die deutsche Wirtschaft bot auch den Anlass für den medienwirksamen Dissens zwischen dem Sprecher und dem Kanzler. Ponto hatte generell keine Hemmungen, sich gegenüber der Presse kritisch zur Regierungspolitik zu äußern, wenn sie ihm gesamtwirtschaftlich kontraproduktiv erschien (und das war für einen Spitzenmanager letztlich gleichbedeutend mit Belastungen für die Unternehmen). Das galt vor allem für Themen der Konjunktur-, Geld- und Währungspolitik, und es wurde von Politikern wie Schmidt offenbar grundsätzlich respektiert. Der Kuwait-Deal mit den Daimler-Benz-Aktien der Familie Quandt jedoch, wo Schmidt eine restriktive Haltung gegen den Verkauf von Filetstücken der deutschen Großindustrie ins Ausland einnahm, stand zugleich im Kontext einer Grundsatzdiskussion, der Wirtschaft und Politik angesichts der Umbrüche auf den Weltmärkten in den siebziger Jahren nicht ausweichen konnten. Schon 1968 mündete eine der frühen publizierten Reden Pontos über die internationale Einbettung des deutschen Kapitalmarkts in ein energisches «Plädoyer für freien Kapitalverkehr».[50] In den siebziger Jahren trug er diese Debatte unter der Devise «Keine Angst vor Auslandskapital» nicht nur als Interessenvertreter der Banken in die Öffentlichkeit.[51] Der Vorstandssprecher der Dresdner Bank trieb diese Diskussion auch deshalb voran, weil er in der Offenheit der Kapitalmärkte ein vitales nationales Interesse der Bundesrepublik sah, und stellte sich gelegentlich sogar dem Kanzler zum Streitgespräch im Fernsehen.

Das persönliche Verhältnis beeinträchtigte der öffentliche Dissens offenbar nicht; auf lange Sicht setzte sich die Position des Bankiers durch. Es sollte zwar noch eine Weile dauern, bis Schmidt seine Meinung änderte, doch schließlich konnte Ponto mit einiger Genugtuung zur Kenntnis nehmen, dass der Kanzler in seiner Neujahrsansprache zum Jahresbeginn 1977 verkündete, er halte es inzwischen «für einen Vorteil, wenn unsere wichtigsten ausländischen Öllieferanten durch ihre Beteiligungen praktisch erfahren können, was das Drehen an der Ölpreisschraube bedeuten kann».[52]

Insgesamt trug es sicher zu Pontos Image als ebenso dynamischer wie weltoffener Manager bei, dass er – anders als insbesondere die schwerin-

Abb. 24: Fernsehdiskussion mit Jürgen Ponto und Helmut Schmidt (ARD-Sendung «Im Brennpunkt: Bundesrepublik – Mekka für Ölmilliarden?», 15.1.1975)

dustrielle Elite von der Ruhr – zur sozialliberalen Bundesregierung nicht weitestmöglich auf Distanz ging, sondern aktiv das Gespräch suchte. Auch Jürgen Ponto war nicht begeistert über den Schwenk der FDP zur SPD im Jahre 1969, aber die Großbanken verhielten sich gegenüber der neuen Regierung insgesamt neutraler und kooperativer als weite Teile der Industrieelite, für die die Sozial- und Haushaltspolitik sowie insbesondere die geplante Ausweitung der Mitbestimmung ein rotes Tuch darstellte.[53] Ponto war kein Freund der Gewerkschaften und entsprechend kritisch gegenüber ihren weitreichenden Mitbestimmungsforderungen; der CDU-Opposition wünschte er während der Verschärfung der Debatte 1974 «einen Anflug von Schneid», um «sich endlich einmal an eine Auseinandersetzung mit den Göttern des DGB heranzutrauen».[54] Grundsätzlich zogen hier die Banken und die Großindustrie am selben Strang, doch in Pontos Gesprächen mit Ulrich oder Lichtenberg spielte das Thema nur eine periphere, auf konkrete Fragen der Organisation und Geschäftsordnung fokussierte Rolle.[55] Für eine dramatischere Gefahr hielt er die sozialliberalen Pläne zur Förderung der privaten Vermögensbildung, die er zusammen mit der erweiterten Mitbestimmung anlässlich der Bilanzpressekonferenz der Dresdner Bank im März 1974 gar als potenziellen «Etappensieg für Karl Marx» geißelte.[56] Bei dem schließlich gescheiterten Reformprojekt der sozialliberalen Koalition ging es nicht um eine Aufstockung der bereits existierenden vermögenswirksamen Leistungen von Arbeitgebern für ihre eigenen Beschäftigten («624-Mark-Gesetz»), sondern um die Bildung eines überbetrieblichen, aus einer zehnprozentigen Gewinnabgabe größerer Unternehmen gespeisten und paritätisch kontrollierten Fonds zur Ausgabe von Wertpapieren an alle Erwerbstätigen. In seiner Rede auf der Hauptversammlung der Bank zwei Monate später bezeichnete Ponto die Pläne, die die deutschen Unternehmen zwecks Umverteilung von Geldvermögen in Arbeitnehmerhände zu belasten drohten, als «historische Fehlleistung von nicht überschaubarem Ausmaß». Er plädierte stattdessen für die Ausgabe von vermögensbildenden Wandelanleihen durch die besonders investitionsbedürftige Energiewirtschaft, letzten Endes also für die verstärkte Nutzung der Kapitalmärkte als Ort privater Kapitalanlage und Altersvorsorge.[57]

Wo sozialdemokratische Pläne nach Sozialismus rochen, konnte Ponto also energisch auf die Barrikaden gehen. Persönliche Freundschaften zu politisch Andersdenkenden zogen jedoch auch solche heftigen Debatten nicht in Mitleidenschaft. Das zeigt das Verhältnis zu einem anderen prominenten Sozialdemokraten, Conrad «Conny» Ahlers. Auf den ersten Blick musste schon die Position des ehemaligen *Spiegel*-Redakteurs, der mit dem legendären Artikel «Bedingt abwehrbereit» im Herbst 1962 die mit dem Rücktritt des Verteidigungsministers Strauß endende «Spiegel-Affäre» ausgelöst hatte, im Presse- und Informationsamt der Regierung Brandt ihn für Ponto mit seinem ausgeprägten Sinn für Darstellung interessant machen. Tatsächlich verband die beiden Hamburger jedoch eine langjährige und enge Freundschaft über die politischen Lager hinweg – Ahlers gratulierte Ponto zur Wahl als Sprecher mit einer Erinnerung daran, wie beide sich zufällig im Winter 1944 im Zug nach Hamburg getroffen und dort offenbar politisch inopportune Gespräche geführt hatten.[58] Corinna Ponto beschreibt ihren Vater als ebenso diskussionslustig wie «meinungsbereit», und die Besuche von Ahlers im Hause Ponto dürften vielfach Anlass zum kontroversen Meinungsaustausch gegeben haben.[59]

Auch mit der SPD-Politikerin und Bundesministerin für Jugend, Familie und Gesundheit Katharina Focke verband Jürgen Ponto eine rein persönliche Freundschaft, die möglicherweise ebenfalls auf gemeinsame Studienzeiten in Hamburg zurückging.[60] Belege für angebliche «engere Kontakte» zum ersten sozialdemokratischen Kanzler Willy Brandt[61] oder zu seinem keynesianisch orientierten Wirtschaftsminister Karl Schiller[62] liegen hingegen nicht vor; sicher ist nur, dass Jürgen Ponto zumindest gegen Teile ihrer politischen Programmatik größte Vorbehalte hegte. Bei Schiller galt das, wenig überraschend, für den ausgeprägten Steuerungsoptimismus seiner Konjunkturpolitik. Erstaunlicher wirkt, dass er trotz des massiv vorangetriebenen Engagements der Dresdner Bank in Osteuropa und vor allem in der Sowjetunion deutschlandpolitisch klar auf konservativer Linie lag: Willy Brandts Ostpolitik betrachtete er äußerst skeptisch und schrieb 1970 gar einem befreundeten Mitarbeiter des Auswärtigen Amtes, diese zeichne sich «als der größte Beinbruch der deutschen Geschichte nach Adolf H. ab. Wir haben eine gewisse Routine entwickelt, Kriege zu verlieren, dass man aber ein und denselben Krieg gleich mehrfach verlieren kann, war für mich neu».[63] Erklärbar wird dieser drastische Kommentar dadurch, dass Ponto zeit seines Lebens die deutsche Teilung für einen unnatürlichen Zustand hielt, der auf Dauer nicht hinnehmbar sei und nicht bestehen könne; dass die große Feier zum 100-jährigen Jubiläum der Bank gerade in Berlin stattfand, war von ihm durchaus als Signal dieser Überzeugung gemeint.[64]

Außenpolitisch stand Jürgen Ponto also eher für christdemokratische Positionen; wirtschaftspolitisch stand ihm aus dem Kabinett sein späterer Nachfolger, der freidemokratische Bundeswirtschaftsminister Hans Friderichs, wohl am nächsten. Beide waren keine Marktradikalen, sondern grundsätzlich einig, dass der Staat in einer modernen Volkswirtschaft wie der Bundesrepublik eine Rolle im Wirtschaftsleben spielen musste. Das zeigte sich beispielhaft in der Frage der Atomenergie, die Ponto ebenso selbstverständlich propagierte wie der Rest der deutschen Wirtschaft zu dieser Zeit. Friderichs gegenüber äußerte er 1975, der Vorstand der Dresdner Bank könne sich nicht nur die Sanierung der AEG mit dem Komplex KWU, sondern auch «die künftige Entwicklung der Nuklearenergie in Deutschland nicht vorstellen, ohne dass sich der Staat auch in die finanziellen Belastungen einschaltet», und er stieß damit auf volles Verständnis.[65]

Friderichs und Ponto hatten offenbar recht ähnliche Vorstellungen über die künftige Bedeutung der arabischen Staaten für die Weltwirtschaft im Allgemeinen und die deutsche Industrie im Besonderen, und gelegentlich fädelte die Dresdner Bank wirtschaftsdiplomatische Kontakte des Ministers in Kuwait ein. Dabei handelte es sich natürlich nicht um eine Leistung ohne erwartete Erträge: Die Bank konnte so Informationen über ausländische Kreditmärkte oder auch Expansionspläne deutscher Unternehmen sammeln und sich zugleich selbst als kompetente Partnerin der Politik präsentieren – das Geschäft mit den arabischen «Petrokraten» war ein boomender und unter den Großbanken heiß umkämpfter Markt.[66] Überdies nutzten die Kontakte der Profilbildung im Wettbewerb und erhöhten die Aussicht, an staatlichen Finanzierungsgeschäften beteiligt zu werden. Die Gespräche über die Teilnahme an internationalen Delegationen ließen sich etwa nutzen, um dem Minister deutlich zu machen, dass die Dresdner Bank der größeren Frankfurter Konkurrentin zumindest dem Anspruch nach auf dem sowjetischen Markt in nichts nachstand. Während Friderichs 1975 noch der Ansicht war, die deutschen Bankkontakte in Moskau wären «ganz bei der Deutschen Bank konzentriert», legte Ponto ihm die «z. T. zweifellos gleichwertige, wenn nicht sogar bessere Position» seiner Bank dar.[67]

Obwohl die Zuständigkeit für die Bankenaufsicht – aus der sich zwangsläufig Kontakte ergaben – seit 1972 nicht mehr beim Bundeswirtschaftsministerium, sondern beim Finanzministerium lag, war die persönlich-politische Beziehung zu Friderichs deutlich enger als zu Repräsentanten des Finanzressorts. Friderichs war, ähnlich wie Schmidt, nicht an der Beratung durch Verbandslobbyisten interessiert, sondern legte Wert auf individuelle Diskussionen und Meinungen. Den Sprecher der Dresdner Bank schätzte er als einen intellektuell offenen Manager, der sich im Gegensatz zu vielen anderen, traditioneller denkenden Unternehmern mit der Realität der sozialliberalen Koalition abgefunden hatte und nicht dem «rheinisch-katholischen Kapitalismus» der fünfziger Jahre nachtrauerte. Es war dann eben auch Friderichs und nicht der formal zuständige Finanzminister, der auf Bitten des Bankvorstands die politische Trauerrede auf Jürgen Ponto hielt. Überdies gab es persönliche Berührungspunkte durch den beiderseitigen Kontakt zu dem Pianisten Justus Frantz und die Musikbegeisterung von Frau Friderichs.

Abb. 25: Jürgen Ponto mit Hans Friderichs und dem iranischen Botschafter Amir Aslan Afshan, 1975

Gemeinsame Reisen, an denen auch hochrangige Vertreter der Industrie beteiligt waren, präsentierten dem Ausland die «Deutschland AG» als verlässlichen Investitions- und Handelspartner. Unter anderem begleitete der Sprecher der Dresdner Bank Friderichs zur Eröffnung der ersten deutschen Industrieausstellung in Peking und zu der bereits erwähnten deutsch-iranischen «Investitionskonferenz», in deren Rahmen allein Jürgen Ponto und Berthold Beitz zur persönlichen Audienz am Sommersitz des Schahs mitgenommen wurden. Ponto verfügte nicht nur über ein beeindruckendes Auftreten; als wichtigstes Charakteristikum hebt Hans Friderichs im Nachhinein hervor, dass er bei repräsentativen Anlässen ebenso wie im persönlichen Gespräch «nie schmalspurig» dachte, sondern im Gegensatz zu vielen Industriemanagern kompetent über Politik und Kultur diskutieren konnte und – wie auch andere Bankmanager – auf die unmittelbaren Angelegenheiten der Bank «allenfalls in der zweiten Runde» zu sprechen kam.[68]

Es waren vor allem diese Eigenschaften, die Jürgen Ponto für viele Zeitzeugen auch zu einem herausragenden Politiker gemacht hätten.

Ponto aber war offenkundig selbst nicht auf eine Politikerkarriere aus und nicht einmal darauf, sich überhaupt parteipolitisch identifizieren zu lassen. Schon die Bitte des FDP-Bundesvorsitzenden Walter Scheel, als Berater in einem «Finanzbeirat» des Parteipräsidiums mitzuwirken, lehnten Ponto selbst und der Vorstand der Dresdner Bank ab.[69] Dass auch die Medien ihn sich gut in einem politischen Amt vorstellen konnten, zeigt das kurzzeitig kolportierte, angebliche Interesse Helmut Schmidts an Ponto als Bundesfinanzminister während der Koalitionsverhandlungen über die Zusammensetzung der neuen Bundesregierung im Mai 1974.[70] Das Gerücht wurde schnell dementiert, und dass es sich dabei nur um eine Legende handelte, konnte man bereits journalistischen Publikationen der achtziger Jahre entnehmen.[71] Helmut Schmidt erklärt im Rückblick, dass er sich einen Spitzenvertreter der Banken schon aus politischen Gründen nicht vorstellen konnte, weil es dagegen sicher massiven Widerstand aus der eigenen Partei und aus dem Parlament gegeben hätte.[72] Ponto selbst bezeichnete sich in einem Telegramm an Hannelore Schmidt vom Mai 1974 bereits ironisch als «Finanzminister im Ruhestand».[73]

Etwas anders verhielt es sich wohl mit der Frage, ob der Sprecher der Dresdner Bank 1977 als Nachfolger Karl Klasens das Amt des Bundesbankpräsidenten übernehmen sollte. Im Gegensatz zu den Spekulationen im Frühjahr 1974 hatten die drei Jahre später kursierenden Gerüchte offenbar eine reale Grundlage, auch wenn nicht mehr zu rekonstruieren ist, woher das informelle Angebot kam. Innerhalb der sozialliberalen Koalition wurde diese Überlegung offenbar nicht diskutiert.[74] Ponto fühlte sich hier, vielleicht auch im Hinblick auf seine öffentlichen Stellungnahmen zur Geld- und Währungspolitik, wohl stärker in der Pflicht als im Hinblick auf politische Ämter im engeren Sinn, beratschlagte die Frage lange mit seiner Ehefrau und rang sich schließlich im Interesse der Dresdner Bank zu einer Absage durch.[75] Vielleicht wurde diese Entscheidung für die Bank dadurch gefördert, dass in diesem Zusammenhang Anfang 1977 in der Presse bereits über seine «Kronprinzen» im Vorstand räsoniert wurde.[76] Sich von Journalisten die berufliche Zukunft oder gar seinen Rücktritt als Sprecher diktieren zu lassen, war sicher nicht Jürgen Pontos Sache. Er verwies diese Darstellung umgehend «in das Reich der Spekulation», das Sprecheramt stehe «schon wegen seines Alters auf absehbare Zeit nicht zur Disposition». In diesem Zusammenhang erteilte

Ponto und die Politik

er im Vorstand allen Ideen, er könnte das Amt des Bundesbankpräsidenten übernehmen, eine klare Absage.[77]

Die Arbeit im Apparat der Zentralbank, die eher eine Behörde als ein Unternehmen darstellte, hätte Ponto vielleicht auch nicht behagt. Als Sprecher des zweitgrößten privaten Kreditinstituts der Bundesrepublik führte er quasi automatisch manch individuelle Gespräche mit der Bundesbank-Führung über die Reaktion der Banken auf deren Politik oder beispielsweise über ihre Mitwirkung an einer «Stabilisierung des Geld- und Kapitalmarktes»,[78] aber dies geschah jenseits der formalen Mitgliedschaft in Gremien. Ponto war zwar seit 1971 Mitglied im Beirat der hessischen Landeszentralbank, ließ sich aber bei den Sitzungen regelmäßig entschuldigen. Zu seinen seltenen Redebeiträgen gehörte ein Bericht über die Tagung des Internationalen Währungsfonds 1972, der eher sein großes Interesse an der Entwicklung des internationalen Finanzsystems spiegelte als ein besonderes Vergnügen an langwierigen Sitzungsdiskussionen über funktionale Details der Geld- oder Bankenpolitik.[79]

Darin lag eine deutliche Parallele zu Pontos Engagement in den eingangs dieses Kapitels skizzierten Debatten um die Ordnung des deutschen Bankwesens. Die Bühne des Sprechers war eher die Öffentlichkeit als ein Expertengremium, seine bevorzugte Form eher die Ansprache – sei es als Rede, Gespräch oder Zeitungsartikel – denn das Abarbeiten von Tagesordnungen. Für die deutsche Medienöffentlichkeit wuchs er dadurch und durch die souveräne Beherrschung dieser Kommunikationsformen binnen weniger Jahre in die Rolle des wichtigsten Repräsentanten des privaten Kreditgewerbes hinein. Ponto war das sehr bewusst. Dem Konkurrenten Ulrich von der Deutschen Bank gegenüber wiegelte er zwar ab, dass es für ihn «eine Senioren-Frage im Bankwesen nicht gäbe, jedenfalls solange» in Person von Hermann Josef Abs «die Vertretung der größten Bank und das Privileg des Lebensalters zusammenkämen».[80] Doch nicht nur seine Präsenz in der Debatte um die «Macht der Banken», sondern auch sein Auftreten in der allgemeinen wirtschaftspolitischen Diskussion ließen andere Ansprüche vermuten.

Im Rückblick ist man geneigt, den Zustand der bundesdeutschen Wirtschaft zu Beginn der siebziger Jahre noch dem «Goldenen Zeitalter» zuzuordnen, mit einer jährlichen Zunahme des Bruttoinlandsprodukts von 3 bis 4 und einer Arbeitslosenquote von weniger als 1,5 Prozent. Die

Zeitgenossen sahen es anders. Die zunehmende Inflation in fast allen Industriestaaten und das sich abzeichnende Auseinanderbrechen der internationalen Währungsordnung von Bretton Woods boten Anlass zu pessimistischen Prognosen. Ponto, der sich als «praktizierender Realist» verstand,[81] teilte nicht den politisch bedingten Pessimismus vieler deutscher Unternehmer in den Jahren der ersten sozialliberalen Koalition.[82] Gleichwohl wandte er sich gegen die Pläne zum Ausbau der Mitbestimmung und der Vermögensbildung. Der damalige Anstieg der Staatsausgaben, der aus heutiger Sicht nicht gerade exorbitant erscheint, veranlasste ihn, mit Mahnungen an die Öffentlichkeit zu gehen. Wie *Die Welt* im März 1974 berichtete, bezweifelte Ponto, «ob maßgebliche Kräfte in den politischen Repräsentanzen heute überhaupt in der Lage seien, die Realitäten der Wirtschaft und ihre Gesetze zu begreifen».[83]

Obwohl die Inflationserwartung die Nachfrage nach Bankkrediten kräftig belebte, warnte Ponto vor einem weiteren Anstieg der Löhne und Preise. In der Inflation sah er «eine Krankheit des Westens und der freien Märkte».[84] Gleichwohl ging er im Herbst 1973 gegenüber der restriktiven Geldpolitik der Deutschen Bundesbank auf Konfrontation. Die Zentralbank hatte durch den Ausstieg aus dem System fester Wechselkurse, wie es bis dahin auf der Grundlage des Abkommens von Bretton Woods mit dem US-Dollar als Leitwährung bestanden hatte, an Handlungsspielraum gewonnen. Sie konnte nun eine autonome Geldpolitik betreiben und nutzte dies zu einer restriktiven Liquiditätspolitik. Durch eine Begrenzung des Geldmengenwachstums sollte die Inflation eingedämmt werden. Dementsprechend wurden der Diskontsatz von 4,5 auf 7 Prozent und der Lombardsatz von 6,5 auf 9 Prozent heraufgesetzt.[85] Mit dieser Geldmengensteuerung bewegte sich die Bundesbank auf einen monetaristischen Ansatz hin, wie er in den Zentralbanken der westlichen Industrieländer angesichts der bis dahin erfolglosen Inflationsbekämpfung immer stärker rezipiert wurde.[86] Auf die Geschäftsbanken wirkte sich diese Politik unmittelbar aus, da sie geringe Liquiditätsreserven hatten und die Zinsmargen wegen des zunehmenden Wettbewerbs im Kreditgeschäft schon seit längerem zurückgegangen waren. Die Finanzbranche hielt daher mit Kritik am Kurs der Bundesbank nicht zurück.

Ponto stellte sich an die Spitze der Kritiker und fungierte in dieser Auseinandersetzung praktisch als Sprecher der Kreditbanken. Er wies darauf hin, dass das hohe Zinsniveau für die Unternehmen einen Kostenfaktor darstellte, der zu weiteren Preissteigerungen führen musste. Am 30. Oktober 1973 stellte der *Frankfurter Tagesdienst* fest: «Die Anhängerschaft Jürgen Pontos, Vorstandssprecher der Dresdner Bank, wird zusehends größer.» Das Blatt trat dafür ein, «mit Ponto für einen Kurswechsel in der Kreditpolitik» zu plädieren.[87] Dass der Vorstandssprecher einer Großbank sich öffentlich vehement gegen die Politik der Bundesbank stellte, war ein Novum. Ponto unterschied sich darin auch von Franz Heinrich Ulrich, der von einer sofortigen Lockerung der Zinsen abriet.[88] Unter dem Eindruck der im November 1973 einsetzenden Ölpreiskrise gewann der Disput an Schärfe; die Bankiers um Ponto standen dabei mit ihrem Plädoyer für Zinssenkungen den Gewerkschaften näher als der Bundesregierung, was den Vorstandssprecher der Dresdner Bank freilich nicht davon abhielt, gleichzeitig Kritik an der Tarifpolitik der Gewerkschaften zu üben.[89]

In einer Rede in Wien führte Ponto im Mai 1974 aus, bei der Inflationsbekämpfung in der Bundesrepublik sei «aus allen Rohren geschossen» worden, «mit dem bekannten Nachteil dieser Methode, daß man am Ende nicht weiß, welche Schüsse tatsächlich getroffen haben und welche am Ziel vorbeigingen».[90] Bundesbankpräsident Karl Klasen und Vizepräsident Otmar Emminger ließen sich von dieser Kritik nicht beeindrucken. Nach anfänglicher Bereitschaft, die Wirtschaft durch Zinssenkungen anzukurbeln, setzte die Bundesbank ihre restriktive Geldmengenpolitik fort. Einen gewissen Ausgleich bot die Bundesregierung mit der Aufhebung der Investitionssteuer und einer Erhöhung des Auftragsvolumens für die Bundespost und die Bundesbahn. Dennoch hat die Restriktionspolitik der Bundesbank die Auswirkungen der Krise von 1973/74 auf die deutsche Wirtschaft und den Arbeitsmarkt verschärft. Langfristig gesehen konnte die Inflation allerdings durch diese Geldmengensteuerung erfolgreich eingedämmt werden. Die Preissteigerungsrate sank bis Ende der siebziger Jahre auf unter drei Prozent, doch ging davon keine Belebung der Konjunktur und des Arbeitsmarkts aus. Ponto sah die Möglichkeiten der Politik auf diesem Gebiet schon nach den Erfahrungen der frühen siebziger Jahre, als die Vorstellung von der Steuerbarkeit der Konjunktur noch sehr verbreitet war, recht nüchtern. In einem Vortrag über «Wirtschaftspolitik in der Krise» sagte er im März 1974: «Mir scheint: Zu den wichtigsten Lektionen der jüngsten Zeit gehört weltweit die Erkenntnis, daß die Konjunktur nicht machbar ist, wie die Theoretiker es sich erträumt und uns versprochen haben.»[91] Er sparte auch bei dieser Gelegenheit nicht mit Kritik an der Politik und fand dafür Worte, die von zeitloser Aktualität zu sein scheinen: «Die Wirtschafts- und Geldpolitik der letzten Jahre war in fast allen Ländern immer wieder durch zweierlei gekennzeichnet: Man handelte zu spät und tat dann zu viel.»[92]

In seinem letzten großen Vortrag, den er Ende Juni 1977 in Antwerpen hielt, mahnte Ponto der Politik gegenüber größere Entschlossenheit auf dem Weg zu einer gemeinsamen europäischen Währung an. Schon früher hatte er in der Presse wiederholt die monetäre Zersplitterung Europas beklagt und vor einem «monetären Kannibalismus» gewarnt.[93] In Antwerpen wies er nun darauf hin, «wieviel gesicherter und stabiler die Wirtschaftsabläufe in Europa sein könnten und heute schon wären, wenn wir in einer Währung oder aber in festen Relationen unserer Währungen zueinander operieren könnten», doch betonte er auch, dass «eine gemeinsame Währung nur von einer weitgehend harmonisierten Politik getragen werden kann».[94]

Während Ponto bei diesen Themen entweder als Mahner gegen den wirtschaftspolitischen Zeitgeist auftrat oder sich als Visionär versuchte, war das Engagement der Dresdner Bank und ihres Vorstandssprechers in der Finanzierung der parlamentarischen Parteien eher zeittypisch. Direkte Spenden an die Parteien waren damals nur in engen Grenzen steuerlich absetzbar. Stattdessen griff die deutsche Wirtschaft regelmäßig auf pseudo-gemeinnützige «Spendenwaschanlagen» zurück, um die ihr nahe stehenden Parteien finanziell zu unterstützen. Die wichtigste dieser Einrichtungen, die «Staatsbürgerliche Vereinigung 1954 e. V.», war unter aktiver Mitwirkung des Bundesverbands der deutschen Industrie von CDU-Politikern gegründet worden. Während die als gemeinnütziger Verein anerkannte Vereinigung laut ihrer Satzung steuerlich absetzbare Spenden zu allgemeinen «staatspolitischen» Zwecken verwendete und zur Tarnung pseudowissenschaftliche Forschungsaufträge an Organisationen in Liechtenstein vergab, war sie tatsächlich eine «Durchlaufstelle für Parteispenden», und zwar im Wesentlichen an die CDU/CSU und die FDP bzw. einzelne Vertreter dieser Parteien. Daneben zahlten Unternehmen an vergleichbare Tarneinrichtungen, deren Einnahmen einzelnen Abgeordneten oder Parteirepräsentanten (auch der Sozialdemokratie) zugute kamen. Dieses System der verschleierten Parteienfinanzierung war schon aus rein steuerrechtlicher Sicht eindeutig illegal, galt aber in Politik und Wirtschaft als legitim.[95]

Nachdem die Bonner Staatsanwaltschaft Ermittlungen wegen des Verdachts der Steuerhinterziehung aufgenommen hatte, gab die Dresdner Bank auf ihrer Hauptversammlung 1984 bekannt, seit 1957 insgesamt 17,3 Mio. DM an die Staatsbürgerliche Vereinigung sowie an die parteinahen Stiftungen der CDU, CSU, SPD und FDP gezahlt zu haben.[96] Laut dem Urteil des Landgerichts Bonn im Flick-Spendenprozess, in dem bis 1987 auch die allgemeine Spendenpraxis aufgerollt wurde, zahlte sie in den Jahren 1955 bis 1977 rund 13 Mio. DM an die Staatsbürgerliche Vereinigung. Für die Jahre seit 1975 ist bekannt, dass 55 bis 60 Prozent der überwiesenen Summen der CDU zugedacht waren, wovon ein gewisser Anteil speziell dem hessischen Landesverband zufließen sollte; 20 bis 25 Prozent gingen an die FDP, der Rest an die CSU.[97] Die Quellen geben nur sehr punktuell darüber Auskunft, in welchem Maße Jürgen Ponto in dieses System eingebunden war. Dass er daran beteiligt war, ergab sich nahezu zwangsläufig aus seiner Position. So lud BDI-Präsident Hans-Günther Sohl in dieser Zeit häufiger zu privaten Gesprächen zwischen Repräsentanten der Wirtschaft und der politischen Parteien, die nicht zuletzt der Mobilisierung von Parteispenden dienten und an denen Ponto regelmäßig teilnahm.[98] Die Vergabe von Spenden an die Staatsbürgerliche Vereinigung ist in Pontos Akten nur in einem Fall konkret belegt, nämlich mit einer Quittung über 350 000 DM aus dem Juli 1971.[99] Zahlungen der Dresdner Bank an die Spendenwaschanlage bzw. einen Ableger gab es aber schon vorher. So antwortete Vorstandsmitglied Fritz Reinhold 1969 dem CSU-Schatzmeister und Flick-Gesellschafter Wolfgang Pohle, der um Wahlkampfunterstützung für seine Partei bat, dass man im Benehmen mit Bundesfinanzminister Franz Josef Strauß «in erster Linie der Bitte der Staatsbürgerlichen Vereinigung München zu entsprechen» gedenke.[100]

Anders als die Führung des Flick-Konzerns, deren ausgedehnte «politische Landschaftspflege» mittels Bargeldübergaben Anfang der achtziger Jahre zum Auslöser von Korruptionsverfahren einerseits, eines allgemeinen Parteispendenskandals andererseits wurde,[101] verfolgte die Dresdner Bank damit aber wohl keine konkreten Ansprüche auf die politische Förderung oder steuerliche Begünstigung einzelner Geschäfte. Es gibt auch keine Hinweise darauf, dass gerade Jürgen Ponto die Spendentätigkeit der Bank im politischen Raum besonders vorantrieb. Die Finanzierung politischer Parteien – in erster Linie, aber nicht nur des konservativen Spektrums – war eine eingespielte Gewohnheit, deren Management eben wesentlich dem Vorstandssprecher zufiel, weil er ein bevorzugter Ansprechpartner von Politikern war. So verlangte der hessische Wirtschaftsminister und FDP-Politiker Heinz-Herbert Karry Anfang 1972 50 000 DM für den Landesverband seiner Partei, die über ein «Gutachten» oder als Spende an die Staatsbürgerliche Vereinigung abzurechnen seien, und berief sich hinsichtlich der Höhe «auf die bisherigen Gepflogenheiten».[102] Auch der FDP-Bundesvorsitzende und Außenminister Walter Scheel ging Ponto, Ulrich und Lichtenberg gelegentlich um Spenden in sechsstelliger Höhe an, das Ergebnis ist jedoch nicht dokumentiert.[103]

In ähnlichen Größenordnungen bewegten sich die Beiträge der Dresdner Bank zur Finanzierung der Christdemokraten, über die Jürgen Pontos Akten ebenfalls nur sporadische Angaben enthalten. Dazu gehörte offenbar auch ein Kredit in Höhe von 30 Mio. DM, der unter den drei Großbanken aufgeteilt werden sollte.[104] Der hessische Landesverband der CDU führte, ähnlich wie bei anderen Frankfurter Banken, seit 1968 bei der Dresdner Bank ein laufendes Konto mit einer Kreditlinie von 100 000 DM, wobei sich Ponto bei Wünschen nach einer deutlichen Ausweitung des Kreditrahmens zurückhaltend zeigte.[105] Dies reflektierte aber keineswegs eine grundsätzliche Abneigung gegen die finanzielle Unterstützung der hessischen CDU, sondern Ponto zeigte sich im Gegenteil sehr offen für Spenden an die Partei.

Wichtigster Empfänger war der in Kronberg im Taunus lebende CDU-Schatzmeister Walther Leisler Kiep, ein gebürtiger Hamburger, der zum festen Gästestamm bei Veranstaltungen im Haus der Pontos im benachbarten Oberursel gehörte.[106] Kiep konnte sich schon 1968 über eine Spende in unbekannter Höhe freuen, die ihm offenbar für die eigene Wahlkreisarbeit im Taunus zugeflossen war.[107] Nach der verlorenen Bundestagswahl 1976 bedankte er sich ebenfalls ausgiebig und erinnerte sich dankbar an persönliche Gespräche Pontos mit ihm selbst sowie dem CDU-Generalbevollmächtigten Uwe Lüthje.[108] Die Hinweise auf gemeinsame allgemeinpolitische Anliegen in solchen Dankschreiben sollte man sicher nicht übergewichten, aber Pontos Weltbild dürften sie grund-

sätzlich entsprochen haben, zumal Kiep als CDU-Pragmatiker galt.
Nach einem Abendessen in Kronberg zog Kiep schon 1968 das Fazit, das
Gespräch habe weitgehende politische Übereinstimmung bewiesen,[109]
und Ponto lud ihn nach dem Dankschreiben von 1976 zur «Aussprache»
mit dem gesamten Vorstand ein.[110]

Ein weiterer emsiger Spendensammler war Casimir Johannes Prinz
zu Sayn-Wittgenstein-Berleburg, mit dem Ponto nicht nur als Vorstandsmitglied der Metallgesellschaft in Kontakt stand. Seit 1976
nebenberuflich Landesschatzmeister der hessischen CDU, sollte Wittgenstein sehr viel später zu unrühmlicher Publicity gelangen, als er
Schwarzgelder seines Landesverbands ausgerechnet mit «jüdischen Ver-
mächtnissen» erklärte.[111] Gegen Spendenquittung waren Ponto und
Vierhub schon 1968 auf Bitten Wittgensteins zu einer Überweisung von
50 000 DM an die in Bad Kissingen ansässige «Wirtschaftspolitische
Vereinigung Maingebiet» bereit, wobei dieser Betrag «intern auf zu er-
wartende größere Wünsche zur Anrechnung» gelangen sollte.[112] Auch
in diesem Fall dürfte die Spendenbereitschaft dadurch gefördert worden sein, dass man sich einem gemeinsamen politischen Wertesystem
verpflichtet sah.[113]

Ponto hatte auch keine Probleme, auf Wittgensteins Bitte hin gelegentlich einem Frankfurter Bauunternehmer und CDU-Bezirksgruppenvor-
sitzenden mit Aufträgen unter die Arme zu greifen, der sich von der SPD-
regierten Stadt Frankfurt aus politischen Gründen von Ausschreibungen
ausgeschlossen sah.[114] Auch hier sollte man aber nicht unbedingt auf par-
teipolitische Aversionen als Grundmotiv schließen: Ponto gab auch eine
größere Spende – im Gespräch waren 200 000 DM – an einen «Sonder-
fonds» der SPD-nahen Friedrich-Ebert-Stiftung frei, als 1976 deren Vorstandsvorsitzender Alfred Nau (der bis zum Vorjahr auch Schatzmeister
der Sozialdemokraten gewesen war) bei ihm vorsprach und sich «auf eine
entsprechende Anregung des Bundeskanzlers» berief.[115] In sehr viel be-
scheidenerem Rahmen dürfte sich dagegen die Höhe der Wahlkampfunterstützung bewegt haben, die man 1969 der SPD-Politikerin Katharina
Focke zukommen ließ.[116]

Selbst dort, wo Spenden einzelnen Politikern zugute kamen, muss
man also keine unmittelbare eigennützige Zwecksetzung unterstellen.
Die Dresdner Bank und ihr Sprecher förderten freilich nicht nur Politiker. Der Stifterverband für die Deutsche Wissenschaft erhielt etwa, wie

bei anderen Unternehmen auch üblich, 1969 eine Zuwendung von einem Prozent der Dividende.[117] Es war verbreitet, dass Unternehmer und Manager sich in der Wissenschafts- und Kulturförderung engagierten, und Jürgen Ponto bot ein prägnantes Beispiel für das Spektrum dieses Engagements. Neben den Funktionen im Bundesverband deutscher Banken und im Beirat der hessischen Landeszentralbank wirkte er teils in führender Position in Vereinen, Verbänden und Instituten mit wirtschaftlichen, wissenschaftlichen oder kulturellen Zielsetzungen mit. Unter anderem war er Vorsitzender des Handelspolitischen Ausschusses der deutschen Gruppe der Internationalen Handelskammer und gehörte deren Präsidium an, saß im Beirat der Deutsch-Japanischen Gesellschaft sowie im Verwaltungsrat der Gießener Hochschulgesellschaft und war Senator der Max-Planck-Gesellschaft. Er war Mitglied im Vorstandsrat des Deutschen Museums, im Vorstand des Stifterverbands für die Deutsche Wissenschaft und in den Kuratorien unter anderem der Deutschen Olympischen Gesellschaft, der Deutschen Krebshilfe und der Deutschen Sporthilfe.[118]

1975 wurde Ponto Schatzmeister der Deutschen Gesellschaft für Auswärtige Politik. DGAP-Präsident Kurt Birrenbach legte Wert darauf, dass «wegen der stets prekären finanziellen Lage der Gesellschaft ein so hervorragender Mann das Amt des Schatzmeisters bekleidet».[119] Interessiert war man in diesem Kreis aber nicht nur an einem potenziellen Geldbeschaffer, Ponto stand mit Birrenbach zugleich in einer intensiven Diskussion um die Verankerung des freien Kapitalverkehrs nach dem spektakulären Kuwait-Geschäft mit den Daimler-Benz-Aktien, die unmittelbar an die Debatte mit Sohl und der Bundesregierung anknüpfte.[120] Beim «Bund Freiheit der Wissenschaft» hingegen, einer gegen den hochschulpolitischen Protest der «Außerparlamentarischen Opposition» gegründeten Organisation von Professoren, die maßgeblich von Bosch-Chef Hans L. Merkle unterstützt wurde, lehnte Ponto Merkles Vorschlag ab, «so etwas wie einen Schatzmeister darzustellen». Vermutlich wollte er nicht unmittelbar an der Spitze einer eindeutig politischen Organisation stehen. Stattdessen erklärte er sich bereit, «für diese Aufgabe einen alten Mitarbeiter unseres Hauses zu gewinnen». Grundsätzlich aber zeigte die Bereitschaft zur Unterstützung erneut, dass Jürgen Ponto parteipolitisch so einfach nicht festzulegen war, empfand er doch Merkles Charakterisierung offenbar durchaus als beruhigend, die Protagonisten des Profes-

sorenbundes seien als «im besten Sinne des Wortes sozialdemokratisch»
und keineswegs als «Erzkonservative» einzuordnen.[121]

Seiner eigenen geistig-politischen Orientierung dürfte dennoch eher
der «Kronberger Kreis» entsprochen haben, ein Sammlungsort «christ-
lich-konservativer Protestanten», in dem er seit 1976 verkehrte. Der Kreis
hatte in den fünfziger Jahren durchaus die ideelle Westorientierung der
Bundesrepublik vorangetrieben, war in den Reformdebatten der siebziger Jahre aber nicht mehr besonders einflussreich. Er verstand sich als
Diskussionsforum aus protestantischen Geistlichen, Politikern und Unternehmern mit dem Ziel, christliche bzw. kirchliche Wertorientierun-
gen in den gesellschaftspolitischen Raum zu tragen. Seine Existenz war
eng gebunden an die integrierende Persönlichkeit des Altbischofs Hanns
Lilje, und nach dessen Tod 1977 wurden die Treffen bald eingestellt.[122]
Besonders herausragende Aktivitäten entfaltete Jürgen Ponto in der kurzen Zeit seiner Mitgliedschaft nicht. Überliefert ist nur, dass er einen
kurzen Diskussionsbeitrag zum Thema «Die europäische Einigung als
währungspolitisches Problem» zu einem der Treffen im Kronberger
Schlosshotel zusagte, bei denen sich meist etwa 20 Personen versammel-
ten. Die recht begrenzte politische Ausstrahlung des Kreises dürfte Ponto
bewusst gewesen sein, doch neben dem Interesse an der Vernetzung mit
konservativen Politikern – darunter Gerhard Stoltenberg und Richard
von Weizsäcker – entsprach die Ausrichtung auch seiner eher konservativen Haltung in kirchlichen Fragen.[123] Jenseits aller Netzwerkaktivitäten
in Honoratiorenämtern und politischen Zirkeln aber lag sein eigentliches ehrenamtliches Betätigungsfeld, das er mit echter Leidenschaft
ausfüllte, in der Förderung der Musik.

7. Kulturbürger und Generalist

Der Freund der Musen

Die musischen Neigungen seiner Familie bekam Jürgen Ponto praktisch in die Wiege gelegt. Schon als junger Mensch interessierte er sich sehr für Musik und Theater, doch verspürte er nie den Drang, sich selbst künstlerisch zu betätigen, abgesehen von einigen Auftritten in einem Hamburger Studententheater. Auch seine Liebe zur klassischen Musik war die eines Interessierten, der begeistert zuhörte und in Konzerte ging, aber nicht selbst musizierte. Einen besonderen Lieblingskomponisten hatte Ponto offenbar nicht. Er schätzte Brahms und Beethoven ebenso wie Bach und Mozart.[1] Gelegentlich spielte der Bankier auf dem häuslichen Klavier, da er in seiner Jugend Klavierunterricht gehabt hatte. Dabei ging es aber eher um Entspannung als um künstlerische Ansprüche. Ignes Ponto hat dieses Klavierspiel ihres Gatten als «ein bisschen irgendwas Improvisiertes» in Erinnerung.[2] Es hätte wohl auch seltsam gewirkt, wenn sich Ponto als Ehemann einer studierten Konzertpianistin, in dessen Haus Pianisten von internationalem Ruf zu Besuch waren, ausgerechnet auf das Klavierspiel verlegt hätte. Ignes Ponto wiederum verschonte den Gatten mit Proben. Wenn er aus der Bank nach Hause kam, wollte sie ihn nicht mit «Geklimper» stören.[3] Gemeinsam hörten beide oft und gerne Schallplatten, von denen sie eine große Sammlung besaßen, und die gemeinsamen Festspielbesuche zählten für beide zu den Höhepunkten des Jahres.[4] Dass Ponto ein begeisterter Festspielbesucher war, blieb in kaum einem Artikel über ihn unerwähnt. So schrieb *Der Spiegel* im August 1976: «Wann immer die Geschäfte es zulassen, reist Ponto zu den Musikfesten von Salzburg bis Berlin, von Bayreuth bis München.»[5]

Welchen Stellenwert die Musik in dieser Familie hatte, wurde auch bei festlichen Anlässen wie Jürgen Pontos 50. Geburtstag deutlich. Die Eheleute luden damals für den 11. Dezember 1973 zu einem Konzert mit dem renommierten Zürcher Kammerorchester unter der Leitung von Edmond de Stoutz im Schlosshotel Kronberg ein. Auf der Einladung stand nicht, dass das Konzert anlässlich des Geburtstags gegeben wurde, was für die Freunde der Familie natürlich naheliegend war, aber sich manchem Eingeladenen erst später erschloss. Auch war der Einladung nicht zu entnehmen, welcher Solist auftreten würde – angekündigt waren unter anderem ein Cembalo-Konzert von Bach und ein Klavierkonzert von Mozart. Statt des Namens eines Solisten standen in der Einladung an dieser Stelle drei Sterne.[6] Das Ehepaar hatte sich für seine Gäste eine Überraschung ausgedacht, die Jürgen Ponto vor Beginn des Konzerts in der ihm eigenen Art ankündigte. In seiner Begrüßung zeigte er sich glücklich darüber, dass es gelungen war, ein so hervorragendes Orchester für dieses Konzert zu gewinnen. Man habe nur leider beim Pianisten sparen müssen. Damit erntete er schallendes Gelächter, da die Gäste spätestens jetzt ahnten, was geplant war. Tatsächlich erschien anschließend Ignes Ponto und spielte – es war ihr Geburtstagsgeschenk für ihn.[7]

Ignes Ponto hatte in Hamburg bei der legendären Klavierpädagogin Eliza Hansen studiert.[8] Zu Hansens Schülern zählten auch die späteren Starpianisten Christoph Eschenbach[9] und Justus Frantz.[10] Ignes Ponto hatte beide schon als Kinder kennengelernt, da sie zusammen mit ihrem jüngsten Bruder Matthias von Hülsen in Testorf aufgewachsen waren. Auch Eschenbach und Frantz waren bei Kriegsende als Flüchtlingskinder dort untergekommen. In Testorf hatte sie dann Carl Ulrich von Barner musikalisch gefördert, ein ehemaliger Großgrundbesitzer aus Mecklenburg, der ebenfalls auf dem Gut der Familie von Abercron aufgenommen worden war.[11] Eschenbach und Frantz hatten mit Matthias von Hülsen, wie dieser später berichtete, «in einer Sandkiste» gespielt.[12] Justus Frantz wurde dann von seiner Tante Frede-Ilse von Moltke und deren Mann, dem mit der Familie von Hülsen verwandten Juristen Carl Viggo von Moltke, als Ziehsohn aufgenommen. Später lebten Christoph Eschenbach, Justus Frantz und Matthias von Hülsen wieder einige Zeit zusammen, in einer studentischen Wohngemeinschaft.[13] Beruflich ging von Hülsen einen anderen Weg, er wurde Kinderarzt in Hamburg, doch arbeitete man Jahrzehnte später wieder zusammen, als sich von Hülsen an der Organisation des von Frantz gegründeten Schleswig-Holstein Musik Festivals beteiligte. Nach dem Vorbild dieses Festivals gründete Matthias von Hülsen die Festspiele Mecklenburg-Vorpommern, die er lange Zeit leitete. Im Sommer 2005 trafen sich Frantz und von Hülsen anlässlich der Festspiele Mecklenburg-Vorpommern zu einem öffentlichen Gesprächskonzert auf dem früheren Gut Carl Ulrich von Barners in Klein Trebbow, um den Mann zu würdigen, der sie während ihrer Kindheit in Testorf für die klassische Musik begeistert hatte.[14]

Im Haus der Familie Ponto gehörten Christoph Eschenbach und Justus Frantz zu den häufigsten Gästen. Es war selbstverständlich, dass sie bei den Pontos wohnten, wenn sie nach Frankfurt kamen, und das auch ohne vorherige Anmeldung. Ignes Ponto erinnert sich, dass Eschenbach eines Abends an der Tür klingelte und um Übernachtung anfragte, als im Haus gerade eine größere Gesellschaft eingeladen war und sie mit mehreren Damen, darunter auch Mildred Scheel, im Wohnzimmer saß. Eschenbach wurde gebeten, etwas zu spielen, und setzte sich sofort an das Klavier.[15] Man traf sich auch auf Gran Canaria. Über Frantz und Eschenbach lernten die Pontos dort Leonard Bernstein kennen, mit dem sie sich anfreundeten.[16]

Im Haus der Familie Ponto in Oberursel waren Musiker aus aller Welt zu Besuch. Die Pianistin Mitsuko Uchida und der Cellist Mischa Maisky musizierten hier. Zu den Gästen gehörten Stars wie Arturo Benedetti Michelangeli, Zubin Mehta und der damalige Frankfurter Generalmusikdirektor Christoph von Dohnányi. Diese Kontakte ergaben sich zum Teil auch dadurch, dass Ignes Ponto dem Vorstand der Deutschen Stiftung Musikleben angehörte und dort für das Fundraising zuständig war. Besonders engagierte sie sich für das Israel Philharmonic Orchestra, nachdem die Pontos bei einer Einladung von Helmut Schmidt das Tel-Aviv-Quartett kennengelernt hatten. Es wurde ein Konzert zu Gunsten des Israel Philharmonic Orchestras vereinbart, das Ignes Ponto dann im September 1975 zusammen mit dem Tel-Aviv-Quartett im Schloss von Bad Homburg gab. Im Anschluss luden Ignes und Jürgen Ponto in ihr Haus ein, zu einem Empfang für die Musiker und den Chefdirigenten des Israel Philharmonic Orchestras, Zubin Mehta. Für den stattlichen Erlös des Konzerts bedankte sich das Orchester mit einer Einladung nach Israel.[17]

Jürgen Ponto betätigte sich wie kein anderer Bankier seiner Generation als Förderer und Mäzen von Musikern. Er gehörte dem Kuratorium der Deutschen Stiftung Musikleben an und leitete – als Nachfolger von Hermann Josef Abs – das Gremium Musik im Kulturkreis der deutschen Wirtschaft im BDI, der führenden Institution für unternehmerische Kulturförderung in der Bundesrepublik. Schon seit 1970 gehörte er dem wichtigsten Entscheidungsgremium des Kreises, dem Verwaltungsrat, an.[18] Diese Ämter übernahm Ponto nicht etwa aus Imagegründen. Sie waren ihm ein persönliches Anliegen. Er sah darin eine Aufgabe, die es ihm ermöglichte, seine berufliche Position mit seinen künstlerischen Interessen zu verbinden.

Im großen Rahmen begann sein Engagement für die Musikförderung anlässlich des 100-jährigen Jubiläums der Dresdner Bank im September 1972. Die Jubiläumsfeiern trugen die Handschrift Pontos und entsprachen ganz seinem Stil. Er hatte sich frühzeitig vorgenommen, sie glanzvoll und in kulturellem Rahmen zu begehen. Auch sollten die Veranstaltungen in Berlin stattfinden, fern vom Betrieb des Bankenzentrums Frankfurt. Bernhard von Loeffelholz, der damals das Bankjubiläum organisiert hat, erinnert sich, dass Ponto fest entschlossen war, aus diesem Anlass «etwas Herausragendes zu tun, was nicht unmittelbar wirtschaftsbezogen ist».[19]

Die Idee, das Jubiläum mit einer großzügigen Initiative zur Förderung von Nachwuchsmusikern zu verbinden, ergab sich wohl eher zufällig, anlässlich einer Begegnung mit Herbert von Karajan. Der Chefdirigent der Berliner Philharmoniker plante, eine Orchesterakademie für besonders begabte Nachwuchsmusiker zu gründen. Er hatte dieses Projekt zusammen mit Walther Casper, einem Vorstandsmitglied der Metallgesellschaft, entwickelt.[20] Casper lud im April 1971 zu einer Veranstaltung im Schlosshotel Kronberg ein, bei der Karajan seine Idee einer Orchesterakademie vorstellte und bei der Frankfurter Wirtschaftsprominenz um Spenden für dieses Projekt warb.[21] Unter den Gästen befanden sich auch Ignes und Jürgen Ponto. Für Ponto war der Vortrag Karajans quasi der zündende Funke, nach dem er damals bei den Vorbereitungen für das bevorstehende Bankjubiläum suchte. Spontan entschloss er sich, Karajans Plan durch eine generöse Spende im Zusammenhang mit der Jubiläumsfeier der Dresdner Bank in Berlin zu unterstützen. Dem Vorstand der Dresdner Bank schlug er umgehend vor, die Orchesterakademie der Berliner Philharmoniker mit einem Betrag in Höhe von 1 Mio. DM zu fördern. Für manches Vorstandsmitglied mag es eine gewöhnungsbedürftige Vorstellung gewesen sein, eine derart hohe Summe für Zwecke der Musikförderung auszugeben. Da Ponto dieses Vorhaben aber zu seinem Jubiläumsprojekt gemacht hatte, stimmte der Vorstand zu.

Bernhard von Loeffelholz erhielt daraufhin den angenehmen Auftrag, nach Berlin zu fliegen und Karajan die Nachricht von dem Geldsegen zu überbringen. Die Reaktion des Stardirigenten ist ihm in dauerhafter Erinnerung geblieben: «Der hat gesagt: ‹Da haut's mi um!›»[22] Am 25. Juni 1972 fand in der Berliner Philharmonie die konstituierende Sitzung der Orchesterakademie statt, die damals als Institut der Herbert von Karajan-Stiftung entstand. Ponto war es inzwischen gelungen, weitere einflussreiche Persönlichkeiten für das Projekt zu gewinnen. Zu den Gründungsmitgliedern gehörten neben Herbert von Karajan, Walther Casper und Jürgen Ponto unter anderem Bundesbankpräsident Karl Klasen, Wilfried Guth, Vorstandsmitglied der Deutschen Bank, Peter von Siemens, der Aufsichtsratsvorsitzende der Siemens AG, der Siemens-Direktor und Münchner «Kulturpapst» Siegfried Janzen, ZDF-Intendant Karl Holzamer, aber auch Wolfgang Stresemann, der Intendant der Berliner Philharmoniker, und Bernhard von Loeffelholz.[23]

Schon zuvor war vereinbart worden, dass die Berliner Philharmoniker unter der Leitung von Herbert von Karajan ein Konzert anlässlich des Bankjubiläums geben würden. Als Reverenz an Ponto bot Karajan an, im Anschluss an das Konzert gemeinsam mit ihm vor das Publikum zu treten. Ponto war amüsiert, ließ sich aber nicht auf diesen Vorschlag ein. Seine Person wollte er nicht in den Vordergrund stellen. Angeblich soll er gesagt haben: «Das mache ich nicht, da denken die Leute ja, wer dirigiert denn heute?»[24] Das Konzert in der Berliner Philharmonie bildete neben dem Festakt in der Kongresshalle den Höhepunkt der Jubiläumsfeiern der Dresdner Bank. Es setzte auch neue Maßstäbe für Bankjubiläen. Nie zuvor hatte eine Bank in der Bundesrepublik ihr Jubiläum in einem derartigen Rahmen begangen.

Der Orchesterakademie der Berliner Philharmoniker lag die innovative Idee zugrunde, hochbegabte Nachwuchsmusiker nach dem zumeist solistisch ausgerichteten Studium auf die Tätigkeit in einem Spitzenorchester vorzubereiten. Die Ausbildung sollte nicht nur durch Einzelunter-

Abb. 26: Plattencover des Konzerts der Berliner Philharmoniker unter der Leitung von Herbert von Karajan anlässlich des 100-jährigen Jubiläums der Dresdner Bank am 11. 9. 1972

richt und in Zusammenarbeit mit der Berliner Hochschule für Musik und darstellende Kunst erfolgen, sondern auch durch Mitwirkung an Proben und Konzerten der Philharmoniker.[25] Geleitet wurde die Ausbildung von dem Dirigenten Herbert Ahlendorf, der Professor an der Berliner Musikhochschule war und dem Vorstand der Orchesterakademie angehörte. Unter einer großen Zahl von Bewerbern wurden im ersten Jahr zwölf Stipendiaten ausgewählt. Zwei Jahre später vergab die Orchesterakademie bereits 20 Stipendien. Im Oktober 1975 teilte Herbert von Karajan auf der Sitzung von Vorstand und Beirat mit, dass viele Stipendiaten der ersten Jahrgänge schon Engagements in Spitzenorchestern erhalten hatten.[26] Die Finanzierung der Orchesterakademie konnte durch Finanzierungszusagen des Stifterverbandes für die Deutsche Wissenschaft und des Berliner Senats langfristig gesichert werden.

Trotz seiner vielfältigen beruflichen Verpflichtungen übernahm Jürgen Ponto den Vorsitz des Beirats der Berliner Orchesterakademie. Sein Mitarbeiter von Loeffelholz trat in den von Karajan geleiteten Vorstand ein. In die Geschäfts- und Ausbildungstätigkeit war Ponto als Beiratsvorsitzender nicht eingebunden. Die Protokolle der gemeinsamen Sitzungen des Beirats und des Vorstands zeigen, dass er sich hier vor allem zu Finanzierungsfragen äußerte. Doch war es ihm in einer Sitzung beispielsweise auch ein Anliegen, festzustellen, dass «erfreulich viele Deutsche in der Akademie Aufnahme finden konnten». Bei dieser Sitzung waren sich Vorstand und Beirat darin einig, dass «der allzu geringe Musiker-Nachwuchs in Deutschland u. a. auch Folge unzureichenden Musikunterrichts an den Schulen sei».[27] Die Sitzungen des Beirats waren in der Regel mit dem Besuch von Proben oder Konzerten der Berliner Philharmoniker verbunden. Ponto und Karajan lernten sich aber nicht nur durch die Zusammenarbeit in der Akademie näher kennen. Sie trafen sich auch bei den Salzburger Festspielen und bei anderen Anlässen. Nach und nach kam es zu einer fast freundschaftlichen Verbindung. Wie sich Corinna Ponto erinnert, bestand zwischen ihrem Vater und Karajan eine «unausgesprochene Verbundenheit».[28]

Die Förderung der Berliner Orchesterakademie war bei weitem nicht die einzige Spende, die Ponto anlässlich des 100-jährigen Jubiläums der Dresdner Bank initiierte. Im Rahmen des Stifterverbands für die Deutsche Wissenschaft wurde damals ein eigener Stiftungsfonds Dresdner Bank AG gegründet, der mit 8 Mio. DM ausgestattet war. In diesen Fonds flossen dann je nach Ertragslage der Bank weitere Mittel. Die Zinsen sollten zur Förderung von Kunst, Bildung und Wissenschaft verwandt werden, zu 60 Prozent für Schwerpunkte des Stifterverbands und zu 40 Prozent für gemeinsam mit dem Stifterverband vereinbarte Projekte. Über diesen Fonds erhielt auch die Berliner Orchesterakademie die von der Dresdner Bank zugesagte Förderung von 1 Mio. DM in Form von fünf Jahresraten à 200 000 DM.[29]

Anders als die spätere Kulturförderung der Frankfurter Großbanken sollten die von Ponto initiierte Gründung des Stiftungsfonds Dresdner Bank und die generöse Spende an die Orchesterakademie der Berliner Philharmoniker nicht gesellschaftspolitische Verantwortung im Sinne einer Corporate Cultural Responsibility demonstrieren, zumal sie auf Exzellenz- und nicht auf Breitenförderung zielten.[30] Sie waren auch nicht als Imageförderung konzipiert und wurden nicht Teil des unter Ponto entstandenen neuen Images der Dresdner Bank, sondern entsprachen den Vorstellungen eines Mäzenatentums, das nicht auf wirtschaftlichen Nutzen ausgerichtet ist. Es hätte Ponto ferngelegen, die von ihm angestoßene Kulturförderung als eine Art Sponsoring zu verstehen, ein Geschäft auf Gegenseitigkeit. Für ihn gehörte das kulturelle Engagement zum Selbstverständnis eines Großbankiers und das keineswegs nur, weil er persönlich stark an Musik und Kunst interessiert war. Ponto war in dieser Hinsicht ein Vertreter des klassischen Bürgertums, das Wirtschaft und Kultur nie als Gegensatz angesehen hatte. Darin unterschied er sich nicht allzu sehr von Hermann Josef Abs.[31]

In einem Vortrag auf der Jahrestagung des BDI-Kulturkreises im Oktober 1973 verdeutlichte Ponto seine Vorstellungen von «Kunst und Wirtschaft in unserer Zeit». Künstler und Unternehmer hatten aus seiner Sicht manches gemeinsam. Sie kommen beide vom Handwerk her, üben beide eine gestaltende Tätigkeit aus und leben beide von Berufs wegen mit Risiken. Ponto ging dabei auch auf die Repressalien und die Verfolgung von Künstlern in Diktaturen ein. Für ihn stand fest, dass Künstler sich in dem Maße «den lauten Geistern der Ignoranz, der Intoleranz und letztlich auch der Unfähigkeit» entgegenstellen, in dem sie sich ihrer Freiheit bewusst sind. Im Verhältnis zwischen Künstlern und Unternehmern kam es für ihn nicht auf gegenseitige Geschäfte an, sondern auf gegenseitige Anregungen. Wohl aus seinen eigenen Erfahrungen heraus beurteilte Ponto die Chancen hierfür sehr optimistisch, indem er feststellte, «hier verringere sich eine Kluft, hier bewegten sich zwei aufeinander zu – und dies in einer Zeit, in der nahezu alles auseinanderstrebt».[32]

Als dieser Vortrag zwei Jahre später in der ersten Sammlung von Reden und Aufsätzen Pontos in Buchform veröffentlicht wurde, war es nicht nur medienbewusste Öffentlichkeitsarbeit in eigener Sache, dass er Auszüge gerade daraus in ganzseitigen Artikeln in der *Frankfurter Allgemeinen* und in der *Welt am Sonntag* publizieren ließ.[33] Ponto hatte offensichtlich ein echtes Interesse an der Verbreitung und Diskussion seiner Überlegungen. Dennoch war er offenbar überrascht, dass er damit einen Nerv getroffen hatte. *FAZ*-Herausgeber Jürgen Eick berichtete einige Tage nach dem Abdruck über das Erstaunen vieler Leser, dass ein Bankier einen Text verfassen konnte, der so weit von seinem eigentlichen Metier entfernt war. Ponto selbst wunderte sich einige Wochen später, dass «die Zustimmung allgemein war und die Kritik, die ich eigentlich erwartet hatte, auf dem Nullpunkt verblieb. Am erfreulichsten waren eigentlich die Äußerungen einiger Künstler, die offenbar in einer sehr einseitigen Ausrichtung nachdenklich geworden waren».[34]

Die Kritik an der «einseitigen Ausrichtung» zielte vielleicht nicht nur auf das Desinteresse von Künstlern an Wirtschaft, sondern auch auf die Gegenwartskunst selbst. In seinem Musik- und Kunstgeschmack war Ponto eher konservativ, an zeitgenössischer Kunst jedenfalls nicht sonderlich interessiert. Den Besuch einer Ausstellung von Kunst der sechziger Jahre im Kölner Wallraf-Richartz-Museum kommentierte er mit den Worten, dass «Kunst heute nicht mehr unbedingt der Ausweis eines Könnens, sondern weitgehend nichts anderes als die nachgewiesene Freude am Jux ist. Einmal mehr scheint mir sicher, dass wir früher oder später zu älteren bewährteren Maßstäben werden zurückkehren müssen, und je mehr sich die Dinge überschlagen, umso kürzer wird der Weg dorthin sein.»[35]

Persönlichkeit, Familie und Freunde

Durch seine Eigenschaften fiel Ponto in jeder Gesellschaft auf, unter Industriellen ebenso wie unter Künstlern und Politikern. Dies war in erster Linie nicht durch die Aura der Macht bedingt, die ihn seit der Ernennung zum Vorstandssprecher der Dresdner Bank umgab. Hervorstechend waren vor allem sein einnehmender Stil, sein kommunikatives Talent und seine vielfältigen Interessen, aber auch seine rhetorische Begabung und sein ausgeprägter Humor. Er trat mit einer natürlichen Souveränität auf, die nicht erlernt werden konnte, und gab sich eben nicht als «Mann des Geldes». Ponto war ein «Mann des Wortes» und ein Generalist im besten Sinne. «Er hätte jedes Amt bekleiden können, er wäre ein großer Regisseur im Theater geworden, weil er ein ungeheurer Generalist war, hochgebildet, humorvoll, analytisch und mit einer ungeheuren Sensibilität für Menschen» – so erinnert sich einer seiner engsten Mitarbeiter, Bernhard von Loeffelholz.[36] Corinna Ponto beschreibt ihren Vater als «menschenneugierig».[37] Andere erinnern sich daran, dass Ponto aus dem Stegreif brillante Reden halten konnte, dass er gerne Scherze trieb und einen ausgeprägten Sinn für Situationskomik hatte.[38] Seine Ausstrahlungskraft beruhte nicht zuletzt darauf, dass er anders sprach, als man dies von Bankiers gewohnt war, ohne deshalb überheblich zu wirken. So eröffnete er zum Beispiel einen Vortrag über «Perspektiven der Energiefinanzierung» vor der Mitgliederversammlung der Vereinigung Deutscher Elektrizitätswerke mit den Worten: «Besinnen wir uns auf den Ursprung. Am Anfang war der Diebstahl. Prometheus, der Titan, stahl aus dem Kreise der Götter das Feuer.»[39]

Umso erstaunlicher ist es, dass aus Pontos Zeit als Banksyndikus in Hamburg – und das war er immerhin 15 Jahre lang – keinerlei gesellschaftliche Auftritte bekannt sind. Über den Lebensstil, den er damals pflegte, ist nicht viel bekannt. So kann man nur vermuten, dass er damals viel Zeit der Familie und seinen persönlichen Interessen widmete. Die Sonntage verbrachte man, wie Corinna Ponto berichtet, oft mit klassischer Musik und Spaziergängen an der Alster oder am Elbufer.[40] Ihr Bruder Stefan erinnert sich an eine «sehr schöne Kindheit».[41] Da sich aus Pontos beruflicher Stellung in dieser Zeit keine öffentlichen Auftritte ergaben, glänzte er mit seinem rhetorisches Talent offenbar nur bei Familienfesten, wo er stets die Reden hielt.[42] Die Familie zog 1956 in ein kleines Haus im Stadtteil Othmarschen, in der Straße Elbblöcken, später dann in ein größeres Haus in der Kronprinzenstraße in Nienstedten.[43] Im Familienleben spielten Musik, Kunst und Literatur eine geradezu zentrale Rolle. Durch Ignes Ponto war das Haus musikalisch geprägt. Die Gespräche in der Familie Ponto drehten sich mehr um Musik und Kunst als um wirtschaftliche Fragen. Auch Jürgen Ponto interessierte sich als Privatmann mehr für diese Themen, wie sich seine Tochter Corinna erinnert: «Er kannte die Spielpläne von Theatern und Opernhäusern oder die Ausstellungspläne von Kunstmuseen im Land besser als die Aktienkurse oder Börsenberichte.»[44] Als Hobbys ihres Vaters nennt Corinna Ponto «Lesen, Theater, Reflexion».[45]

Für Ponto war ein enger Zusammenhang zwischen kulturellen Interessen und Familienleben geradezu selbstverständlich. Er hatte dies in seinem Elternhaus so erlebt und auch durch seinen prominenten Onkel, den Schauspieler Erich Ponto. Mit ihm hatte er im Schauspielhaus «die letzte Neujahrsnacht im heilen Dresden» verbracht. Erst in der langen Zeit in Dresdner Lazaretten nach seiner schweren Verwundung hatte Ponto nach eigener Darstellung wirklich «den Schlüssel zu diesem Teil der Familie und zu der großen Kunst und auch der großen Persönlichkeit von E. P.» entdeckt.[46] Es war ihm ein echtes Anliegen und keine PR-Aktion, dass er 1975 anlässlich des 90. Geburtstags des Onkels für die Städtischen Bühnen in Lübeck eine Büste des berühmten Schauspielers gießen ließ, zu deren feierlicher Übergabe sich die verschiedenen Linien der Familie Ponto trafen.[47]

Als begeisterter Theatergänger war Ponto von den Inszenierungen Peter Steins an der Berliner Schaubühne sehr angetan. Den Schauspieler

Peter Lühr soll er besonders geschätzt haben.[48] Ponto interessierte sich auch für Skulpturen und Malerei. Er war kein Kunstsammler, kaufte aber Bilder, unter anderem von Picasso und Chagall. In der klassischen Literatur war er geradezu umfassend bewandert. Von Goethe und Schiller konnte er ganze Passagen auswendig aufsagen. Sein Lieblingsautor war Thomas Mann, den er gerne und häufig zitierte.[49] Einer überlieferten Bücherbestellung mit 25 Titeln ist zu entnehmen, dass er sich auch für russische und lateinamerikanische Literatur interessierte.[50]

In Schmilau, einem Ort zwischen Mölln und Ratzeburg, nicht weit von der damaligen innerdeutschen Grenze, kaufte Ponto Anfang der sechziger Jahre ein kleines Wochenendhaus, in das er regelmäßig mit seiner Familie fuhr, wohin er sich aber auch gern allein oder mit Freunden zurückzog.[51] In der Nähe befanden sich die Wochenendhäuser einiger befreundeter Familien, darunter auch der Familie Schmitz. Es wurde viel gesegelt. Stefan Ponto erinnert sich an Schmilau als ein «Urlaubsparadies am Wochenende».[52] Eine Freizeitbeschäftigung, der Jürgen Ponto dort auch nachging, war die Jagd. Dies mag bei einem musisch interessierten Menschen auf den ersten Blick verwundern und doch war die Jagd ein Hobby, das er ausgesprochen gerne betrieb, während er sich für sportliche Betätigungen nie begeistern konnte. Allerdings scheint Ponto mehr im privaten Rahmen, mit Freunden oder Jagdaufsehern aus der Umgebung seines Wochenendhauses, auf die Jagd gegangen zu sein, weniger dagegen im gesellschaftlichen Rahmen, wie dies im deutschen Unternehmertum noch während der siebziger Jahre sehr verbreitet war.

Auch nachdem die Familie Mitte der fünfziger Jahre aus dem Elternhaus Pontos ausgezogen war, in dem sie zunächst gewohnt hatte, bestanden enge Beziehungen zu seinen Eltern, die weiterhin in der Magdalenenstraße lebten. Ein Jahr nachdem Ponto mit seiner Familie nach Bad Homburg umgezogen war, starb sein Vater. Das Haus in der Magdalenenstraße wurde vier Jahre später verkauft.[53] Besonders nahe stand Ponto auch seine Schwester Hanna, die den Ingenieur Günther Oesten geheiratet hatte und nun in Dänemark, im südjütischen Aabenraa (Apenrade), lebte.[54] Außer diesen nächsten Verwandten gab es von Seiten seiner Familie nur noch eine Kusine und einen Vetter, die beiden Kinder Erich Pontos, Eva Doering-Ponto und Klaus Ponto.[55] Ignes Ponto hatte eine weitaus größere Verwandtschaft als ihr Mann. Neben den vier jüngeren Geschwistern, die auf dem Gut Testorf aufwuchsen, zählten dazu ihre

Großmutter Leonore, die Geschwister ihrer Eltern und mehrere Vettern aus der Familie von Moltke. Ihr Bruder Matthias von Hülsen wurde später Arzt in Hamburg, ein anderer Bruder, Hans-Viggo von Hülsen, Chefjustitiar der Volkswagen AG. Mit Testorf blieb Ignes Ponto nicht nur durch ihre Geschwister verbunden, sondern auch durch die enge Freundschaft mit Maria von Abercron, die bei Kriegsende die von Hülsens auf diesem Gut aufgenommen hatte.[56] In Testorf heirateten Jürgen und Ignes Ponto, dort fanden auch die Taufen ihrer Kinder Stefan und Corinna statt und später war die Familie dort oft über ein Wochenende, zu Weihnachten oder an Silvester zu Besuch.[57]

Trotz seiner vielfältigen geschäftlichen Kontakte in Hamburg gehörte Ponto nicht zur vornehmen Gesellschaft der Elbvororte. Einen luxuriösen Lebensstil hätte sich die Familie auch gar nicht leisten können. Enge Verbindungen bestanden in der Hamburger Zeit und auch darüber hinaus zu den Jugend- und Studienfreunden. Pontos bester Freund blieb der frühere Klassenkamerad Walther Schmitz, der auch Pate seines Sohnes Stefan wurde. Zum Freundeskreis Pontos gehörten auch Kurt Moraht, ein weiterer Schulfreund, der Privatbankier Friedrich-Wilhelm Sloman («FriWi») und der Jurist Hans-Christian Albrecht, der Pate der Tochter Corinna.[58] Der engste Kreis von Verwandten und Freunden kam im April 1967 anlässlich von Stefan Pontos Konfirmation noch einmal in der Formation der Hamburger Zeit zusammen. Neben Jürgen Pontos Eltern, seiner Schwester Hanna mit ihrer Familie, Ignes Pontos Schwester Renate von Hülsen und ihrer Tante Leonie von Schierstaedt waren Maria von Abercron, Friedrich und Freya Marcks, Carl Viggo und Frede-Ilse Moltke, Adele Ingensand, Monika von Rittberg, geborene Moltke und natürlich auch Walther Schmitz als Pate mit seiner Frau Janna eingeladen.[59]

Auch als stellvertretendes Vorstandsmitglied der Dresdner Bank blieb Ponto zunächst noch in Hamburg. Erst 1966 zog die Familie nach Bad Homburg, wo sie in einem Haus in bester Lage, im Ellerhöhweg 9, wohnte. Dem Bankier dürfte es nicht leicht gefallen sein, das vertraute hanseatische Milieu zu verlassen, und die Tochter Corinna tat sich in der Volksschule mit der hessischen Mundart schwer, während ihr älterer Bruder in Bad Homburg das Kaiserin-Friedrich-Gymnasium besuchte. Ignes Ponto empfand den Wechsel als wohltuend. Das gesellschaftliche Umfeld im Vordertaunus erschien ihr, der in Berlin und Schlesien aufgewachsenen Musikerin, offener und nicht so ritualisiert wie in Hamburg.[60]

In ihrer neuen Umgebung wurden die Pontos denn auch als sehr aufgeschlossen wahrgenommen. Karl Gustaf Ratjen von der Metallgesellschaft, der sich damals rasch mit Ponto anfreundete, hatte den Eindruck, dass dieser Bankier «einen Hauch der großen Welt» mitbrachte und «gesellschaftlich völlig anders» war als die älteren Vorstandsmitglieder der Dresdner Bank.[61] Wie Ratjen, der selbst als Kunstsammler hervortrat, waren auch andere davon angetan, einen Bankvorstand kennenzulernen, der sich in Musik, Literatur und Kunst auskannte und der humorvoll unterhalten konnte. Doch anders als in Pontos Hamburger Zeit entstanden Freundschaften nun eben vor allem über berufliche Beziehungen. Und auch im Privatleben wurden nun an ihn Erwartungen gerichtet, die sich aus seiner Position als Vorstandsmitglied und später als Vorstandssprecher der Dresdner Bank ergaben. Ponto verstand es, zwischen Beruf und Privatleben gleichwohl zu trennen, doch betrat er nun, da es von ihm erwartet wurde, auch die gesellschaftliche Bühne – und das mit großer Wirkung.

Die neuen Freunde kamen aus leitenden Positionen der Wirtschaft, aus dem Adel oder aus alteingesessenen Bankiersfamilien. Neben Karl Gustaf Ratjen und seiner Ehefrau Annette, einer geborenen Gräfin Lambsdorff von der Wenge, standen Winrich Behr und seine Gattin den Pontos besonders nahe. Behr leitete das Frankfurter Unternehmen Telefonbau und Normalzeit, Lehner & Co., wohnte aber in Düsseldorf. Er war ebenfalls eine Persönlichkeit mit breiten Interessen und alles andere als ein typischer Karrierist.[62] Zum Frankfurter Freundeskreis Pontos gehörten auch Clemens-Heinrich Graf von Kageneck, der Geschäftsführer des Bankhauses Hardy & Co., und Nadine von Mauthner, eine Tochter des Bankiers Albert von Goldschmidt-Rothschild. Nachdem Ponto Vorstandssprecher der Dresdner Bank geworden war, fanden in seinem Haus Abendgesellschaften in großem Rahmen statt. Dabei boten die Gastgeber mehr als die üblichen Society-Treffs, wie man sie im Vordertaunus zur Genüge kannte. Jürgen und Ignes Ponto praktizierten auch einen eigenen Stil. Für die großen Einladungen gab es bestimmte «Formate». So stand im Juni ein «Tanz in den Sommer» auf dem Programm. Dabei handelte es sich um ein eher zwangloses Beisammensein, zu dem viele Freunde mit ihren Familien eingeladen wurden, darunter auch die alten

Weggefährten aus der Hamburger Zeit.[63] Einen besonderen Akzent setzten die Hauskonzerte, bei denen oft international renommierte Musiker spielten. Das große Hauskonzert fand in der Regel Anfang Dezember statt.[64] Ignes Ponto gab zudem auch in größerem Rahmen eigene Konzerte.[65]

Für die Einladungen wurde das Haus im Ellerhöhweg bald zu klein. Ponto sah sich nach einem größeren Anwesen um und entschied sich für eine Villa am Rand von Oberursel, die der Hoechst-Manager, BDI-Vizepräsident und FDP-Bundestagsabgeordnete Wilhelm Alexander Menne gebaut hatte und die nun zum Verkauf stand. Dieses Haus, das eine Grundfläche von rund 400 Quadratmetern hatte und von einem weiträumigen, knapp 10 000 Quadratmeter großen Grundstück umgeben war, fand Ponto nach der Erinnerung von Karl Gustaf Ratjen «einfach gut».[66] Dass Oberursel für einen Vorstandssprecher der Dresdner Bank damals kein so «standesgemäßer» Wohnort war wie Bad Homburg, scheint ihn weniger interessiert zu haben.

Am 10. Juli 1971, einem Samstag, fand im neuen Haus der Familie Ponto in der Oberhöchstadter Str. 69 in Oberursel der Einweihungscocktail statt. Auf der Gästeliste standen 135 Personen. Unter ihnen befanden sich der Aufsichtsratsvorsitzende der Dresdner Bank, Ernst Matthiesen, der frühere Vorstandssprecher Erich Vierhub sowie die Vorstandsmitglieder Helmut Haeusgen und Herbert Henzel, der Vizepräsident der Deutschen Bundesbank Otmar Emminger, der Vorsitzende des Vorstands der Frankfurter Wertpapierbörse Karl-Oskar Koenigs, Wilfried Guth vom Vorstand der Deutschen Bank, der Industrielle Herbert Quandt, der CDU-Politiker Walther Leisler Kiep und Freunde der Pontos wie die Ehepaare von Kageneck und von Mauthner sowie die Pianisten Christoph Eschenbach und Justus Frantz.[67]

Für die Prominenz aus Wirtschaft und Politik wurden Empfänge mit bis zu 150 Gästen veranstaltet. An einem Cocktailempfang, den die Pontos am 18. September 1975 gaben, nahmen beispielsweise Unternehmer wie Rudolf August Oetker, Peter von Siemens, Egon Steigenberger, Christian P. Henle (Klöckner & Co) und Herbert Grünewald (Bayer AG) teil, aber auch Bundesbankpräsident Karl Klasen, Staatssekretär Karl Otto Pöhl (SPD), der französische Generalkonsul Léon M. Bouvier und der Botschafter von Saudi-Arabien, Jamil Ibrahim Al Hejailan, der frühere CDU-Vorsitzende Rainer Barzel, der FDP-Politiker Heinz

Abb. 27a: Abendempfang zum 100-jäh-
rigen Jubiläum der Dresdner Bank am
11. September 1972

Abb. 27b: Corinna, Jürgen und Ignes
Ponto

Herbert Karry, der Frankfurter IHK-Präsident Fritz Dietz, der Privatbankier Michael Hauck und Generalmusikdirektor Christoph von
Dohnányi.[68] Bei den Geselligkeiten im Haus Ponto war auch der Hoch-
adel vertreten. Unter den Gästen befanden sich unter anderen der Prinz
und die Prinzessin von Hannover, der Prinz und die Prinzessin zu Sayn-
Wittgenstein, der Fürst und die Fürstin von Metternich wie auch der
Graf und die Gräfin Castell.[69] Zu einem erheblichen Teil handelte es
sich dabei allerdings um Adelige, die in der Wirtschaft tätig waren, und
somit auch um geschäftliche Kontakte.

Zu anderen Top-Managern der deutschen Wirtschaft hatte Ponto als
Vorstandssprecher der Dresdner Bank vielfältigste Verbindungen, doch
gingen diese nur in ganz wenigen Fällen über die geschäftliche Ebene
hinaus. Es bestanden keine engeren Freundschaften mit sogenannten
«Big Linkers» aus der Finanzwelt oder der Industrie, was auch damit
zusammenhing, dass Ponto eben nicht nach dem klassischen Muster der
Wirtschaftselite Karriere gemacht hatte. Unter den Größen der deutschen Industrie war es am ehesten noch der BDI-Präsident und lang-

jährige Thyssen-Chef Hans-Günther Sohl, der Ponto auch persönlich nahe stand. Sohl war ebenfalls musikalisch sehr interessiert und mehr noch als Ponto war er ein begeisterter Jäger. Mit der Dresdner Bank war er zudem über seinen Sohn verbunden, der dort arbeitete. Trotz mancher Übereinstimmungen gab es zwischen Ponto und Sohl auch deutliche Unterschiede. Anders als der BDI-Chef hielt sich Ponto aus politischen Auseinandersetzungen heraus, sofern sie nicht unmittelbare Interessen der Finanzbranche betrafen. Es hätte ihm auch fern gelegen, sich innerhalb des Unternehmerlagers durch eine öffentliche Parteinahme zu positionieren.

Pontos Talent lag darin, mit Industriellen, Bankiers und Politikern aus ganz unterschiedlichen Lagern gute Beziehungen zu unterhalten. Dies entsprach auch dem Habitus eines Großbankiers mehr, als in Konflikten Partei zu ergreifen. Doch Ponto verfügte über diese Fähigkeit in ungewöhnlichem Maße und war als Vorstandssprecher der Dresdner Bank wohl auch deshalb eine Idealbesetzung. Dabei kam ihm zugute, dass er nicht aus einem bestimmten «Stall» stammte. Durch die vielfältigen Kontakte nach allen Seiten konnte er wiederum den Nachteil ausgleichen, innerhalb der deutschen Wirtschaftselite über keine «Hausmacht» zu verfügen. In den konfliktreichen, von heftigen Auseinandersetzungen um die Wirtschaftspolitik und die Mitbestimmungsfrage gekennzeichneten Jahren der sozialliberalen Regierung Brandt/Scheel war ein Mann wie Ponto für alle Seiten ein gesuchter Ansprechpartner. Er verfügte über beste Kontakte zu Exponenten des konservativen Unternehmerlagers wie Axel Springer, Hans L. Merkle und Hans-Günther Sohl, traf sich aber auch regelmäßig mit dem einflussreichen Chef der Bank für Gemeinwirtschaft, dem Sozialdemokaten Walter Hesselbach. Als Ponto den Vorsitz im Aufsichtsrat des RWE übernahm, soll Hesselbach gesagt haben: «Herr Ponto ist mir auf jedem Posten und in jeder Ecke der Welt willkommen.»[70]

Mit den anderen Vorstandsmitgliedern der Dresdner Bank hat Ponto offenbar stets gut zusammengearbeitet. Sympathien hegte er besonders für seinen Vorgänger Erich Vierhub und für Herbert Henzel, eines der dienstältesten Vorstandsmitglieder, doch handelte es sich dabei nicht um persönliche Freundschaften. Seinen Respekt genoss Wolfgang Röller, den er innerhalb der Dresdner Bank für den besten Kenner des Kapitalmarkts hielt.[71] Kein einziges Vorstandsmitglied ist in der Ära Ponto vorzeitig ausgeschieden. Auch zu seinen Assistenten Zapf, Jürgensen, Schuldt und Schaeling hatte Ponto offenbar stets ein gutes Verhältnis. Vorstandsmitglieder anderer Banken zählten nicht zum persönlichen Freundeskreis. Auf den Gästelisten der Einladungen im Haus Ponto finden sich nur wenige von ihnen wie Wilfried Guth von der Deutschen Bank, nicht aber die Vorstandssprecher der Deutschen Bank und der Commerzbank. Zu Hermann Josef Abs, dem Aufsichtsratsvorsitzenden der Deutschen Bank und Primus der deutschen Finanzwelt, hatte Ponto ein gutes, aber keineswegs enges Verhältnis. Beide verband ihr großes Interesse für Musik und Kunst.[72] Man respektierte sich und traf sich gelegentlich auch privat, im Anschluss an ein Konzert oder bei Einladungen der Ratjens – Karl Gustaf Ratjen war ein Vetter der Gattin von Abs.[73] Beide Bankiers hatten jedoch ein ganz unterschiedliches Naturell. Abs' kühl-distanzierte, von vielen auch als arrogant empfundene Art lag Ponto fern.

Obwohl sich Ponto mit politischen Stellungnahmen, abgesehen von wirtschaftspolitischen Fragen, zurückhielt, war er ein politisch denkender Mensch mit einem großen Interesse an der Geschichte, besonders der Zeitgeschichte. Dass er das 100-jährige Jubiläum der Dresdner Bank nicht in Frankfurt, sondern in Berlin begehen ließ, diente auch dem Zweck, den Gästen aus dem Ausland die Lage der geteilten Stadt vor Augen zu führen.[74] Als er den Jahreswechsel 1976/77 mit seiner Familie in Berlin verbrachte, fuhr man um Mitternacht an das Brandenburger Tor und besichtigte am Neujahrstag dann das Zentrum von Ost-Berlin mit dem früheren Hauptgebäude der Dresdner Bank.[75] «Die Teilung Deutschlands war ein fast fanatisch empfundener Schmerz für meinen Vater», erinnert sich Corinna Ponto.[76] Ponto bewunderte die USA, nicht wegen ihres ganz anderen Bankensystems und der dortigen Wirtschaftsauffassung, sondern aus Begeisterung für den Geist der Freiheit und Unabhängigkeit, der für ihn aus der amerikanischen Revolution und der amerikanischen Verfassung sprach. «Wer Freiheit sagt, meint Amerika», betitelte er 1976 geradezu euphorisch einen Vortrag vor dem Bremer Tabakkollegium, der ausführlich in der *Welt* wiedergegeben wurde. Darin rühmte Ponto die USA als «Republik des Vertrauens in die Kraft des einzelnen und des Misstrauens in jede staatliche Kompetenz», als idealen Ort der Freiheit und Verantwortung des Individuums, ohne dabei aber Rassendiskriminierung, soziale Ungleichheit

Abb. 28: John McCloy, Jürgen Ponto und Stefan Ponto in Princeton, März 1977

oder außenpolitische Fehlentscheidungen zu übergehen, und er erinnerte auch an die gegenseitige Abhängigkeit der USA und Europas.[77] Insofern war es bezeichnend, dass er ein Treffen mit seinem in den USA studierenden Sohn Stefan im März 1977 – es sollte das letzte Wiedersehen sein – für eine gemeinsame Reise zu einer Tagung an der Princeton University nutzte, wo unter Leitung des früheren amerikanischen Hochkommissars in Deutschland John J. McCloy über weltpolitische Fragen diskutiert wurde.[78]

Im Unterschied zu seinem Vorgänger Erich Vierhub, dem Aufsichtsratsvorsitzenden Ernst Matthiesen und vielen anderen prominenten Bankiers konnte sich Ponto nicht für den Golfsport begeistern.[79] Dagegen ging er, wie schon in Hamburg, auch als Vorstandssprecher gerne auf die Jagd. Die Jagdhütte der Dresdner Bank in Ober-Sensbach im Odenwald diente zwar auch in den siebziger Jahren noch gelegentlich für Jagdeinladungen an wichtige Geschäftspartner der Dresdner Bank oder ihrer nahegelegenen Filialen. Sie war für ihn aber vor allem ein Ort, an den er sich zurückziehen konnte. Aus der Bekanntschaft mit dem dortigen Jagdaufseher, Oberförster Rudi Engelter, entwickelte sich im Laufe der Jahre ein fast freundschaftliches Verhältnis.[80] So waren Engelter und seine Frau mehrfach zu großen Abendgesellschaften in Pontos Villa in Oberursel eingeladen. Ponto scheint es genossen zu haben, sich im Sensbachtal ganz unprätentiös verhalten zu können. Wie sich der ehemalige Bürgermeister der Gemeinde erinnert, saß der Bankier öfters «nach den Sitzungen der Jagdgenossenschaft noch mit den Bauern bei einem Glas Schnaps zusammen».[81] Ponto hatte offenbar einen guten Kontakt zu den dortigen Landwirten und soll mit seinem Mercedes auch öfter angehalten haben, um den Briefträger ein Stück weit mitzunehmen.[82]

Ein besonders religiöser Mensch war Jürgen Ponto nicht. Kirchgänge waren in der Familie nur an Ostern und an Weihnachten üblich, doch war dem Bankier nach Ansicht seines Sohnes Religion «aus philosophischen Gründen» wichtig und zumindest an Weihnachten las er aus der Bibel vor.[83] In den letzten Jahren ging er zu seiner Landeskirche, der Evangelischen Kirche in Hessen und Nassau, zunehmend auf Distanz. Ausschlaggebend dafür waren offenbar politische Gründe, insbesondere die Haltung der Landeskirche gegenüber dem Apartheid-Regime in Südafrika, für die Ponto kein Verständnis hatte, weil er befürchtete, dass eine internationale Isolierung dieses Landes Reformen verhindern würde.[84] Auf Drängen seiner Frau wechselte er damals gemeinsam mit ihr in die Selbständige Evangelisch-Lutherische Kirche, eine konservativ ausgerichtete, altkonfessionelle Bekenntniskirche, mit deren Gemeindepfarrer in Oberursel, Friedrich Burmeister, er sich gut verstand und die er 1974 mit einer privaten Spende für ein Gemeindezentrum von immerhin 25 000 DM unterstützte.[85]

Trotz seines hohen Arbeitspensums nahm Jürgen Ponto oft und gerne private Einladungen an, so dass Freunde wie die Ratjens den Eindruck gewannen, er hätte «eigentlich immer viel Zeit».[86] Ein ganz anderes Bild ergibt sich aus den überlieferten Briefen und aus Berichten der Familie. So erinnert sich die Tochter noch lebhaft daran, in welchem Umfang ihr Vater Arbeit mit nach Hause nahm: «Das Nach-Hause-Kommen meines Vaters sah, wenn er denn nach Hause kam, in etwa so aus: Ihm voraus wurden, wie eine kleine Hausgarde, ca. zehn bis zwölf schwarze sperrigdicke Aktentaschen ins Haus getragen, um am nächsten Morgen in umgekehrter Reihenfolge das Haus wieder zu verlassen.»[87] Im Juli 1970 schrieb Ponto an den befreundeten Diplomaten Claus von Kameke:

Abb. 29: Ignes und Jürgen
Ponto 1973 in Tokio

«Diese eigentlich nur tageweise Ferien sind unser Schicksal geworden;
keiner bereut dieses Versagen aller unserer Pläne so sehr wie ich.»[88] Obwohl er oft über seinen vollen Terminkalender klagte, hatte seine Umgebung nicht den Eindruck, dass er wirklich darunter litt. Er verstand es
offenbar, seine Zeit einzuteilen, und bei der Terminplanung wie auch bei
der Aktendurchsicht Wichtiges von Unwichtigem zu unterscheiden.
Wenn er an Reden schrieb, bedeutete dies für ihn höchste Konzentration. Dabei durfte ihn auch die Familie nicht stören.[89]

Öfter machte die Familie Urlaub in dem Ferienhaus auf Gran Cana-
ria, das Ponto gekauft hatte, neben der Finca von Justus Frantz und
Christoph Eschenbach.[90] Die Familie verbrachte auch Reiterferien auf
Sylt – dort soll sich Ponto das Rauchen abgewöhnt haben –, reiste nach
Italien und Griechenland, und wenn irgend möglich besuchte das Ehe-
paar Ponto jedes Jahr die Festspiele in Salzburg und Bayreuth. Ignes
Ponto begleitete ihren Mann auch auf einigen größeren Geschäftsreisen,
etwa nach Brasilien. Dabei war dem Ehepaar allerdings nur wenig Frei-

zeit vergönnt, da man so schnell wie möglich zurückfliegen musste. Co-
rinna Ponto begleitete ihren Vater zweimal nach Moskau. Eine längere
Urlaubsreise durch Südamerika, die auch nach Ecuador, in Pontos alte
Heimat, führen sollte, hatte die Familie für August 1977 geplant. Diese
Reise konnte nicht mehr angetreten werden.[91]

Von Pontos Hobbys wusste die Presse neben seiner Liebe zur Musik
zu berichten, dass er gerne in den Taunuswäldern spazieren ging, zusammen mit seinen beiden Rauhaardackeln, und seltene Steine sammelte.[92]
Ein Luxusleben im Jetset zwischen St. Moritz und Saint-Tropez lag dem
Bankier fern, über den die *BILD*-Zeitung schrieb, dass er «wie ein
Hohenzollern wirkt und nicht wie ein Frankfurter Geldkaufmann».[93]
Seinem Stil blieb Ponto auch auf Geschäftsreisen treu. In einem Porträt
über ihn, das 1976 erschien, heißt es: «Obschon der Banker sich die
meiste Zeit auf der Straße und in der Luft aufhält, im Londoner ‹Cla-
ridge›, in Hamburgs ‹Atlantic› oder im Teheraner ‹Hilton› logiert, hat er
sich zur Anreise per Luft keinen firmeneigenen Jet zugelegt wie etwa
Krupps Beitz, Springers Tamm oder Otto Wolff. Ponto fliegt Linie oder
lässt sich im 3,5-Mercedes chauffieren, der freilich im traditionellen Grün
der Dresdner Bank lackiert ist.»[94]

Obwohl Ponto durch seine beruflichen Verpflichtungen häufig von
der Familie getrennt war, erlebten ihn seine Kinder nicht als «abwesen-
den Vater».[95] Sie erinnern sich daran, in einer geborgenen Atmosphäre
aufgewachsen zu sein, die ihnen auch durch den Lebensstil im Elternhaus vermittelt wurde. Es war, wie die Tochter Corinna später schrieb,
«ein angenehmes, lebendiges, fast leicht-lässiges Frankfurter Bürgertum,
das bei uns zu Hause gelebt wurde – mit Gästen aus Politik und Kultur».[96]

Beide Kinder schlugen dann eigene und ganz unterschiedliche Wege
ein, ohne dass die Eltern darauf direkten Einfluss genommen hätten.
Ponto hatte nie vor, seine Kinder auf ein Eliteinternat zu schicken. Der
Sohn Stefan bestand noch das Abitur, während die Familie in Bad Homburg wohnte. Beim Umzug nach Oberursel war er bereits 20 Jahre alt. Er
ging noch im selben Sommer nach Pakistan, um dort an einem Stau-
damm-Projekt von Hochtief mitzuarbeiten, und war ab 1972 «praktisch
nicht mehr zu Hause». Nach dem Wehrdienst absolvierte er eine Bank-
lehre bei M. M. Warburg-Brinckmann, Wirtz & Co. und ein Trainee-
programm bei der ABD Securities in New York. Doch richtete sein Vater
nie die Erwartung an ihn, Bankier zu werden. Vielmehr hat Jürgen

Ponto in keiner Weise versucht, die Berufswahl seines Sohns zu beein-flussen, wie sich dieser erinnert.[97] Stefan Ponto entschloss sich denn auch, ein Geologiestudium an der Colorado School of Mines in Denver aufzunehmen. Nach dem Studium ging er zunächst zur Chase Manhattan Bank, in das «Mining and Metals» Department. Später war er für die Investmentbank Dresdner Kleinwort Wasserstein in New York tätig.[98] Seine sechs Jahre jüngere Schwester Corinna lebte bis zum Beginn ihres Studiums bei den Eltern in Oberursel. Sie folgte der künstlerischen Ader der Familie und erhielt wohl auch durch häufige Theater- und Opernbe-suche mit ihren Eltern viele Anregungen. Nach dem Abitur hospitierte sie an der Frankfurter Oper. Später studierte sie, zunächst in Berlin, dann in New York, Theater und Musik und ließ sich zur Sängerin ausbil-den.[99]

8. Tod und Nachleben

Der Mord

Im Frühjahr 1977 geriet Jürgen Ponto ins Visier der Terroristengruppe Rote Armee Fraktion (RAF), deren Verbrechen damals mit der Ermordung des Generalbundesanwalts Siegfried Buback einen neuen Höhepunkt erreicht hatten. Dass Ponto zur Zielscheibe der Terroristen wurde, hing nicht nur mit seiner Prominenz als einer der führenden Vertreter der deutschen Wirtschaft zusammen. Die RAF konnte sich zu ihm auch leicht Zugang verschaffen, da eines ihrer Mitglieder, Susanne Albrecht, aus einer mit den Pontos seit langem befreundeten Familie stammte. Susanne Albrechts jüngere Schwester Julia war ein Patenkind Jürgen Pontos und ihr Vater Hans-Christian Albrecht, ein angesehener Hamburger Anwalt für Seerecht, war der Pate Corinna Pontos.[1] Susanne Albrecht hatte sich während ihres Studiums zunächst in der Hausbesetzerszene bewegt, war dann mit einer Sympathisantenorganisation der RAF, dem «Komitee gegen Folter an politischen Gefangenen in der BRD», in Kontakt gekommen und hatte sich 1976 den Terroristen angeschlossen. Bei der RAF fand die charakterlich labile Anwaltstochter zunächst wenig Beachtung. Das änderte sich, als sie von der Freundschaft zwischen ihrer Familie und der Familie Ponto berichtete. Die RAF begann daraufhin, einen Anschlag auf Ponto zu planen, und Susanne Albrecht erklärte sich bereit, den Zugang zum Privathaus des Bankiers ermöglichen.[2] Den späteren Ermittlungen zufolge hatten die Terroristen vor, Ponto aus seinem Haus zu entführen, um Lösegeld zu erhalten oder ihre in Stuttgart-Stammheim inhaftierten Mordgenossen freizupressen.[3] Allerdings muss bezweifelt werden, ob dies wirklich das Ziel war, denn das RAF-Kommando hatte offensichtlich keine Vorstellung davon, wie die Entführung eines Mannes von der Statur Pontos aus einem Privathaus bewerkstelligt werden könnte.[4]

Rückblickend scheint es schwer verständlich, dass der Vorstandssprecher der Dresdner Bank nicht besser geschützt war. Pontos Haus in Oberursel war durch einen Maschendraht umzäunt und durch eine Alarmanlage gesichert, die jeder Einbrecher leicht überwinden konnte.[5] Doch unter den Spitzen der deutschen Wirtschaft war es zu dieser Zeit noch allgemein üblich, ohne Personenschutz und Panzerglas zu leben, da man nicht mit einem Anschlag in einem Privathaus rechnete. Der Terror der RAF hatte sich bis dahin durchweg gegen Repräsentanten des Staats und der Justiz oder gegen Einrichtungen der US-Armee gerichtet. Allerdings gab es in den Chefetagen der deutschen Wirtschaft dunkle Vorahnungen. Es war fast zu erwarten, dass über kurz oder lang auch ein Anschlag auf einen führenden Industriellen oder Bankier erfolgen würde, und darüber wurde ganz offen gesprochen, auch von Ponto. In der ihm eigenen Art soll er gesagt haben, Oberursel sei «keine Millionärsgegend und darum auch nicht so gefährdet».[6] Tatsächlich hat er sich durchaus Gedanken über einen möglichen Anschlag gemacht. Dem damaligen Wirtschaftsminister Friderichs sagte Ponto im Frühjahr 1977, er habe im Rahmen des Möglichen vorgesorgt, werde sich aber nicht widerstandslos der Gewalt beugen.[7] Schon im Juni 1976 hatte der Bankier ein «Tarnkennzeichen» für seinen Mercedes zugeteilt bekommen.[8] Schärfere Sicherheitsmaßnahmen wurden aber selbst dann nicht ergriffen, als einer der Hunde der Familie Ponto auf dem Grundstück erschossen worden war – was sich kurze Zeit vor dem Anschlag der RAF ereignete.[9] Die beiden anderen Hunde, zwei Dackel, boten ebenso wenig Schutz wie die Alarmanlage. Doch selbst die beste Sicherungstechnik hätte in diesem Fall gegen die Perfidie der Täter nichts ausrichten können. Ponto hätte die Tochter seines alten Freundes Hans-Christian Albrecht auch dann in sein Haus eingeladen, wenn dieses hermetisch gesichert gewesen wäre.

Als Susanne Albrecht am 30. Mai 1977 die Familie Ponto besuchte und über Nacht blieb, konnte dort niemand ahnen, welche Absichten sie hatte. Allerdings hätten die Gastgeber rechtzeitig gewarnt werden können, denn Albrechts Zugehörigkeit zur RAF war sowohl ihren Eltern als auch dem Staatsschutz bekannt. Die Eltern Albrecht hielten es aber nicht für erforderlich, die Freunde in Oberursel darüber zu informieren, und den Staatsschützern war entgangen, dass Susanne Albrecht Ponto kannte.

So wurde Susanne Albrecht von der Familie Ponto freundlich empfangen, auch wenn der Kontakt mit ihr nicht gerade eng war und ihr letzter Besuch schon mehrere Jahre zurücklag. Es kam auch kein Verdacht auf, als sich Albrecht bei einem weiteren Besuch einige Wochen später nach den Sicherheitsvorkehrungen im Haus erkundigte. Damals dürfte sie erfahren haben, dass das Ehepaar Ponto beabsichtigte, Ende Juli eine längere Südamerikareise anzutreten. Das Terroristenkommando, das den Anschlag plante, sah sich nun wohl unter Zugzwang und wollte noch vor Beginn dieser Reise losschlagen.[10]

Als Susanne Albrecht am 29. Juli abends bei der Familie Ponto anrief und dringend «Onkel Jürgen» sprechen wollte, wurde sie gebeten, ihren Besuch auf den nächsten Nachmittag zu verschieben. Der Besuch kam ungelegen, da das Ehepaar mit den Vorbereitungen für die Südamerikareise alle Hände voll zu tun hatte und die Tochter sich zu einem vierwöchigen Studienaufenthalt in London befand, doch wollte man Susanne Albrecht ihre Bitte nicht abschlagen.[11] Am 30. Juli nachmittags waren die Koffer bereits gepackt, als Albrecht gegen 17 Uhr an der Haustür klingelte. Pontos Chauffeur Jürgen Mayer, der sich wegen der bevorstehenden Fahrt zum Flughafen im Haus befand, öffnete die Tür. Dass Albrecht nicht alleine kam, sondern noch zwei Personen in ihrer Begleitung hatte, erweckte keinen Argwohn. Die jungen Leute machten einen passablen Eindruck, trugen sportlich-elegante Kleidung und brachten einen Strauß Rosen mit.[12] Es war schlichtweg nicht vorstellbar, dass die Besucher Waffen bei sich trugen und dass es sich bei Albrechts Begleitern um die Topterroristen Brigitte Mohnhaupt und Christian Klar handelte.

Als das getarnte RAF-Kommando in seinem Haus eintraf, telefonierte Ponto gerade mit einer Schwester seiner Frau. Er gab das Gespräch an seine Gattin weiter, begrüßte die Gäste, führte sie über die Terrasse des Hauses ins Esszimmer und machte sich daran, eine Vase für die überreichten Strauchrosen zu holen. Ignes Ponto setzte währenddessen das Telefongespräch von einem Apparat im Wohnzimmer fort. Sie konnte von dort aus ins Esszimmer sehen, war aber für die Terroristen nicht zu erkennen, da sie hinter einem Kaminvorsprung saß und die Fensterläden wegen der bevorstehenden Reise bereits geschlossen waren.[13] Ignes Ponto wurde so zur Zeugin des Mordes an ihrem Mann, doch war ihr die Sicht versperrt. Da sich die Mörder dazu nie geäußert

haben, ließen sich später nicht alle Fragen zum genauen Hergang der Tat
klären.

Sicher ist, dass Klar sofort eine Pistole auf Ponto richtete, nachdem
dieser zu den Besuchern ins Esszimmer gegangen war. Er schrie dabei so
etwas wie «Mitkommen, das ist eine Entführung».[14] Ponto antwortete:
«Sie sind wohl wahnsinnig geworden», und versuchte, Klars Arm wegzu-
drücken.[15] In diesem Moment schoss Klar. Mohnhaupt gab dann fünf
weitere Schüsse auf den schutzlosen Bankier ab. Von mehreren Kugeln
im Kopf und im Körper getroffen, sank Ponto auf den Boden. Die Attent-
täter flüchteten anschließend über die Terrasse und entkamen mit einem
VW-Bus, den das RAF-Mitglied Peter-Jürgen Boock vor dem Haus be-
reitgehalten hatte.[16]

Für Jürgen Ponto kam jede Hilfe zu spät. Er wurde mit einem Hub-
schrauber in die Neurochirurgische Klinik nach Frankfurt gebracht.
Dort starb er gegen 18.40 Uhr, etwa eineinhalb Stunden nach dem
Mordanschlag.

In Oberursel begann wenige Minuten nach dem Attentat die Fahn-
dung nach den Tätern. Polizeibeamte lösten eine Großfahndung aus,
sicherten Spuren und riegelten das Haus ab. Ein Pfarrer stand Ignes
Ponto bei. Die Tochter Corinna, die gerade im Rahmen eines Prakti-
kums in London war, wurde mit einer Chartermaschine zurückgeholt.
Wie sie sich erinnert, war es für sie «kein Nach-Hause-Kommen, sondern Ankunft an einem Tatort».[17] Die örtliche Polizei war zunächst von
einer unpolitischen Tat ausgegangen, weil sie keine Kenntnis von Susanne
Albrechts RAF-Zugehörigkeit hatte. Das Landeskriminalamt arbeitete
wiederum nicht mit dem Bundeskriminalamt zusammen, das nicht von
den Ermittlern, sondern aus den 19-Uhr-Nachrichten des ZDF von dem
Mord erfuhr. Erst jetzt, zwei Stunden nach den Schüssen auf Ponto,
wurde klar, dass es sich um einen terroristischen Anschlag handelte. Ein
Bekennerschreiben der RAF ging zwei Wochen später bei mehreren Zei-
tungen ein. Es war von Susanne Albrecht unterzeichnet.[18]

Schon bald wurde vermutet, dass Ponto erschossen worden war,
weil er sich gegen die geplante Entführung gewehrt hatte. Dafür sprach
auch, dass der Bankier in den vorangegangenen Monaten angesichts
des eskalierenden Terrors der RAF immer wieder erklärt hatte, er werde
sich in einer derartigen Situation nicht widerstandslos ergeben.[19] Ignes
Ponto sagte als Zeugin des Mords vor Gericht aus, dass ihr Mann ver-

sucht hätte, sich zu wehren. Später widersprach Susanne Albrecht dieser Darstellung. Während des gegen sie geführten Prozesses erklärte sie, dass es nicht zu einer energischen Gegenwehr gekommen sei. Klar und Mohnhaupt hätten nicht in Panik, sondern vorsätzlich gemordet, obwohl beide ihr zuvor versichert hätten, eine unblutige Entführung zu planen. Allerdings ist Albrechts Aussage nicht unbedingt glaubwürdig, weil sie während des Prozesses darauf setzte, in den Genuss der Kronzeugenregelung zu kommen und jede eigene Beteiligung an einem Mord abzustreiten, um nicht zu einer lebenslangen Freiheitsstrafe verurteilt zu werden.[20]

Die Nachricht vom Mord an Jürgen Ponto schockierte ein ganzes Land. Nachdem wenige Monate zuvor Generalbundesanwalt Buback und zwei seiner Begleiter ermordet worden waren, schien es so, als sei die Elite der Bundesrepublik hilflos dem Terror der RAF ausgeliefert. Hinzu kam das Entsetzen über den arglistigen Verrat durch eine Person aus dem persönlichen Umfeld, den die *Süddeutsche Zeitung* treffend als «Perfektion der Heimtücke» bezeichnete.[21] In der *Frankfurter Allgemeinen Zeitung* wies Jürgen Eick darauf hin, «daß das Attentat einem Mann galt, der gar nicht in der politischen Schußlinie steht, der wahrscheinlich weniger Feinde hatte als sonst irgendeiner der großen Männer unserer Tage».[22] Bernd Baehring schrieb in seinem später oft zitierten und von der Dresdner Bank mehrfach nachgedruckten Gedenkartikel in der *Börsen-Zeitung*: «So teuflisch wie Jürgen Ponto ist noch keiner als Opfer ausgesucht, so heimtückisch wie er noch keiner überfallen worden … Jürgen Ponto hat sterben müssen, weil er ein Mann war, der gebraucht worden ist wie kaum ein anderer.»[23]

Während der Fahndungsapparat auf Hochtouren lief, kam in Bonn die Überlegung auf, Ponto durch einen Staatsakt oder ein Staatsbegräbnis zu ehren, was dem Protokoll nach nur für Angehörige des öffentlichen Dienstes vorgesehen war. Von solchen Plänen wurde bald wieder Abstand genommen, weil die Bundesregierung mit weiteren Terroropfern rechnen musste und keinen Präzedenzfall schaffen wollte.[24] Der Vorstand der Dresdner Bank beschloss in Abstimmung mit der Bundesregierung, am 5. August eine offizielle Trauerfeier für Ponto in der Frankfurter Paulskirche abzuhalten. Für die Organisation der Trauerfeier wurden Komitees unter der Leitung von Bernhard von Loeffelholz (Protokollfragen) und Rudi Puchta (Technischer Ablauf) gebildet.[25]

Abb. 30: Schweigemarsch in der Frankfurter Innenstadt am 4. August 1977

Der Sarg wurde am 3. August in der St.-Johannes-Kirche in Oberursel aufgebahrt. Dort nahmen der Vorstand der Dresdner Bank und die
engeren Mitarbeiter Pontos von ihm Abschied. Einen Tag später fand im
Kreis der Familie eine Trauerfeier in der Kirche von Unter-Sensbach im
Odenwald statt. Anschließend wurde Ponto auf dem Waldfriedhof von
Ober-Sensbach beigesetzt. Kurz vor seinem Tod hatte er hier eine Grabstätte erworben, offenbar jedoch nicht in einer Art von Vorahnung.[26]
Ponto fühlte sich dieser Gegend so verbunden, dass er nicht in Hamburg, Frankfurt oder Oberursel begraben sein wollte, sondern hier, an
einem stillen Ort im Odenwald, in unmittelbarer Nähe der Jagdhütte.
Auch einen Grabstein hatte er schon ausgesucht: einen schlichten Find-
ling aus dem Sensbachtal.

Das deutsche Bankgewerbe erwies Ponto noch vor der offiziellen
Trauerfeier die letzte Ehre. Die Verbände der Kreditwirtschaft empfah-
len ihren Mitgliedern, am 4. August 1977 um elf Uhr für eine Stunde die
Schalter zu schließen und den Tag über Halbmast zu flaggen.[27] In den

Abb. 31: Trauerfeier in der Paulskirche am 5. August 1977 (v. l.: Helmut Schmidt, Ignes Ponto, Walter Scheel, Corinna Ponto, Stefan Ponto, Bernhard Vogel)

Geschäftsstellen der Dresdner Bank wurde der bereits erwähnte Nachruf von Bernd Baehring auf Jürgen Ponto verlesen. Mehr als 4000 Bankangestellte beteiligten sich an einem Schweigemarsch durch die Frankfurter Innenstadt.[28]

Am 5. August nahmen Politik, Wirtschaft und Öffentlichkeit mit einer Trauerfeier in der Paulskirche von Ponto Abschied. Unter den mehr als 900 geladenen Gästen befanden sich Bundespräsident Scheel, Bundeskanzler Schmidt, die Präsidenten des Bundesrats und des Deutschen Bundestags, drei Bundesminister und zahlreiche Ministerpräsidenten sowie Minister, Notenbankpräsidenten und Botschafter aus mehreren Ländern. Es sprach zunächst Hermann Richter, der Aufsichtsratsvorsitzende der Dresdner Bank, dann folgten Ansprachen von Bundeswirtschaftsminister Hans Friderichs, Bundesbankpräsident Otmar Emminger und des Vorsitzenden des Gesamtbetriebsrats der Dresdner Bank, Heinz Wichter. Anschließend trug die Schauspielerin Edith Heerdegen, die langjährige Lebensgefährtin Erich Pontos, Gedichte von Hermann Hesse und Matthias Claudius vor.[29] Die im Fernsehen live übertragene

Trauerfeier endete mit Chören und Arien aus Händels «Messias». Ignes Ponto beschrieb später, was sie damals empfand: «Ich bin ein Stein in der Paulskirche. Die Feier gleicht einem Staatsbegräbnis, die Menschen sind wie ein Wall vor der Kirche – ich spüre nichts mehr.»[30]

Einen besonders nachhaltigen Eindruck hinterließ die Trauerrede von Hans Friderichs, der als Vertreter der Bundesregierung sprach. Dem Minister gelang es, den richtigen Ton zu treffen, obwohl er sich nur kurz hatte vorbereiten können, da er aus dem Urlaub geholt worden war. Er würdigte in bewegenden Worten Pontos Persönlichkeit und erinnerte an die Prinzipien des ermordeten Bankiers. Dabei bezog sich Friderichs auch auf dessen brillante Rede anlässlich des Bankjubiläums von 1972: «Zum 100jährigen Jubiläum der Dresdner Bank hat Jürgen Ponto Sätze gesagt, die uns alle verpflichten und in denen sich nun sein eigenes Schicksal erfüllt hat. Sie lauten: ‹Diese Welt ist mit Trümmern übersät worden, weil der Verstand nicht mehr zu Wort kam. Bleiben wir also nüchtern, und treten wir hier und überall, wo in der Welt das nottut, dafür ein, den Verstand, die Vernunft wieder in ihren Rang einzusetzen.›»[31]

Wenige Stunden nach der Trauerfeier in der Paulskirche kam es auf dem Grundstück der Villa Pontos in Oberursel zu einem Zwischenfall. In einem Schuppen am Haus wurde ein Brand gelegt, der zwar schnell gelöscht werden konnte, doch die Täter blieben unerkannt, obwohl das Grundstück von der Polizei überwacht wurde. Als Ignes Ponto davon erfuhr, brach sie vollends zusammen. Sie hatte jetzt, wie sie später schrieb, nur noch einen Gedanken: «Fort, fort, fort, aus diesem kranken Land, aus diesem Wahnsinn!»[32] Die Witwe hatte nun auch Angst um ihr Leben, da sie die einzige Augenzeugin des Mords an ihrem Mann war und die RAF damit rechnen musste, dass sie die Mörder identifizieren konnte. Ignes Ponto wurde Schutz durch eine Spezialeinheit angeboten, doch wollte sie nicht mit Leibwächtern leben und verließ Deutschland nun so schnell wie möglich. Am Tag nach der Trauerfeier flog sie mit ihren Kindern und ihrem Bruder Matthias von Hülsen nach London.[33] Wenige Tage später traf die Familie bei Freunden in San Francisco ein. Nach einigen Wochen in Kalifornien und einer Reise zu den Verwandten in Ecuador gelang es, über einen Freund eine Wohnung in New York zu mieten, in der Ignes Ponto dann mit ihren Kindern lebte. Stefan Ponto unterbrach für einige Zeit sein Studium in Denver.[34] Der Wohnort der Witwe blieb aus Sicherheitsgründen geheim. Nur die engste Verwandtschaft, das Sekretariat des Vorstandssprechers der Dresdner Bank und die Leitung der New Yorker Tochtergesellschaft wussten, wie sie zu erreichen war.

Ignes Ponto empfand die Entfernung von Deutschland als heilsame Distanz. Das Leben in New York mit Einladungen, etwa bei Leonard Bernstein, half der Witwe und ihrer Tochter, Abstand zu gewinnen. Als der Terror der RAF im Herbst 1977 mit der Entführung und Ermordung des BDI-Präsidenten Hanns Martin Schleyer und dem Geiseldrama in der entführten Lufthansa-Maschine «Landshut» einen weiteren grausamen Höhepunkt erreichte, verfolgten Ignes und Corinna Ponto die Nachrichten aus Deutschland wie gelähmt. Sie gingen kaum noch aus dem Haus. Rückblickend beschreibt Corinna Ponto diese Wochen als einen einzigen Alptraum: «Plötzlich war sie da, eine *politische* Angst, die ich zum ersten Mal in meinem Leben verspürte».[35]

Die Familie musste in den USA einige bürokratische Hindernisse überwinden. Da Bürger der Bundesrepublik dort nicht als Flüchtlinge anerkannt werden konnten, erwies es sich als schwierig, eine Aufenthaltsgenehmigung zu erhalten. Erst nach drei Jahren wurde eine Arbeitserlaubnis erteilt.[36] Dabei stellte sich die Situation für Stefan Ponto anders dar als für seine Schwester und seine Mutter. Er hatte in den USA schon zuvor eine neue Heimat gefunden, setzte später sein Studium an der Colorado School of Mines fort und blieb auf Dauer in Amerika. Corinna Ponto begann ein Gesangsstudium am New Yorker Mannes College of Music.[37] Sie hielt es aber nicht lange in den USA. 1979 zog sie wieder nach Deutschland und heiratete den Dramaturgen Klaus Schultz, der früher an der Frankfurter Oper tätig gewesen war und nun an der Bayerischen Staatsoper unter August Everding als Chefdramaturg arbeitete. Ignes Ponto blieb in New York und wohnte jetzt in einem Haus auf Long Island. Es dauerte lange, bis die Witwe ihren Frieden mit der Bundesrepublik machen konnte und schließlich auch wieder nach Deutschland zog, um in der Nähe ihrer Tochter und deren Familie zu sein.

Bei der Suche nach den Mördern Jürgen Pontos tappte der Fahndungsapparat jahrelang im Dunkeln. Susanne Albrecht hatte sich in den Jemen abgesetzt, war dann in Belgien an einem Anschlag auf den NATO-Oberbefehlshaber Alexander Haig beteiligt und kam 1980 zusammen mit anderen RAF-Mitgliedern in der DDR unter, wo sie vom

Ministerium für Staatssicherheit eine neue Identität erhielt. Während Albrechts Beteiligung an der Ermordung Pontos von Anfang an feststand, gab es nur Vermutungen darüber, wer die beiden anderen Täter gewesen sein könnten, bei denen es sich zweifelsfrei um die Mörder handelte. Die Ermittlungen hatten rasch ergeben, dass die tödlichen Schüsse nicht von Susanne Albrecht abgegeben worden waren. Die Fahnder verdächtigten zunächst die Frankfurter Studentin Eleonora Poensgen. Dann richtete sich der Verdacht gegen drei RAF-Mitglieder, die enge Kontakte zu Susanne Albrecht hatten: Silke Maier-Witt, Angelika Speitel und Sigrid Sternebeck. Nachdem sich auch dies als eine falsche Spur erwiesen hatte, gerieten die RAF-Mitglieder Adelheid Schulz und Willy Peter Stoll ins Visier der Ermittler.[38]

1981 wurde dann Sieglinde Hofmann, die dem engsten Führungskreis der RAF angehört hatte und in Paris festgenommen worden war, vor dem Oberlandesgericht Frankfurt wegen des Mords an Ponto angeklagt. Das Gericht vernahm in diesem Prozess Ignes Ponto als Zeugin. Dafür reiste der gesamte Staatsschutzsenat nach New York. Die Vernehmung fand im dortigen Generalkonsulat der Bundesrepublik statt, führte aber kaum zu neuen Erkenntnissen. Ignes Ponto konnte nur bestätigen, dass sie einen Mann mit einem fahlen Gesicht und eine blindwütig schießende Frau in einem gelben Kostüm erkannt hatte. Im Verlauf dieses «Ponto-Prozesses» stellte sich heraus, dass Hofmann nicht am Tatort gewesen war, als die tödlichen Schüsse fielen. Sie wurde wegen versuchter Geiselnahme, versuchten Menschenraubs und Mitgliedschaft in einer terroristischen Vereinigung zu 15 Jahren Haft verurteilt. Wegen der Auflagen, die die französische Justiz bei der Auslieferung Hofmanns gemacht hatte, war es dem Gericht nicht möglich, die Angeklagte wegen Beteiligung an der Ermordung Pontos zu belangen.[39] Erst später stellte sich heraus, dass Hofmann an der Entführung und Ermordung Hanns Martin Schleyers im Herbst 1977 beteiligt gewesen war.

Ein halbes Jahr später, am 11. November 1982, wurden Brigitte Mohnhaupt und Adelheid Schulz in Heusenstamm festgenommen, auf dem Weg zu einem im Offenbacher Stadtwald angelegten Waffenlager der RAF. In diesem Arsenal fanden die Ermittler die Tatwaffen aus den Morden an Ponto und Schleyer. Fünf Tage nach diesem Fahndungserfolg konnte Christian Klar im Sachsenwald bei Hamburg verhaftet werden, wo sich ein weiteres Waffendepot der RAF befand.[40] Im anschließenden

Prozess gegen Mohnhaupt, Klar und mehrere andere RAF-Mitglieder wurde Ignes Ponto erneut in New York als Zeugin vernommen.[41] Fast acht Jahre nach dem Mord an Ponto wurden Klar und Mohnhaupt am 2. April 1985 vom Oberlandesgericht Stuttgart wegen gemeinschaftlichen neunfachen Mordes und elffachen Mordversuchs zu fünfmal lebenslänglicher Haft sowie einer zusätzlichen Freiheitsstrafe von 15 Jahren verurteilt. Da beide die Aussage verweigert hatten, blieb ungeklärt, wer von ihnen in welcher Weise an den Morden der RAF beteiligt gewesen war.[42]

Susanne Albrecht lebte währenddessen ebenso wie neun andere sogenannte RAF-Aussteiger, darunter Silke Maier-Witt und Inge Viett, unbehelligt in der DDR. Unter dem Namen Ingrid Jäger studierte sie an der Karl-Marx-Universität Leipzig, arbeitete dann als Englisch-Übersetzerin in Cottbus und später als Chemielaborantin in Köthen. Sie heiratete und bekam ein Kind. Nachdem Kolleginnen sie 1986 in einer Sendung des Westfernsehens, einer Dokumentation von Stefan Aust über die RAF, erkannt hatten, wurde sie mit ihrem Sohn nach Ost-Berlin umgesiedelt. Später brachte der Staatssicherheitsdienst Susanne Albrecht alias Ingrid Jäger mit ihrer Familie in der Nähe von Moskau unter. Nach den ersten freien Wahlen in der DDR wurde sie im Juni 1990 in Ost-Berlin von der Volkspolizei verhaftet und an die Bundesrepublik ausgeliefert.[43]

Im Prozess vor dem Oberlandesgericht Stuttgart setzte Albrecht alles daran, nicht zu einer lebenslänglichen Haftstrafe verurteilt zu werden und in den Genuss der wenige Jahre zuvor eingeführten Kronzeugenregelung zu kommen. Vor diesem Hintergrund sind ihre Beteuerungen zu sehen, dass die Ermordung Pontos nicht beabsichtigt gewesen sei und sie sich an der geplanten Entführung beteiligt habe, um «das Schlimmste zu verhindern». Albrecht gelang es, das Gericht zu überzeugen, indem sie in der Verhandlung nicht nur die «stalinistische» Struktur und «kaltblütige Brutalität» der RAF anprangerte, sondern auch aussagte, dass der Ponto-Mord unter den Terroristen ein Tabuthema gewesen sei, das nicht hätte angesprochen werden dürfen. Am 3. Juni 1991 wurde sie unter Anwendung der Kronzeugenregelung zu zwölf Jahren Haft verurteilt, wobei das Gericht den Anschlag auf Ponto als Mord bewertete, während die Bundesanwaltschaft in ihrem Plädoyer von einer versuchten Geiselnahme mit Todesfolge ausgegangen war.[44]

Im Unterschied zu den Morden an vielen anderen Opfern der RAF ist der Mord an Ponto aufgeklärt, auch wenn Zweifel bleiben, ob es sich nicht doch um einen geplanten Mord gehandelt hat. Anders als bei den Morden an Karl Heinz Beckurts, Gero von Braunmühl, Siegfried Buback, Alfred Herrhausen, Detlev Karsten Rohwedder und Ernst Zimmermann sind die Täter in diesem Fall ermittelt und von einem ordentlichen Gericht verurteilt worden. Inzwischen ist die Geschichte über die RAF hinweggegangen und die Täter haben ihre Haftstrafen verbüßt. Susanne Albrecht wurde 1996 – sechs Jahre nach ihrer Festnahme – auf Bewährung aus der Haft entlassen. Sie ist heute Lehrerin an einer privaten Grundschule in Bremen. Auch Brigitte Mohnhaupt und Christian Klar sind wieder frei. Für Mohnhaupt, die als Anführerin der zweiten RAF-Generation galt, endete die Haftstrafe im März 2007. Klar wurde im Dezember 2008 entlassen, nachdem Bundespräsident Horst Köhler eineinhalb Jahre zuvor ein Gnadengesuch abgelehnt hatte. Die beiden Mörder Pontos haben nie ein Anzeichen von Reue gezeigt. Für Klar sind die Verbrechen der RAF schlichtweg «Schnee von gestern».[45]

Die Familien der Opfer fühlen sich durch den Zynismus der Täter verhöhnt und sehen ihre Gefühle auch durch die mediale Inszenierung der RAF verletzt. Als im Herbst 2008 der Film «Der Baader-Meinhof-Komplex» von Bernd Eichinger und Uli Edel in den Kinos anlief, versuchte Ignes Ponto vergeblich, eine gerichtliche Verfügung dagegen zu erwirken. In diesem Film wurde die Ermordung Pontos in einer freien, nicht den Tatsachen entsprechenden Inszenierung nachgestellt. Ignes Ponto gab aus Protest gegen die Förderung dieses Films ihr Bundesverdienstkreuz zurück.[46]

Anders als die Täter, können die Familien der Opfer die Vergangenheit nicht abstreifen. «Wer einmal Opfer wurde, kann nie Ex-Opfer sein» – so beschrieb dies Corinna Ponto in einem Interview mit Anne Siemens.[47] Die Vergangenheit abstreifen kann auch die Familie Albrecht nicht. Susanne Albrecht hat nach den Worten ihres Bruders Matthias «auch ihre eigene Familie nachhaltig zerstört».[48] Erst in den letzten Jahren wurde der Kontakt zwischen den ehemals so eng befreundeten Familien Ponto und Albrecht wieder aufgenommen, in Form eines inzwischen veröffentlichten Briefwechsels zwischen Corinna Ponto und Julia Albrecht, der Patentochter Jürgen Pontos.[49]

Pontos Erbe in der Dresdner Bank

Der Vorstand der Dresdner Bank trat schon am Tag nach der Ermordung Pontos zusammen, um zu entscheiden, wer die Bank fortan nach außen vertreten würde. Wie sich Wolfgang Röller erinnert, herrschte bei der Sitzung eine «gespenstische Atmosphäre».[50] Einer traditionellen Regel entsprechend, wurde das dienstälteste Mitglied des Vorstands, der damals 61-jährige Helmut Haeusgen, beauftragt, das Gremium kommissarisch zu leiten. In der Ausnahmesituation nach der Ermordung Pontos erwies sich diese Regelung als besonders sinnvoll. Denn so konnte nicht nur die Handlungsfähigkeit des Vorstands sichergestellt werden. Durch die Beauftragung eines Vorstandsmitglieds, das schon aus Altersgründen keine Ambitionen auf das Amt des Sprechers hatte, konnte auch erst einmal eine Nachfolgediskussion vermieden werden. Einen designierten Nachfolger gab es nicht, da man fest davon ausgegangen war, dass Ponto noch längere Zeit Vorstandssprecher bleiben würde. Zwar galten die Vorstandsmitglieder Meier-Preschany, Röller und Schreiber als zukünftige Kandidaten für den Chefsessel, doch schien keiner von ihnen in der Lage zu sein, das Amt des Vorstandssprechers schon zu diesem Zeitpunkt und quasi aus dem Stand zu übernehmen. Im Aufsichtsrat gab es die Befürchtung, dass die Kür eines dieser Kandidaten zu Konflikten zwischen den «Kronprinzen» und damit zu einer Lähmung des Vorstands führen könne. Deshalb bevorzugte man eine externe Lösung und dabei war Bundeswirtschaftsminister Hans Friderichs (FDP) seit seiner Rede bei der Trauerfeier in der Paulskirche die erste Wahl.

Es mutet eigentümlich an, dass die Nachfolge Pontos, der wie kein anderer Bankier seiner Zeit ein Mann des Wortes war, durch eine Rede entschieden wurde. Doch dürfte dabei auch die Überlegung mitgespielt haben, dass die Lücke, die Ponto hinterließ, am ehesten noch durch eine prominente Persönlichkeit gefüllt werden konnte, die es gewohnt war, öffentlichkeitswirksam zu agieren. Manchen schien es wohl so, als hätte Friderichs mit seiner beeindruckenden Ansprache bei der Trauerfeier eine Art «Antrittsvorlesung» gehalten, doch war dies keineswegs die Absicht des Ministers gewesen.[51] Friderichs erinnert sich, dass der BDI-Vorsitzende Hans-Günther Sohl, der stellvertretende Aufsichtsratsvorsitzende der Dresdner Bank und eine der starken Persönlichkeiten in diesem Gremium, ihn unmittelbar nach der Trauerfeier ansprach. Sohl fragte Friderichs damals, ob dieser wegen des Konflikts um die Kernenergie einen Rücktritt vom Amt des Bundeswirtschaftsministers erwäge. Friderichs empfand dieses Verhalten nach der Trauerfeier als despektierlich und war verärgert, erkannte aber nicht, welche Absicht hinter der Frage stand.[52] Der Minister flog dann zurück in die Bretagne, wo er mit seiner Familie den Urlaub verbrachte. Dort rief ihn Sohl an. Man vereinbarte einen Termin in Friderichs' Bonner Büro. Inzwischen war auch der kommissarische Vorstandssprecher Haeusgen von der Friderichs-Lösung überzeugt. In seinen Memoiren stellte Sohl den Vorgang später so dar, als wäre der Vorschlag vom Vorstand ausgegangen: «Unter Abwägung aller Umstände und Möglichkeiten griffen wir eine aus dem Kreise des Vorstands gegebene Anregung auf, diese Position Hans Friderichs anzubieten, und ich wurde gebeten, mit ihm Verbindung aufzunehmen.»[53]

Während sich Wolfgang Röller sicher ist, dass Friderichs erst unter dem Eindruck der Trauerfeier ins Gespräch gebracht wurde, erinnert sich sein damaliger Vorstandskollege Wolfgang Leeb, schon am 1. August bei einem Frühstück mit Haeusgen über diese Lösung gesprochen zu haben. Neben Friderichs wären noch Alfred Herrhausen, Otto Graf Lambsdorff und Johannes Völling, der stellvertretende Vorstandsvorsitzende der WestLB, in Betracht gezogen worden, doch sei man sich einig gewesen, Friderichs als erste Wahl anzusehen.[54] Sohl habe sich diesem Vorschlag dann angeschlossen, was der Darstellung in Sohls Memoiren entspricht.

Als Sohl ihm das Amt des Vorstandssprechers anbot, erbat sich Friderichs Bedenkzeit. Schließlich entschied er sich für den Wechsel an die Spitze der Dresdner Bank. Ausschlaggebend war seine persönliche Lebensplanung, da er auch als Bundesminister stets vorhatte, aus der Politik wieder in die Wirtschaft zu wechseln. Rückblickend bestreitet Friderichs nicht, dass das Angebot der Dresdner Bank für ihn besonders verlockend war. Hinzu kam, dass ihn die Aussicht, in der damaligen Zeit durch eine derartige Position besonders gefährdet zu sein, nicht abschrecken konnte. Anders als die Repräsentanten der deutschen Wirtschaft war Friderichs als Minister mit diesem Risiko vertraut.[55]

Als Friderichs seinen Wechsel bekanntgab, löste die Nachricht ein gewaltiges Medienecho aus. Immerhin war es in der Geschichte der Bundesrepublik ein einmaliger Vorgang, dass ein Minister aus der Regierung ausschied, um Vorstandssprecher einer Großbank werden. Die Presse deutete es als ein politisches Signal, dass der Bundeswirtschaftsminister das Kabinett verließ. Nicht wenige Beobachter vermuteten einen Zusammenhang mit dem damals aufkommenden Konflikt um die Kernenergie, für deren Nutzung Friderichs stets eingetreten war. In anderen Berichten wurde dem Minister unterstellt, aus Raffgier zu handeln und seine politische Karriere durch ein Gehalt in Höhe von 700 000 DM versilbern zu wollen. Von den eigentlichen, sehr persönlichen Motiven war nicht die Rede.

Im Oktober 1977 gab Friderichs sein Amt auf, um zur Dresdner Bank zu wechseln. Dort hatte er keinen leichten Start, da sich ein Vorstandsmitglied übergangen vorkam und andere sich ihm gegenüber überlegen fühlten, weil Friderichs im Bankfach keine Erfahrung hatte.[56] In der Presse wurde er als «Deutschlands höchstbezahlter Banknachwuchs» bezeichnet.[57] Doch von Helmut Haeusgen, dem kommissarischen Vorstandssprecher, erfuhr der ehemalige Minister in diesen Monaten tatkräftige Unterstützung. Alle Angelegenheiten und Entscheidungen des Vorstands wurden zwischen beiden vorbesprochen.[58]

Dass Friderichs als Quereinsteiger nicht die zahlreichen Aufsichtsratsmandate Pontos übernehmen konnte, lag auf der Hand. Erst recht galt dies für den Aufsichtsratsvorsitz in den Großunternehmen, bei denen Ponto dieses Amt ad personam erhalten hatte. Die Lücke, die der ermordete Vorstandssprecher hier hinterließ, konnte auch kein anderes Vorstandsmitglied der Dresdner Bank schließen. So gingen der Bank nun einige einflussreiche Posten innerhalb der deutschen Wirtschaft verloren. Der prestigeträchtige Aufsichtsratsvorsitz bei RWE, den Ponto erst im Frühjahr 1977 von Hermann Josef Abs übernommen hatte, fiel wieder an die Deutsche Bank. Auch bei der AEG und bei der Münchener Rück konnte die Dresdner Bank nicht länger den Aufsichtsratsvorsitzenden stellen. Hier traten zwei erfahrene Großindustrielle die Nachfolge Pontos an – der ehemalige BASF-Vorstandsvorsitzende Bernhard Timm bei der AEG und der ehemalige Hoechst-Chef Karl Winnacker bei der Münchener Rück. Soweit Pontos Aufsichtsratsmandate der Dresdner Bank zustanden, wurden sie unter den Vorstandsmitgliedern verteilt. In der Presse wurde vermutet, dass dies nicht nur dazu diente, Friderichs vor einer Überforderung zu bewahren, sondern dass die Vorstände damit auch die Chance nutzten, selbst stärker in den Vordergrund zu treten, als dies unter der Dominanz Pontos möglich gewesen war.[59] Das schwierige Aufsichtsratsmandat bei der AEG erhielt Manfred Meier-Preschany. Wolfgang Röller rückte in den Aufsichtsrat von Daimler-Benz nach, Helmut Haeusgen in den Aufsichtsrat von Thyssen. Bei Hertie wurde die Dresdner Bank nun durch Karl Friedrich Hagenmüller im Aufsichtsrat vertreten, bei Hapag-Lloyd durch Christoph von der Decken. Hans Friderichs wurde zunächst nur bei Krupp in den Aufsichtsrat berufen. Bei RWE übernahm Haeusgen das Aufsichtsratsmandat der Dresdner Bank, obwohl – oder vielleicht auch gerade weil – Friderichs als Bundeswirtschaftsminister für die Energiepolitik zuständig gewesen war.

Nach der nächsten Hauptversammlung übernahm Friderichs am 19. Mai 1978 das Amt des Vorstandssprechers. Zu diesem Zeitpunkt ahnte noch niemand, dass die Bank wenige Jahre später in die schwierigste Phase seit ihrer Neugründung nach dem Krieg geraten würde. Die zweite Ölpreiskrise, die durch den Sturz des Schahs ausgelöst wurde und sich durch den Ausbruch des irakisch-iranischen Golfkriegs noch verschärfte, stürzte die Wirtschaft der Bundesrepublik Anfang der achtziger Jahre in eine schwere Rezession. Die Zahl der Arbeitslosen stieg im Jahresdurchschnitt auf mehr als das Doppelte an, von 889 000 (1980) auf 1,83 Mio. (1982).[60]

Die deutschen Geldhäuser gerieten durch die veränderten wirtschaftlichen Rahmenbedingungen gleich von mehreren Seiten unter Druck. Das Nachrichtenmagazin *Der Spiegel* schrieb im November 1981: «Mit Ausnahme des Branchenführers Deutsche Bank klagen die Vorstände fast aller Konkurrenten über wachsende Risiken und fallende Gewinne, über stattliche Wertpapierverluste und magere Zinsmargen.»[61] Neben der Westdeutschen Landesbank, der Hessischen Landesbank und der Bank für Gemeinwirtschaft war die Dresdner Bank besonders betroffen. Der teure Ausbau der Filialnetze erwies sich nun als Belastung, aber auch die großzügige Vergabe von Firmenkrediten in den 1970er Jahren. Hinzu kamen Verschuldungskrisen in mehreren Ländern, besonders in Lateinamerika. Als sich Mexiko im August 1982 für zahlungsunfähig erklärte, drohte eine internationale Finanzkrise. Ein Flächenbrand konnte durch Umschuldungsabkommen verhindert werden, die unter Federführung des Internationalen Währungsfonds (IWF) und der Weltbank ausgehandelt wurden, wobei die Gläubigerbanken mehrere Milliarden Dollar verloren.[62]

Die kritische Lage der Dresdner Bank in diesen Jahren hing auch mit hausgemachten Problemen zusammen. Vorstandsmitglied Hans-Joachim Schreiber hatte den Gold- und Devisenhandel Ende der siebziger Jahre massiv ausgebaut und durch den gleichzeitigen Anstieg des Goldpreises – der vor allem durch die Nachfrage aus den Ölstaaten hochgetrieben wurde – hohe Renditen erzielt. Dadurch hatte die Dresdner Bank eine Zeit lang Verluste in anderen Bereichen ausgleichen können. Anfang der achtziger Jahre war dieser Boom vorbei. Zu den Verlusten im Wertpapiergeschäft und im Goldhandel kamen weitere Debakel. Die Tochtergesellschaft Hardy-Sloman Bank musste hohe Abschreibungen vornehmen, Sanierungen großer Kreditkunden wie Hapag-Lloyd und Klöckner verschlangen Millionen und die umfangreichen Kredite an Polen wurden notleidend, nachdem dort im Dezember 1981 das Kriegsrecht ausgerufen worden war. Die höchsten Verluste brachte der Dresdner Bank aber die eskalierende Krise der AEG ein, von der sie als Konsortialführerin und Großaktionärin gleich doppelt betroffen war.[63]

In dieser kritischen Phase wurde das Erscheinungsbild der Bank in der Öffentlichkeit auch durch Konflikte innerhalb des Vorstands getrübt. Gleich mehrere Vorstandsmitglieder schieden vorzeitig aus. Karl Friedrich Hagenmüller, der im Vorstand für Personal, Organisation und Rechnungswesen zuständig war, verließ im April 1980 die Dresdner Bank. Der frühere Hochschullehrer hatte in Ponto stets einen festen Rückhalt gehabt. Beide hatten sich innerhalb des Vorstands arbeitsteilig ergänzt. Zu Friderichs hatte Hagenmüller ein weniger harmonisches Verhältnis. Presseberichten zufolge musste er gehen, weil er über den Vorstandssprecher «gemeckert» hatte.[64] Ein Jahr später wurde Hans-Joachim Schreiber entlassen, der für die hohen Verluste im ehemals so erfolgreichen Gold- und Devisenhandel verantwortlich war. 1984 kündigte dann auch Manfred Meier-Preschany, der als der scharfsinnigste Kopf der Bank galt, bei Kollegen und Mitarbeitern aber wegen seiner Arroganz und seines Temperaments gefürchtet war. «MP», wie er allgemein genannt wurde, war es von Anfang an schwergefallen, sich Friderichs unterzuordnen. Hinzu kamen dann Differenzen über die Risikopolitik der Bank. Als sich abzeichnete, dass seinen Ambitionen auf die Nachfolge von Friderichs kein Erfolg beschieden sein würde, gab Meier-Preschany auf.[65] Von den zwölf Vorstandsmitgliedern, die unmittelbar nach der Ermordung Pontos an der Spitze der Dresdner Bank gestanden hatten, waren am Ende der Ära Friderichs schließlich nur noch sechs im Amt.[66] Helmut Haeusgen war 1978 altersbedingt ausgeschieden und hatte den Vorsitz des Aufsichtsrats übernommen, Rolf Diel war 1983 ebenfalls in den Aufsichtsrat gewechselt, den er dann als Nachfolger Haeusgens von 1988 bis 1993 leitete, und Hans A. Wuttke hatte 1981 die Leitung der International Finance Corporation, einer Gesellschaft der Weltbank-Gruppe mit Sitz in Washington, D. C., übernommen.

Hans Friderichs musste am 27. März 1985 als Vorstandssprecher zurücktreten, weil gegen ihn in der Flick-Spenden-Affäre Anklage erhoben worden war. Damit endete bei der Dresdner Bank eine Ära, die mit der Ermordung Pontos begonnen hatte. Dieses Mal wurde der Nachfolger nicht von außen geholt. Neuer Vorstandssprecher wurde Wolfgang Röller, der die Dresdner Bank wie kaum ein anderer kannte, da er schon seit 30 Jahren dort tätig war.[67]

Für viele Mitarbeiter der Bank hatte Friderichs stets im Schatten des Vorgängers gestanden. Bei jeder der vielen Hiobsbotschaften dieser Jahre nahmen sie an, dass Ponto es besser gemacht hätte. Auch fiel es Friderichs als gelerntem Politiker schwer, die Denkweise der Bankiers zu verstehen, und anders als sein Vorgänger konnte er keinen eigenen Beitrag zur Identität des Unternehmens leisten. Die Dresdner Bank galt nie als «Friderichs' Bank» wie sie «Pontos Bank» gewesen war. Doch wird man Friderichs Leistung durch den Vergleich mit seinem Vorgänger nicht gerecht. Die Lücke, die Ponto hinterließ, hätte auch kein anderer füllen können. Zu sehr waren die Erfolge des ermordeten Vorstandssprechers mit seiner Persönlichkeit verbunden. Und selbst Ponto hätte wohl nicht verhindern können, dass die Dresdner Bank Anfang der achtziger Jahre einen Rückschlag erlitt. Vielleicht wurde diese Bank gerade wegen der vorangegangenen Expansion in der Ära Ponto von der Rezession härter getroffen als die anderen Großbanken.

Viele der Probleme, vor die sich Friderichs gestellt sah, waren bereits vor seinem Wechsel an die Spitze der Dresdner Bank angelegt. Ponto hatte an dem nicht unumstrittenen Vorstandsmitglied Hagenmüller stets festgehalten. Meier-Preschany und Schreiber waren von ihm gefördert worden. Beide hatten Ponto ihre Berufung in den Vorstand zu verdanken. In der Ära Friderichs zeigte sich, wie problematisch diese Konstellation im Vorstand unter anderen Bedingungen und unter einer anderen Leitung sein konnte. Den Niedergang der AEG hatte schon Ponto nicht aufhalten können und er beschleunigte sich nach 1977 unter dem von ihm eingesetzten Vorstandsvorsitzenden Cipa. Das Engagement bei dem überschuldeten Elektrokonzern war das vielleicht problematischste Erbe, das Friderichs bei der Dresdner Bank übernehmen musste. Aber auch die großzügige Kreditpolitik, die in der Ära Ponto von der Dresdner Bank wie von den anderen Großbanken betrieben worden war, erwies sich nun als eine schwere Hypothek. Und schließlich zeigte sich in der Krise der frühen achtziger Jahre auch, dass sich die Dresdner Bank mit dem Ziel, die Deutsche Bank einzuholen, überschätzt hatte. Während Ponto diese alte Vision seiner Bank neu belebt hatte, nahm Friderichs davon Abstand. In der kritischen Lage, in der sich die Dresdner Bank Anfang der achtziger Jahre befand, blieb ihm sicherlich keine andere Wahl. Doch erinnert sich Friderichs, dass er auch vorher schon einen Wettlauf mit der Deutschen Bank für aussichtslos gehalten hatte. In dieser Frage hatte er, weil er von außen kam, einen unverstellten Blick: «Ich persönlich habe diese Methode, diese Überlegung, die Deutsche Bank anzugreifen, um mit ihr gleichzuziehen, nach relativ kurzer Zeit für falsch gehalten, weil ich sehr schnell erkannt habe, dass das nicht gelingen wird. Der Abstand war quantitativ und qualitativ zu groß.»[68]

So blieb das Erbe Pontos in der Dresdner Bank zwiespältig. In der Geschäftspolitik musste eine Umorientierung stattfinden. Die Krise der frühen achtziger Jahre machte deutlich, dass die Bank keineswegs auf einem so gefestigten Fundament stand, wie man in der Ära Ponto angenommen hatte. Statt weiter zu expandieren, musste nun Ballast abgeworfen werden. Im Führungsstil kam es schon 1977 zu einem Bruch, da niemand die Rolle Pontos übernehmen konnte. Doch die Weichenstellungen der frühen siebziger Jahre, die gewiss nicht allein auf Ponto zurückgingen, wohl aber mit seinem Namen verbunden wurden, wirkten dauerhaft nach: die gesellschaftliche Öffnung der Bank, der Imagewandel und die Ausweitung des internationalen Geschäfts. Diese Veränderungen gehörten inzwischen zum Selbstverständnis einer modernen Großbank.

Äußerlich würdigte die Dresdner Bank ihren ermordeten Vorstandssprecher, indem sie bei der Stadt Frankfurt beantragte, den Platz vor dem neuen Hochhaus ihrer Zentrale nach ihm zu benennen. Ursprünglich war im Vorstand erwogen worden, dem Hochhaus den Namen «Jürgen-Ponto-Haus» zu geben.[69] Der noch unter Ponto begonnene Bau

Abb. 32: Hochhaus «Silberturm» am Jürgen-Ponto-Platz

im Frankfurter Bahnhofsviertel, an der Ecke Weserstraße/Taunusstraße,
konnte am 10. Juni 1980 eingeweiht werden. Unter den Mitarbeitern
erhielt das Gebäude wegen seiner Aluminiumverkleidung rasch die Be-
zeichnungen «Silberturm» («Silver Tower»). Mit einer Höhe von 166 Me-
tern und 32 Stockwerken war der «Silberturm» bis 1990 das höchste
Gebäude Deutschlands. Die Adresse der Dresdner-Bank-Zentrale lautete
nun Jürgen-Ponto-Platz 1.

Nach der Übernahme durch die Commerzbank wurde das Hochhaus
im März 2009 zusammen mit dem früheren Vorstandsgebäude an der
Gallusanlage an die Deutsche Bahn AG vermietet. Die wertvollen Kunst-
werke, die zur Ausstattung des Jürgen-Ponto-Hauses gehörten und einst
von Manfred Meier-Preschany im Auftrag des Vorstands der Dresdner
Bank gesammelt worden waren, wurden als Dauerleihgaben an fünf deutsche Museen vergeben.[70] Im November 2011 erwarb eine Investorengruppe
unter Führung der IVG Immobilien AG den «Silberturm». Der Wert der
Immobilie wurde zu diesem Zeitpunkt auf rund 400 Mio. Euro geschätzt.[71]

Das Gedenken an Jürgen Ponto und die Jürgen Ponto-Stiftung

Anlässlich des einjährigen Todestags am 30. Juli 1978 wurde noch einmal in allen Geschäftsstellen der Dresdner Bank mit einer Gedenkminute und Halbmastbeflaggung des ermordeten Vorstandssprechers gedacht. Inzwischen war auch ein weiterer Sammelband mit Reden Pontos erschienen, der innerhalb kurzer Zeit in die vierte Auflage ging.[72] Der breiten Öffentlichkeit blieb Ponto aber nicht wegen seiner Leistungen, sondern als RAF-Opfer im Gedächtnis. Sein Name wird nicht mehr mit Hermann Josef Abs in einem Zug genannt, sondern mit Siegfried Buback und Hanns Martin Schleyer – Personen, die er nicht näher gekannt hatte. Diese Wahrnehmung mag man für eigentümlich halten, aber sie ist der Terrorismuserfahrung der siebziger Jahre geschuldet, die sich als Trauma in das kollektive Gedächtnis der deutschen Öffentlichkeit eingebrannt hat. Gleichwohl blieb das öffentliche Gedenken an die Person Jürgen Ponto recht überschaubar. Die Stadt Oberursel entschloss sich, ihn mit der Benennung eines von der Dresdner Bank gestifteten Brunnens auf dem Rathausplatz zu ehren, und auf Initiative der Dresdner Bank benannte die Stadt Frankfurt den Platz vor dem 1980 eingeweihten Hochhaus der Bank nach Ponto.[73] Bis heute gibt es keine Jürgen-Ponto-Straße und keine Jürgen-Ponto-Schule.[74] Dies hat Ponto freilich nicht nur mit anderen RAF-Opfern gemeinsam, sondern auch mit anderen bedeutenden Bankiers.

Im Hochhaus der Dresdner Bank fanden mehrfach Gedenkveranstaltungen für Jürgen Ponto in Form von Konzerten statt, zu denen auch die Familie eingeladen hatte. Zu seinem 60. Geburtstag am 16. Dezember 1983 spielte Ignes Ponto mit Mitgliedern des Amadeus-Quartetts Werke von Mozart und Schubert. Zum zehnjährigen Todestag am 30. Juli 1987 folgte an gleicher Stelle ein Gedächtniskonzert mit dem Brahms-Quartett. Neben Mitarbeitern und Kollegen Pontos befand sich im Auditorium auch die Prominenz der deutschen Wirtschaft, von Hermann Josef Abs bis Joachim Zahn.[75] Der 20. Todestag wurde dann mit einem Gedenkkonzert im Konzerthaus Berlin begangen. Zehn Jahre später luden die Dresdner Bank und die Jürgen Ponto-Stiftung zu einer Gedenkstunde anlässlich des 30. Todestages Pontos am 30. Juli 2007 ein, mit Ansprachen von Corinna Ponto, Karl Gustaf Ratjen und Herbert Walter.[76]

Abb. 33a/b: Stipendiaten der Jürgen Ponto-Stiftung

Mehr als in der Wirtschaft ist Pontos Name heute unter Künstlern präsent, durch die nach ihm benannte Stiftung zur Förderung junger Künstler in den Bereichen Musik, bildende Kunst, Literatur, Architektur und darstellende Künste, die das Gedenken an Jürgen Ponto verkörpert. Ignes Ponto schlug schon zwei Tage nach der Ermordung ihres Mannes die Gründung einer derartigen Stiftung vor. Der Vorstand der Bank unterstützte das Projekt sofort. Die Jürgen Ponto-Stiftung wurde dann von Ignes Ponto und der Dresdner Bank gemeinsam gegründet. Bereits am 21. Januar 1978 fand die konstituierende Sitzung des Kuratoriums unter dem Vorsitz von Peter von Siemens statt. Ignes Ponto übernahm den stellvertretenden Vorsitz in diesem Gremium. Zum Vorstand der Stiftung wurden Bernhard von Loeffelholz, der als Mitarbeiter Pontos bereits an der Gründung der Orchesterakademie der Berliner Philharmoniker beteiligt gewesen war, und Gerd Trabant bestellt.[77]

Durch die Einlagen der Gründer und rund 800 Einzelspenden kam innerhalb kurzer Zeit ein Stiftungskapital von 1,5 Mio. DM zusammen.[78] Die Dresdner Bank erklärte sich zudem bereit, die Personalkosten zu übernehmen. Weitere 500 000 DM flossen der Stiftung in den folgenden Monaten durch rund 700 Einzelspenden, vor allem aber durch ein Benefizkonzert der Berliner Philharmoniker zu, das am 28. Mai 1978 stattfand.[79] Herbert von Karajan, dessen Orchesterakademie von Ponto maßgeblich gefördert worden war, ließ es sich nicht nehmen, nun die Jürgen Ponto-Stiftung zu unterstützen.

In den ersten 25 Jahren ihrer Tätigkeit förderte die Stiftung 544 Künstlerinnen und Künstler, darunter 234 Musiker, 108 bildende Künstler, 22 Schriftsteller und 135 junge Architekten. Auch Orchester und Chöre erhielten Zuwendungen.[80] Das bisherige Fördervolumen summiert sich auf mehr als 6 Mio. Euro, von denen neben rund 700 Künstlerinnen und Künstlern 330 Gruppen profitierten. Den Musik-Stipendiaten wird erste Konzerterfahrung vermittelt, und seit 2012 erhält zweijährlich ein vielversprechendes Kammermusikensemble einen hochdotierten Preis, der unter anderem die Produktion einer Debüt-CD ermöglichen soll. Mit dem Projekt «Schulen musizieren» hat die Jürgen Ponto-Stiftung ihre Aktivitäten auf die Breitenförderung ausgeweitet, zahlreiche Wettbewerbe von Schülerensembles wurden durch dieses Programm ermöglicht. Zudem werden die Deutsche Stiftung Musikleben und die Junge Deutsche

Philharmonie in Frankfurt gefördert. Neben jungen Musikern gehörten zu den geförderten Talenten zahlreiche Schülerinnen und Schüler, die bei literarischen Wettbewerben hervorgetreten waren. Bildenden Künstlern werden mit Mitteln der Stiftung Ausstellungen ermöglicht, um die Entwicklung von Kunstszenen auch «abseits der großen Metropolen» zu fördern, doch auch das international renommierte Frankfurter Museum für Moderne Kunst erhält Fördermittel zur Präsentation jüngerer Künstler. Die Stiftung verleiht auch jährlich einen Literaturpreis an junge Autoren, die an ihrem ersten Buch arbeiten, sie veranstaltet jährlich eine Schreibwerkstatt und fördert Opern- oder Operettenlibrettisten sowie Inszenierungen des Frankfurter Schauspiels mit jugendlichen Laiendarstellern.[81] Inzwischen hat die Jürgen Ponto-Stiftung die Bank, die ihr Namensgeber geleitet hatte, überlebt: Sie wird seit 2009 von der Commerzbank in gleicher Weise unterstützt wie bis dahin von der Dresdner Bank.

9. Schlussbetrachtung

Jürgen Ponto hat es seinen Biografen nicht leicht gemacht. Wohl kaum einem anderen Großbankier sind zu Lebzeiten so ungeteilt Lob und Respekt gezollt worden. Auch bei gründlichster Recherche lässt sich allenfalls Kritik an einigen seiner geschäftlichen Entscheidungen ausfindig machen, nicht aber an seiner Person. Selbst der Hass seiner Mörder, in deren menschenverachtendem Weltbild der Einzelne nicht zählte, galt nicht der Person, sondern dem «System». Was läge da näher, als eine «klassische» Biografie zu schreiben, die den Protagonisten als einen Helden ohne Fehl und Tadel darstellt, der aufgrund herausragender individueller Fähigkeiten seiner Lebenswelt den Stempel aufgedrückt hat? Ein Historiker sollte dieser Versuchung freilich nicht erliegen, da er wissenschaftlichen Standards verpflichtet ist, wie sie heute auch für die Biografik gelten. Nebenbei bemerkt, wäre eine «Lobhudelei» auch gar nicht im Sinne Pontos, der auf sachliche Argumentation stets größten Wert gelegt hat.

Die Autoren dieses Buchs haben eine Perspektive gewählt, die Ponto als Teil seiner Lebenswelt zeigt und in der Biografie dieses Bankiers auch einen Zugang zum Verständnis seines Handlungsumfelds sieht. In diesem Fall steht ein derartiger Ansatz allerdings vor dem Problem, dass sich der Protagonist nur wenige Jahre in einer Position befand, die es erlaubt, seine Aktivitäten, Wahrnehmungen und Erwartungen anhand von Archivdokumenten nachzuzeichnen. Vor seiner Berufung in den Vorstand der Dresdner Bank hat Ponto als weithin unbekannter Bankjurist kaum Spuren in den Archiven hinterlassen. So liegt der Schwerpunkt dieser Biografie weitaus stärker, als es sonst üblich ist, auf dem Zenit der beruflichen Karriere, den Jahren 1969–1977, in denen Ponto Vorstandssprecher der Dresdner Bank war.

Damit soll nicht der Eindruck erweckt werden, dass Ponto nur in diese Zeit «gepasst» hätte. Er war auch ein durchaus typischer Vertreter

der ersten Nachkriegsstudentengeneration, hatte im anschließenden
«Wirtschaftswunder» eine beachtliche Karriere gemacht, und wenn es
ihm vergönnt gewesen wäre, länger zu leben, hätte sein Werdegang vielleicht noch manche Wendung genommen. Vielmehr geht es im Sinne
einer modernen Biografie darum, Ponto in den Handlungszusammen-
hängen während seiner Zeit als Vorstandssprecher der Dresdner Bank zu
sehen. Ganz unstrittig war er freilich eine Persönlichkeit, deren Fähigkeiten gerade in diesen Jahren des gesellschaftlichen und wirtschaftlichen Wandels besonders gefragt waren. Eine Ursache seines Erfolgs ist
wohl darin zu sehen, dass Ponto um die Notwendigkeit des Wandels
wusste und Neuerungen mit sicherem Instinkt anging, zugleich aber mit
ebenso großer Entschlossenheit an hergebrachten Regeln festhielt. Dass
er innerhalb von nur fünf Jahren vom Chefsyndikus zum Vorstandsmitglied und nach weiteren fünf Jahren zum Vorstandssprecher aufstieg,
hatte er nicht seinen bis dahin keineswegs herausragenden Leistungen als
Bankier zu verdanken, sondern der Tatsache, dass ihm der Aufsichtsrat
zutraute, den überfälligen Generationswechsel erfolgreich zu bewältigen,
seit langem anstehende Reformen durchzuführen und der Dresdner
Bank zu einem neuen Image zu verhelfen.

Ponto enttäuschte die in ihn gesetzten Erwartungen nicht. Er setzte
die vom Vorstandsmitglied Karl Friedrich Hagenmüller konzipierte Reorganisation der Bank entschlossen durch. Die Vorstandsabteilungen
wurden in Frankfurt zusammengeführt, das Filialnetz erhielt eine effizientere Struktur. Nach außen hin gelang es innerhalb weniger Jahre, das
Image der zweitgrößten deutschen Geschäftsbank grundlegend zu wan-
deln. Hatte die Dresdner Bank früher, nicht ganz zu Recht, im Ruf einer
altbackenen Händler- und Wertpapierbank gestanden, so galt sie nun als
ein «modernes» Institut, das mehr als andere den Trends der Zeit gegenüber aufgeschlossen war. Ponto schien diesen Imagewandel geradezu zu
verkörpern, als gebildeter, weltläufiger Sympathieträger und jüngster
Vorstandssprecher einer deutschen Großbank. Die Öffnung seiner Bank
gegenüber der Gesellschaft trieb er mit einer neuen Kommunikations-
strategie voran. Eines seiner wichtigsten Anliegen war es, dass die Banken ihren Auftrag «in der Öffentlichkeit begreiflich machen».[1] In dieser
Hinsicht brach der Vorstandssprecher der Dresdner Bank mit den tra-
dierten Gepflogenheiten der Branche, in der Verschwiegenheit als das
oberste Gebot galt.

Dabei war Ponto seiner Grundhaltung nach konservativ, in politischer Hinsicht und mehr noch, wenn es um die Rolle der Banken ging. Vehement setzte er sich dafür ein, an dem in Deutschland bestehenden Prinzip der Universalbank nicht zu rütteln, und mit rhetorischem Geschick zerpflückte er die damals aufkommende Kritik an einer angeblich zu großen Macht der Banken. Besonders entschieden lehnte er Bestrebungen ab, dem Staat größeren Einfluss auf die private Wirtschaft zu verschaffen. Allen Tendenzen in diese Richtung brachte er größtes Misstrauen entgegen. Das Geschäft der Banken in der Öffentlichkeit verständlich zu machen, war ihm auch deshalb so wichtig, weil er sich davon eine größere Akzeptanz gegenüber der Branche erwartete. Ähnliches galt für das Netzwerk der sogenannten Deutschland AG, in dem die großen Banken und Versicherungen mit der Großindustrie durch Kapitalbeteiligungen und Aufsichtsratsmandate verbunden waren. Als Vorstandssprecher der Dresdner Bank gehörte Ponto zu den «Big Linkers» innerhalb dieses Geflechts und er verstand es, sich innerhalb der festen Spielregeln, die hier galten, mit großem Geschick zu bewegen – stets den vorgegebenen Proporz zwischen den einzelnen Akteuren wahrend, aber zugleich darauf hinarbeitend, die Marktposition der Dresdner Bank auszubauen.

Auch nachdem er einer der mächtigsten Männer der deutschen Wirtschaft geworden war, lag es Ponto fern, rechthaberisch und unbelehrbar zu sein. Kontroverse Diskussionen hatten für ihn geradezu einen sportlichen Reiz. In der Bank hatte er dazu wenig Gelegenheit, wohl aber in der Öffentlichkeit und auch im Freundeskreis. Doch konnte sich Ponto mit seinen Ansichten ebenso gut zurückhalten, wenn es ihm angebracht erschien. So hielt er es in seiner Position nicht für opportun, öffentlich für ein politisches Lager Partei zu ergreifen, wie dies viele Unternehmer in der Zeit der sozialliberalen Koalition taten, gerade auch der mit ihm befreundete BDI-Präsident Hans-Günther Sohl. Ponto machte aus seiner Einstellung keinen Hehl, zeigte sich jedoch anderen Argumenten gegenüber aufgeschlossen und anderen Ansichten gegenüber tolerant. Am treffendsten kann man Ponto wohl als «aufgeklärten Konservativen» charakterisieren, wie er in einem Nachruf genannt wurde.[2]

Dass Ponto nicht nur ein überaus begabter Redner war, sondern auch ein aufgeschlossener Zuhörer mit einer besonderen Befähigung zum Mediator, dürfte viel von seiner persönlichen Ausstrahlungskraft ausge-

macht haben, der sich offenbar niemand entziehen konnte. Er war ein
Chef, der nicht auf Distanz ging, sondern sich natürlich gab, und dabei
noch einen ganz anderen Horizont hatte, als dies in den Vorstandsetagen
der Banken üblich war. Altgediente Bankiers waren von Ponto nicht weniger angetan und sahen in ihm einen Hoffnungsträger, der in der Lage
war, die Dresdner Bank zu neuen Höhen zu führen. Selbst ein Haudegen
wie Hans Rinn, unter dessen Leitung Ponto in Hamburg Chefsyndikus
geworden war, gehörte zu seinen Förderern. Für die Medien war Ponto
ohnehin die ideale Besetzung an der Spitze einer Großbank: Einen Vorstandssprecher, der es als seine Aufgabe ansah, in der Öffentlichkeit auf-
klärend zu wirken, hatte es zuvor in Deutschland noch nicht gegeben.

Die Art, wie Ponto in der Öffentlichkeit um Vertrauen und Verständnis gegenüber den Banken warb, war zwar eine sehr eigene und von
seiner Persönlichkeit geprägt. Ähnliche Strategien wurden in den Füh-
rungsetagen der westdeutschen Wirtschaft aber schon länger verfolgt,
wobei amerikanische Managementmethoden und Kommunikations-
konzepte als Leitbilder dienten. Das in Teilen der zeitgenössischen Presse
und auch in der historischen Forschung zu findende Bild, wonach die
deutschen Unternehmer in der Zeit der ersten sozialliberalen Regierung
eine Art Wagenburgmentalität an den Tag gelegt und sich erst im Lauf
der siebziger Jahre von den Verhaltensmustern ihrer Vorgänger emanzi-
piert hätten, ist durch neuere Untersuchungen widerlegt worden. Imagefragen waren für die Industrie wie für die Banken ab Mitte der sechziger
Jahre von wachsender Bedeutung und man war sich darüber im Klaren,
dass damit eine kommunikative Öffnung gegenüber der Gesellschaft
verbunden sein musste.[3] Ponto lag somit im Trend der Zeit, wenn er von
den Banken forderte, sich gegenüber der Öffentlichkeit zu erklären. Er
hatte erkannt, dass es in einer Kommunikationsgesellschaft, wie sie sich
damals herauszubilden begann, entsprechende Erwartungen an die
«Herren des Geldes» gab und dass eine Bank, die um das Vertrauen ihrer
Kunden warb, sich dem nicht entziehen konnte. Zudem war Ponto, der
gerne Kant zitierte, zutiefst von der Wirkung sachlicher Argumente
überzeugt. Für ihn stand außer Zweifel, dass sich dadurch das Misstrauen überwinden ließ, das in der Öffentlichkeit und in den Medien
gegenüber abstrakten Finanzdienstleistungen bestand. Seine viel bewunderte Redegabe zeichnete sich vor allem dadurch aus, dass er Argumente
auf den Punkt bringen und sein Publikum mit einem beeindruckenden

Wissen einfangen konnte, angereichert durch einen großen Zitaten-
schatz und launige Überleitungen. Er hat, wie sich Bernhard von Loeffelholz erinnert, «die Leute auf hohem Niveau unterhalten», aber nicht
mit Emotionen gearbeitet.[4]

Als Mittler verstand sich Jürgen Ponto auch zwischen Wirtschaft und
Kunst. Dass Bankiers künstlerische Neigungen haben und sich der Mu-
sik oder der bildenden Kunst zuwenden, ist so selten nicht. Doch bei
Ponto waren diese Interessen seit früher Zeit ein fester Bestandteil seiner
Lebenswelt und nicht etwa eine bürgerliche Attitüde oder nur ein Ausgleich zum «Brotberuf» in der Bank. Die Prägung durch das Elternhaus
lässt sich hier stärker erkennen als in seinem beruflichen Werdegang,
und durch seine Frau Ignes war die Musik ein fester Bestandteil des
Familien- und Ehelebens. Durch seinen Onkel, den Schauspieler Erich
Ponto, war die Familie auch noch auf andere Weise mit der Kunst verbunden. Kulturelle Interessen hatten hier etwas völlig Selbstverständ-
liches, sie gehörten zur Familie wie der Name. Dabei übte Jürgen Ponto
weder eine Kunst aus noch war er ein renommierter Kunstexperte wie
Hermann Josef Abs, mit dem er auch in diesem Zusammenhang gerne
verglichen wurde.[5] Doch Musik, bildende Kunst und Theater waren für
ihn eine Welt, zu der er sich hingezogen fühlte, als faszinierter Zuhörer
und Betrachter, und mit der er sich von Jugend auf intensiv beschäftigt
hatte.

Pontos berufliche Tätigkeit war von diesen Interessen nicht unmittelbar berührt, indirekt freilich schon, weil sie zu seiner Persönlichkeit gehörten, wie sie auch in geschäftlichen Zusammenhängen wahrgenommen wurde. Seine natürliche Souveränität, seine für einen Bankier ganz
außergewöhnliche Rhetorik und seine unbefangene Art, auf andere zu-
zugehen, wurzelten eben darin, dass er noch in einer anderen Welt zu
Hause war als in der des Geldes. Bei einem Mann wie Ponto, der von
sich selbst sagte, er neige «als Mann der Finanzen nicht dazu, die Kraft
von Geld und Kapital zu überschätzen», kann man sich hektische Blicke
auf den Börsenticker nicht vorstellen.[6] Er wirkte eher wie das «Gegenteil
zur Legende des profitscheffelnden Finanzherrn», wie es Hans Friderichs
in seiner Trauerrede in der Paulskirche formulierte.[7] Dass Ponto eine
«Begegnung von Kunst und Wirtschaft» nicht nur in Reden anmahnte,[8]
sondern auch glänzend gestalten konnte, zeigte er bei den Feiern zum
100-jährigen Jubiläum der Dresdner Bank im September 1972. In dieser

Form hatte noch keine Bank in Deutschland ein Jubiläum begangen, mit einem Konzert in der Berliner Philharmonie und einer Großspende für die Orchesterakademie der Philharmoniker. Die eingeladenen Geschäftspartner, Politiker und Medienvertreter waren beeindruckt. Ponto selbst trug dazu mit einer brillanten Rede bei und Chefdirigent Herbert von Karajan konnte nun darangehen, eine sehr erfolgreiche Nachwuchsförderung aufzubauen.

Es ist nicht leicht, aus den hinterlassenen Akten ein genaues Bild von Pontos Tätigkeit an der Spitze der Dresdner Bank zu gewinnen. Die Stärke dieses Bankiers lag zweifellos im direkten Gespräch. Vieles hat Ponto denn auch in Telefonaten geregelt, über die keine Notizen angefertigt wurden. Zudem hat er es verstanden, Aufgaben zu delegieren und sich auf das Wesentliche zu konzentrieren. Sein Terminkalender ließ ihm sicher keine andere Wahl, aber aus den Akten lässt sich der Eindruck gewinnen, dass er sich als Generalist den «großen Themen» auch sehr viel bereitwilliger widmete als der Behandlung von Kreditanträgen. Er konnte sich dies zudem leisten, weil im Vorstand entsprechender Sachverstand für die jeweiligen Ressorts vorhanden war. In Fragen des Börsen-, Wertpapier- und Kreditgeschäfts verließ sich Ponto auf Wolfgang Röller, der zu den erfahrensten und fähigsten Experten auf diesem Gebiet gehörte. Ähnliches galt für Helmut Haeusgen in Bezug auf das Auslandsgeschäft, und die innerbetrieblichen Fragen regelte Karl Friedrich Hagenmüller weitgehend in eigener Regie. Chefsache waren vor allem die wichtigsten Aufsichtsratsmandate, die Beziehungen zu den größten Kunden und zu anderen Banken sowie die Repräsentation im In- und Ausland.

Neben dem Imagewandel und dem organisatorischen Umbau der Dresdner Bank gehörten der Ausbau des internationalen Geschäfts und der internationalen Präsenz zu den Leistungen, die Ponto zugeschrieben wurden. Auch diese Entwicklung lag freilich im Trend der Zeit und vollzog sich in recht ähnlicher Form damals bei den beiden wichtigsten Konkurrenten, der Deutschen Bank und der Commerzbank. Zudem sollte nicht übersehen werden, dass gerade auf diesem Gebiet vieles als Pontos Leistung wahrgenommen wurde, was in Wirklichkeit das Ergebnis eines Zusammenwirkens zwischen Experten vor Ort und der Auslandsabteilung der Zentrale war. Als originärer Beitrag Pontos muss aber sicherlich der relativ frühzeitige Einstieg der Dresdner Bank in das Geschäft mit der Sowjetunion angesehen werden, und auch im Südafrika-Geschäft engagierte er sich persönlich. Im Nahen Osten öffnete das Quandt-Kuwait-Geschäft von 1974 der Dresdner Bank viele Türen. Dass diese Transaktion zustande kam, war das Verdienst Wolfgang Röllers, doch wäre sie ohne Pontos Rückendeckung nicht möglich gewesen.

Als Vorstandssprecher hatte Ponto vielfältigste Kontakte ins Ausland, auch zu Ministern, Staats- und Regierungschefs, die es schätzten, dass man sich mit diesem Bankier auch über die Weltlage, über Geschichte und Kultur unterhalten konnte. Er war im Ausland für die Dresdner Bank auch ein guter Botschafter, doch hatte das internationale Geschäft zu seiner Zeit noch bei weitem nicht die Bedeutung, die es in den folgenden Jahrzehnten erlangte. Obwohl bei der Dresdner Bank unter Ponto mit der Gründung des europäischen Bankenverbunds ABECOR und der Errichtung der ersten Auslandsfilialen nach dem Zweiten Weltkrieg ein Prozess der Internationalisierung eingeleitet wurde, blieb die Dominanz des Inlandsgeschäfts ungebrochen. Dies lässt sich auch an den Prioritäten des Vorstandssprechers gut erkennen. Die ABECOR-Verbindungen nutzte Ponto vor allem zu einer intensiven Kooperation mit der Bayerischen Hypotheken- und Wechsel-Bank, die diesem Verbund ebenfalls angehörte. Beobachter vermuteten wohl nicht zu Unrecht, dass diese Zusammenarbeit darauf zielte, die Deutsche Bank zu überholen. Auch bei der Quandt-Kuwait-Transaktion gab es eine strategische Komponente, die zu einer Verschiebung innerhalb der «Deutschland AG» führte, indem die Dresdner Bank die Deutsche Bank als Hausbank von BMW bzw. der Quandt-Gruppe verdrängte.

Die Aufsichtsratsmandate und Geschäftsbeziehungen mit Großkunden stellten Pontos diplomatische Fähigkeiten vor größere Herausforderungen als das internationale Geschäft seiner Bank. Und gerade auf diesem Gebiet erzielte er beachtliche persönliche Erfolge. Mehrere Schlüsselpositionen der westdeutschen Wirtschaft wurden ihm ad personam übertragen, wie der Vorsitz im Aufsichtsrat des RWE, den zuvor Hermann Josef Abs innegehabt hatte. Wenn nun von Ponto als dem zukünftigen «Leitbankier» der Bundesrepublik die Rede war, dann geschah dies vor allem aufgrund seines wachsenden Einflusses in den Schaltzentralen der «Deutschland AG». Der Vorstandssprecher der Dresdner Bank war ein geschickter «Netzwerker», wobei ihm auch hier sein Naturell zugute kam. Ponto hatte es nicht nötig, mit vielen Winkelzügen die «richtigen» Verbindungen im Kreis der deutschen Wirtschaftsgrößen zu knüpfen. Er gewann rasch die persönliche Wertschätzung so einflussreicher Industrieller wie Hans-Günther Sohl und Hans L. Merkle. Doch erwarb er sich in der Industrie auch durch seine Erfolge als Unternehmenssanierer, besonders bei der Fusion der Bauunternehmen Julius Berger, Bauboag und Grün & Bilfinger, und sein geschicktes Moderieren bei Krupp eine hohe Reputation. Auch Ponto war nicht vor Fehlern gefeit, aber es waren nur wenige. Das Misslingen der AEG-Sanierung ist hier an erster Stelle zu nennen. Rückblickend wird man feststellen müssen, dass die Banken in diesem Sanierungsfall schlichtweg an ihre Grenzen stießen. Mit der Ernennung Pontos zum Aufsichtsratsvorsitzenden der AEG hatten sich hohe Erwartungen verbunden, die er letztlich nicht erfüllen konnte. Dass er den bärbeißigen Montanmanager Walter Cipa als Vorstandsvorsitzenden installierte, war eine klare Fehlentscheidung. Als ein Fehler erwies sich auch die Übernahme der Sloman Bank in Hamburg, was sich allerdings erst nachträglich, nach gründlicher Prüfung der Bücher, herausstellte. Beiden Fällen war gemeinsam, dass Ponto Personen, denen er vertraute, falsch eingeschätzt hatte und dass es nicht zu seinen Eigenschaften gehörte, misstrauisch zu sein. Es fügte sich freilich auch in Pontos Selbstverständnis als Bankier, dass er die Dresdner Bank notfalls in die Bresche springen ließ, um angeschlagene Unternehmen zu retten. Im Fall Sloman geschah das zwar auch aus persönlichem Interesse und geschäftlichem Kalkül, aber wohl vor allem, um eine Ausweitung der Vertrauenskrise nach der Herstatt-Pleite zu verhindern. Im Fall der AEG galt es, den Untergang eines Flaggschiffs der «Deutschland AG» abzuwenden.

Langfristig gesehen war Pontos ambitioniertes Ziel, gegenüber der Deutschen Bank aufzuholen und, wo immer es möglich war, die größere Konkurrentin zu überholen, durchaus problematisch. Sich mit der Deutschen Bank zu messen, war bei der Dresdner Bank geradezu ein Teil der Unternehmenskultur, verbunden mit der Hoffnung, eines Tages nicht mehr nur der «ewige Zweite» zu sein. Ponto ließ sich davon leiten und setzte zu einem neuen Aufholversuch an, der schon bald recht vielversprechend erschien. Zwar verkürzte sich der Abstand zur Deutschen Bank der Bilanzsumme nach nur leicht, aber die Dresdner Bank nahm der Rivalin wichtige Aufsichtsratspositionen ab, holte im Auslandsgeschäft auf und stellte sich durchaus erfolgreich als die modernere Großbank dar. Wären die unter Ponto zunächst geplante Übernahme der

Commerzbank oder das später von ihm angedachte Zusammengehen mit der Bayerischen Hypotheken- und Wechsel-Bank realisiert worden, dann hätte die Dresdner Bank dem Geschäftsvolumen nach die Deutsche Bank überholen können. Rückblickend muss man freilich feststellen, dass sie keine realistische Chance hatte, einen Wettlauf mit dem Branchenprimus zu gewinnen. Schon beim nächsten Konjunktureinbruch, in der Rezession 1979/80, wurde deutlich, dass sie mit der Aufholstrategie ihre Möglichkeiten überschätzt hatte. Pontos Nachfolger Friderichs rückte denn auch von der Fixierung auf die Deutsche Bank ab und war fest entschlossen, «aus der ständigen Vergleichbarkeit herauszukommen».[9]

Als Bankier war Ponto durch und durch ein Repräsentant der klassischen deutschen Universalbank. Darin unterschied er sich nicht von den anderen Großbankiers des Landes. Wie nur wenige hat er die Vorzüge dieses Bankentyps aber in Vorträgen, Interviews und Veröffentlichungen dargelegt und sich uneingeschränkt zu ihnen bekannt. Bei allem Interesse am amerikanischen Modell, etwa hinsichtlich des kooperativen Führungsstils und neuer Kommunikationsstrategien, lag ihm ein Investmentbanking nach US-Muster völlig fern. Die deutschen Banken waren auf langfristige Kundenbindung ausgerichtet, nicht auf schnelle Deals, und Pontos Stärke lag denn auch darin, das Vertrauen der Kunden zu gewinnen und zu festigen. Bonuszahlungen hat er nie verlangt. Seither hat sich die Finanzbranche grundlegend gewandelt, und doch erscheinen viele der Botschaften, die Ponto vermittelte, aktueller denn je. Dazu gehört, dass Banken gut beraten sind, sich dem Dialog mit der Öffentlichkeit zu stellen und ihr Geschäftsmodell offen zu kommunizieren, dass sie sich das Vertrauen ihrer Kunden erarbeiten müssen und dass sich der Erfolg eines Bankchefs nicht unbedingt an seinem Expertenwissen bemisst, wohl aber an seiner Glaubwürdigkeit.

Die Jahre, in denen Ponto an der Spitze der Dresdner Bank stand, waren eine Zeit tiefgreifenden Wandels, gerade auch in wirtschaftlicher Hinsicht. Die erste Ölpreiskrise im Winter 1973/74 machte offensichtlich, dass der Nachkriegsboom vorbei war. Für die Bundesbürger ging damit zu Ende, was der Soziologe Burkart Lutz einen «kurzen Traum immerwährender Prosperität» genannt hat.[10] Mit Arbeitslosigkeit und wirtschaftlicher Stagnation kehrten Krisensymptome wieder, die man für längst überwunden gehalten hatte. An der Entwicklung der Dresdner Bank unter Ponto wird gleichwohl deutlich, dass sich der deutschen Wirtschaft in dieser Zeit auch neue Chancen eröffneten, etwa in den OPEC-Ländern und im Ostgeschäft. Für die Öffentlichkeit war eine Persönlichkeit wie Jürgen Ponto jetzt noch wichtiger als zuvor, weil sie angesichts einer wachsenden Verunsicherung Orientierung bieten konnte, wie es nicht nur von den Regierenden erwartet wurde, sondern auch von den Spitzenkräften der Wirtschaft und der Wissenschaft.

Rückblickend erscheinen Pontos Vorstellungen vom Verhältnis zwischen Banken und Öffentlichkeit als unerfüllte Vision eines notorischen Optimisten. Banken können ihren Auftrag heute weniger denn je «in der Öffentlichkeit begreiflich machen», und Banker, die einem durch immer neue Hiobsbotschaften verunsicherten Publikum Orientierung bieten können, wird man vergeblich suchen. Vor diesem Hintergrund ist es auch von praktischem Nutzen, die Bände mit Jürgen Pontos Reden aufzuschlagen und sich an seine Forderung zu erinnern, «den Verstand, die Vernunft wieder in ihren Rang einzusetzen».[11]

Anhang

Anmerkungen

1. Einleitung

1 «Die Zeit der schweigenden Bankiers geht zu Ende», in: Stuttgarter Zeitung, 30. 3. 1974.

2 Stellt was dar, in: Der Spiegel, 2. 8. 1976, S. 50.

3 Burkhart Salchow, Die Kronprinzen der Dresdner Bank, in: Deutsche Zeitung. Christ und Welt, 7. 1. 1977.

4 Trauerfeier für Jürgen Ponto in der Frankfurter Paulskirche, in: Frankfurter Allgemeine Zeitung, 7. 8. 1977.

5 Rudolf Herlt, Ein Künstler in der Welt des Geldes, in: Die Zeit, 5. 8. 1977.

6 Titel einer am 27. 3. 1974 ausgestrahlten NDR-Fernsehdokumentation über Ponto und die Dresdner Bank.

7 Vgl. Bösch/Frei, Ambivalenz; Donges, Medialisierung.

8 Bourdieu, Illusion; als Kritik aus der Praxis des Historikers bereits Niethammer, Kommentar.

9 Statt ausführlicher Belege vgl. als Resümees der neueren theoretischen Diskussion und empirischen Forschung vor allem Lässig, Biographie; Pyta, Arbeiten.

10 Zu Bankiers vgl. Gall, Bankier; Kopper, Hjalmar Schacht; Sattler, Ernst Matthiensen; auf schwieriger Quellenbasis auch Platthaus, Alfred Herrhausen; und einen Teil der Beiträge in Pohl (Hg.), Bankiers. Beispiele für theoretisch elaborierte Unternehmerbiografien bieten insbesondere Gehlen, Paul Silverberg; Abelshauser, Wirtschaftswunder.

11 Pointiert Hesse, Kapitalismus; Plumpe, Unwahrscheinlichkeit; Reitmayer, Ansatz.

12 Berghoff/Köhler, Class; vgl. dort auch die Hinweise zu Ponto, S. 79 ff.

13 Vgl. etwa Gabler Wirtschaftslexikon, 12. Aufl. Wiesbaden 1988, S. 549.

14 Mitte der sechziger Jahre hatte die Dresdner Bank etwa 57 000 Aktionäre mit steigender Tendenz; Meyen, 120 Jahre, S. 332.

15 Zu den Unschärfen des Begriffs vgl. zusammenfassend Gehlen, Paul Silverberg, S. 24–30.

16 Vgl. Gall, Bankier, S. 440.

17 So der theoretische Ansatz von Abelshauser, Wirtschaftswunder, S. 10–18.

18 Vgl. Jarausch (Hg.), Ende; Doering-Manteuffel/Raphael, Boom; Raithel/Rödder/Wirsching (Hg.), Weg.

19 Vgl. aus der neueren Literatur vor allem Köhler, Havarie; Plumpe, Ende; für das Folgende außerdem die Literaturangaben in den Kapiteln 4–6.

20 Vgl. oben Fn. 10. Ahrens/Bähr, Jürgen Ponto beruht im Wesentlichen auf publizistischen Quellen und ist nach der Durchsicht der Akten entsprechend korrekturbedürftig. Zahlreiche Informationen zur Dresdner Bank in den siebziger Jahren enthält die Festschrift von Meyen, 120 Jahre.

21 Ponto, Wirtschaft; ders., Mut.

22 Ponto, Rosen.

23 Albrecht/Ponto, Patentöchter.

24 Vgl. das Verzeichnis der Interviewpartner im Anhang.

2. Herkunft, Jugend und Studienzeit

1 Archiv der Hansestadt Lübeck, Taufbücher St. Aegidien 1801–1811, S. 348, Nr. 112.

2 Ebd. Zur Herkunft von Franz Ponto und seinem weiteren Werdegang finden sich im Lübecker Stadtarchiv keine Hinweise. Die Familie von Catharina Schröder lässt sich nicht ermitteln, da es in Lübeck damals mehrere Frauen mit diesem Namen gab und mehrere Männer den Namen des im Taufbuch genannten Zeugen Peter Hinrich Schröder trugen. Archiv der Hansestadt Lübeck, Personenregister.

3 Ahrens, Franzosenzeit, S. 543 ff.; Voeltzer, Wirtschaftslage, S. 68 ff. u. S. 147 ff.

4 Archiv der Hansestadt Lübeck, Bürgerannahme Zacharias Heinrich Franz Ponto (23. 2. 1841, Nr. 17).

5 Archiv der Hansestadt Lübeck, Lübeckisches Adreß-Buch mit Local-Notizen 1842, S. 62.

6 Ebd., S. 262. 1849 wurde Pontos «Handlung en detail» ins Handelsregister aufgenommen. Archiv der Hansestadt Lübeck, Handelsregister, Mappe HR Heinrich Ponto 1254, No. 35 Pag. 15.

7 Archiv der Hansestadt Lübeck, Personenregister, Zacharias Heinrich Franz Ponto.

8 Archiv der Hansestadt Lübeck, Handelsregister, Mappe HR Heinrich Ponto 1254, Fol. 32 Nr. 1567, Eintragung vom 28. 4. 1871. Ludwig Ponto hatte wenige Wochen vor der Übernahme des väterlichen Geschäfts das Bürgerrecht der Stadt Lübeck erhalten. Archiv der Hansestadt Lübeck, Bürgerannahme Heinrich Ludwig Ponto (22. 4. 1871, Nr. 50). Zu den Firmen Friedrich Heinrich Pontos: Archiv der Hansestadt Lübeck, Mappe HR. H. Ponto jr. 1275; ebd., Mappe HR, F. H. Ponto junior 1245, Fol. 1296 Nr. 2042.

9 Archiv der Hansestadt Lübeck, Genealogisches Register, Band 11, N-P, S. 504.

Zur Herkunft von Ida Ponto, geb. Albers vgl. Schneider, Ponto, S. 19. Dort wird die Heirat auf das Jahr 1869 datiert.

10 Zitiert nach: Schneider, Ponto, S. 19.

11 Schneider, Ponto, S. 19.

12 Zitiert nach: ebd.

13 Ebd.

14 Noch schlechter erging es Ludwig Pontos jüngstem Bruder Friedrich Heinrich, dessen neu gegründete Firmen schon nach wenigen Jahren in Konkurs gingen. Friedrich Heinrich Ponto wanderte 1882 nach Amerika aus, wo er bald darauf verstarb. Archiv der Hansestadt Lübeck, Mappe HR, H. Ponto jr. 1275; ebd., Mappe HR, F. H. Ponto junior 1245, Fol. 1296 Nr. 2042.

15 Lenz, Karstadt.

16 Die Firma Heinrich Ponto wurde am 15. 10. 1889 auf Antrag Ludwig Pontos im Lübecker Handelsregister gelöscht. Archiv der Hansestadt Lübeck, Handelsregister, Mappe HR Heinrich Ponto 1254, Fol. 32 Nr. 1567.

17 Schneider, Ponto, S. 19 f.

18 Ebd.

19 Hermann Heinrich Robert Ponto, geb. 31. 7. 1878 in Lübeck, gest. 17. 4. 1967 in Hamburg.

20 Interview mit Ignes Ponto, 19. 2. 2008; Interview mit Corinna Ponto, 27. 7. 2011; Mitteilung von Hanna Oesten, 8. 3. 2013; Albrecht/Ponto, Patentöchter, S. 61.

21 Erich Ponto (geb. 14. 12. 1884 in Lübeck, gest. 4. 2. 1957 in Stuttgart) heiratete 1916 Tony Kresse, eine Jugendfreundin aus Hamburg. Erich und Tony Ponto hatten zwei Kinder: Eva (geb. 1918), später verh. Doering-Ponto, und Klaus (geb. 1927). Klaus Ponto wurde Schauspieler und Hörspielsprecher. Ebenfalls Schauspieler wurde Klaus Pontos Sohn Manoel (1949–1996). Vgl. Schneider, Ponto.

22 Zur Biografie Erich Pontos: Schneider, Ponto. Zu Pontos Schülern gehörte u. a. Gert Fröbe. Heinz Rühmann schrieb später über Erich Ponto: «Er war oft – und dafür bin ich den Theatergöttern dankbar – mein Partner, und nicht selten vergaß ich weiterzuspielen, weil ich davon fasziniert war, wie er es machte. Er ‹machte› nämlich gar nichts. Er war unnachahmlich. Geringe Klangfärbungen schufen den Charakter, sein Gang, seine Körperhaltung änderten sich.» Ebd., S. 146 f.

23 Interview mit Ignes Ponto, 19. 2. 2008.

24 Ebd.; Mitteilung von Hanna Oesten, 8. 3. 2013.

25 Gabriele Ponto, geb. Schmidt, geb. 18. 5. 1880, gest. 30. 5. 1974.

26 Andreas Schmidt gründete in Ecuador eine Familie, verstarb aber bereits im Alter von 35 Jahren. Interview mit Hanna Oesten, 28. 4. 2008; Mitteilung von Hanna Oesten, 8. 3. 2013; Interview mit Ignes Ponto, 19. 2. 2008; Interview mit Corinna Ponto, 27. 7. 2011.

27 Jürgen Ponto an den Pastor der evangelischen Gemeinde Seedorf über Mölln, 20. 2. 1968, Historisches Archiv der Commerzbank (HAC) 500/17171-2000.

28 Interview mit Hanna Oesten, 28. 4. 2008. Anlässlich des Todes von Robert Ponto schrieb die in Bahía de Caráquez erscheinende Zeitung *El Globo* über ihn, er sei viele Jahre in dieser Stadt als «Jefe de la Casa TAGUA» ansässig gewesen, einer «organización comercial alemana, que mantuve durante largos años importantes actividades de importación y exportación». El Globo, 24. 5. 1967 (Kopie), HAC-500/7913-2002.

29 Geburtsurkunde Jürgen Ponto, HAC-500/17171-2000.

30 Interview mit Hanna Oesten, 28. 4. 2008. Die Pontos reisten damals auf dem Dampfer *Ammon* der Reederei Kosmos, die dieses Schiff auf der Linie Hamburg-Valparaiso einsetzte. Ebd.

31 Notizen von Hanna Oesten, 28. 4. 2008.

32 Notizen von Hanna Oesten, 28. 4. 2008.

33 Robert Ponto an Erich Ponto, 24. 10. 1928, HAC-500/7913-2002, Bd. 1.

34 Ebd., Ausfertigung der Hauskauf-Akte Hamburg, Magdalenenstr. 14 (Notar Dr. Gustav Adolf Ulrich Sieveking), No 1328 des Notariats-Registers 1929, 10. 6. 1929, HAC-500/7913-2002, Bd. 2.

35 Notizen von Hanna Oesten, 28. 4. 2008.

36 Ebd.

37 Zitat aus: Porträt Hanna Oesten, in: 60 Jahre Grundgesetz, in: nordschleswiger. dk. Deutsche Tageszeitung in Dänemark (Mai 2009).

38 Interview mit Ignes Ponto, 19. 2. 2008.

39 Interview mit Hanna Oesten, 28. 4. 2008.

40 Schulz (Hg.), Wilhelm-Gymnasium, S. 139–193.

41 Ullrich, Kaiser, S. 165. Ullrich war seit 1976 Studienrat am Wilhelm-Gymnasium. Von 1990 bis 2009 leitete er bei der Wochenzeitung DIE ZEIT das Ressort «Politisches Buch».

42 Interview mit Hanna Oesten, 28. 4. 2008.

43 Schreiben Kurt Moraht an Hans Friderichs, 5. 3. 1980, HAC-500/18738-2000.

44 Aussage von Hannsjürgen Harms, in: Ullrich, Kaiser, S. 155. Paul Albrecht starb bereits im Juli 1944.

45 Zitat aus: Porträt Hanna Oesten, in: 60 Jahre Grundgesetz, in: nordschleswiger. dk. Deutsche Tageszeitung in Dänemark (Mai 2009).

46 Mosel, Wegweiser, S. 105 ff.

47 Festansprache von Johannes Beutler zur 125-Jahrfeier des Wilhelm-Gymnasiums 2006. URL: http://www.exwg.de/index.php/jubilaen/125-jahre-wg (abgerufen zuletzt am 3. 4. 2013). Zu den von der Moorweidenstraße ausgehenden Deportationen vgl. Meyer, Verfolgung, S. 206.

48 Notizen von Hanna Oesten, 28. 4. 2008.

49 Ebd.; Auszug aus der Personal-Akte Referendar Jürgen Ponto, 30. 4. 1951, HAC-500/1343-2002. P, Bd. 2.

50 Drude, Das WG, S. 185.

51 Albrecht/Ponto, Patentöchter, S. 47; Interview mit Stefan Ponto, 18. 1. 2012.

52 Nicolaysen, Lehre, S. 35.

53 Notizen von Hanna Oesten, 28. 4. 2008; Jürgen Ponto an Hamburger Sparcasse von 1827, Hypotheken-Abteilung (Formular, o. D.), HAC-500/7913-2002, Bd. 1.

54 Krönig/Müller, Nachkriegssemester, S. 65 u. S. 100; Weber, Student.

55 Ponto Nummer 2, in: Der Spiegel, 9. 12. 1968, S. 102.

56 Lang, Rundschau; Bernd M. Kraske, Die mutige «Akademische». Erinnerung an eine nicht alltägliche Zeitschrift, in: Die Zeit 1986/25.

57 Marjasch, Erinnerungen, S. 53.

58 Ebd., S. 54.

59 Schubert, Nachkriegstagen, S. 62.

60 Jürgen Ponto, Internationale Ferienkurse an deutschen Universitäten. Die erste Begegnung, in: Hamburger Akademische Rundschau 1. Jg. (1946/47), H. 5, S. 176. Der internationale Ferienkurs in Tübingen und Bad Teinach hatte vom 12. 8.–20. 9. 1946 stattgefunden und war auf Initiative der französischen Militärregierung zustande gekommen. Nach Pontos Angaben nahmen 310 französische, 30 britische und 130 deutsche Studenten an dem Kurs teil. Ebd., S. 173. Vgl. hierzu auch Zauner, Erziehung, S. 186.

61 Kurt Moraht an Hans Friderichs, 5. 3. 1980, HAC-500/18738-2000, Bd. 1.

62 Ponto, Rosen, S. 24.

63 Vgl. Thies, Die Moltkes.

64 Moltke, Leben, S. 64 u. 68; Köhler, Helmuth, S. 123 f. u. S. 162.

65 Ponto, Rosen, S. 9–12; Interview mit Ignes Ponto, 19. 2. 2008.

66 Zur Biografie Helmuth James von Moltkes und seiner Widerstandstätigkeit vgl. Thies, Die Moltkes, S. 199–282; Brakelmann, Helmuth.

67 Ponto, Rosen, S. 20 f.; Moltke, Briefe, S. 74 u. S. 570 ff.

68 Ponto, Rosen, S. 22 f. Maria von Abercron, geb. Gräfin von Waldersee (1890–1989) stammte ebenfalls aus einer alten preußischen Generalsfamilie. Ihrem Gatten Ernst von Abercron gehörte neben dem Gut Testorf auch das benachbarte Gut Ehlerstorf. Ernst von Abercron starb 1949.

69 Ebd., S. 24 f.; Albrecht/Ponto, Patentöchter, S. 64.

70 Ponto, Rosen, S. 25.

3. Vom Volontär zum Vorstandssprecher

1 Vgl. ausführlich, auch zum Folgenden: Horstmann, Die Alliierten; Holtfrerich, Deutsche Bank; Ahrens, Dresdner Bank, Kap. V–VII; zu Berlin: Pollems, Bankplatz.

2 Ahrens, Dresdner Bank, S. 191 ff.

3 Vgl. Bähr, Dresdner Bank, S. 422 f., 431 f. und 443 f.

4 Ahrens, Dresdner Bank, S. 201.

5 Vgl. insbesondere Buchheim, Währungsreform; ders., Kontroverse; als Resümee der Debatte um den Stellenwert der Währungsreform Plumpe, Entscheidung.

6 Ahrens, Dresdner Bank, S. 223 f., 229 f.

7 Ponto Nummer 2, in: Der Spiegel, 9. 12. 1968; Interview mit Ignes Ponto, 19. 2. 2008.

8 Interview mit Ignes Ponto, 19. 2. 2008.

9 Hamburger Kreditbank, Abgangs-Zeugnis für Jürgen Ponto, 12. 9. 1951, und Vermerk Entzian, 8. 9. 1951, HAC-500/1343-2002P (Zitate); Auszug aus der Personalakte, 30. 4. 1951, ebd.

10 Hamburger Kreditbank, Abgangs-Zeugnis für Jürgen Ponto, 12. 9. 1951, HAC-500/1343-2002P.

11 Ponto an Edgar C., 27. 9. 1951, HAC-500/6071-2000; Ahrens, Dresdner Bank, S. 331–334.

12 Interview mit Ignes Ponto, 19. 2. 2008.

13 Ahrens, Dresdner Bank, S. 243 f.

14 Rinn an Goetz, 15. 3. 1965, HAC-500/17394-2001.

15 Aktenvermerk Ponto, 31. 1. 1953, HAC-500/11665-2001.

16 Ponto an Gladebeck, 14. 9. 1953, HAC-500/11877-2001. Vgl. zu den Auseinandersetzungen ausführlich Sattler, Vermögensfragen.

17 Korrespondenz und Notizen 1954–1957, HAC-500/7505-2002. Zur Abwicklung der Contibank vgl. Ahrens, Dresdner Bank, S. 447–450.

18 Rundschreiben an die Abteilungen und Filialen der Dresdner Bank AG, 1. 7. 1959, HAC-500/17439-2001.

19 Ahrens, Dresdner Bank, S. 255.

20 Dresdner Bank an Ponto, 10. 11. 1960, HAC-500/1343-2002P.

21 Ponto an Laabs und Lehmann, 4. 3. 1960 (Zitat); Ponto, Memorandum über die Intensivierung des Scheckverkehrs, 25. 5. 1960, HAC-500/16956-2001. Dank an Simon Gonser für den Hinweis auf die Quelle.

22 Ebd.; Aktenvermerk Ponto, 28. 5. 1960, ebd.

23 Notiz Witt, 28. 10. 1960, HAC-500/1343-2002P.

24 Interview mit Ignes Ponto, 19. 2. 2008; Wixforth, Tochter, S. 364.

25 Vgl. Ziegler, Strukturwandel, S. 215; Berghoff/Köhler, Class.

26 Volkswirtschaftliche Abteilung, Mitteilung an die Presse, 10. 11. 1964, HAC-500/119092; die anderen waren Cai Graf zu Rantzau (Jahrgang 1909), Erich Krüger (1910), Helmut Haeusgen (1916) und Hansjürgen Kühl (1921).

27 Dresdner Bank AG, Geschäftsbericht 1957, S. 9.

28 Rinn an Goetz, 15. 1. 1964, HAC-500/17394-2001.

29 Rinn an Goetz, 21. 1. 1965, HAC-500/17394-2001.

30 Die Dresdner: Bank ohne Abs, in: Capital 3/1964, S. 19–28.

31 Sattler, Ernst Matthiensen, S. 283. Zu Goetz vgl. Bähr, Carl Friedrich Goetz; ders., Dresdner Bank, S. 75–127.

32 Tilly, Willy H. Schlieker, insb. S. 144–148.

33 Vgl. die Korrespondenzen und Notizen in HAC-500/16800-2001, 16803-2001, 16998-2001.

34 Aktenvermerk Ponto, 15. 10. 1962, HAC-500/16803-2001.

35 Sattler, Ernst Matthiessen, S. 207–239; dies., Napoleon.
36 Tilly, Trust, S. 120 ff.
37 Sattler, Ernst Matthiessen, S. 223 f., 286.
38 Rinn an Goetz, 15. 3. 1965, HAC-500/17394-2001.
39 Tilly, Geschäftsbanken, S. 325–334; zur Kapitalbildung der Unternehmen im «Wirtschaftswunder» Plumpe, «Wir sind wieder wer!», S. 255.
40 Meyen, 120 Jahre, S. 216 (nach Zahlen der Deutschen Bundesbank). Das hier herangezogene «Geschäftsvolumen» umfasst die Bilanzsumme zuzüglich Eventual- und Indossamentsverbindlichkeiten; andere Zahlen mit gleicher Tendenz bei Tilly, Geschäftsbanken, S. 326 f.
41 Vgl. Leopold, Wandlungstendenzen; Mülhaupt, Strukturwandlungen; Büschgen, Deutsche Bank, S. 770–773; Sattler, «Investmentsparen». Zum Konsumentenkredit Stücker, Konsum; zum Wandel des Konsumverhaltens pointiert Wildt, Wohlstand, S. 63–76; ausführlich König, Geschichte. Zur Bedeutung des Sparkontengeschäfts in der NS-Zeit und in den fünfziger Jahren: Bähr, Dresdner Bank, S. 222–228; Ahrens, Dresdner Bank, S. 261 ff.
42 Mülhaupt, Strukturwandlungen, S. 395.
43 Vgl. Meyen, 120 Jahre, S. 393.
44 Volkswirtschaftliche Abteilung, Mitteilung an die Presse, 7. 12. 1965, HAC-500/119093; Meyen, 120 Jahre, S. 177 f.
45 Zentral-Organisation, Entwicklung der Zins- und Gebührensätze für unsere Dienstleistungen, 3. 4. 1970, HAC-500/17615-2000. Zur wachsenden Präsenz amerikanischer Banken in der Bundesrepublik vgl. Hartkopf, Geschäftspolitik.
46 Pohl/Jachmich, Verschärfung, S. 207 f., 223, 238 ff.; Büschgen, Problemfelder, S. 397–405.
47 Richebächer an Ponto, 9. 7. 1969, HAC-500/17907-2000. Die Zahlen sind insofern mit Vorsicht zu behandeln, als sie nicht auf internen Quellen der drei Institute beruhen, sondern auf einer Hochrechnung der Steuerpositionen in den veröffentlichten Gewinn- und Verlustrechnungen, die ihrerseits wegen der Bilanzierungsspielräume kein eindeutiges Bild der Erträge aus dem laufenden Geschäft vermitteln. Vgl. dagegen Büschgen, Großbanken, S. 154, der eine positive Wirkung der Filialexpansion auf die Rentabilität vermutet.
48 Vgl. Ahrens, Dresdner Bank, S. 268 f.
49 McKinsey & Co., Ausrichtung der Organisation auf zukünftige Aufgaben, 17. 11. 1969, HAC-500/7961-2002.
50 Sattler, Ernst Matthiessen, S. 287, 398 (Fn. 852).
51 Vgl. Hagenmüller verläßt die Dresdner Bank, in: Frankfurter Allgemeine Zeitung, 19. 4. 1980.
52 Hagenmüller, Bankbetrieb; ders., Bankbetrieb und Bankpolitik; Süchting (Hg.), Bankbetrieb. Zu Hagenmüllers Tätigkeit an der Frankfurter Universität vgl. Hagenmüller, Aufbau; Schauenberg, Betriebswirtschaftslehre.
53 Volkswirtschaftliche Abteilung, Mitteilung an die Presse, 15. 11. 1965, HAC-500/119093.

54 Winfried Wilhelm, Reform an Haupt und Gliedern, in: Manager Magazin, April 1974, S. 36–43.

55 Matthiensen, Sprechzettel für Präsidialsitzung am 4. 4. 1967, HAC-500/109333.

56 Matthiensen, Sprechzettel für Präsidialsitzung am 15. 4. 1969, HAC-500/109476.

57 Leopold, Wandlungstendenzen, S. 56.

58 Niederschrift über die Sitzung des Gesamtvorstands am 20. 10. 1966, S. 22 ff., HAC-500/17631-2000.

59 Niederschrift über die Sitzung des Gesamtvorstands am 26. 10. 1967, S. 14 f., HAC-500/17631-2000.

60 Niederschrift über die Sitzung des Gesamtvorstands am 25. 8. 1966, S. 20, HAC-500/17631-2000.

61 Niederschrift über die Sitzung des Gesamtvorstands am 22. 9. 1966, S. 13 f., HAC-500/17631-2000.

62 Niederschrift über die Sitzung des Gesamtvorstands am 27. 4. 1967, S. 4, HAC-500/17631-2000.

63 Niederschrift über die Sitzung des Gesamtvorstands am 20. 6. 1968, S. 16, HAC-500/17626-2000.

64 Übersicht, 13. 8. 1968, HAC-500/120998. Bei diesem Dokument handelt es sich um die überarbeitete Version eines Entwurfs vom 1.8., der laut einer beiliegenden Notiz am 9.8. von Ponto an Marx geschickt wurde; das Schreiben fehlt in der Akte.

65 Arbeitsgliederung Fusion C-Bank (Entwurf), 30. 7. 1968, HAC-500/120998; Aktennotiz (Lehmann), 12. 9. 1968, ebd.; Lehmann, Überlegungen für ein Zusammengehen von Großbanken, 16. 9. 1968, ebd. (Zitat).

66 Niederschrift über die Sitzung des Gesamtvorstands am 22. 8. 1968, S. 3, HAC-500/17626-2000.

67 Niederschrift über die Sitzung des Gesamtvorstands am 5. 12. 1968, S. 4 f., HAC-500/17626-2000.

68 Niederschrift über die Sitzung des Gesamtvorstands am 15. 2. 1969, S. 7, HAC-500/17626-2000.

69 Niederschrift über die Sitzung des Gesamtvorstands am 28. 3. 1969, S. 1, HAC-500/17626-2000.

70 Sieger blieb Lichtenberg, Marx ging als Teilhaber zum Kölner Privatbankhaus Sal. Oppenheim jr.; Kurt Wendt, Ein Vorstand nahm seinen Abschied, in: Die Zeit, 30. 5. 1969.

71 Niederschrift über die Sitzung des Gesamtvorstands am 25. 6. 1970, S. 8, HAC-500/17628-2000.

72 Matthiensen, Sprechzettel für Präsidialsitzung am 22. 4. 1968, HAC-500/109333. Vgl. die Auflistung der Vorstandsmitglieder bei Meyen, 120 Jahre, S. 336.

73 Meyen, 120 Jahre, S. 343.

74 Niederschrift über die Sitzung des Gesamtvorstands am 26. 11. 1968, HAC-500/17626-2000 (Zitat); Matthiensen, Sprechzettel für Präsidialsitzung am 26. 11. 1968, HAC-500/109476.

75 Entwurf Pressemitteilung, o. D., ebd.

76 Ponto Nummer 2, in: Der Spiegel, 9. 12. 1968. Der Artikel behauptete fälsch-
lich, Vierhub sei 1965 als Ersatzmann zum Sprecher berufen worden, nachdem
Bundesbank-Präsident Karl Blessing dasselbe Angebot abgelehnt hatte. Tatsächlich war dem 1900 geborenen Blessing, der altersgemäß eigentlich 1965 aus
dem Bundesbank-Amt hätte ausscheiden müssen (und tatsächlich bis 1969 auf
dem Posten blieb) im selben Jahr vergeblich die Nachfolge von Carl Goetz als
Aufsichtsratsvorsitzender angeboten worden, die stattdessen Matthiensen antrat; vgl. Sattler, Ernst Matthiensen, S. 283.

77 Handelsblatt, 28. 11. 1968; Frankfurter Allgemeine Zeitung, 28. 11. 1968;
Christ und Welt, 6. 12. 1968.

78 Kurt Wendt, Ein Vorstand nahm seinen Abschied, in: Die Zeit, 30. 5. 1969.

79 Interview mit Karl Gustaf Ratjen, 12. 10. 2007.

80 Rede Matthiensens nach der Hauptversammlung der Dresdner Bank AG am
4. 6. 1969, zit. nach Sattler, Ernst Matthiensen, S. 397.

81 Matthiensen, Sprechzettel für Präsidialsitzung am 25. 11. 1969, HAC-500/
109476.

4. Ponto und die Dresdner Bank

1 Schmidt/Noth, Entwicklung, S. 177.

2 Ressorteinteilung, o. D. (Vorlage zur Aufsichtsratssitzung am 25. 11. 1969),
HAC-500/109476 (Zitate); Matthiensen, Sprechzettel für Präsidialsitzung am
26. 11. 1968, ebd.

3 Interview mit Ingrid Bath (Sekretärin Jürgen Pontos) und Gustav Adolf Schaeling (Assistent Jürgen Pontos), 2. 3. 2011; Interview mit Hiltrud Haaß (Sekretärin Jürgen Pontos) und Jürgen Mayer (Chauffeur Jürgen Pontos), 18. 5. 2011;
Interview mit Bernhard von Loeffelholz, 10. 10. 2007 (Zitate).

4 Daten nach Meyen, 120 Jahre, S. 335 f.

5 Interview mit Bernhard von Loeffelholz, 10. 10. 2007.

6 Rudolf Herlt, Ein Künstler in der Welt des Geldes, in: Die Zeit, 5. 8. 1977.

7 Die Omnipotenten, in: Der Spiegel, 18. 1. 1971, S. 38. Wie präsent die Image-
probleme der Dresdner Bank immer noch waren, zeigt sich daran, dass Willy
Schlieker in diesem Artikel ein weiteres Mal als «Banken-Opfer» auftauchte.

8 Wirtschaftswoche, 8. 9. 1972; der zugehörige Artikel ebd., S. 66 ff.

9 Niederschrift über die Sitzung des Gesamtvorstands am 23. 7. 1969, S. 14,
HAC-500/17628-2000.

10 Ebd.

11 Niederschrift über die Sitzung des Gesamtvorstands am 3. 9. 1970, S. 6 f.,
HAC-500/17629-2000; Interview mit Bernhard von Loeffelholz, 10. 10.
2007.

12 Knabe, Firmenjubiläen, S. 223–228.

13 Sattler, Ernst Matthiensen, S. 302–306.

14 Ausführungen von Jürgen Ponto […] anläßlich der Feier des 100jährigen Jubiläums der Dresdner Bank in der Kongreßhalle in Berlin am 12. September 1972, HAC-500/120078. Eine leicht gekürzte Version wurde unter dem Titel «Staat – Wirtschaft – Freiheit» veröffentlicht in: Ponto, Wirtschaft, S. 75–81; ders., Mut, S. 9–16.

15 Der Regierende Bürgermeister von Berlin an Ponto, Juli 1977, HAC-500/7886-2002; Ponto an Siedler, 26. 7. 1977, ebd.

16 Sohl, Notizen, S. 332; Interview mit Bernhard von Loeffelholz, 10. 10. 2007. Vgl. den auszugsweisen Abdruck der Rede in der *Welt am Sonntag* unter dem Titel «Von der Notwendigkeit, sich entscheiden zu müssen», 17. 9. 1972.

17 Vgl. die Presseausschnitte in HAC-500/18318-2000, HAC-500/18592-2000.

18 Geldanlage 1972: Drei Fragen an deutsche Bankiers, in: ZEITmagazin extra, 26. 11. 1971.

19 David Binder, German Banks: Into the Marketplace, in: New York Times, 21. 11. 1971.

20 Dresdner Bank (Hg.), Chiffren. Zur Deutschen Bank vgl. Seidenzahl, 100 Jahre; weniger aufwändig: Commerzbank AG (Hg.), 100 Jahre.

21 Niederschrift über die Sitzung des Gesamtvorstands am 26. 8. 1971, S. 9, HAC-500/17627-2000.

22 Zu den Diskussionen Ponto-Harpprecht vgl. Loeffelholz, Betr. Gespräch mit den Herren Dr. Pawek und Harpprecht am 30. August 1971, HAC-500/18224-2000; Harpprecht an Ponto, 5. 10. 1974, ebd. Die Endredaktion des Textes wurde allerdings vor allem von Meier-Preschany vorgenommen; vgl. Loeffelholz an Ponto u. a., 16. 5. 1972, ebd.

23 Interview mit Bernhard von Loeffelholz, 10. 10. 2007.

24 Vgl. Ponto an Pilditch, 3. 7. 1970, HAC-500/17640-2000.

25 Sattler, Ernst Matthiensen, S. 223 f.

26 Ponto an Friedrich Vogel, Herausgeber des Handelsblatts, 19. 1. 1973, HAC-500/17600-2000; Vielmetter an Ponto, 13. 12. 1972, ebd.; Dechamps an Ponto, 21. 9. 1973, ebd.

27 Vielmetter an Schäfer, 3. 11. 1969, HAC-500/17603-2000; Stößel an Ponto/Hagenmüller/Kühl, 30. 6. 1970, ebd.

28 Vielmetter an Ponto, 10. 4. 1973, HAC-500/17907-2000 (Zitat); Vielmetter an Ponto, 21. 2. 1977, HAC-500/104550.

29 Rantzau an Ponto, 18. 10. 1965, HAC-500/17613-2000.

30 Notiz Ponto, 18. 8. 1966, HAC-500/17617-2000.

31 Richebächer an Ponto, 9. 7. 1969, HAC-500/17907-2000.

32 Ebd., S. 21.

33 Aicher, Welt, S. 155 ff. Vgl. ausführlich Rathgeb, Otl Aicher; Moser, Otl Aicher.

34 Otl Aicher, Dresdner Bank. Visuelles Erscheinungsbild, 7. 6. 1970, HAC-500/17621-2000.

35 Ebd.; Notiz Ponto, 8. 5. 1968, ebd.; Notiz Rath, 15. 6. 1970, ebd.

36 Meyen, 120 Jahre, S. 316; Kretschmer, Merkurstab; Interview mit Ignes Ponto, 19. 2. 2008. Zitat: Otl Aicher, Dresdner Bank. Visuelles Erscheinungsbild, 7. 6. 1970, HAC-500/17621-2000.

37 Hannsgeorg Beckert (Architektenbüro Beckert + Becker), Dresdner Bank. Erscheinungsbild in der Architektur, 7. 6. 1970, HAC-500/17621-2000.

38 Notiz Rath, 15. 6. 1970, HAC-500/17621-2000; Architektenbüro Beckert + Becker an Rath (mit Randnotizen Ponto und Hagenmüller), 24. 4. 1970, ebd.

39 Vgl. Pontos Notizen vom 18. 8. 1966, 16. 10. 1967, 2. 11. 1967 oder 8. 5. 1968, HAC-500/17621-2000.

40 Feldbausch, Betr.: Fernsehwerbung, 17. 12. 1968, HAC-500/17621-2000.

41 Ponto, Betr.: Fernsehwerbung, 6. 2. 1968, HAC-500/17621-2000.

42 Ponto, Betr.: Werbung, 8. 7. 1968, HAC-500/17621-2000.

43 Rantzau, Betr.: Sparzinsen und Werbung, 10. 6. 1975, HAC-500/7910-2002.

44 Ponto, Betr.: Ergebnis meiner Aussprache …, 18. 8. 1966, HAC-500/17621-2000.

45 Kühl an Schwachula, 6. 11. 1972, HAC-500/7910-2002; Schuldt an Ponto, 13. 2. 1973, HAC-500/17600-2000; vgl. allgemein Fischer/Westermann, Geschichte, S. 62–70.

46 Zentrale Werbeabteilung an Rantzau, Hagenmüller, Funke, 20. 5. 1975, HAC-500/8105-2002.

47 Vgl. Kretschmer, Merkurstab, S. 176.

48 Ponto, Betr.: Sitzung Bauausschuss, 19. 12. 1972, HAC-500/7840-2002; Notiz über die am 19. 12. 1972 stattgefundene 1. Sitzung des Bauausschusses, 22. 12. 1972, ebd.

49 Ponto eröffnete diese Überlegungen dem Siemens-Finanzchef Heribald Närger. Sie sind insofern mit Vorsicht zu genießen, als er damit die Aufnahme Hagenmüllers in den Siemens-Aufsichtsrat vorantreiben wollte, wo man eigentlich Wert auf ein Mandat des Vorstandssprechers legte; Ponto, Betr.: Siemens AG/Metallgesellschaft AG, 12. 12. 1972, HAC-500/17876-2000.

50 Interview mit Karl Friedrich Hagenmüller, 14. 11. 2007. Vgl. auch Pontos Manuskript der Rede zum 60. Geburtstag Hagenmüllers (9. 1. 1977), HAC-500/5773-2002.

51 Winfried Wilhelm, Reform an Haupt und Gliedern, in: Manager Magazin, April 1974, S. 36–43.

52 Vgl. Ruck, Sommer; Schanetzky, Ernüchterung.

53 Richebächer an Ponto, 9. 7. 1969, S. 19, HAC-500/17907-2000.

54 Fünfjahresplanung der Dresdner Bank. Vorschlag Prof. Dr. Hagenmüller 1966, o. D., HAC-500/120552.

55 Sattler, Ernst Matthiensen, S. 289 f.

56 Ponto, Manuskript der Rede zum 60. Geburtstag Hagenmüllers (9. 1. 1977), HAC-500/5773-2002.

57 Niederschrift über die Sitzung des Gesamtvorstands am 22. 7. 1969, HAC-500/17628-2000.

58 Winfried Wilhelm, Reform an Haupt und Gliedern, in: Manager Magazin, April 1974, S. 36–43, hier S. 38.

59 Niederschrift über die Sitzung des Gesamtvorstands am 22. 7. 1969, HAC-500/17628-2000.

60 Winfried Wilhelm, Reform an Haupt und Gliedern, in: Manager Magazin, April 1974, S. 36–43.

61 Ponto, Betr.: Werbung, 2. 11. 1967, HAC-500/17621-2000; Werbeabteilung, Jahresbericht Werbung, 31. 12. 1970, ebd.

62 Beschlussprotokoll einer Aussprache über Grundsatzfragen des Wertpapiergeschäfts, 7. 8. 1970, HAC-500/17617-2000.

63 Ponto, Betr.: McKinsey, 2. 11. 1970, HAC-500/7961-2002; Aktenvermerk Ponto, 30. 11. 1970, HAC-500/17933-2000; Niederschrift über die Sitzung des Gesamtvorstands am 22. 10. 1970, HAC-500/17629-2000.

64 Vgl. Witt und Krüger an die Vorstandsmitglieder der Dresdner Bank, 10. 7. 1969, HAC-500/17617-2000; Ponto, Betr.: Schreiben Vorstand Hamburg vom 10. Juli 1969, 17. 7. 1969, ebd.

65 Zu ähnlichen Maßnahmen in der Industrie vgl. Kleinschmidt, Blick; Wolf, Strategie, insb. S. 213 ff., 589 f.

66 Winfried Wilhelm, Reform an Haupt und Gliedern, in: Manager Magazin, April 1974, S. 36–43, hier S. 38–40.

67 Ebd., S. 40.

68 Vgl. ebd.; ausführlicher, auch zu den folgenden Abschnitten, Ahrens, Identitätsmanagement.

69 McKinsey & Co., Ausrichtung der Organisation auf zukünftige Aufgaben, 17. 11. 1969, HAC-500/7961-2002.

70 Vorstand der Dresdner Bank an die Direktionen der Niederlassungen und die Leiter der HV-Abteilungen, 25. 8. 1970, HAC-500/7851-2000.

71 Karl Friedrich Hagenmüller, Organisation der marktorientierten Bank, in: bank und markt, August 1976, S. 5–13, hier S. 13. Das «Organisations-Handbuch Dresdner Bank AG», das diverse einzelne Handbücher für Zentralressorts und Niederlassungen bündelte, wurde erst im März 1976 vom Vorstand verabschiedet, wobei noch die Handbücher für eine ganze Reihe von Ressorts fehlten; Auszug aus dem Protokoll der Gesamtvorstands-Sitzung am 29.2./2. 3. 1976, S. 35, HAC-500/7840-2002.

72 Winfried Wilhelm, Reform an Haupt und Gliedern, in: Manager Magazin, April 1974, S. 36–43, hier S. 43.

73 Rosenberger, Experten, S. 371–416.

74 Personal-Direktion an Vorstand mit Anlage Beurteilungsleitfaden, 7. 2. 1972, HAC-500/8105-2002.

75 Ressort Organisation, Organisatorische Projekte. Stand und Einbeziehung in das Gesamtkonzept, 12. 7. 1977, HAC-500/7837-2002.

76 Dresdner Bank AG, Pressestelle: Jürgen Ponto, Juni 1969, HAC-500/117917.

77 Notiz Markt- und Verkaufsabteilung, 26. 10. 1971, HAC-500/7910-2002.

78 Ressort Marketing, Zentrale Marktforschung, Entwicklung der Privatkunden-Struktur der Dresdner Bank, Dezember 1973, S. 3 ff., HAC-500/7910-2002.

79 Funke an Ponto, 3. 2. 1976, mit Anlage «Zwischenbericht zur Marketingaktion mittleres Firmengeschäft 1975», HAC-500/7910-2002.

80 Karl Friedrich Hagenmüller, Organisation der marktorientierten Bank, in: bank und markt, August 1976, S. 5–13, hier S. 5 f., 8.

81 Dresdner Bank – McKinsey, o. D., HAC-500/7961-2002.

82 Ressort Organisation, Organisatorische Projekte. Stand und Einbeziehung in das Gesamtkonzept, 12. 7. 1977, HAC-500/7837-2002.

83 Hagenmüller an Vorstand: 38 Thesen des Vorstandsausschusses Planung, 14. 7. 1977, HAC-500/7837-2000; Funke an Ponto, 3. 2. 1976, mit Zwischenbericht zur Marketingaktion mittleres Firmenkundengeschäft 1975, HAC-500/7910-2002.

84 McKinsey & Co., Weiterentwicklung des Organisationskonzepts der Dresdner Bank, 1. 8. 1980, HAC-500/18754-2000. Vgl. Meyen, 120 Jahre, S. 215, 388–391. Zu Hagenmüllers Ausscheiden vgl. den offenkundig von ihm selbst munitionierten Artikel «Mut zum dritten Start», in: Wirtschaftswoche, 1. 4. 1983, S. 48.

85 Winfried Wilhelm, Reform an Haupt und Gliedern, in: Manager Magazin, April 1974, S. 36–43, hier S. 36.

86 Eine Großbank korrigiert ihr Image, in: Wirtschaftswoche, 8. 9. 1972, S. 66.

87 Richebächer an Ponto, 9. 7. 1969, S. 22, HAC-500/17907-2000.

88 Vgl. Erbfeinde. Bankier Ulrich gegen Bankier Ponto, in: Capital, Mai 1975, S. 70 ff.; Claus Dertinger, Der Bankier und sein Meisterstück, in: Die Welt, 4. 12. 1974; Stellt was dar, in: Der Spiegel, 2. 8. 1976, S. 50 f.

89 Vgl. etwa Ponto, Betr.: Reservebildung, 3. 3. 1970, HAC-500/17933-2000; Ponto, Betr.: Gespräch mit Herrn Ulrich am 9. 5. 1975, 12. 6. 1975, HAC-500/7841-2002; Ponto, Betr.: Deutsche Bank – Kapitalausstattung, 18. 1. 1973, ebd.; Ponto, Aussprache mit Herrn Ulrich, 8. 3. 1976, ebd.

90 Vgl. die entsprechenden Notizen in HAC-500/7841-2002, 7843-2002, 7867-2002.

91 Aktenvermerk Ponto, 14. 12. 1971, HAC-500/17602-2000.

92 Ponto, Betr.: Deutsche Bank, 3. 1. 1968, HAC-500/17617-2000; Ponto an die Vorstandsmitglieder der Dresdner Bank, 14. 11. 1969, ebd.; Diel, Betr.: Vorstandsgespräch mit der Deutsche Bank AG am 3. 6. 1975, 13. 6. 1975, HAC-500/7841-2002; von der Decken, Vermerk über die gemeinsame Besprechung der Vorstände der Deutschen Bank und der Dresdner Bank am 10. 7. 1972, 4. 8. 1972, ebd.

93 Ponto, Zusammenarbeit Commerzbank/Dresdner Bank, 22. 10. 1976, HAC-500/7843-2002.

94 Vgl. Ponto an van Hooven, 22. 3. 1972, HAC-500/17641-2000; van Hooven an Ponto, 27. 3. 1972, ebd.

95 Aktenvermerk Ponto, 15. 1. 1970, HAC-500/17933-2000.

96 Diel, Betr.: Vorstandsgespräch mit der Deutsche Bank AG am 3. 6. 1975, 13. 6. 1975, HAC-500/7841-2002.

97 Ponto, Telefongespräch mit Ulrich, 5. 9. 1973, HAC-500/7841-2002.

98 Aktenvermerk Ponto, 13. 4. 1972, HAC-500/7841-2002.

99 Vielmetter an Ponto, 25. 11. 1970, HAC-500/17907-2000; Volkswirtschaftliche Abteilung, Betr.: Repräsentation der drei Großbanken in den Ausschüssen des Bundesverbandes deutscher Banken, 13. 11. 1970, ebd.

100 Ponto, Betr.: Deutsche Bank AG, 4. 6. 1971, HAC-500/17624-2000.

101 Rantzau an Ponto, 5. 12. 1973, HAC-500/7841-2002; Ponto, Gespräch mit Herrn Lichtenberg, 13. 4. 1976, HAC-500/7843-2002.

102 Sonder-Niederschrift über die Sitzung des Gesamtvorstands am 20. 5. 1975, HAC-500/18085-2000; dito 5. 4. 1977, ebd.; Ponto, Gespräch mit Herrn Lichtenberg, 13. 4. 1976, HAC-500/7843-2002 (Zitat).

103 Geld- und Devisendirektion an Ponto, 7. 5. 1971, HAC-500/17933-2000.

104 Gehrke/Paul, Anforderungen, S. 329–349 (Zitat S. 333).

105 Vgl. Pohl, Hülfskasse, S. 224-233; Girke/Kopplin, Beteiligungspolitik, S. 62–95.

106 Drecoll, 1960er Jahre, insb. S. 225 f., 241-245, 262-292; Pohl, Konzentration, S. 477.

107 Nagel, Transformation, S. 231-236.

108 Pohl, Konzentration, S. 460–483, Zitat S. 462.

109 Meyen, 120 Jahre, S. 199. Anfang 1977 stand außerdem eine Beteiligung am Bremer Bankhaus Neelmeyer zur Diskussion, das schließlich jedoch von der Hamburger Vereins- und Westbank übernommen wurde; vgl. Schmeling an Ponto, 21. 1. 1977, HAC-500/7867-2002; Konsortial-Abteilung, Betr.: Bankhaus Neelmeyer AG, 17. 2. 1977, ebd.

110 Stellt was dar, in: Der Spiegel, 2. 8. 1976, S. 50 f.

111 Ponto, Betr.: Bankhaus Neuvians, Reuschel & Co., 12. 12. 1969, HAC-500/17630-2000.

112 Vorstand an die Mitglieder der Kreditkommission des Aufsichtsrats, 12. 10. 1970, HAC-500/17630-2000; Interview mit Wolfgang Leeb, 11. 4. 2008; Meyen, 120 Jahre, S. 199.

113 Kageneck an Ponto, 21. 10. 1975, HAC-500/7970-2002.

114 Ponto, Betr.: Sloman-Bank, 9. 12. 1968, HAC-500/17633-2000; Industriebüro-Finanzanalysen an Ponto, 19. 6. 1972, HAC-500/7867-2002.

115 Finanzgeschäftsbericht für den Vorstand sowie für die Kreditkommission des Aufsichtsrats. Sloman Bank, 31. 7. 1974, HAC-500/17013-2000.

116 Kageneck an Ponto, 21. 10. 1975, HAC-500/7970-2002.

117 Notiz Ressort Recht, 6. 8. 1974, HAC-500/7970-2002.

118 Interview mit den Dresdner-Bank-Vorstandsmitgliedern Meinhard Carstensen, Christoph von der Decken und Werner Funke, 3. 12. 2007.

119 Abrupter Abgang, in: Der Spiegel, 5. 3. 1979, S. 101–104.

120 Vermerk Dohrn, 28. 7. 1971, BAK, N 1437/8.

121 Ponto, Zusammenarbeit Commerzbank/Dresdner Bank, 22. 10. 1976, HAC-500/7843-2002; Wuttke an Ponto, 7. 10. 1976, ebd.

122 Aktenvermerk Ponto, 14. 12. 1970, HAC-500/17630-2000.

123 Ponto, Anruf von Herrn Behr, 30. 1. 1970, HAC-500/17640-2000.

124 Aktenvermerk Ponto, 23. 3. 1973, HAC-500/7867-2002.

125 Vgl. Hilfe vom Team, in: Der Spiegel, 8. 8. 1977, S. 34.

126 Redenius, Strukturwandel, S. 94, 163 ff., 173, 202-228; Meyen, 120 Jahre, S. 188 ff.

127 Vgl. Meyen, 120 Jahre, S. 215, 388–391; Deutsche Bundesbank (Hg.), 50 Jahre, CD-ROM, Tab. 2.1.

128 Quellen: Meyen, 120 Jahre, S. 392–397; Geschäftsberichte der Deutsche Bank AG, div. Jahrgänge.

129 Meyen, 120 Jahre, S. 215. Schon in den fünfziger Jahren hatte sich die Dresdner Bank durch eine höhere Liquiditätsquote als die beiden anderen Großbanken und durch eine eher zurückhaltende Kreditpolitik ausgezeichnet; vgl. Ahrens, Dresdner Bank, S. 268.

130 Zentrale Bilanzabteilung an Ponto, 15. 3. 1974, HAC-500/17598-2000.

131 Notiz für Friderichs, 18. 12. 1981, betr. Konzernplanung 1982, HAC-500/7849-2002. Die in den jährlichen Geschäftsberichten der Dresdner Bank veröffentlichten Gewinn- und Verlustrechnungen weichen bei den ausgewiesenen Jahresüberschüssen in unterschiedlichem Maße von diesen intern ermittelten Zahlen ab, zeigen aber eine sehr ähnliche Tendenz.

132 Hagenmüller an Vorstand: 38 Thesen des Vorstandsausschusses Planung, 14. 7. 1977, HAC-500/7837-2002.

133 Ressort Marketing, Zentrale Marktforschung, Entwicklung der Privatkunden-Struktur der Dresdner Bank, Dezember 1973, S. 4, HAC-500/7910-2002.

134 Zentrale Bilanzabteilung an Ponto, 15. 3. 1974, HAC-500/17598-2000.

135 Neuere Entwicklungen im Auslandsgeschäft der deutschen Kreditinstitute, in: Monatsberichte der Deutschen Bundesbank 30. Jg., Nr. 3, März 1978, S. 18.

136 Erich Erlenbach, Dresdner Bank baut ihr Auslandsgeschäft aus, in: Frankfurter Allgemeine Zeitung, 31. 12. 1973.

137 Jürgen Ponto, Die Rolle der Banken in der Welt von morgen, in: ders., Wirtschaft, S. 16 ff. (gedruckte Fassung des Vortrags in der Bankakademie in Berlin vom 28. 10. 1970).

138 Helmut Haeusgen (1916–1989) war 1933 in die Dresdner Bank eingetreten, als Lehrling in der Filiale Alexandria. Von 1954–1960 leitete er die Repräsentanz in Kairo. Er wurde 1964 stellvertretendes und 1967 ordentliches Mitglied des Vorstands der Dresdner Bank. Nach Pontos Ermordung übernahm Haeusgen vorübergehend das Amt des Vorstandssprechers. 1978–1988 war er Aufsichtsratsvorsitzender der Dresdner Bank.

139 Interview mit Meinhard Carstensen, Christoph von der Decken und Werner Funke, 3. 12. 2007.

140 Ende der 1950er Jahre verfügte die Dresdner Bank über rund 3000 Korrespondenzbanken in 128 Ländern. Meyen, 120 Jahre, S. 261.

141 Memorandum des Bundesverbandes des privaten Bankgewerbes, 14. 2. 1955
(vertraulich), BAK, B 102/23241.

142 Richard Anspach, Das Auslandsgeschäft der Banken, in: Der Volkswirt 1958,
H. 41, Beilage: Probleme des internationalen Geld- und Kapitalverkehrs,
S. 45 ff.

143 Gut, Internationalisierung, S. 82.

144 Zitiert nach Meyen, 120 Jahre, S. 262.

145 Hartkopf, Bankgeschäft, S. 36. Zur Entwicklung des Euro-Dollar-Markts in
den 1960er Jahren vgl. Einzig, Euro-Dollar-System; Storck, Drehscheibe, insb.
S. 109–112.

146 Notiz betr. Maßnahmen der Deutschen Bank auf dem Gebiet des Massengeschäfts, 15. 3. 1968, HAC-500/17613-2000, Bd. 1. Das Euro-Dollar-Kredit-
geschäft leitete die Deutsche Bank anfangs über das Amsterdamer Bankhaus
H. Albert de Bary & Co. NV, an dem sie beteiligt war. Gall, Bankier, S. 274.

147 Sattler, Ernst Matthiensen, S. 297.

148 Das Kürzel ABD stand für die Anfangsbuchstaben der drei beteiligten Banken.

149 Zitiert nach Meyen, 120 Jahre, S. 267.

150 Meyen, 120 Jahre, S. 267. Zur S.F.E. vgl. auch Sattler, Matthiensen, S. 294.
Speziell zum Einfluss der BNP innerhalb der S.F.E.: Vermerk betr. Politik der
Gruppe der Banque Nationale de Paris, Historisches Archiv HypoVereinsbank
UniCredit Bank AG (im Folgenden: HVB-Archiv), Abecor 4. Der S.F.E. ge-
hörten folgende Banken an: Algemene Bank Nederland, Banca Nazionale del
Lavoro, Bank of America, Banque de Bruxelles, Banque Nationale de Paris,
Barclays Bank, Dresdner Bank. Ebd.

151 Büschgen, Deutsche Bank, S. 830 f.

152 Ders., Problemfelder, S. 391 ff.

153 Auf mehrere Angebote der französischen Großbank Société Générale zu einer
weitreichenden Kooperation ist die Dresdner Bank in den Jahren 1968–1970,
wohl aus Rücksicht auf ihren S.F.E.-Partner BNP, nicht eingegangen. Aktennotiz, 28. 10. 1970, HAC-500/18107-2000.

154 Notiz vom 13. 11. 1970 betr. Kooperation zwischen der ABN New York und
der GASC, Boston, HAC-500/18107-2000; Vermerk vom 8. 1. 1971 betr. Kooperation mit der ABN, HAC-500/18107-2000; Konsortial-Abteilung, Exposé
betr. Gemeinschaftsgründung einer Investmentbank mit der ABN, 2. 2. 1971,
HAC-500/18107-2000.

155 Vermerk vom 8. 1. 1971 betr. Kooperation mit der ABN, HAC-500/18107-
2000.

156 Pressekonferenz der Dresdner Bank und der Bayerischen Hypotheken- und
Wechsel-Bank am 24. 2. 1971 in München, HAC-500/5752-2002.

157 Unsere Kooperation mit Algemene Bank Nederland N. V., Banque de Bruxel-

les S. A. und Dresdner Bank, 21. 3. 1972 (Beschluss des Vorstands der Bayerischen Hypotheken- und Wechsel-Bank). HVB-Archiv, Abecor 2. Ursprünglich sollte der neue Verbund den Namen «Alpha Banking Circle» oder «Alpha Banking Cooperation» erhalten. Banque de Bruxelles an K. G. Odink, 25. 5. 1971 (Telex), HVB-Archiv, Abecor 2.

158 Meyen, 120 Jahre, S. 267.

159 ABECOR. Creation of a European banking, HVB-Archiv, Abecor 16; Neuordnung und Erweiterung der ABECOR-Gruppe, 30. 4. 1974, ebd.

160 «Co-operation is our aim whenever and wherever this is practicable, profitable and promising.» ABECOR. Creation of a European banking, ebd.

161 Erich Erlenbach, Die Dresdner Bank baut ihr Auslandsgeschäft aus, in: Frankfurter Allgemeine Zeitung, 31. 12. 1973.

162 Siehe hierzu die Aufstellungen über die Gemeinschaftsrepräsentanzen der ABECOR-Gruppe in: HVB-Archiv, Abecor 11.

163 Steuber, Bankenkooperation, S. 68. Zur wachsenden Präsenz US-amerikanischer Banken in der Bundesrepublik vgl. Hartkopf, Geschäftspolitik. Diese Expansion wurde in Europa Anfang der 1970er Jahre geradezu als «Invasion» wahrgenommen. Hartkopf, Bankgeschäft, S. 35. Bereits einige Jahre vorher hatte der französische Publizist und Politiker Jean-Jacques Servan-Schreiber mit seinem Bestseller «Die amerikanische Herausforderung» (Le Défi Americain) eine öffentliche Debatte um den wachsenden Einfluss der US-Konzerne in Europa angestoßen.

164 Als Belege aus der bankwirtschaftlichen und bankhistorischen Literatur vgl. Gerlach, Aufbau, S. 187; Hartkopf, Bankgeschäft, S. 40; Wixforth, «Global Players», S. 109 f. Ähnlich sehen es Zeitzeugen wie das langjährige Dresdner-Bank-Vorstandsmitglied Leeb: «Mit so einer großen Kooperation konnte man nichts erreichen.» Interview mit Wolfgang Leeb, 11. 4. 2008. Eine andere Ansicht vertritt Hans E. Büschgen in der 1995 erschienenen Geschichte der Deutschen Bank. Unter Berufung auf die damalige Betrachtungsweise der Deutschen Bank erscheint ihm deren «Bankenclub» EBIC als «sinnvoller Zwischenschritt» zum Aufbau einer eigenen Auslandspräsenz. Büschgen, Deutsche Bank, S. 837.

165 Handbook on the History of European Banks, S. 756 f.

166 Franz Zlamal, Abecor – eine Bankenvereinigung hat ihre Aufgabe erfüllt, in: WIR, Ausgabe 197, 15. 12. 1997, S. 9.

167 Ponto, Die Rolle der Banken in der Welt von morgen, in: ders., Wirtschaft, S. 9–31, hier S. 19.

168 Vermerk Dohrn, 28. 7. 1971, BAK, N 1437/8.

169 Drecoll, 1960er Jahre, S. 225.

170 Girke/Kopplin, Beteiligungspolitik, S. 38, 116.

171 Bähr, 50 Jahre, S. 47. Die Hypo-Bank war von 1976 bis 1991 neben der Dresdner Bank zweiter Gesellschafter des DIT.

172 Pressekonferenz der Dresdner Bank AG, Frankfurt am Main, und der Bayeri-

schen Hypotheken- und Wechsel-Bank, München, am 24. 2. 1971 in München im Hotel «Continental». Niederschrift des stenographischen Protokolls, HAC-500/7839-2002. Aus dem Presseecho vgl. u. a.: Europäische Kooperation für Dresdner und Hypo-Bank, in: Frankfurter Allgemeine Zeitung, 25. 2. 1971; Das Bankenquartett im Auslandsgeschäft, in: Handelsblatt, 25. 2. 1971.

173 Hermann Bößenedker, Spätere Ehe ziemlich ausgeschlossen, in: Die Zeit, 5. 3. 1971. Anton Ernstberger (1910–1978) war von 1956 bis 1960 Geschäftsführer des Bankhauses Hardy & Co. gewesen. 1960 trat er in den Vorstand der Bayerischen Hypotheken- und Wechsel-Bank ein. 1968 wurde er Sprecher der Bankabteilung, 1974 dann auch Sprecher des Gesamtvorstandes.

174 Hermann Bößenedker, Spätere Ehe ziemlich ausgeschlossen, in: Die Zeit, 5. 3. 1971.

175 In der Presse war in diesem Zusammenhang von einem «Geheimplan zwischen Frankfurt und München» die Rede, der darauf abzielte, dass die Dresdner Bank zunächst die 22-prozentige Kapitalbeteiligung der Allianz bei der Hypo-Bank übernahm. Da die Dresdner Bank bereits eine siebenprozentige Kapitalbeteiligung bei der Hypo-Bank besaß, hätte sie dann über eine Sperrminorität verfügt. Banker und Bayer, in: Wirtschaftswoche, 13. 2. 1976. Eine derartige Absprache wurde von Ponto und Ernstberger wie auch vom damaligen Finanzvorstand der Allianz, Klaus Götte, dementiert. Ebd.; Claus Dertinger, Ponto: Keine Ehe mit der Bayernhypo, in: Die Welt, 17. 2. 1976.

176 Ponto, Betr.: Allianz/Bayern-Hypo, 28. 1. 1976, HAC-500/8001-2002.

177 Interview mit Wolfgang Leeb am 11. 4. 2008.

178 Zitiert nach Meyen, 120 Jahre, S. 269. Zu Pontos Ausführungen vor der Hauptversammlung vom Mai 1970 siehe oben S. 106 f.

179 Vermerk Ponto betr. Deutsche Bank, 4. 6. 1971, HAC-500/18029-2000.

180 Ebd. Die Filiale Hongkong wollte die Deutsche Bank nicht abgeben, weil sie die bedeutendste Niederlassung der Deutsch-Asiatischen Bank war und 60 Prozent ihres Wertes ausmachte. Die Dresdner Bank war daraufhin bereit, sich mit den Filialen in Singapur oder Kuala Lumpur abfinden zu lassen, nicht aber mit der Filiale in Karachi. Zur Abgabe der Filiale Singapur an die Dresdner Bank vgl. Büschgen, Deutsche Bank, S. 834 f. Die Deutsch-Asiatische Bank hatte diese Filiale erst 1971 eröffnet. Ihre erste, 1906 errichtete Niederlassung in Singapur war bei Beginn des Ersten Weltkrieges geschlossen worden.

181 Volkswirtschaftliche Abteilung, Pressemitteilung, 12. 3. 1965, HAC-500/119092.

182 Dresdner Bank eröffnet als erstes deutsches Institut Niederlassung in London – Pressemitteilung, 22. 12. 1972, HAC-500/118841. MS. Die Dresdner Bank hatte in London schon 1895 eine Niederlassung eröffnet, die im Ersten Weltkrieg geschlossen werden musste.

183 Vermerk Heinsius betr. Errichtung einer Bankfiliale und Wertpapiergeschäft in Japan, 2. 6. 1972, HAC-500/18105-2000, Bd. 3.

184 Bähr, Kontinenten, S. 136 ff.

185 Vgl. Jürgen Sarrazin, Auslandsbeteiligungen der Dresdner Bank AG, 11. 2. 1974, HAC-500/18085-2000.

186 Ende 1977 hatte die Commerzbank sieben Auslandsfilialen (New York, London, Chicago, Los Angeles, Paris, Brüssel, Tokio), während die Deutsche Bank im Ausland erst mit drei Filialen (London, Tokio, Paris) vertreten war. Wixforth, «Global Players», S. 106.

187 Bericht über eine bei der Dresdner Bank AG London Branch im April/Mai 1974 vorgenommene Revision, 19. 6. 1974, HAC-500/18105-2000, Bd. 1; Bericht betr. Niederlassung London Revision April/Mai 1974, Kurzfassung, ebd.; Bericht über eine bei der Dresdner Bank AG Singapore Branch im April/Mai 1975 vorgenommene Revision, 12. 6. 1975, ebd., Bd. 3.

188 Erich Erlenbach, In allen Gegenden der Erde, in: Frankfurter Allgemeine Zeitung, 3. 3. 1980.

189 Vermerk Generalsekretariat Ausland, Referat C2, 28. 9. 1973, betr. Eröffnung der Niederlassung Tokio, voraussichtliches Programm 25.–27. 10. 1973, HAC-500/118841. MS.

190 Press conference, London, 21. 2. 1973, HAC-500/117085.

191 Keine Angst vor Auslandskapital, in: Ponto, Mut, S. 40 (ursprünglich erschienen in: Deutsche Zeitung – Christ und Welt, 14. 2. 1975).

192 Notizen zu der UdSSR-Reise der Herren Berthold Beitz, Dr. Hans Groebe, Dr. Max Grundig, Dr. Willy Ochel, Jürgen Ponto und Christian P. Henle vom 19.–24. 6. 1971 auf Einladung des Staatskomitees für Wissenschaft und Technik, Historisches Archiv Krupp STA 4 v 818.

193 Ebd., S. 10.

194 Ebd., S. 17.

195 Siehe hierzu Interview mit Meinhard Carstensen, Christoph von der Decken und Werner Funke, 3. 12. 2007.

196 Ebd.

197 Interview mit Wolfgang Röller, 7. 7. 2009. Die 1969 von der Schweizerischen Bankgesellschaft erworbene Dreiviertelbeteiligung an der Deutschen Länderbank, die 1980 auf 100 Prozent aufgestockt wurde, wurde 1986 an die frühere Besitzerin zurückverkauft. Der Firmenmantel verblieb bei der Dresdner Bank und wurde genutzt, um das Bankhaus Hardy zu einer großen «Vermögensbetreuungsbank» auszubauen. Meyen, 120 Jahre, S. 200.

198 Frankfurter Bankiers in Moskau, in: Frankfurter Allgemeine Zeitung, 12. 2. 1973.

199 Ebd.

200 Ausführungen von Jürgen Ponto bei einer Pressekonferenz aus Anlass der Eröffnung der Repräsentanz Moskau der Dresdner Bank am 9. 2. 1973, HAC-500/117085.

201 Ponto an von Kameke, 22. 7. 1970, HAC-500/17803-2000, Bd. 2.

202 Interview mit Corinna Ponto, 27. 7. 2011; Interview mit Stefan Ponto, 18. 1. 2012; Albrecht/Ponto, Patentöchter, S. 47.

203 Vermerk für Ponto betr. Kredite an die Russische Außenhandelsbank, 28. 7. 1975, HAC-500/7904-2002; Vermerk Pahlitzsch betr. International Investment Bank, Besuch von Herrn Ponto am 24. 7. 1975, ebd.; Vermerk betr. International Investment Bank, Moskau, 24. 7. 1975, ebd.

204 Vermerk Pahlitzsch betr. Besuch von Herrn Ponto bei Herrn W. N. Nowikow, stellv. Ministerpräsident der UdSSR, o. D., ebd.

205 Meyen, 120 Jahre, S. 263.

206 Helmut Haeusgen, Banken im Geschäft mit den OPEC-Staaten, in: Börsen-Zeitung, 1. 11. 1975.

207 Interview mit Wolfgang Röller, 7. 7. 2009.

208 Informations- und Presseabteilung der Dresdner Bank AG, Mitteilung an die Presse, 4. 4. 1973: Compagnie Arabe et Internationale d'Investissement gründet Bank in Paris, HAC-500/7336-2002.

209 Keine Angst vor Auslandskapital, in: Jürgen Ponto, Mut, S. 40 (ursprünglich erschienen in: Deutsche Zeitung – Christ und Welt, 14. 2. 1975).

210 Siehe S. 173 ff. u. S. 181 ff.

211 Übersetzung aus Al-Seyessah, 12. 5. 1975, HAC-500/13039-2001.

212 Vermerk betr. Saudi-Arabien, 14. 10. 1975, HAC-500/18102-2000, Bd. 1; Gästeliste für den Cocktail am 18. 9. 1975 in Oberursel, HAC-500/18106-2000, Bd. 2.

213 Stellt was dar, in: Der Spiegel, 2. 8. 1976, S. 51.

214 Vermerk Jürgensen, 20. 3. 1975, HAC-500/18102-2000, Bd. 2. Im April 1975 war Ponto gemeinsam mit Hermann Josef Abs in Johannesburg. Vermerk Rinck für Ponto betr. C.–P. Lubotta, HAC-500/8007-2002.

215 Ponto an Diederichs, 16. 2. 1977, Privatarchiv Schaeling.

216 Zur Haltung der ABN gegenüber Südafrika vgl. die Aufstellung zur Gemeinschaftsrepräsentanz Johannesburg in: HVB-Archiv, Abecor 11.

217 Christoph Wehnelt, Ein kluger Bankier, der vorsorgte. Der Chef der Dresdner Bank Jürgen Ponto war als Außenminister der Banken auch Mahner von Regierungen, in: Frankfurter Rundschau, 1. 8. 1977.

218 Stellt was dar, in: Der Spiegel, 2. 8. 1976, S. 50.

219 Interview mit Hans Friderichs, 11. 11. 2008.

220 Aussage von Christoph von der Decken im Interview mit Meinhard Carstensen, Christoph von der Decken und Werner Funke, 3. 12. 2007.

221 Interview mit Wolfgang Röller, 7. 7. 2009.

222 Zentrale Werbeabteilung, Briefing für die Auslands-Werbung der Dresdner Bank, 16. 2. 1976, HAC-500/7910-2002.

223 Ebd.

224 Ebd.

225 Ebd.

226 Erbfeinde. Bankier Ulrich gegen Bankier Ponto, in: Capital, Mai 1975, S. 72.

5. *Ponto und die «Deutschland AG»*

1 Vgl. dazu etwa Streeck/Höpner (Hg.), Macht; Joly, Großunternehmer, S. 192–224; Fiedler, Rolle; Streeck, Capitalism.

2 Fiedler, Rolle, S. 93–96; allgemein Berghoff, Vertrauen.

3 Sohl, Notizen, S. 332 (Zitat); Interview mit Karl Gustaf Ratjen, 12. 10. 2007; vgl. auch Ratjens Beitrag in: Dresdner Bank (Hg.), Gedenkstunde; Ratjen an Ponto, 30. 6. 1970, HAC-500/17597-2000.

4 Vgl., neben der weiter unten angeführten Spezialliteratur, insb. Reitmayer/Rosenberger (Hg.), Unternehmen; Plumpe, Ende.

5 So aber Gall, Bankier, S. 331; zur Neuordnung der Mandatsobergrenze ebd., S. 331–336.

6 Gall, Bankier, S. 330, 349.

7 Aufsichtsratsmandate Jürgen Ponto, 5. 10. 1966, HAC-500/1784-2002. Die Deutsch-Asiatische Bank war ursprünglich eine Gemeinschaftsgründung mehrerer deutscher Großbanken, 1972 gab die Dresdner Bank ihre Beteiligung daran ab und übernahm dafür die Filiale Singapur. Siehe oben S. 114 f.

8 Vgl. Borscheid, 100 Jahre, insb. S. 20, 453.

9 Aktenvermerk Ponto, 4. 8. 1972, HAC-500/8001-2002.

10 Borscheid, 100 Jahre, S. 143 ff.

11 Funke an Vorstandsmitglieder der Dresdner Bank, 15. 10. 1976, HAC-500/8001-2002; Karsten an Funke, 29. 11. 1976, ebd.

12 Ponto, Betr.: Allianz, 16. 12. 1976, HAC-500/8001-2002; Ponto, BBC/Allianz, 22. 10. 1976, ebd.; Ponto, Betr.: Allianz/ATH, 26. 4. 1976, ebd.

13 Borscheid, 100 Jahre, S. 52 ff.

14 Ponto, Betr.: Bayerische Hypotheken- und Wechsel-Bank, 23. 9. 1975, HAC-500/8001-2002.

15 Ponto, Betr.: Allianz/Bayern-Hypo, 26. 1. 1976, HAC-500/8001-2002.

16 Ponto, Allianz/Bayern-Hypo, 19. 12. 1975, HAC-500/8001-2002.

17 Schieren an Haeusgen, 30. 11. 1977, HAC-500/115365; Ponto, Vertrag über AR-Position Dresdner/Deutsche Bank bei Allianz, 21. 10. 1976, HAC-500/8001-2002.

18 Ponto, Münchener Rück, 2. 8. 1974, HAC-500/7879-2002. Vgl. Alzheimer an Goetz, 10. 9. 1965, HAC-500/117659.

19 Alzheimer an Ponto, 17. 12. 1976, HAC-500/115365.

20 Ponto, Betr.: Münchener Rück/Degussa/GfC, 9. 7. 1976, HAC-500/7879-2002; Aktenvermerk Ponto, 14. 5. 1975, ebd.

21 Wiborg/Wiborg, Feld, S. 347–375.

22 Analyse des Industriebüros für Ponto, 12. 7. 1972, HAC-500/105549.

23 Ressort Konsortialgeschäft, Betr.: Hapag-Lloyd AG, 16. 9. 1977, HAC-500/

1684-2002; Konsortial-Abteilung, Betr.: Hapag-Lloyd AG, 24. 2. 1976, ebd. Vgl. die Protokolle und Korrespondenzen in HAC-500/1677-2002 bis 1684-2002, 1735-2002, 1736-2002.

24 Aktenvermerk Ponto, 21. 9. 1972, HAC-500/8109-2002.

25 Krueger, Betr.: RWE Essen, 8. 5. 1972, HAC-500/7911-2002. Zum unternehmenshistorischen Hintergrund vgl. Radkau, RWE.

26 Sonder-Niederschrift über die Gesamtvorstandssitzung der Dresdner Bank AG, 14. 12. 1972, HAC-500/7911-2002.

27 Ponto, RWE – Neuordnung der Verwaltung, 14. 12. 1975, HAC-500/7911-2002.

28 Gall, Bankier, S. 343.

29 Notiz für Ponto, 6. 11. 1972, HAC-500/7877-2002.

30 Ponto an Sohl, 6. 12. 1976, HAC-500/7877-2002; Jürgensen, Betrifft: RWE, 11. 8. 1976, ebd.

31 Ponto, Betr.: DEMAG, 12. 5. 1971, HAC-500/18074-2000.

32 Sohl an Ponto, 16. 6. 1971, HAC-500/18074-2000.

33 Ponto, Betr.: Herrn Reuter jr., DEMAG, 2. 9. 1971, HAC-500/18074-2000. Vgl. auch Eglau, Garnitur, S. 49.

34 Ponto, Betr.: Aufsichtsrat Demag, 9. 7. 1971, HAC-500/17605-2001.

35 Uebbing, Wege, S. 82 ff.; Wessel, Kontinuität, S. 401–435.

36 Wessel, Kontinuität, S. 383, 439 f.; zur Geschichte der Demag ebd., S. 441–446.

37 Sohl, Notizen, S. 242 f.

38 Ansmann, Bankier, S. 369. Laut dieser Quelle, die angeblich auf Bierich selbst zurückgeht, hatten beide als Kinder in derselben Straße gewohnt; die Angabe hat allerdings den Schönheitsfehler, dass Pontos Elternhaus nicht in Hamburg-Altona, sondern im vornehmen Stadtteil Harvestehude stand. Die Duz-Freundschaft belegt die kurze Korrespondenz in HAC-500/17639-2000 anlässlich Bierichs Berufung in den Vorstand 1967.

39 Ponto, Betr.: Anruf von B., 27. 9. 1968, HAC-500/17633-2000; Notiz Ponto, 7. 5. 1969, HAC-500/17600-2000.

40 Rosenberger an Rantzau, 21. 10. 1969, HAC-500/17596-2000.

41 Telegramm der Deutschen Bank an die übrigen Konsortialbanken, 12. 5. 1971, HAC-500/17596-2000; Ponto, Betr.: Deutsche Bank AG, 4. 6. 1971, ebd.

42 Ponto, Betr.: Mannesmann-Konsortium, 12. 5. 1971, HAC-500/17596-2000.

43 Ansmann, Bankier, S. 367 f.; vgl. auch Eglau, Garnitur, S. 49.

44 Aktenvermerk Ponto, 13. 4. 1972, HAC-500/18123-2000.

45 Ponto, Betr.: DEMAG, 22. 8. 1972, HAC-500/18123-2000; Aktenvermerk Ponto, 25. 8. 1972, ebd.

46 Sohl an Ulrich, 17. 11. 1972, HAC-500/18123-2000.

47 Aktenvermerk Ponto, 23. 11. 1972, HAC-500/18123-2000.

48 Aktenvermerk Ponto, 15. 12. 1972, HAC-500/18123-2000.

49 Ansmann, Bankier, S. 369.

50 Aktenvermerk Ponto, 1. 12. 1972, HAC-500/18123-2000.

51 Aktenvermerk Ponto, 15. 12. 1972, HAC-500/18123-2000; Auszug aus Notiz über Gespräch Ulrich/Ponto am 19. 12. 1972, ebd.

52 Wessel, Kontinuität, S. 446 ff.

53 Overbeck an Ponto, 5. 12. 1974, HAC-500/18123-2000.

54 Sattler, Ernst Matthiensen, S. 242–246; Reichel, Verbund, S. 154–161.

55 Interview mit Karl Gustaf Ratjen, 12. 10. 2007. Zumindest in der geschäftlichen Korrespondenz siezte man sich allerdings zu dieser Zeit noch.

56 Reichel, Verbund, S. 204 ff.

57 Büro für Finanzanalysen an Ponto, 12. 3. 1969, HAC-500/7872-2002. Zur Wachstumsstrategie der sechziger Jahre vgl. Reichel, Verbund, S. 170–181.

58 Reichel, Verbund, S. 198–202.

59 Ratjen an Ponto, 6. 6. 1969, HAC-500/17875-2000.

60 Ponto, Betr.: Besprechung AR-Präsidium, 17. 3. 1972, HAC-500/17876-2000; Ponto, Betr.: Deutsche Bank AG, 20. 9. 1972, ebd.

61 Vorstand der Deutschen Bank an Vorstand der Dresdner Bank, 6. 3. 1974, HAC-500/104695.

62 Ponto, Betr.: AR-Mandate Metallgesellschaft AG, 8. 5. 1973, HAC-500/104695; Ponto, Aussprache mit Herrn Ulrich, 8. 3. 1976, ebd.

63 Feldenkirchen/Hilger, Menschen, S. 152.

64 Ponto, Betr.: Gespräch mit Herrn Ulrich am 9. 5. 1975, 12. 6. 1975, HAC-500/7906-2002.

65 Ponto an Ley, 20. 12. 1968, HAC-500/17875-2000.

66 Vgl. Ratjen an Ponto, 6. 6. 1969, HAC-500/17875-2000.

67 Richter an Ponto, 5. 10. 1971, HAC-500/7872-2002.

68 Reichel, Verbund, S. 239 f.

69 Ponto, Betr.: Metallgesellschaft, 22. 11. 1971, HAC-500/17876-2000.

70 Ponto, Betr.: Metallgesellschaft, 21. 3. 1972, HAC-500/17876-2000; Reichel, Verbund, S. 249 f.

71 Reichel, Verbund, S. 250 f.

72 Ebd., S. 188 ff., 252–256 (Zitat S. 252).

73 Ebd., S. 228 ff.

74 Ebd., S. 257–263 (Zitat S. 257).

75 Ponto, Betr.: Metallgesellschaft, 27. 5. 1977, HAC-500/104695.

76 Ponto, Metallgesellschaft AG, 22. 10. 1976, HAC-500/104695.

77 Ponto, Betr.: Metallgesellschaft AG, 3. 4. 1973, HAC-500/104695.

78 Rechtsabteilung an Ponto u. a., 23. 9. 1974, HAC-500/104695.

79 Auszug aus Sonder-Niederschrift Sitzung des Gesamtvorstandes am 16. 7. 1974 in Düsseldorf, HAC-500/104695.

80 Ratjen an Ponto, 10. 12. 1974, HAC-500/104695.

81 Ratjen an Ponto, 20. 1. 1976, HAC-500/7880-2002; Ponto, Betr.: MG/Hochschild, 25. 3. 1976, ebd.; vgl. Reichel, Verbund, S. 264.

82 Vgl. Ratjen an Ponto, 27. 6. 1977, HAC-500/104695.

83 Ponto, Betr.: Metallgesellschaft/Patino, 27. 5. 1977, HAC-500/104695; Ponto, Betr.: Metallgesellschaft, 22. 11. 1975, ebd.; Ponto, Betr.: Metallgesellschaft, 21. 7. 1977, ebd.

84 Ponto, Betr.: Metallgesellschaft, 27. 5. 1977, HAC-500/104695.

85 Interview mit Karl Gustaf Ratjen, 12. 10. 2007.

86 Ponto, Betr.: Henkel, 6. 2. 1976, HAC-500/8109-2002.

87 Reichel, Verbund, S. 267.

88 Richter an Ponto, 24. 10. 1972, HAC-500/8109-2002.

89 Vgl. Reichel, Verbund, S. 303, Tab. 21.

90 Rudolf Herlt, Ein Künstler in der Welt des Geldes, in: Die Zeit, 5. 8. 1977 (Zitat); Max Kruk, Jürgen Ponto und die Dresdner Bank, in: Frankfurter Allgemeine Zeitung, 1. 8. 1977; Munzinger-Archiv, 1. 10. 1977.

91 Gall, Entlassung, S. 558–575, 581–584; James, Krupp, S. 263–270.

92 Vgl. Gall, Entlassung, S. 576 ff.; zum Machtkampf mit Abs: Käppner, Berthold Beitz, S. 343–348.

93 Ponto, Betr.: AR Fried. Krupp GmbH, 5. 2. 1970, HAC-500/17863-2000; Notiz, 29. 5. 1970, ebd.

94 Notiz Diel, 29. 9. 1971, HAC-500/17863-2000; zum Verhältnis Beitz-Vogelsang vgl. Käppner, Berthold Beitz, S. 338 ff., 348–351; Pötzl, Beitz, S. 272–275.

95 Gall, Entlassung, S. 570; vgl. auch Joly, Großunternehmer, S. 204.

96 Vgl. Stenglein, Krupp, S. 241; James, Krupp, S. 267. Zitate: Ponto, Betr.: Fried. Krupp GmbH, 11. 6. 1971, HAC-500/17863-2000.

97 Ponto, Betr.: Fried. Krupp GmbH, 22. 9. 1971, HAC-500/17863-2000.

98 Wolfgang Müller-Haeseler, Ohne Krupp geht's besser. Wie Günter Vogelsang den Essener Konzern aus den roten Zahlen manövriert, in: Die Zeit, 5. 8. 1971.

99 Vgl. Käppner, Berthold Beitz, S. 350; James, Krupp, S. 267.

100 Die Brown Boveri/Krupp Reaktorbau GmbH (BBK) war 1961 gegründet worden. Schon 1968 waren Differenzen zwischen den beiden Muttergesellschaften über die strategische Ausrichtung an die Öffentlichkeit gelangt; vgl. Radkau, Aufstieg, S. 108, 130 f., 239.

101 Kurzprotokoll über ein Gespräch bei BM Prof. Leussink mit Mitgliedern des Aufsichtsrates der Fried. Krupp GmbH am 20. Juli 1971, 9. 8. 1971, HAC-500/17863-2000. Zu den weiteren Bauplanungen vgl. HTR-Kraftwerk wird gebaut, in: Handelsblatt, 16. 7. 1971.

102 Ponto, Betr.: Hochtemperatur-Reaktor Schmehausen, 21. 7. 1971, HAC-500/17863-2000.

103 Beitz an die Mitglieder des Aufsichtsrats der Fried. Krupp GmbH, 22. 7. 1971, HAC-500/17863-2000. Die Krupp-Anteile gingen treuhänderisch an BBC und die Bauherrin Hochtemperatur-Kernkraftwerk GmbH über, Krupp sollte jedoch binnen Jahresfrist versuchen, einen dauerhaften Käufer der Beteiligung im Wert von 3 Mio. DM zu finden; Krupp-Vorstand an Beitz, 16. 7. 1971, HAC-500/17863-2000; HTR-Kraftwerk wird gebaut, in: Handelsblatt, 16. 7.

1971. Der Nominalwert der zu einem Kurs von 300 Prozent zu übernehmenden Beteiligung belief sich auf 1 Mio. DM.

104 Käppner, Berthold Beitz, S. 351; Pötzl, Beitz, S. 284; Aktenvermerk Ponto, 22. 12. 1971, HAC-500/17863-2000.

105 Käppner, Berthold Beitz, S. 302–306; Pötzl, Beitz, S. 392 ff.; zu Pontos Rolle vgl. Ponto, Betrifft: Krupp, 22. 7. 1970; Ponto, Betr.: Kuratorium der Krupp-Stiftung, 20. 9. 1971, HAC-500/17863-2000.

106 Aktenvermerk Ponto, 22. 12. 1971, HAC-500/17863-2000.

107 Aktenvermerk Ponto, 8. 2. 1972, HAC-500/17873-2000.

108 Hans-Otto Eglau, Rausschmiß nach 66 Tagen, in: Die Zeit, 15. 12. 1972; Den Bogen überspannt, in: Der Spiegel, 11. 12. 1972, S. 33; Pötzl, Beitz, S. 349–352.

109 Ein neuer handfester Krach erschüttert den Krupp-Vorstand, in: Süddeutsche Zeitung, 21. 5. 1974.

110 Vgl. Ponto an Mommsen, 26. 9. 1962, HAC-500/16803-2001.

111 Pötzl, Beitz, S. 286.

112 Ponto an Mommsen, 22. 1. 1973, HAC-500/17856-2000 (Zitat); Mommsen an Ponto, 16. 1. 1973, ebd.

113 Niederschrift über die 24. Sitzung des Aufsichtsrats der Fried. Krupp GmbH am 24. 9. 1973, Zitat S. 6, HAC-500/17856-2000.

114 Vgl. ausführlich Käppner, Berthold Beitz, S. 393–402; Pötzl, Beitz, S. 286–300.

115 Gall, Entlassung, S. 586; auch zum Folgenden Käppner, Berthold Beitz, S. 393–402. Vgl. «Da ist Musik drin», in: Der Spiegel, 22. 7. 1974, S. 18.

116 Ponto an Beitz, 27. 10. 1976, HAC-500/8094-2002; vgl. dagegen Perser-Geld bei Krupp: «Einiges ändert sich», in: Der Spiegel, 25. 10. 1976, S. 30, und Käppner, Berthold Beitz, S. 395, wonach Beitz Ponto zumindest die Überlegungen zu dem Geschäft von 1974 darlegte. Vgl. auch Gall, Entlassung, S. 585.

117 Niederschrift über die 28. Sitzung des Aufsichtsrats der Fried. Krupp GmbH am 16. 9. 1974, S. 7–10, HAC-500/17857-2000. Vgl. Mommsen an Diel, 9. 9. 1974, HAC-500/17857-2000.

118 Mommsen an Ponto, 2. 9. 1974, HAC-500/17857-2000; vgl. James, Krupp, S. 278.

119 Mommsen an Ponto, 2. 9. 1974, HAC-500/17857-2000.

120 Gall, Entlassung, S. 567; vgl. Stenglein, Krupp, S. 229 f.

121 Zum drittenmal in zwei Jahren muß ein Krupp-Chef den Konzern verlassen, in: Die Welt, 10. 5. 1975; Ernst Wolf Mommsen, Krupp, Beitz und ich, in: Die Welt, 19. 6. 1975. Vgl. Mommsen an Ponto, 25. 6. 1975, HAC-500/8042-2002.

122 Ponto, Betr.: Krupp, 2. 7. 1975, HAC-500/8042-2002 (Zitat); Ulrich Blecke/Peter Morner, Ein Schicksalsdrama, in: Manager Magazin 11/1975, S. 27–34, hier S. 33.

123 Mommsen an Ponto, 22. 12. 1975, HAC-500/17867-2000. Mommsens Vertrag lief bis Ende 1977. Zu seinem Ausscheiden vgl. Käppner, Berthold Beitz, S. 403.

124 Quelle versiegt, in: Der Spiegel, 11. 10. 1976, S. 92–96; Pötzl, Beitz, S. 356 f.

Vgl. James, Krupp, S. 279; zu Petrys Ausscheiden Stenglein, Krupp, S. 242 f.
Die von Beitz verlangte Dividende wurde schließlich, unter anderem gestützt
durch die Teilveräußerung einer brasilianischen Beteiligung an die iranischen
Partner, aufgebracht, obwohl das Jahresergebnis der Hüttenwerke nicht für die
Tilgung des Vorjahresverlustes ausreichte; Ponto, Betr.: Änderungswünsche zu
Protokollen von Aufsichtsratssitzungen der Fried. Krupp GmbH, 13. 12. 1976,
HAC-500/7973-2002.

125 Ponto, Fried. Krupp GmbH, 14. 12. 1975, HAC-500/17867-2000.

126 Vgl. Krackow an Ponto, 25. 1. 1977, HAC-500/8042-2002.

127 Ponto, AR-Mandat August Thyssen-Hütte AG, 28. 5. 1975, HAC-500/7908-
2002 (Zitat); vgl. Ponto, August Thyssen-Hütte, 22. 1. 1975, ebd.

128 Ponto, Aufsichtsrat ATH/Krupp, 22. 1. 1976, HAC-500/8094-2002.

129 Im Stahlbereich kommt Krupp an neuen Stillegungen nicht vorbei, in: Handelsblatt, 16. 6. 1977.

130 Mommsen an Ponto, 21. 7. 1975, HAC-500/17867-2000; Mommsen an Ponto,
22. 12. 1975, ebd.

131 Dresdner Bank an Bank Handlowy w Warszawie, 11. 6. 1976, HAC-500/8094-
2002; Vorstand der Fried. Krupp GmbH an die Mitglieder des Aufsichtsrates,
14. 6. 1976, ebd.

132 Ponto an Beitz, 11. 6. 1976, HAC-500/8094-2002.

133 Ponto, Polen-Verträge, 4. 6. 1976, HAC-500/8094-2002; Ponto, Polen – Kre-
ditvertrag Bank Handlowy gegen Krupp, 11. 6. 1976, ebd.

134 Ponto, Betr.: Rheinstahl AG, 18. 1. 1973, HAC-500/7908-2002; zur Rheinstahl-Übernahme vgl. Uebbing, Wege, S. 112–117.

135 Max Kruk, Jürgen Ponto und die Dresdner Bank, in: Frankfurter Allgemeine
Zeitung, 1. 8. 1977.

136 Aufsichtsratsmandate Jürgen Ponto, 5. 10. 1966, HAC-500/1784-2002.

137 Stier/Krauß, Wurzeln, S. 364–371, 433–437.

138 Ebd., S. 317, 391, 403, 430.

139 Ebd., S. 261 (Zitat), 439–444.

140 Ebd., S. 454 f.

141 Niederschrift über die Sitzung des [Berger-] Aufsichtsrats vom 15. Oktober
1968, HAC-500/17812-2000; dito 28. 11. 1968, ebd.

142 Niederschrift über die Aufsichtsratssitzung vom 12. Dezember 1968, HAC-
500/17812-2000.

143 Ponto, Betr.: Julius Berger – AR-Sizung 13. 1. 1969 in Wiesbaden, 14. 1. 1969,
HAC-500/18129-2000.

144 Stier/Krauß, Wurzeln, S. 456–461; Ponto, Betr.: Julius Berger AG, 16. 1. 1969,
HAC-500/18129-2000; Niederschrift über die Aufsichtsratssitzung am 25. 3.
1969, HAC-500/18131-2000; Niederschrift über die Aufsichtsratssitzung am
27. 1. 1969, ebd.

145 Niederschrift über die Aufsichtsratssitzung am 27. 1. 1969, HAC-500/18131-
2000.

146 Ponto, Betr.: Fusion Baugesellschaften, 24. 7. 1968, HAC-500/18132-2000; Aktenvermerk Heinze, 25. 10. 1968, ebd.

147 Ponto an den Vorstand der Julius Berger AG, 18. 7. 1969, HAC-500/18133-2000.

148 Stier/Krauß, Wurzeln, S. 483–491, 501–505; Protokoll über die Sitzung der Vorstands- und Aufsichtsratspräsidien der Grün & Bilfinger AG und der Julius Berger-Bauboag AG am 28. 1. 1972, HAC-500/18128-2000 (Zitat).

149 Stier/Krauß, Wurzeln, S. 506–520.

150 Vgl. ebd., S. 496.

151 Strunk, AEG, S. 94–103.

152 Ebd., S. 78 ff., 86 ff. u. 233 ff.; Ipsen/Pfitzinger, Krise, S. 63 ff.

153 Ipsen/Pfitzinger, Krise, S. 77 ff.

154 Strunk, AEG, S. 92; «Trennung im gegenseitigen Einvernehmen», in: Die Zeit, 28. 9. 1973.

155 Strunk, AEG, S. 236.

156 Dresdner Bank Konsortialgeschäft, AEG-Telefunken AG – Vertreter der Dresdner Bank im Aufsichtsrat, 3. 2. 1984, HAC-500/105888; Ipsen/Pfitzinger, Krise, S. 74.

157 Richter an Peter von Siemens, 18. 1. 1973, HAC-500/104673.

158 Ponto, Betr.: Siemens AG, 12. 1. 1973, HAC-500/104673.

159 Ponto, Betr.: Siemens – hier: AR-Mandat, 3. 12. 1969, HAC-500/104673; Aktennotiz Richter, 19. 3. 1971, ebd.

160 Mandatsliste P, HAC-500/14465-2001.

161 Industriebüro-Finanzanalysen an Ponto, 8. 9. 1971, HAC-500/8000-2002, Bd. 1

162 Aktenvermerk Ponto betr. AEG, 7. 3. 1972, HAC-500/7980, Bd. 2.

163 Dresdner Bank, Anlagestudie AEG-Telefunken, Industriebüro-Finanzanalysen, Anfang März 1973, S. 20 u. 30, HAC-500/8000-2002, Bd. 2.

164 Zitiert nach: Notiz Ponto betr. AEG-Telefunken, 13. 5. 1974, HAC-500/7980-2002, Bd. 2.

165 Niederschrift über eine Sitzung des Aufsichtsrats der Allgemeine Elektricitäts-Gesellschaft AEG-Telefunken am 17. 3. 1975 in Frankfurt am Main, HAC-500/17172-2000, Bd. 2.

166 Krach im großen Haus, in: Der Spiegel, 20. 1. 1975.

167 Interview mit Karl Gustaf Ratjen, 12. 10. 2007.

168 Beiden Managern wurden Schlüsselfunktionen übertragen. Lautenbach, bisheriger Finanzvorstand der Europa Carton AG in Hamburg erhielt das neu gebildete Ressort Kontrolle und Planung, Hoffmann von Waldau, bis dahin geschäftsführender Gesellschafter der Firma Krups in Solingen, wurde Vertriebschef.

169 Tonbandprotokoll des Gesprächs der Herren Dr. Groebe und Dr. Cipa mit Herrn Manfred Przybilski, Redakteur des Wirtschaftsmagazins «Capital» am 10. 10. 1975 in Frankfurt, S. 29 f., HAC-500/17180-2000, Bd. 2.

Anmerkungen

170 Vgl. Sohl, Notizen, S. 196 f.; Als der Kanzler hart wurde, in: Die Zeit, 28. 6. 1974.

171 Werner Krueger, der im Vorstand der Dresdner Bank lange Zeit für das rheinisch-westfälische Industriegebiet zuständig gewesen war, sah in der Verbindung Ponto-Cipa ein «erstklassiges Gespann». Krueger an Ponto, 22. 8. 1975, HAC-500/7807-2002, Bd. 2. Dagegen war der Vertreter der Deutschen Bank im AEG-Aufsichtsrat, Leibkutsch, über Cipas Berufung nicht begeistert. Vermerk Jürgensen betr. AEG, 15. 7. 1975, HAC-500/7807-2000, Bd. 1.

172 Mit Schwinger, Charme und Melone, in: Capital 12/1975.

173 Krach im großen Haus, in: Der Spiegel, 20. 1. 1975, S. 41.

174 Strunk, AEG, S. 105; Niemand wollte AEG-Aktien, in: Die Zeit, 19. 9. 1975.

175 Schreiben Groebes an Bundeskanzler Schmidt, 10. 4. 1975, Anlage: Memorandum betr. zukünftige Beteiligung von AEG-Telefunken an der Kraftwerk Union AG, 9. 4. 1975 (streng vertraulich), HAC-500/17176-2000.

176 Niederschrift über die Sitzung des Finanzausschusses des Aufsichtsrats der Allgemeinen Elektricitäts-Gesellschaft AEG-Telefunken am 4. 11. 1974 in Frankfurt am Main, Museum für Verkehr und Technik, Berlin, AEG-Archiv, Ordner Nr. 216 Originalprotokolle ab 1970.

177 Schreiben Groebes an Bundeskanzler Schmidt, 10. 4. 1975, Anlage: Memorandum betr. zukünftige Beteiligung von AEG-Telefunken an der Kraftwerk Union AG, 9. 4. 1975 (streng vertraulich), HAC-500/17176-2000.

178 Siemens lehnte es strikt ab, mit dem KWU-Paket auch die entsprechenden Risikobewertungen für die Abdeckung der Altlasten aus dem Siedewasserreaktorenbau zu übernehmen. Vermerk Ponto betr. AEG/KWU, 3. 4. 1975, HAC-500/7807-2000, Bd. 1; Niederschrift über eine Sitzung des Finanzausschusses des Aufsichtsrats der Allgemeinen Elektricitäts-Gesellschaft AEG-Telefunken am 9. 6. 1975 in Frankfurt am Main, Museum für Verkehr und Technik, Berlin, AEG-Archiv, Ordner Nr. 216 Originalprotokolle ab 1970.

179 Ponto an Schmidt, 2. 4. 1975, HAC-500/17176-2000; Vermerk Ponto betr. AEG, 3. 4. 1975, HAC-500/7807-2000, Bd. 1.

180 Die *Frankfurter Allgemeine Zeitung* hatte bereits von Gerüchten berichtet, wonach ein arabisches Land an der KWU interessiert sei und mit einer deutschen Bank darüber verhandeln würde. Werner Kohler, Arabisches Interesse an der Kraftwerk Union?, in: Frankfurter Allgemeine Zeitung, 18. 3. 1975.

181 Siehe S. 181 ff.

182 Vermerk Ponto betr. AEG, 3. 4. 1975, HAC-500/7807-2000, Bd. 1.

183 Dresdner Bank, Presse- und Informationsabteilung, Vielmetter an die Herren des Vorstands, 18. 3. 1975, ebd.

184 Vermerk Ponto betr. AEG, 3. 4. 1975, ebd.

185 Der Schah will kaufen, in: Die Zeit, 5. 12. 1975; Barthelt/Montanus, Aufbruch, S. 98.

186 Vermerk Ponto betr. KWU (streng vertraulich), 4. 8. 1975, HAC-500/7807-2000, Bd. 1.

187 Ebd.

188 Friderichs an Groebe, 30. 1. 1976, HAC-500/17176-2000, Bd. 2.

189 Niederschrift über die Sitzung des Aufsichtsrats von AEG-Telefunken am 9. 11. 1976 in Frankfurt am Main, HAC-500/17180-2000, Bd. 1; AEG verkauft KWU für 618 Mill. DM an Siemens, in: Handelsblatt, 11. 11. 1976.

190 Schmidt an Cipa, 22. 12. 1976, HAC-500/17176-2000.

191 Strunk, AEG, S. 206 f.

192 Niederschrift über eine Sitzung des Aufsichtsrats der Allgemeine Elektricitäts-Gesellschaft AEG-Telefunken am 21. 4. 1976 in Frankfurt am Main, HAC-500/17171-2000, Bd. 1; Strunk, AEG, S. 108 f.

193 Niederschrift über eine Sitzung des Aufsichtsrats der Allgemeine Elektricitäts-Gesellschaft AEG-Telefunken am 21. 4. 1976 in Frankfurt am Main, HAC-500/17171-2000, Bd. 1.

194 Timm an Ponto, 19. 2. 1976, HAC-500/17171–2000, Bd. 1; von Menges an Ponto, 29. 3. 1976, HAC-500/17803-2000, Bd. 1.

195 Von Menges an Ponto, 29. 3. 1976, HAC-500/17803-2000, Bd. 1; Strunk, AEG, S. 108 f.

196 Hans Herbert Götz, Das «Drama» an der Wiege der AEG, in: Frankfurter Allgemeine Zeitung, 22. 10. 1976; AEG-Telefunken will drei Werke schließen, in: Süddeutsche Zeitung, 22. 10. 1976.

197 Hans Herbert Götz, Das «Drama» an der Wiege der AEG, in: Frankfurter Allgemeine Zeitung, 22. 10. 1976.

198 Vermerk Jürgensen betr. AEG, 22. 10. 1976, HAC-500/17180-2000, Bd. 2.

199 Vermerk Ponto betr. AEG, 16. 3. 1977, HAC-500/7807-2000, Bd. 1.

200 Ebd.; Die Familie wünscht es, in: Der Spiegel, 12. 4. 1976, S. 87. Wolfgang Bühler wechselte zum Versandhaus Quelle und wurde dort Generalbevollmächtigter. Er war seit 1973 mit der Quelle-Erbin Madeleine Schickedanz verheiratet.

201 Zitiert nach Vermerk Ponto betr. AEG, 24. 6. 1977, HAC-500/7807-2002, Bd. 1.

202 Dr. Cipa sieht AEG als «Phoenix aus der Asche emporsteigen», in: Frankfurter Neue Presse, 9. 12. 1976.

203 Sitzung des Aufsichtsrats von AEG-Telefunken am 22. 6. 1977 in Berlin, HAC-500/17180-2000, Bd. 1.

204 Ebd.; Niederschrift über die Sitzung des Aufsichtsrats von AEG-Telefunken am 22. 6. 1977 in Berlin, Museum für Verkehr und Technik, Berlin, AEG-Archiv, Aufsichtsratssitzungen 1977/78.

205 Sitzung des Aufsichtsrats von AEG-Telefunken am 22. 6. 1977 in Berlin, HAC-500/17180-2000, Bd. 1.

206 AEG-Telefunken dämpft Dividendenerwartungen, in: Börsenzeitung, 24. 6. 1977; «Wollen wir den alten Schlendrian wieder haben?», in: Frankfurter Allgemeine Zeitung, 24. 6. 1977.

207 Strunk, AEG, S. 114 ff.

208 Böse abgesackt, in: Der Spiegel, 16. 11. 1981, S. 133 ff.
209 Strunk, AEG, S. 116 f.
210 Ebd., S. 136 ff.
211 Meyen, 120 Jahre, S. 285.
212 Ebd., S. 105; ähnlich: Ipsen/Pfitzinger, Krise, S. 76 u. S. 91.
213 Vgl. Strunk, AEG, S. 164.
214 «Am Ende gescheitert», in: Manager-Magazin, 28. 8. 2001.
215 Dresdner Bank AG, Stenografisches Protokoll des Pressegesprächs, 3. 12. 1974, 10 Uhr, Frankfurt/Main, HAC-500/13039-2001; Ausführungen von Jürgen Ponto, Sprecher des Vorstands der Dresdner Bank AG, anlässlich eines Pressegesprächs am 3. 12. 1974 in Frankfurt/M., ebd.
216 Zitiert nach: Nach Kräften mies, in: Der Spiegel, 9. 12. 1974, S. 29. Vgl. auch Jungbluth, Die Quandts, S. 302.
217 Claus Dertinger, Der Bankier und sein Meisterstück, in: Die Welt, 4. 12. 1974.
218 Vielmetter an Ponto, 31. 12. 1974, HAC-500/13039-2001.
219 In der Mitteilung der Quandts hieß es dazu, dass man den Käufer nicht kennen würde, dass dieser aber die Dresdner Bank mit der Wahrung seiner Interessen betraut hätte. Behland, Streiflichter, S. 25.
220 Nach Kräften mies, in: Der Spiegel, 9. 12. 1974, S. 29
221 Süddeutsche Zeitung, 2. 12. 1974, zitiert nach: Leinkauf, Sternstunde, S. 15. Vgl. auch Jungbluth, Die Quandts, S. 302.
222 Interview mit Wolfgang Röller, 7. 7. 2009.
223 Behland, Streiflichter, S. 25.
224 Bekanntgegeben wurde die Identität des Käufers dann zunächst nicht von Friderichs, sondern vom FDP-Wirtschaftsexperten Otto Graf Lambsdorff. Rainer Frenkel, Halbmond über Stuttgart, in: Die Zeit, 6. 12. 1974. Zur Pressekonferenz Pontos am 3. 12. 1974 siehe Anm. 215 auf dieser Seite.
225 Rainer Frenkel, Halbmond über Stuttgart, in: Die Zeit, 6. 12. 1974.
226 Industrie-Familien: Der große Ausverkauf, in: Der Spiegel, 20. 1. 1975, S. 32.
227 Hohensee, Ölpreisschock (Zitat S. 250). Zur Entwicklung des Rohölpreises ebd., S. 78.
228 Diether Stolze, Ausverkauf der deutschen Industrie?, in: Die Zeit, 6. 12. 1974; Öl-Geld: «Gefährlich wie 50 Sowjetdivisionen», in: Der Spiegel, 16. 12. 1974, S. 72 ff.; Leinkauf, Sternstunde, S. 17.
229 J. Jürgen Jeske, Wohin mit den Ölmilliarden? Fragen nach dem Fall Daimler, in: Frankfurter Allgemeine Zeitung, 17. 12. 1974.
230 Feldenkirchen, «Vom Guten das Beste», S. 198 ff. und S. 261 ff.; Kruk/Lingnau, 100 Jahre Daimler-Benz, S. 272 und Anhang; Material Kruk, Flick und Quandt, Großaktionäre, Daimler AG Archive und Sammlung; Richard Stehle/Rainer Huber/Jürgen Maier, Rückberechnung des DAX für die Jahre 1955 bis 1987, Ms. Berlin 1996, S. 25 (Tabelle 4). URL: http://www.edoc.hu-berlin.de/series/sfb-373-papers/1996-7/PDF/7.pdf (zuletzt abgerufen am 25. 2. 2013); Rainer Frenkel, Halbmond über Stuttgart, in: Die Zeit, 6. 12. 1974.

231 Feldenkirchen, «Vom Guten das Beste», S. 346; Niederschrift über die Sitzung des Aufsichtsrates der Daimler-Benz Aktiengesellschaft am 14. März 1975 in Stuttgart-Untertürkheim, Daimler AG, Mercedes-Benz Classic, Archive; Akte Material Kruk, Flick und Quandt, Großaktionäre, ebd.

232 Kruk/Lingnau, 100 Jahre Daimler-Benz, S. 321.

233 Frei/Ahrens/Osterloh/Schanetzky, Flick, S. 506 ff., S. 524 ff. u. S. 667 ff.; Priemel, Flick, S. 722 ff. u. S. 744 ff.

234 Akte Material Kruk, Flick und Quandt, Großaktionäre, Daimler AG, Mercedes-Benz Classic, Archive.

235 Jungbluth, Die Quandts, S. 240–262; Material Kruk, Flick und Quandt, Großaktionäre, Daimler AG, Mercedes-Benz Classic, Archive.

236 Jungbluth, Die Quandts, S. 296 ff. u. S. 307.

237 Ebd., S. 301; Behland, Streiflichter, S. 25.

238 Interview mit Hans Friderichs, 11. 11. 2008.

239 Über ihren europäischen Bankenverbund S.F.E. war die Dresdner Bank gemeinsam mit anderen Banken und mehreren Staatsfonds arabischer Länder an der Compagnie Arabe et Internationale d'Investissement beteiligt. Siehe S. 122.

240 Interview mit Wolfgang Röller, 7. 7. 2009.

241 Ebd.

242 Behland, Streiflichter, S. 24.

243 Ebd.

244 Ebd., S. 24 f.

245 Ausführungen von Jürgen Ponto, Sprecher des Vorstands der Dresdner Bank AG, anlässlich eines Pressegesprächs am 3. 12. 1974 in Frankfurt/M., HAC-500/13039-2001.

246 Der Mann, der in Kuwait war, in: Frankfurter Allgemeine Zeitung, 7. 12. 1974.

247 Ebd.

248 Rudolf Herlt, Die Drehbücher der Herren Ulrich und Ponto, in: Die Zeit, 24. 1. 1975.

249 Othegraven an Röller, 10. 12. 1974, HAC-500/12032-2001.

250 J. Jürgen Jeske, Wohin mit den Ölmilliarden? Fragen nach dem Fall Daimler, in: Frankfurter Allgemeine Zeitung, 17. 12. 1974.

251 Manager – Erbfeinde. Bankier Ulrich gegen Bankier Ponto, in: Capital, Mai 1975.

252 Gall, Bankier, S. 310 f.

253 Ebd.; Interview mit Wolfgang Röller, 7. 7. 2009. Vgl. auch die Begrüßungsrede von Stefan Quandt anlässlich des 25. Herbert Quandt Medien-Preises am 22. 6. 2010, S. 7 f. URL: http://www.johanna-quandt-stiftung.de/detail_5-opreisverleihung_2010.html (zuletzt abgerufen am 3. 4. 2013).

254 Frei/Ahrens/Osterloh/Schanetzky, Flick, S. 675 ff.; Leinkauf, Sternstunde, S. 20.

255 Industrie-Familien: Der große Ausverkauf, in: Der Spiegel, 20. 1. 1975, S. 22 f.

256 Ebd., S. 23 f.; Rudolf Herlt, Die Drehbücher der Herren Ulrich und Ponto, in: Die Zeit, 24. 1. 1975; Leinkauf, Sternstunde, S. 20 ff.

257 Interview mit Helmut Schmidt, 27. 9. 2007.

258 Gall, Bankier, S. 311.

259 Ponto, Flick/Daimler, 4. 3. 1975, HAC-500/13036-2001. Eberhard von Brauchitsch, der damals der starke Mann an der Spitze des Flick-Konzerns war, schrieb in einem Aktenvermerk vom März 1975, «daß niemals die Absicht bestanden hat, ein beherrschendes Daimler-Paket ‹über den Ladentisch› an Persien zu geben». Im Flick-Prozess vor dem Bonner Landgericht erklärte von Brauchitsch später, man habe die Öffentlichkeit damals in dem Glauben gelassen, dass Flick an den Schah verkaufen würde, damit sich die Bundesregierung und die Deutsche Bank als «Retter des Vaterlands» ausgeben konnten. Andernfalls wäre die Deutsche Bank wegen der Übernahme der Kapitalmehrheit von Daimler-Benz unter Kritik geraten. Retter des Vaterlandes, in: Der Spiegel, 13. 1. 1986, S. 81 f.

260 Leinkauf, Sternstunde, S. 28. Das Flick-Paket wurde von der Deutschen Bank in eine eigens dafür gegründete Gesellschaft, die Mercedes Aktiengesellschaft Holding (MAH), eingebracht. Innerhalb von sechs Jahren konnten die Aktien vollständig am Markt platziert werden. Ebd., S. 31 ff.; Feldenkirchen, «Vom Guten das Beste», S. 346.

261 Vermerk Vielmetter für Ponto, 21. 1. 1975, HAC-500/13039-2001.

262 Manager – Erbfeinde. Bankier Ulrich gegen Bankier Ponto, in: Capital, Mai 1975, S. 70 ff.

263 Ebd.

264 Wörtlich hatte Ulrich gesagt: «Wenn sich das in größerem Umfang wiederholt, kann man wirklich sagen, daß diejenigen, die das dann machen, den höchsten Orden der Jusos verdienen.» Zitiert nach: Walther Weber (Presseabteilung der Deutschen Bank) an die Capital-Redaktion, 6. 5. 1975, HAC-500/13039-2001. Vgl. auch die Richtigstellung in: Capital 6/1975.

265 In den arabischen Ländern wurde die Deutsche Bank für ihre Haltung zum Quandt-Kuwait-Geschäft heftig kritisiert. Übersetzung aus Al-Seyessah, 12. 5. 1975, HAC-500/13039-2001. Mahnende Stimmen kamen auch von deutschen Unternehmern, die der Bank nahestanden. Siemens-Chef Bernhard Plettner warnte davor, dass eine «neue Art von Nationalismus» aufkäme. Manager – Erbfeinde. Bankier Ulrich gegen Bankier Ponto, in: Capital, Mai 1975, S. 71. Zum Zerwürfnis zwischen der Familie Quandt und der Deutschen Bank siehe S. 188 u. S. 193.

266 Zitiert nach: Rudolf Herlt, Die Drehbücher der Herren Ulrich und Ponto, in: Die Zeit, 24. 1. 1975.

267 Ulrich schlug damals die Einführung eines Höchststimmrechts für Aktionäre vor, um eine Beherrschung deutscher Unternehmen durch ausländische Großaktionäre zu verhindern. Ebd.

268 Ebd.

269 Ponto an Sohl, 19. 12. 1974, HAC-500/104677.

270 Keine Angst vor Auslandskapital, in: Ponto, Mut, S. 41 (ursprünglich erschienen in: Deutsche Zeitung – Christ und Welt, 14. 2. 1975).

271 Zitiert nach: So fädelte Zetsche den Deal mit den Scheichs ein, in: Welt Online, 23. 3. 2009.

272 Vgl. die Aufsichtsrats- und Vorstandsprotokolle 1974/75 in: Daimler AG, Mercedes-Benz Classic, Archive, Vorstand; ebd., Aufsichtsrat.

273 Vgl. Ponto an Zahn, 30. 11. 1970, HAC-500/17860-2000; Zahn an Ponto, 10. 8. 1972, ebd.

274 Ponto, Daimler-Benz AG/Beteiligung Kuwait, 26. 10. 1976, HAC-500/13036-2001; Ponto, Betr.: Daimler-Benz AG, 10. 3. 1975, HAC-500/13036-2001.

275 Leßmann an Röller, 12. 7. 1976, HAC-500/13036-2001.

276 Ponto, Flick/Daimler, 4. 3. 1975, HAC-500/13036-2001.

277 Ponto an Ulrich, 17. 3. 1975, HAC-500/12032-2001; Ponto an Ulrich, 16. 5. 1975, HAC-500/7841-2000; Ponto, Betr.: Gespräch mit Herrn Ulrich, 12. 6. 1975, ebd.

278 Vgl. Goltz an Ponto, 14. 2. 1975, HAC-500/12032-2001.

279 Aktenvermerk Ponto, 5. 5. 1972, HAC-500/17601-2000; Notiz Ponto, 26. 9. 1973, ebd.

280 Ponto, Betr.: Quandt, 14. 10. 1975, HAC-500/7902-2002.

281 Ponto, BMW/Quandt, 27. 10. 1976, HAC-500/7844-2002; Ponto, Betr.: BMW, 10. 5. 1977, ebd.

6. *Ponto und die Politik*

1 Berghahn, Unternehmer, S. 320.

2 Kleinschmidt, Manager, S. 30.

3 Jürgen Ponto, Die Rolle der Banken in der Welt von morgen, in: ders., Wirtschaft, S. 9–31, hier S. 31 (Vortrag vor der Bankakademie in Berlin am 28. 10. 1970).

4 Jürgen Ponto, Verstaatlichung löst keine Probleme, in: ders., Mut, S. 17 (Nachdruck eines Artikels aus dem Manager Magazin, September 1973).

5 Die Omnipotenten, in: Der Spiegel, 18. 1. 1971, S. 38.

6 Report: Die Macht der Banken, ARD, Sendung am 10. 9. 1973 (Abschrift), HAC-500/7211-2002. MS.

7 Argumentarium zur Diskussion mit Kritikern des deutschen Universalbankensystems, HAC-500/7211-2002. MS.

8 Ebd.

9 Jürgen Ponto, Die Macht der Banken, in: ders., Wirtschaft, S. 51 (Vortrag vor der Rechts- und Staatswissenschaftlichen Vereinigung [Frankfurter juristische Gesellschaft] am 8. 11. 1971).

10 Ebd., S. 52.

11 Ebd., S. 56.

12 Ebd., S. 58.
13 Ebd., S. 58 f.
14 Wellhöner, Großbanken; Wixforth, Banken; Tanner, «Bankenmacht», S. 19–
34. Vgl. ferner: Krenn, Macht.
15 Zu diesem Argument: Ponto, Die Macht der Banken, in: ders., Wirtschaft,
S. 64. Zur AEG-Sanierung siehe S. 165 ff.
16 Ponto, Die Macht der Banken, in: ders., Wirtschaft, S. 72.
17 Ausführungen von Jürgen Ponto [...] vor dem Finanzausschuss des Deutschen
Bundestages am 1. 10. 1975, AdsD, BTFG/3738.
18 Vgl. Assmann, Novellierung; Henke, Novelle. Der sogenannte Feuerwehrfonds
schützte die Einlagen einzelner Kunden bis zu einer Höhe von 20 000 DM.
Nach der Einigung des Bankenverbands mit der Bundesregierung haftete der
neue Einlagensicherungsfonds für jeden Einleger einer zahlungsunfähigen
Bank mit maximal 30 Prozent des haftenden Eigenkapitals der betroffenen
Bank; Assmann, Novellierung, S. 580.
19 Laut einer umfangreichen Erhebung konzentrierten sich 1974 immerhin
41 Prozent der gesamten Beteiligungen von Banken an Nichtbankenunternehmen bei den drei Großbanken, obwohl ihr Anteil an der Zahl der gemeldeten
Beteiligungen bei nur 13 Prozent lag; Krümmel, Universal Banking, S. 47. In
die Erhebung einbezogen wurden 336 Kreditinstitute sowie Beteiligungen von
mehr als zehn Prozent; Bundesministerium der Finanzen (Hg.), Bericht, S. 501.
20 Büschgen, Problemfelder, S. 354–367.
21 Vgl. Bundesministerium der Finanzen (Hg.), Bericht (Zitat S. 74); sowie die
Zusammenfassung des Kommissionsmitglieds Krümmel, Universal Banking.
22 Hinzu kamen Heinz Osthues (Vorstandsmitglied der WestLB), Bernhard
Schramm (Vorstandsvorsitzender der Deutschen Genossenschafts-Hypothe-
kenbank) und Friedrich Simon (Ehrenvorsitzender des Aufsichtsrats der Düsseldorfer Simonbank). Bundesministerium der Finanzen (Hg.), Bericht, S. 2,
89 (Zitat).
23 Diel, Betr.: Vorstandsgespräch mit der Deutsche Bank AG am 3. 6. 1975,
13. 6. 1975, HAC-500/7841-2002.
24 Ergebnisniederschrift über das Gespräch zwischen Präsidialmitgliedern des
Bundesverbandes deutscher Banken und des BDI am 19. Januar 1976 in Köln,
22. 1. 1976, HAC-500/18256-2000.
25 Bundesministerium der Finanzen (Hg.), Bericht, S. 91–98, 267.
26 Roggenbruck, Begrenzung, S. 18 ff.; Busch, Staat, S. 128.
27 Vgl. «Wo sind denn die Konflikte?», in: Wirtschaftswoche, 26. 3. 1976, S. 15.
28 Vgl. Herrhausen an Ponto, 26. 4. 1976, HAC-500/7841-2002.
29 Ponto, Die Macht der Banken, in: ders., Wirtschaft, S. 47.
30 Argumentarium zur Diskussion mit Kritikern des deutschen Universalbankensystems, September 1973, S. 5, HAC-500/7211-2002. MS.
31 Lohnzettel Jürgen Ponto 1976, HAC-500/1344-2002. Pontos Gehalt entsprach
damals in etwa dem durchschnittlichen Gehalt eines Vorstandsmitglieds der

Deutschen Bank und dem 30fachen eines durchschnittlichen Arbeitnehmerentgelts. Hans-Hagen Härtel u. a., Managergehälter in der Kritik, in: Wirtschaftsdienst 2004, S. 349. Anfang der siebziger Jahre hatte Ponto ein festes Jahresgehalt von 150 000 DM. Für das Jahr 1975 standen ihm Tantiemen aus seinem Vorstandsvertrag in Höhe von 302 500 DM sowie Aufsichtsrats-Tantiemen in Höhe von insgesamt 548 000 DM zu. Vorstandsvertrag, 4. 8. 1970, HAC-500/ 7814-2002; Dresdner Bank, Personalsekretariat, an Ponto, 26. 5. 1976, ebd.; Einkünfte aus selbständiger Arbeit für das Jahr 1975, ebd.; Dresdner Bank, Personalsekretariat, an Ponto, 26. 5. 1976, ebd.

32 Jürgen Ponto, Internationale Aspekte der Kreditwirtschaft, in: ders., Mut, S. 48 (Deutsche Fassung eines Vortrags auf dem Symposion «Banking in the world of tomorrow» in Luxemburg am 28. 11. 1975).

33 Interview mit Stefan Ponto, 18. 1. 2012.

34 Jürgen Ponto, Über das Gewinnstreben und die Gemeinnützigkeit der privaten Banken, in: ders., Mut, S. 122 (Nachdruck eines Artikels in der Börsen-Zeitung vom 3. 2. 1977).

35 Ders., Die Rolle der Banken in der Welt von morgen, in: ders., Wirtschaft, S. 31.

36 Vielmetter an Ponto, 31. 10. 1969, HAC-500/17609-2000.

37 Heinsius an Ponto, 18. 4. 1977, HAC-500/8007-2002.

38 Interview mit Corinna und Ignes Ponto, 27. 7. 2011; Interview mit Wolfgang Leeb, 11. 4. 2008.

39 Carstens an den Vorstand der Dresdner Bank, 1. 8. 1977, BAK, N 1337/159.

40 Barzel an Ponto, 18. 12. 1971, HAC-500/18095-2000; Barzel an Ponto, 26. 3. 1974, ebd.

41 Apel an Ponto, 6. 6. 1977, HAC-500/7844-2002; vgl. auch Ponto an Apel, 17. 10. 1974, HAC-500/7908-2002. Zur Steuerreform 1974/75 vgl. Ullmann, Steuerstaat, S. 202.

42 Interview mit Helmut Schmidt, 27. 9. 2007.

43 Stößel an Ponto, 12. 6. 1969, HAC-500/7963-2002.

44 Ulrich an Ponto, 12. 11. 1973, HAC-500/7841-2002.

45 Mommsen an Ponto, 17. 7. 1974, HAC-500/7908-2002; Ponto an Mommsen, 23. 7. 1974, ebd.

46 Schmidt an Ponto, 22. 2. 1974, HAC-500/7908-2002; (Haaß), Herrenabend am 7. Mai 1974, ebd.

47 Interview mit Corinna und Ignes Ponto, 27. 7. 2011; Interview mit Hiltrud Haaß und Jürgen Mayer, 18. 5. 2011.

48 Interview mit Helmut Schmidt, 27. 9. 2007; vgl. dagegen Trauriges Bedürfnis, in: Der Spiegel, 8. 8. 1977; vorsichtiger etwa Helmut Maier-Mannhardt, Ein Diplomat und Manager, in: Süddeutsche Zeitung, 1. 8. 1977. Eine gewisse Rolle spielte dabei offenbar auch Pontos gutes Verhältnis zu Karl Klasen, dem ebenfalls aus Hamburg stammenden Präsidenten der Deutschen Bundesbank, der wiederum ein enges Verhältnis zum Bundeskanzler pflegte; Interview mit Hans Friderichs, 11. 11. 2008.

49 Ponto, Betr.: Gespräch beim Bundeskanzler, 13. 10. 1975, HAC-500/7908-
2002 (Zitate); Ponto an Schmidt, 6. 8. 1975, ebd. Zum Hintergrund des Gipfels
vgl. James, Rambouillet; Karczewski, Weltwirtschaft, S. 111–154. Als seinen
Vertreter zu informellen Vorgesprächen in Kronberg am Taunus entsandte
Schmidt nicht Ponto, sondern Wilfried Guth von der Deutschen Bank; ebd.,
S. 120.

50 Ponto, Strukturprobleme.

51 Jürgen Ponto, Keine Angst vor Auslandskapital, in: ders., Mut, S. 37–43 (ursprünglich erschienen in: Deutsche Zeitung – Christ und Welt, 14. 2. 1975).

52 Beitz an Ponto, 7. 1. 1977, HAC-500/8094-2002 (Schmidt-Zitat); Ponto an
Beitz, 17. 1. 1977, ebd.

53 Interview mit Hans Friderichs, 11. 11. 2008; Ponto, Betr.: FDP-Wahlunterstüt-
zung, 26. 9. 1969, HAC-500/17596-2000. Zur Position der Industrieelite gegenüber der sozialliberalen Koalition vgl. Berghahn, Unternehmer, S. 301–323.

54 Ponto an Schwesinger, 14. 6. 1974, HAC-500/18095-2000.

55 Vgl. Ergebnisniederschrift über das Gespräch zwischen Präsidialmitgliedern
des Bundesverbandes deutscher Banken und des BDI am 19. Januar 1976 in
Köln, 22. 1. 1976, HAC-500/18256-2000; Ponto, Gespräch mit Herrn Lichtenberg, 13. 4. 1976, HAC-500/7843-2000.

56 Ponto gegen Bonner Vermögens-Konzept, in: Berliner Morgenpost, 29. 3. 1974;
«Gefährliche Belastung der Wirtschaft», in: Hamburger Abendblatt, 29. 3. 1974.

57 Ausführungen von Jürgen Ponto auf der Hauptversammlung der Dresdner
Bank AG am 6. 5. 1974 in Hamburg, HAC-500/118808; Ponto: Wandelanlei-
hen als Einstieg in die Vermögensbildung, in: Börsen-Zeitung, 7. 5. 1974; vgl.
Viel Papier, in: Der Spiegel, 7. 1. 1974, S. 19 ff.

58 Ahlers an Ponto, 22. 4. 1969, HAC-500/17632-2000; Ponto an Ahlers, 5. 5. 1969,
ebd.; Telegramm Pontos an Ahlers, 2. 12. 1966, HAC-500/17639-2000.

59 Interview mit Corinna und Ignes Ponto, 27. 7. 2011.

60 Ponto an Focke, 2. 10. 1969, HAC-500/17632-2000; Focke an Ponto, 8. 10.
1969, ebd.; Interview mit Hiltrud Haaß und Jürgen Mayer, 18. 5. 2011.

61 Eglau, Garnitur, S. 123.

62 Vgl. Lütjen, Schiller; Ponto wird in dieser Studie, die erstmals Schillers Nachlass auswertet, nicht einmal erwähnt.

63 Ponto an von Kameke, 22. 7. 1970, HAC-500/17803-2002.

64 Interview mit Stefan Ponto, 18. 1. 2012.

65 Ponto, Aussprache mit Minister Friderichs, 2. 6. 1975, HAC-500/7835-2002.

66 Vgl. Größter Coup, in: Der Spiegel, 11. 8. 1975.

67 Ponto, Aussprache mit Minister Friderichs, 2. 6. 1975, HAC-500/7835-2002
(Zitat); Jürgensen, Betr.: Minister Friderichs, 4. 12. 1975, HAC-500/7908-
2002.

68 Interview mit Hans Friderichs, 11. 11. 2008.

69 Scheel an Ponto, 17. 7. 1970, HAC-500/17640-2000; Vorstand der Dresdner
Bank an Ponto, 27. 7. 1970, ebd.

70 Ein Bankier Schmidts neuer Finanzkapitän?, in: Handelsblatt, 10. 5. 1974; Chef der Dresdner Bank ins Kabinett?, in: Bildzeitung, 10. 5. 1974. Das Gerücht war seinerzeit so präsent, dass es noch anlässlich von Pontos Tod als Tatsachenbehauptung wiederholt wurde: Trauriges Bedürfnis, in: Der Spiegel, 8. 8. 1977.

71 Gerücht um Ponto, in: Frankfurter Rundschau, 11. 5. 1974; Eglau, Garnitur, S. 122.

72 Interview mit Helmut Schmidt, 27. 9. 2007.

73 Telegramm Ponto an Hannelore Schmidt, 16. 5. 1974, HAC-500/18095-2000.

74 Interview mit Helmut Schmidt, 27. 9. 2007; Interview mit Hans Friderichs, 11. 11. 2008.

75 Interview mit Ignes Ponto, 19. 2. 2008.

76 Burkhart Salchow, Die Kronprinzen der Dresdner Bank, in: Deutsche Zeitung. Christ und Welt, 7. 1. 1977.

77 Niederschrift über die Gesamtvorstandssitzung am 18. 1. 1977, HAC-500/18085-2000.

78 Ponto, Betr.: Renten, 1. 8. 1975, HAC-500/7843-2002; vgl. weitere Notizen ebd. sowie die sporadische Korrespondenz mit dem Bundesbank-Präsidenten Karl Klasen, HABB, B 330/8381, 8399.

79 47. Sitzung des Beirats bei der Landeszentralbank in Hessen am 27. 11. 1972, HABB, B 331-H/499.

80 Ponto, Betr.: Gespräch mit Herrn Ulrich am 9. 5. 1975, 12. 6. 1975, HAC-500/7841-2002.

81 Jürgen Ponto, Wirtschaftspolitik in der Krise. Vortrag vor dem Club zu Bremen am 7. 3. 1974, in: ders., Wirtschaft, S. 144.

82 Vgl. Berghahn, Unternehmer, S. 319: «Kein Zweifel, dass der fast allseits bestehende Pessimismus weniger wirtschaftlich als politisch-ideologisch bedingt war.»

83 «Kapitalbildung ist bedroht», in: Die Welt, 29. 3. 1974.

84 «Inflation apparently is being detected now as the illness of the West and of free markets.» Jürgen Ponto, Some Aspects of the European Economic and Monetary Situation. Vortrag vor dem Annual Meeting of the Danish National Committee of the International Chamber of Commerce in Kopenhagen, 29. 11. 1974, in: ders., Wirtschaft, S. 223.

85 Beckh, Instrumentarium, S. 30 ff.

86 Ebd., S. 15 ff.

87 Frankfurter Tagesdienst, 30. 10. 1973, HAC-500/117191.

88 Rudolf Herlt, Banken auf dem Kriegspfad, in: Die Zeit, 26. 10. 1973.

89 Sofort die Bremsen lockern, in: Die Zeit, 7. 12. 1973.

90 Jürgen Ponto, Wirtschaft und Währung im Spannungsfeld neuer Entwicklungen. Vortrag vor dem Verband Österreichischer Banken und Bankiers am 20. 5. 1974, in: ders, Wirtschaft, S. 179.

91 Ponto, Wirtschaftspolitik in der Krise, in: ders., Wirtschaft, S. 151.

92 Ebd., S. 152.

93 Auf ein Wort, in: Die Welt, 17. 4. 1976.

94 Jürgen Ponto, Von den Grundlagen Europas, in: ders., Mut, S. 191 (Vortrag anlässlich einer Veranstaltung der Vereniging voor Economie und der Deutsch-Belgisch-Luxemburgischen Handelskammer in Antwerpen am 28. 6. 1977).

95 Vgl. Landfried, Parteifinanzen, S. 133 ff., 144–158 (Zitat S. 133).

96 Spendenpraxis nicht beanstandet, in: Frankfurter Allgemeine Zeitung, 26. 5. 1984; vgl. Bösch, Macht, S. 174.

97 Landfried, Parteifinanzen, S. 157 f. (nach dem Urteil des Landgerichts Bonn in der Strafsache gegen Eberhard von Brauchitsch, Hans Friderichs und Otto Graf Lambsdorff vom 16. 2. 1987).

98 Interview mit Hans Friderichs, 11. 11. 2008.

99 Spendenquittung der Staatsbürgerlichen Vereinigung, 23. 7. 1971, mit Schreiben an Ponto, 3. 8. 1971, HAC-500/17605-2000.

100 Pohle an Ponto, 10. 4. 1969, HAC-500/17632-2000; Reinhold an Pohle, 11. 6. 1969, ebd.

101 Vgl. dazu Kilz/Preuß, Flick; Landfried, Parteifinanzen, S. 189–207; Frei/Ahrens/Osterloh/Schanetzky, Flick, S. 678–690, 740 f.

102 Aktenvermerk Ponto, 20. 2. 1970, HAC-500/17596-2000.

103 Aktenvermerk Ponto, 12. 5. 1971, HAC-500/17605-2000. Aus der Notiz geht nicht hervor, ob es sich um Spenden an die FDP selbst oder an die parteinahe Friedrich-Naumann-Stiftung handeln sollte.

104 Notiz Ponto, 21. 5. 1976, HAC-500/7841-2002.

105 Ponto, Betr.: Kreditwunsch von Herrn Kiep, 24. 1. 1968, HAC-500/17633-2000; Ponto an Kiep, 22. 3. 1968, HAC-500/17952-2000; Reiffenstein an Ponto, 11. 11. 1970, HAC-500/17602-2000; Ponto an Reiffenstein, 18. 1. 1971, ebd.

106 Interview mit Hiltrud Haaß und Jürgen Mayer, 18. 5. 2011.

107 Kiep an Ponto, 10. 6. 1968, HAC-500/17632-2000.

108 Kiep an Ponto, 13. 10. 1976, HAC-500/8007-2002.

109 Kiep an Ponto, 10. 7. 1968, HAC-500/17632-2000; Ponto an Kiep, 19. 7. 1968, ebd.

110 Ponto an Kiep, 22. 10. 1976, HAC-500/8007-2002.

111 Vgl. Empörung über angebliche jüdische Vermächtnisse, in: Der Tagesspiegel, 18. 1. 2000; Der «schwarze Sheriff» vor Gericht, in: Manager Magazin, 13. 1. 2004.

112 Ponto, Betr.: Anruf von C. Prinz Wittgenstein, 19. 7. 1968, HAC-500/17602-2000; o. V. an Direktions-Kabinett, 26. 7. 1968, HAC-500/17632-2000.

113 Vgl. Wittgenstein an Ponto, 6. 6. 1977, HAC-500/104695.

114 Wittgenstein an Ponto, 3. 12. 1974, HAC-500/104695; Ponto an Wittgenstein, 28. 1. 1975, ebd.; Wittgenstein an Ponto, 20. 2. 1975, ebd.

115 Ponto, Betr.: Friedrich-Ebert-Stiftung, 21. 5. 1976, HAC-500/7845-2002.

116 Ponto an Focke, 2. 10. 1969, HAC-500/17632-2000; Focke an Ponto, 8. 10. 1969, ebd.

117 Niederschrift über die Sitzung des Gesamtvorstandes am 23.7.1969, HAC-500/17628-2000.

118 Jürgen Ponto. Mandate und Mitgliedschaften in Vereinen und Verbänden, 1976, HAC-500/104668.

119 Vermerk, 12. 3. 1975, AdsD, HSAA/5195.

120 Vgl. Birrenbach an Ponto, 28. 2. 1975 und 23. 5. 1975, ACDP 01–433/172/2, und die dortigen Korrespondenzen Birrenbachs mit anderen Bankiers.

121 Vorgesehen war Werbechef Kurt Richebächer, die Akten lassen jedoch nicht erkennen, ob diese Idee tatsächlich umgesetzt wurde; Aktenvermerk Ponto, 13. 12. 1971, HAC-500/17597-2000.

122 Vgl. zu dem Kreis ausführlich Sauer, Westorientierung. Die dort präsenten Landes- und Bundespolitiker gehörten durchweg der CDU an; ebd., S. 120.

123 Telefonnotiz Haaß, 3. 5. 1976, HAC-500/8098-2002; Lilje an Ponto, 9. 4. 1976, ebd. Als Vertreter der Frankfurter Hochfinanz war ursprünglich Alfred Herrhausen von der Deutschen Bank vorgesehen – «bis bei Vorgesprächen festgestellt wurde, dass Herrhausen katholisch war»; Sauer, Westorientierung, S. 123, Fn. 374.

7. Kulturbürger und Generalist

1 Interview mit Ignes Ponto, 19. 2. 2008.

2 Ebd.

3 Ebd.

4 Ebd.

5 Stellt was dar, in: Der Spiegel, 2. 8. 1976, S. 51.

6 Einladung von Jürgen und Ignes Ponto zu einem Konzert mit dem Zürcher Kammerorchester am 11. 12. 1973, Unternehmensarchiv Bosch, 1015 303 202. Auf dem Programm standen die Ouvertüre c-Moll op. posth. von Franz Schubert, das Cembalo-Konzert d-Moll von Johann Sebastian Bach, das Klavierkonzert A-Dur KV 414 von Wolfgang Amadeus Mozart und das Concerto G-Dur No. 2 von Giovanni Battista Pergolesi.

7 Ebd.; Interview mit Karl Gustaf Ratjen, 12. 10. 2007.

8 Eliza Hansen, geborene Ghiul (1910–2001) war rumäniendeutscher Herkunft und ging nach dem Konzertexamen in ihrer Heimatstadt Bukarest nach Berlin, wo sie Schülerin von Artur Schnabel und Edwin Fischer wurde. Nach 1945 lehrte Hansen in Hamburg. Von 1959 bis 1984 war sie dort Professorin an der Hochschule für Musik und Theater.

9 Christoph Eschenbach (geb. 1940) kam als Waisenkind bei Kriegsende nach Mecklenburg und wuchs dann bei seinen Adoptiveltern zunächst in Neustadt/Holstein auf, später in Aachen. Mit dem Sieg im ARD-Wettbewerb 1962 gelang ihm der Durchbruch zu einer internationalen Karriere als Pianist und Dirigent. Eschenbach arbeitete lange Zeit mit Herbert von Karajan und George

Szell zusammen. Derzeit ist er Generalmusikdirektor des National Symphony Orchestra in Washington, D. C.

10 Justus Frantz (geb. 1944) studierte bei Eliza Hansen und Wilhelm Kempff Klavier. Nach dem Gewinn des ARD-Wettbewerbs 1967 debütierte er 1970 mit den Berliner Philharmonikern unter Herbert von Karajan und 1975 mit dem New York Philharmonic Orchestra unter Leonard Bernstein. 1986 wurde er Professor an der Hamburger Musikhochschule. Im gleichen Jahr gründete Frantz das Schleswig-Holstein Musik Festival. Eschenbach und Frantz gaben zahlreiche Konzerte als vierhändiges Klavierduo. Besonders bekannt wurden die Aufnahmen der Bach- und Mozartklavierkonzerte, die beide gemeinsam mit Helmut Schmidt gespielt haben.

11 Carl Ulrich von Barner (1899–1978) war der letzte Besitzer des Schlosses Klein Trebbow. Von 1939 bis 1946 war er mit der Künstlerin und späteren Ordensfrau Tisa von der Schulenburg (1903–2001) verheiratet.

12 20 Jahre Musikfestspiele Mecklenburg-Vorpommern, in: Freizeit, Tourismus, Sport 1/2010.

13 Ebd.; Justus Frantz im Gespräch mit Hans-Jürgen Mende, Sendung des Bayerischen Rundfunks, 29. 4. 2008. URL: http://www.br-online.de.

14 Justus Frantz zum Gesprächskonzert in Klein Trebbow. URL: http://www.meck-pomm-hits.de/contenido-4.4.5/cms/front_content.php.

15 Interview mit Ignes Ponto, 19. 2. 2008.

16 Interview mit Corinna Ponto, 27. 7. 2011.

17 Ebd.; Empfang und Buffet in Oberursel am 23. 9. 1975 anlässlich Konzert Israel Philharmonic Orchestra, HAC-500/18106-2000, Bd. 1.

18 Berthold von Bohlen und Halbach an Ponto, 17. 9. 1970, HAC-500/18256-2000.

19 Interview mit Bernhard von Loeffelholz, 10. 10. 2007.

20 Kleinert, Berliner Philharmoniker, S. 132, Anm. 17. Karajan und Casper hatten sich offenbar im April 1968 bei den Feiern zum 60. Geburtstag des Dirigenten in dessen Geburtsstadt Salzburg kennengelernt. Ebd.

21 Protokoll über die konstituierende Sitzung der Orchester-Akademie des Berliner Philharmonischen Orchesters am 25. 6. 1972 in der Philharmonie Berlin, HAC-500/7962-2002.

22 Interview mit Bernhard von Loeffelholz, 10. 10. 2007.

23 Protokoll über die konstituierende Sitzung der Orchester-Akademie des Berliner Philharmonischen Orchesters am 25. 6. 1972 in der Philharmonie Berlin, HAC-500/7962-2002.

24 Interview mit Bernhard von Loeffelholz, 10. 10. 2007.

25 Niederschrift über die gemeinsame Sitzung von Vorstand und Beirat der Orchester-Akademie des Berliner Philharmonischen Orchesters am 25. 11. 1973 in Berlin, HAC-500/7962-2002.

26 Niederschrift über die gemeinsame Sitzung von Vorstand und Beirat der Orchester-Akademie des Berliner Philharmonischen Orchesters am 18. 10. 1975 in Berlin, ebd.

27 Ebd.

28 Interview mit Corinna Ponto, 27. 7. 2011.

29 Dresdner Bank AG, Hagenmüller/Ponto, an Stifterverband für die Deutsche Wissenschaft, 21. 12. 1972, HAC-500/18408-2000. Innerhalb von 30 Jahren wuchs das Vermögen des Stiftungsfonds Dresdner Bank AG auf knapp 19 Mio. DM an. Vgl. hierzu Naumann, Kulturförderpolitik, S. 101 ff.

30 Zu den neueren Konzepten im Bereich der unternehmerischen Kulturförderung und zur Entwicklung des Kulturengagements der Dresdner Bank vgl. Naumann, Kulturförderpolitik.

31 Vgl. Gall, Bankier, S. 408 ff.

32 Jürgen Ponto, Begegnung von Kunst und Wirtschaft in unserer Zeit (Vortrag auf der Jahrestagung des Kulturkreises im Bundesverband der Deutschen Industrie e. V. in Hannover, 14. 10. 1973), in: ders., Wirtschaft, S. 239–262 (Zitate S. 239, 254).

33 Jürgen Ponto, Die Angst des Künstlers vor der Wirtschaft, in: Welt am Sonntag, 23. 11. 1975; Jürgen Ponto, Unternehmer und Künstler. Über Begegnungen und gemeinsame Prinzipien, in: Frankfurter Allgemeine Zeitung, 24. 11. 1975.

34 Eick an Ponto, 29. 11. 1973, HAC-500/17600-2000; Ponto an Eick, 19. 11. 1973, ebd. (Zitat).

35 Ponto an Zech, 25. 1. 1971, HAC-500/17640-2000.

36 Interview mit Bernhard von Loeffelholz, 10. 10. 2007.

37 Interview mit Corinna Ponto, 27. 7. 2011.

38 Ebd.; Interview mit Ignes Ponto, 19. 2. 2008; Interview mit Karl Gustaf Ratjen, 12. 10. 2007; Sächsisch Grün plus Gold, in: Wirtschaftswoche, 8. 3. 1974.

39 Jürgen Ponto, Perspektiven der Energiefinanzierung, in: ders., Mut, S. 157 (Vortrag bei der Mitgliederversammlung der Vereinigung Deutscher Elektrizitätswerke, VDEW, in München am 24. 5. 1977).

40 Interview mit Corinna Ponto, 27. 7. 2011.

41 Interview mit Stefan Ponto, 18. 1. 2012.

42 Interview mit Corinna Ponto, 27. 7. 2011.

43 Ebd.

44 Siemens, RAF, S. 108.

45 Interview mit Corinna Ponto, 27. 7. 2011.

46 Ponto an Sigurd Behrens (Bremer Bank), 1. 6. 1977, HAC-500/8099-2002.

47 Vom Peachum bis zum Nathan, in: Lübecker Zeitung, 13. 12. 1974; Übergabe der Büste von Erich Ponto an die Städtischen Bühnen in Lübeck am 21. 3. 1975, HAC-500/8099-2002.

48 Interview mit Ignes Ponto, 19. 2. 2008; Interview mit Corinna Ponto, 27. 7. 2011.

49 Ebd.; Albrecht/Ponto, Patentöchter, S. 46.

50 Auf dieser Liste stehen Werke, Werkausgaben und Lesebücher u. a. von Bolio, Gorki, Kaschnitz, Larreta, Lenz, Rilke, Tolstoi, Tschechow und Tucholsky; HAC-500/17864-2001.

51 Interview mit Ignes Ponto, 19. 2. 2008; Interview mit Stefan Ponto, 18. 1. 2012. Ponto selbst bezeichnete das Wochenendhaus gerne als «Jagdhaus». Unter seinen Freunden galt es auch als die «Klitsche bei Mölln». Jürgen Ponto an Claus von Kameke, 22. 7. 1970, HAC-500/17803-2000, Bd. 2; Kurt Moraht an Hans Friderichs, 5. 3. 1980, HAC-500/18738-2000.

52 Interview mit Stefan Ponto, 18. 1. 2012.

53 Robert Ponto starb 1967. Seine Frau Gabriele lebte bis 1974, zuletzt bei ihrer Tochter in Aabenraa (Apenrade). Zum Verkauf des Hauses: Kaufvertrag, 4. 1. 1971, HAC-500/7913-2002, Bd. 2.

54 Neben Hanna und Günther Oesten gehörten ihre beiden Kinder Thomas und Bettina zu dieser Familie. Thomas Oesten starb im Mai 1975 während einer Segelregatta.

55 Erich Ponto war 1947 von Dresden weggezogen und lebte bis zu seinem Tod im Jahr 1957 in Stuttgart, zusammen mit seiner früheren Schülerin Edith Heerdegen. Zu seinen Kindern siehe S. 283, Anm. 21.

56 Siehe oben S. 38.

57 Ponto, Rosen; Interview mit Corinna Ponto, 27. 7. 2011; Interview mit Stefan Ponto, 18. 1. 2012.

58 Hans-Christian Albrecht war mit Ponto seit dem Studium eng befreundet. Zur Beziehung zwischen den Familien Ponto und Albrecht siehe Albrecht/Ponto, Patentöchter. Siehe hierzu auch S. 245 ff.

59 Zusagen für Stefans Konfirmationsfeier am 23. 4. 1967, HAC-500/10697-2000, Bd. 2. Jürgen Pontos Vater konnte nicht mehr teilnehmen. Er starb am 17. 4. 1967.

60 Interview mit Ignes Ponto, 27. 7. 2011; Albrecht/Ponto, Patentöchter, S. 65 f.

61 Zur Biografie Ratjens (1919–2010) vgl. den Nachruf in: Frankfurter Allgemeine Zeitung, 13. 9. 2010.

62 Winrich Behr (1918-2001) war vor seiner Ernennung zum Generaldirektor der Telefonbau und Normalzeit, Lehner & Co. stellvertretender Generalsekretär der Europäischen Kommission in Brüssel. Er stammte aus einer preußischen Offiziersfamilie und hatte im Zweiten Weltkrieg das Ritterkreuz des Eisernen Kreuzes erhalten. Behr war während der Schlacht von Stalingrad erster Ordonanzoffizier von General Paulus, des Befehlshabers der 6. Armee, gewesen. Später hatte er als Stabsoffizier der Generalfeldmarschälle Rommel und Model gedient. Zu seiner Biografie vgl. das Interview mit Behr in: Der Spiegel, 16. 12. 2002, S. 73 f.

63 Betr. «Tanz in den Sommer» am 6. 6. 1975 im Haus Ponto, Vorgesehene Einladungen, HAC-500/18106-2000.

64 Konzert im Haus Ponto 8. 12. 1969, HAC-500/10697-2000; Konzert im Haus Ponto, 9. 12. 1969, ebd.; Hauskonzert Ponto 2. 12. 1970, ebd.; Hauskonzert Ponto 3. 12. 1970, ebd.

65 Siehe hierzu auch S. 225.

66 Interview mit Karl Gustaf Ratjen, 12. 10. 2007.

67 Einweihungs-Cocktail in Oberursel am 10.7.1971, HAC-500/17697-2000, Bd. 1.

68 Cocktail in Oberursel am 18.9.1975, Zusagen, HAC-500/18106-2000.

69 Betr. «Tanz in den Sommer» am 6.6.1975 im Haus Ponto, Vorgesehene Einladungen, HAC-500/18106-2000; Hauskonzert im Haus Ponto am 6.12.1976, Einladungen, ebd.; Sommerabend Ponto am 23.6.1972 in Oberursel, Tischführliste, HAC-500/17697-2000, Bd. 1.

70 Zitiert nach: Stellt was dar, in: Der Spiegel, 2.8.1976, S. 50.

71 Interview mit Karl Gustaf Ratjen, 12.10.2007.

72 Vgl. Gall, Bankier, S. 420.

73 Betr. Empfang und Abendimbiß in Oberursel im Anschluss an das Bachkonzert am 15.10.1972, HAC-500/17697-2000, Bd. 1; Interview mit Karl Gustaf Ratjen, 12.10.2007. Ratjen hat nach eigenen Angaben den Kontakt zwischen Abs und Ponto gezielt gefördert, bis hin zu einem Essen, bei dem Ponto die anderen Gäste und auch Abs dazu gebracht haben soll, leere Wodkagläser auf einen Esszimmerschrank der Ratjens zu werfen. Ebd.

74 Interview mit Bernhard von Loeffelholz, 10.10.2007.

75 Ponto, Rosen, S. 28.

76 Albrecht/Ponto, Patentöchter, S. 46.

77 Jürgen Ponto, Wer Freiheit sagt, meint Amerika, in: Die Welt, 2.7.1976; Interview mit Corinna und Ignes Ponto, 27.7.2011; Interview mit Stefan Ponto, 18.1.2012.

78 Interview mit Stefan Ponto, 18.1.2012. Die Beiträge zu der Tagung, bei der Ponto nicht das Wort ergriff, sind dokumentiert in: American Council on Germany/Atlantik-Brücke (Hg.), Ninth German-American Conference.

79 Zu Matthiensens Aktivitäten im Frankfurter Golfclub vgl. Sattler, Ernst Matthiensen, S. 176.

80 Interview mit Karl Gustaf Ratjen, 12.10.2007.

81 Michael Kochendörfer, Ahnte er sein nahes Ende?, in: Bürstädter Zeitung, 29.7.2010.

82 Ein Förster pflegt das Grab von Jürgen Ponto, in: Hamburger Morgenpost, 29.7.1978.

83 Interview mit Stefan Ponto, 18.1.2012 (mit Zitat); Interview mit Corinna Ponto, 27.7.2011.

84 Interview mit Karl Gustaf Ratjen, 12.10.2007. Zur Einstellung Pontos gegenüber Südafrika siehe oben S. 123 f.

85 Ebd; Interview mit Ignes Ponto, 27.7.2011; Überweisung Pontos an Johannesgemeinde Oberursel, 4.6.1974, HAC-500/17804-2000. In die Selbstständige Evangelisch-Lutherische Kirche wechselten damals auch Axel und Friede Springer.

86 Ebd.

87 Ansprache von Corinna Ponto, in: Dresdner Bank (Hg.), Gedenkstunde.

88 Ponto an von Kameke, 22.7.1970, HAC-500/17803-2000, Bd. 2.

89 Interview mit Corinna Ponto, 27. 7. 2011.
90 Ebd.
91 Ebd.; Interview mit Ignes Ponto, 19. 2. 2008.
92 Das war das Leben von Jürgen Ponto, in: BILD am Sonntag, 31. 7. 1977.
93 Ebd.
94 Porträt Jürgen Ponto, in: status 35/1976, S. 33. Den grünen Dienstwagen – zuletzt war es ein Mercedes 450 SEL mit dem Kennzeichen F-JP 262 – hatte Ponto geradezu zu einem persönlichen Markenzeichen stilisiert.
95 Interview mit Corinna Ponto, 27. 7. 2011.
96 Corinna Ponto über ihren Vater, in: Siemens, RAF, S. 107.
97 Interview mit Stefan Ponto, 18. 1. 2012.
98 Ebd.
99 Interview mit Corinna Ponto, 27. 7. 2011.

8. Tod und Nachleben

1 Albrecht/Ponto, Patentöchter. Jürgen Ponto und Hans-Christian Albrecht (1920–2007) hatten sich während des Studiums in den ersten Nachkriegsjahren angefreundet. Albrecht stammte aus einer Hamburger Juristenfamilie. Er studierte Rechtswissenschaften, Germanistik und Philosophie, war Mitglied des Zentralausschusses Hamburger Studenten und gehörte 1946–1948 für die CDU der Hamburgischen Bürgerschaft an. Nach dem Studium trat er in eine auf Seerecht spezialisierte Anwaltssozietät ein. Ebd., S. 63 u. S. 72 f.
2 «Du kennst ja den Herrn Ponto», in: Der Spiegel, 29. 4. 1991, S. 111 ff.
3 Das Bundeskriminalamt ging davon aus, dass es sich um einen missglückten Entführungsversuch zur Erpressung von Lösegeld gehandelt hatte. Protokoll der Vorstandssitzung der Dresdner Bank vom 31. 7. 1977, HAC-500/RA-18/77.
4 Albrecht/Ponto, Patentöchter, S. 145 u. S. 153.
5 Interview mit Ingrid Bath und Gustav Adolf Schaeling, 2. 3. 2011.
6 Rudolf Herlt, Ein Künstler in der Welt des Geldes, in: Die Zeit, 5. 8. 1977. Vgl. auch: Pontos Villa in Oberursel war ohne wirksamen Schutz, in: Frankfurter Rundschau, 27. 1. 1982.
7 Friderichs, Resignation, S. 5. Wolfgang Leeb erinnert sich, dass ihm Ponto etwa ein halbes Jahr vor dem Mord sagte: «Machen Sie sich keine Sorgen, ich wehre mich schon.» Interview mit Wolfgang Leeb, 11. 4. 2008.
8 Schreiben des Hessischen Ministers für Wirtschaft und Technik an Ponto, 29. 6. 1976, HAC-500/8007-2002.
9 Interview mit Karl Gustaf Ratjen, 12. 10. 2007.
10 Vgl. hierzu und zum Folgenden: Ponto, Rosen, S. 31 ff.; Albrecht/Ponto, Patentöchter, S. 28 f. u. S. 209; Siemens, RAF, S. 106 f.; Aust, Komplex, S. 621 f.; Sontheimer, Geschichte, S. 94 ff.

11 Corinna Ponto wollte ihren Eltern zwei Tage später nach Südamerika folgen. Am 13. August sollte ihr damals schon in den USA lebender Bruder in Quito dazu stoßen. Von dort wollte die Familie über Bahía de Caráquez – wo Jürgen Ponto seine ersten Lebensjahre verbracht hatte – auf die Galapagos-Inseln fliegen. Albrecht/Ponto, Patentöchter, S. 39; Jürgen Ponto an Stefan Ponto, 27. 6. 1977, HAC-500/7919-2002.

12 Ponto, Rosen, S. 33 ff.

13 Ebd.; Albrecht/Ponto, Patentöchter, S. 22 f.; Aust, Komplex, S. 622 f.

14 Zitiert nach Aust, Komplex, S. 623.

15 Ponto, Rosen, S. 35 (mit Zitat).

16 Ebd.; Albrecht/Ponto, Patentöchter, S. 20 ff.; Aust, Komplex, S. 622 f.; Sontheimer, Geschichte, S. 95 f.

17 Albrecht/Ponto, Patentöchter, S. 38 f. (Zitat auf S. 39); Ponto, Rosen, S. 36.

18 Albrecht/Ponto, Patentöchter, S. 92 f. u. S 119; Aust, Komplex, S. 623 f.

19 Siehe S. 324, Anm. 7.

20 Albrecht/Ponto, Patentöchter, S. 29 f. u. S. 143 ff.

21 Heiko Flottau, Die Perfektion der Heimtücke, in: Süddeutsche Zeitung, 1. 8. 1977.

22 Jürgen Eick, Es traf einen der Besten, in: Frankfurter Allgemeine Zeitung, 1. 8. 1977.

23 Bernd Baehring, Der Mord an Jürgen Ponto, in: Börsen-Zeitung, 2. 8. 1977. Dieser Nachruf findet sich im Internet unter https://www.juergen-pontostiftung.de/de/juergen_ponto/das_attentat/dasattentat_1.html (zuletzt abgerufen am 3. 4. 2013).

24 Trauriges Bedürfnis, in: Der Spiegel, 8. 8. 1977, S. 21.

25 Beerdigung und Trauerfeier (Anlage zum GM-Protokoll vom 31. 7. 1977), HAC-500/117198.

26 Die Grabstätte hatte Ponto zunächst einige Monate für sich reservieren lassen und zwei Wochen vor seinem Tod erworben. Interview mit Ingrid Bath und Gustav Adolf Schaeling, 2. 3. 2011. Dass Ponto dabei von einer Vorahnung geleitet worden wäre, bestritt später der mit ihm befreundete Jagdaufseher von Ober-Sensbach, Rudi Engelter. Michael Kochendörfer, Ahnte er sein nahes Ende?, in: Bürstädter Zeitung, 29. 7. 2010.

27 Banken schließen Schalter zu Ehren von Jürgen Ponto, in: Handelsblatt, 3. 8. 1977; Dresdner Bank, Rundschreiben an alle Geschäftsstellen-Leitungen betr. Gedenkstunde anlässlich der Trauerfeierlichkeit für Herrn Jürgen Ponto, 2. 8. 1977, HAC-500/117198.

28 Ebd.; Tausende beim Schweigemarsch für Jürgen Ponto, in: Frankfurter Allgemeine Zeitung, 5. 8. 1977.

29 Trauerfeier für Jürgen Ponto, 5. 8. 1977, 11 Uhr, Paulskirche, Frankfurt a. M., Ms. Frankfurt am Main 1977; Über die Trauer legt sich der Dank. Trauerfeier für Jürgen Ponto, in: WIR 64 (September 1977), S. 4 f.

30 Ponto, Rosen, S. 37.

31 Friderichs, Resignation, S. 12.
32 Ponto, Rosen, S. 37.
33 Ebd.
34 Ebd., S. 43; Interview mit Stefan Ponto, 18. 1. 2012.
35 Albrecht/Ponto, Patentöchter, S. 100 f.
36 Ponto, Rosen, S. 43 f.
37 Albrecht/Ponto, Patentöchter, S. 112.
38 Frauen im Untergrund: «Etwas Irrationales», in: Der Spiegel, 8. 8. 1977, S. 22–33.
39 Trick mit Krücke, in: Der Spiegel, 21. 6. 1982, S. 45 ff.; Wer erschoss Jürgen Ponto?, in: Frankfurter Neue Presse, 17. 3. 1982; 15 Jahre im Ponto-Prozess verhängt, in: Frankfurter Rundschau, 18. 6. 1982.
40 Sontheimer, Geschichte, S. 149.
41 Protokoll der Vorstandssitzung der Dresdner Bank vom 23. 10. 1984, HAC-500/RA-29/84.
42 Frühestens 2067, in: Der Spiegel, 8. 4. 1985.
43 «Du kennst ja den Herrn Ponto», in: Der Spiegel, 28. 7. 2007; «Wie kann man mit dieser Vergangenheit leben?», in: Frankfurter Allgemeine Zeitung, 12. 6. 2007; Sontheimer, Geschichte, S. 137, 143 u. 151.
44 Albrecht/Ponto, Patentöchter, S. 142–151 (Darstellung von Julia Albrecht mit Zitaten).
45 Ich bin nicht bereit, die RAF als Kriminalfall zu besprechen [Interview mit Christian Klar in der JVA Bruchsal], in: Der Freitag, 21. 12. 2007.
46 «In geschmacklosester Weise», in: Süddeutsche Zeitung, 8. 10. 2008.
47 Siemens, RAF, S. 119.
48 «Sie hat auch ihre eigene Familie zerstört», in: Die Welt, 3. 12. 2008.
49 Albrecht/Ponto, Patentöchter.
50 Interview mit Wolfgang Röller, 7. 7. 2009.
51 Interview mit Hans Friderichs, 11. 11. 2008.
52 Ebd.
53 Sohl, Notizen, S. 334.
54 Interview mit Wolfgang Leeb, 11. 4. 2008.
55 Interview mit Hans Friderichs, 11. 11. 2008.
56 Ebd.
57 Pontos Erben, in: Der Spiegel, 24. 10. 1977, S. 59.
58 Interview mit Hans Friderichs, 11. 11. 2008.
59 Pontos Erben, in: Der Spiegel, 24. 10. 1977, S. 59.
60 Statistisches Jahrbuch für die Bundesrepublik Deutschland 1984, Stuttgart/Mainz 1984, S. 110. Bezogen auf alle Erwerbstätigen lag die Arbeitslosenquote 1980 bei 3,4 Prozent, 1982 bei 7,15 Prozent. Ebd., S. 98 u. 110.
61 Viel Ungemach. Den deutschen Geldhäusern geht es so schlecht wie nie, in: Der Spiegel, 23. 11. 1981, S. 45.
62 Bähr, Kontinenten, S. 148 ff.

63 Siehe S. 179 f.

64 Mut zum dritten Start, in: Wirtschaftswoche, 1. 4. 1983. Der langjährige «Innenminister» der Dresdner Bank begann daraufhin – im Alter von 66 Jahren – eine neue Karriere, beteiligte sich an Industrieunternehmen und einer Gesellschaft, die auf den Handel mit Unternehmensbeteiligungen spezialisiert war. Ebd.

65 Knappe Formel, in: Der Spiegel, 20. 2. 1984, S. 100 f.

66 Dabei handelte es sich um die Vorstandsmitglieder Karl-Ludwig Bresser, Christoph von der Decken, Werner Funke, Wolfgang Leeb, Wolfgang Röller und Horst Schmeling.

67 Zur Biografie Röllers vgl. Behland, Streiflichter, S. 10–56.

68 Interview mit Hans Friderichs, 11. 11. 2008.

69 Wolfgang Röller schlug dies bereits im Juli 1978 auf einer Vorstandssitzung vor. Protokoll der Vorstandssitzung der Dresdner Bank vom 3. 7. 1978, HAC-500/17626-2000.

70 Einzig die Bronzeskulptur «Der Schreitende» von Alberto Giacometti wurde verkauft und erzielte bei der von Sotheby's in London durchgeführten Auktion einen Preis von 74 Mio. Euro.

71 Commerzbank verkauft «Silberturm» der Dresdner Bank, in: Frankfurter Allgemeine Zeitung, 2. 11. 2011.

72 Ponto, Mut.

73 Der Jürgen-Ponto-Brunnen in Oberursel, Frankfurt am Main 1984, HAC-500/ 120878; «Jürgen-Ponto-Platz», in: Frankfurter Allgemeine Zeitung, 9. 10. 1979.

74 Die Stadt Oberursel plante 1979, einen Teil der Kronberger Straße in Jürgen-Ponto-Straße umzubenennen, entschied sich dann aber offenbar für die Errichtung des Jürgen-Ponto-Brunnens. Der Bürgermeister der Stadt Oberursel an Ignes Ponto, 21. 9. 1979, HAC-500/18738-2000.

75 «... und Suchen nach dem Sinn». Gedächtniskonzert für Jürgen Ponto in der Dresdner Bank, in: Frankfurter Allgemeine Zeitung, 1. 8. 1987.

76 Dresdner Bank (Hg.), Gedenkstunde.

77 Loeffelholz, Stiftungen, S. 105 ff.

78 Ebd.

79 Ebd.

80 Jürgen Ponto-Stiftung zur Förderung junger Künstler, Pressemitteilung zum 25-jährigen Jubiläum 2002.

81 Mitteilung Ralf Suermann, Stiftungszentrum der Commerzbank AG und Vorstandsmitglied der Jürgen Ponto-Stiftung.

9. Schlussbetrachtung

1 Jürgen Ponto, Die Banken als Financiers des Fortschritts, in: ders., Mut, S. 26 (Artikel in der Zeitschrift Bank-Betrieb, März 1974).

2 Lorenz Winter, Jürgen Ponto: Wir müssen mit dem Risiko leben, in: Vision, September 1977.

3 Kleinschmidt, Manager; anders dagegen noch: Berghahn, Unternehmer.

4 Interview mit Bernhard von Loeffelholz, 10. 10. 2007.

5 Gall, Bankier, S. 408 ff.

6 Von den Grundlagen Europas, in: Ponto, Mut, S. 190 (gedruckte Fassung des Vortrags anlässlich einer Veranstaltung der Vereeniging voor Economie und der Deutsch-Belgisch-Luxemburgischen Handelskammer in Antwerpen am 28. 6. 1977).

7 Friderichs, Resignation, S. 7.

8 Jürgen Ponto, Begegnung von Kunst und Wirtschaft in unserer Zeit (Vortrag auf der Jahrestagung des Kulturkreises im Bundesverband der Deutschen Industrie e. V. in Hannover, 14. 10. 1973), in: ders., Wirtschaft, S. 239–262.

9 Interview mit Hans Friderichs, 11. 11. 2008.

10 Lutz, Traum.

11 Jürgen Ponto, Staat – Wirtschaft – Freiheit, in: ders., Mut, S. 15 (Auszug aus den Ausführungen anläßlich des 100jährigen Jubiläums der Dresdner Bank in der Kongreßhalle in Berlin am 12. September 1972).

Quellen und Literatur

Archive

Historisches Archiv der Commerzbank AG, Frankfurt am Main, Bestand Dresdner
 Bank (HAC-500)
Archiv für Christlich-Demokratische Politik, St. Augustin (ACDP)
Archiv der Hansestadt Lübeck
Archiv der sozialen Demokratie der Friedrich-Ebert-Stiftung, Bonn (AdsD)
Bundesarchiv, Koblenz (BAK)
Daimler AG, Mercedes-Benz Classic, Archive
Historisches Archiv der Deutschen Bundesbank, Frankfurt am Main (HABB)
Historisches Archiv der Unicredit Bank AG, München
Museum für Verkehr und Technik, Berlin, AEG-Archiv

Interviews

Ingrid Bath, 2. 3. 2011
Meinhard Carstensen, 3. 12. 2007
Dr. Christoph von der Decken, 3. 12. 2007
Dr. Hans Friderichs, 11. 11. 2008
Dr. Werner Funke, 3. 12. 2007
Hiltrud Haaß-Tinti, 18. 5. 2011
Prof. Dr. Karl Friedrich Hagenmüller, 14. 11. 2007
Michael Hauck, 2. 9. 2008
Dr. Wolfgang Leeb, 11. 4. 2008
Dr. Bernhard Freiherr Loeffelholz von Colberg, 10. 10. 2007
Jürgen Mayer, 18. 5. 2011
Hanna Oesten, 28. 4. 2008
Corinna Ponto, 27. 7. 2011
Ignes Ponto, 19. 2. 2008 und 27. 7. 2011
Stefan Ponto, 18. 1. 2012
Karl Gustaf Ratjen, 12. 10. 2007

Dr. Wolfgang Röller, 7. 7. 2009
Gustav Adolf Schaeling, 2. 3. 2011
Helmut Schmidt, 7. 10. 2007
Dr. Ilse Vielmetter, 1. 9. 2008

Literatur

Abelshauser, Werner, Nach dem Wirtschaftswunder. Der Gewerkschafter, Politiker und Unternehmer Hans Matthöfer, Bonn 2009.

Ahrens, Gerhard, Von der Franzosenzeit bis zum Ersten Weltkrieg 1806–1914. Anpassung an Forderungen der neuen Zeit, in: Antjekathrin Graßmann (Hg.), Lübeckische Geschichte, 4. verb. u. erg. Aufl., Lübeck 2008, S. 543–556.

Ahrens, Ralf, Die Dresdner Bank 1945–1957. Konsequenzen und Kontinuitäten nach dem Ende des NS-Regimes. Unter Mitarbeit von Ingo Köhler, Harald Wixforth und Dieter Ziegler, München 2007.

Ahrens, Ralf, Identitätsmanagement und Kontrolle. Die Reform der Dresdner Bank um 1970, in: Ahrens/Wixforth (Hg.), Strukturwandel, S. 71–95.

Ahrens, Ralf/Bähr, Johannes, Jürgen Ponto [1923–1977], in: Pohl (Hg.), Bankiers, S. 329–341.

Ahrens, Ralf/Wixforth, Harald (Hg.), Strukturwandel und Internationalisierung im Bankwesen seit den 1950er Jahren, Stuttgart 2010.

Aicher, Otl, Die Welt als Entwurf, Berlin 1991.

Albrecht, Julia/Ponto, Corinna, Patentöchter. Im Schatten der RAF – ein Dialog, Köln 2011.

American Council on Germany/Atlantik-Brücke (Hg.), The Ninth German-American Conference on International Dimensions of the Nuclear Energy Problem, Western Relations with the East, and North-South Issues, Freiburg 1977.

Ansmann, Heinz, Bankier. Erinnerungen an sechzig Jahre deutscher Wirtschaftsgeschichte, Mainz 1993.

Assmann, Wolfgang Reimer, Novellierung des Gesetzes über das Kreditwesen, in: Betriebs-Berater (1976), Heft 13, S. 579–584.

Aust, Stefan, Der Baader-Meinhof-Komplex, Hamburg 1985.

Bähr, Johannes, 50 Jahre dit. Aufbruch, Wachstum, Zukunft, 1955–2005, Frankfurt am Main 2006.

Bähr, Johannes, Carl Friedrich Goetz [1885–1965], in: Pohl (Hg.), Bankiers, S. 141–152.

Bähr, Johannes, Die Dresdner Bank in der Wirtschaft des Dritten Reichs. Unter Mitarbeit von Ralf Ahrens, Michael C. Schneider, Harald Wixforth und Dieter Ziegler, München 2006.

Bähr, Johannes, Zwischen zwei Kontinenten. Hundert Jahre Dresdner Bank Lateinamerika vormals Deutsch-Südamerikanische Bank, Frankfurt am Main 2007.

Barthelt, Klaus/Montanus, Klaus, Begeisterter Aufbruch. Die Entwicklung der

Kernenergie in der Bundesrepublik Deutschland bis Mitte der siebziger Jahre, in: Jens Hohensee/Michael Salewski (Hg.), Energie, Politik, Geschichte. Nationale und internationale Energiepolitik seit 1945, Stuttgart 1993, S. 89–100.

Beckh, Susanne, Das Instrumentarium der Deutschen Bundesbank seit dem Übergang zur Geldmengensteuerung. Bestandsaufnahme und Entwicklungsperspektiven, Berlin 1990.

Behland, Max, Streiflichter – ein biographischer Essay, in: Mit dem grünen Band der Sympathie. Wolfgang Röller zum 80. Geburtstag, Frankfurt am Main 2009, S. 10–56.

Berghahn, Volker, Unternehmer und Politik in der Bundesrepublik, Frankfurt am Main 1985.

Berghoff, Hartmut, Vertrauen als ökonomische Schlüsselvariable. Zur Theorie des Vertrauens und der Geschichte seiner privatwirtschaftlichen Produktion, in: Karl-Peter Ellerbrock/Clemens Wischermann (Hg.), Die Wirtschaftsgeschichte vor der Herausforderung durch die New Institutional Economics, Dortmund 2004, S. 58–71.

Berghoff, Hartmut/Köhler, Ingo, Redesigning a class of its own: social and human capital formation in the German banking elite, 1870–1990, in: Financial History Review 14 (2007), S. 63–87.

Borscheid, Peter, 100 Jahre Allianz, München 1990.

Bösch, Frank, Macht und Machtverlust. Die Geschichte der CDU, Stuttgart 2002.

Bösch, Frank/Frei, Norbert, Die Ambivalenz der Medialisierung. Eine Einführung, in: Dies. (Hg.), Medialisierung und Demokratie im 20. Jahrhundert, Göttingen 2006, S. 7–23.

Bourdieu, Pierre, Die biographische Illusion, in: BIOS. Zeitschrift für Biographieforschung und Oral History 3 (1990), S. 75–82.

Brakelmann, Günter, Helmuth James von Moltke 1907–1945. Eine Biographie, München 2007.

Buchheim, Christoph, Die Währungsreform 1948 in Westdeutschland, in: Vierteljahrshefte für Zeitgeschichte 36 (1988), S. 189–231.

Buchheim, Christoph, Zur Kontroverse über den Stellenwert der Währungsreform für die Wachstumsdynamik in der Bundesrepublik Deutschland, in: Peter Hampe (Hg.), Währungsreform und soziale Marktwirtschaft. Rückblicke und Ausblicke, München 1989, S. 86–100.

Bundesministerium der Finanzen (Hg.), Bericht der Studienkommission «Grundsatzfragen der Kreditwirtschaft», Bonn 1979.

Busch, Andreas, Staat und Globalisierung. Das Politikfeld Bankenregulierung im internationalen Vergleich, Opladen 2003.

Büschgen, Hans E., Die Deutsche Bank von 1957 bis zur Gegenwart. Aufstieg zum internationalen Finanzdienstleistungskonzern, in: Gall u. a., Deutsche Bank, S. 579–877.

Büschgen, Hans E., Die Großbanken, Frankfurt am Main 1983.

Büschgen, Hans E., Zeitgeschichtliche Problemfelder des Bankwesens der Bundesrepublik Deutschland, in: Karl Erich Born u. a., Deutsche Bankengeschichte, Bd. 3: Vom Ersten Weltkrieg bis zur Gegenwart, Frankfurt am Main 1983, S. 351–409.

Commerzbank AG (Hg.), 100 Jahre Commerzbank 1870–1970, Frankfurt am Main 1970.

Deutsche Bundesbank (Hg.), 50 Jahre Deutsche Mark. Notenbank und Währung in Deutschland seit 1948 (CD-ROM), München 1998.

Doering-Manteuffel, Anselm/Raphael, Lutz, Nach dem Boom. Perspektiven auf die Zeitgeschichte seit 1970, Göttingen 2008.

Donges, Patrick, Medialisierung politischer Organisationen. Parteien in der Mediengesellschaft, Wiesbaden 2008.

Drecoll, Axel, Die 1960er Jahre, die Fusion und die Entwicklung der Bayerischen Landesbank 1960–2005, in: Johannes Bähr/Axel Drecoll/Bernhard Gotto, Die Geschichte der Bayern LB, München 2009, S. 211–305.

Dresdner Bank (Hg.), Chiffren einer Epoche. 100 Jahre – 100 Kontraste, Frankfurt am Main 1972.

Dresdner Bank (Hg.), «Zu tun, was an uns ist.» Gedenkstunde anlässlich des 30. Todestages Jürgen Pontos, Frankfurt am Main 2007.

Drude, Herbert, Das WG im Zweiten Weltkrieg. Ein Überblick, in: Peter-Rudolf Schulz (Hg.), Wilhelm-Gymnasium Hamburg 1881–1981. Eine Dokumentation über 100 Jahre Wilhelm-Gymnasium, Hamburg 1981, S. 184–186.

Eglau, Hans Otto, Erste Garnitur. Die Mächtigen der deutschen Wirtschaft, Düsseldorf 1980.

Einzig, Paul, The Euro-Dollar-System. Practice and Theory of International Interest Rates, 4. Aufl. London 1970.

Feldenkirchen, Wilfried, «Vom Guten das Beste». Von Daimler und Benz zur DaimlerChrysler AG, Bd. 1: Die ersten hundert Jahre (1883–1983), München 2003.

Feldenkirchen, Wilfried/Hilger, Susanne, Menschen und Marken. 125 Jahre Henkel 1876–2001, Düsseldorf 2001.

Fiedler, Martin, Zur Rolle des Vertrauens in der «Deutschland AG»: Verflechtungen zwischen Finanz- und Nichtfinanzunternehmen im 20. Jahrhundert, in: Jahrbuch für Wirtschaftsgeschichte (2005), H. 1, S. 93–106.

Fischer, Heinz D./Westermann, Arne, Knappe Geschichte der Hörfunk- und Fernsehwerbung in Deutschland. Leitfaden durch medienpolitische Stationen eines Kommunikationsphänomens, Hagen 2001.

Frei, Norbert/Ahrens, Ralf/Osterloh, Jörg/Schanetzky, Tim, Flick. Der Konzern, die Familie, die Macht, München 2009.

Friderichs, Hans, Gegen die Resignation. Rede anläßlich der Trauerfeier für Jürgen Ponto, Düsseldorf 1977.

Gall, Lothar, Der Bankier. Hermann Josef Abs. Eine Biographie, München 2004.

Gall, Lothar, Von der Entlassung Alfried Krupp von Bohlen und Halbachs bis zur Errichtung seiner Stiftung 1951 bis 1967/68, in: Ders. (Hg.), Krupp im 20. Jahrhundert. Die Geschichte des Unternehmens vom Ersten Weltkrieg bis zur Gründung der Stiftung, Berlin 2002, S. 473–589.

Gall, Lothar, u. a., Die Deutsche Bank 1870–1995, München 1995.

Gehlen, Boris, Paul Silverberg (1876–1959). Ein Unternehmer, Stuttgart 2007.

Gehrke, Michael/Paul, Stephan, Zwischen marktlichen Anforderungen und verbundpolitischen Einflüssen: die Neupositionierung der deutschen Girozentrale 1970–1999, in: Institut für bankhistorische Forschung (Hg.), Die Deka-Bank seit 1918. Liquiditätszentrale, Kapitalanlagegesellschaft, Asset Manager, Frankfurt am Main 2008, S. 323–390.

Gerlach, Ulf, Aufbau globaler Markenimages im International Private Banking. Grundlagen, Einflußfaktoren, Strategien und Markeneinführung aus Sicht der deutschen Großbanken, Marburg 2001.

Girke, Werner/Kopplin, Bernd, Beteiligungspolitik deutscher Kreditinstitute am Beispiel der Bayerischen Hypotheken- und Wechselbank und der Westdeutschen Landesbank, Berlin 1977.

Gut, Rainer E., Die Internationalisierung des Kreditgeschäfts, in: Landesbank Rheinland Pfalz – Girozentrale Mainz (Hg.), Banken. Erfahrungen und Lehren aus einem Vierteljahrhundert 1958–1973, Frankfurt am Main 1983, S. 81–94.

Härtel, Hans-Hagen u. a., Managergehälter in der Kritik, in: Wirtschaftsdienst 2004, S. 347–362.

Hagenmüller, Karl Friedrich, Aufbau und Entwicklung der Betriebswirtschaftslehre und insbesondere der Bankbetriebslehre, in: Bertram Schefold (Hg.), Wirtschafts- und Sozialwissenschaftler in Frankfurt am Main, 2. Aufl. Marburg 2004, S. 151–162.

Hagenmüller, Karl Friedrich, Bankbetrieb und Bankpolitik, Wiesbaden 1959.

Hagenmüller, Karl Friedrich, Der Bankbetrieb, 3 Bde., Wiesbaden 1964.

Handbook on the History of European Banks, Aldershot 1994.

Hartkopf, Carsten, Das internationale Bankgeschäft amerikanischer und deutscher Banken nach dem Zweiten Weltkrieg, in: Internationalisierungsstrategien von Kreditinstituten (Bankhistorisches Archiv, 42. Beiheft), Stuttgart 2003, S. 33–44.

Hartkopf, Carsten, Die Geschäftspolitik amerikanischer Banken in Deutschland 1960–1990, Frankfurt am Main/Berlin 2000.

Henke, Joachim, Die Novelle zum Kreditwesengesetz, in: Der Betrieb (1976), Heft 11, S. 517–522.

Hesse, Jan-Otmar, «Der Kapitalismus ist das Werk einzelner hervorragender Männer». Unternehmensgeschichte zwischen Personen und Strukturen, in: Geschichte in Wissenschaft und Unterricht 56 (2005), S. 148–158.

Hohensee, Jens, Der erste Ölpreisschock 1973/74. Die politischen und gesellschaftlichen Auswirkungen der arabischen Erdölpolitik auf die Bundesrepublik Deutschland und Westeuropa, Stuttgart 1996.

Holtfrerich, Carl-Ludwig, Die Deutsche Bank vom Zweiten Weltkrieg über die Besatzungsherrschaft zur Rekonstruktion 1945–1957, in: Gall u. a., Deutsche Bank, S. 409–578.

Horstmann, Theo, Die Alliierten und die deutschen Großbanken. Bankenpolitik nach dem Zweiten Weltkrieg in Westdeutschland, Bonn 1991.

Ipsen, Dirk/Pfitzinger, Jens, Krise in der Deutschland AG: Der Fall AEG, in: Streeck/Höpner (Hg.), Macht, S. 60–92.

James, Harold, Rambouillet, 15. November 1975. Die Globalisierung der Wirtschaft, München 1997.

James, Harold, Krupp. Deutsche Legende und globales Unternehmen, München 2011.

Jarausch, Konrad H. (Hg.), Das Ende der Zuversicht? Die siebziger Jahre als Geschichte, Göttingen 2008.

Joly, Hervé, Großunternehmer in Deutschland. Soziologie einer industriellen Elite 1933–1989, Leipzig 1998.

Jungbluth, Rüdiger, Die Quandts. Ihr leiser Aufstieg zur mächtigsten Wirtschaftsdynastie Deutschlands, Frankfurt am Main 2002.

Käppner, Joachim, Berthold Beitz. Die Biographie, Berlin 2010.

Karczewski, Johannes von, «Weltwirtschaft ist unser Schicksal». Helmut Schmidt und die Schaffung der Weltwirtschaftsgipfel, Bonn 2008.

Kilz, Hans Werner/Preuß, Joachim, Flick. Die gekaufte Republik, Reinbek 1983.

Kleinert, Annemarie: Berliner Philharmoniker. Von Karajan bis Rattle, Ms. Berlin 2005.

Kleinschmidt, Christian, Das «1968» der Manager: Fremdwahrnehmung und Selbstreflexion einer sozialen Elite in den 1960er Jahren, in: Jan-Otmar Hesse/Christian Kleinschmidt/Karl Lauschke (Hg.), Kulturalismus, Neue Institutionenökonomik oder Theorienvielfalt. Eine Zwischenbilanz der Unternehmensgeschichte, Essen 2002, S. 19–31.

Kleinschmidt, Christian, Der produktive Blick. Wahrnehmung amerikanischer und japanischer Management- und Produktionsmethoden durch deutsche Unternehmer 1950–1985, Berlin 2002.

Knabe, Susanne, Firmenjubiläen. Geschichtsbewusstsein deutscher Unternehmen 1846 bis 1997, Diss. München 2004.

Köhler, Ingo, «Havarie der Schönwetterkapitäne»? Die Wirtschaftswunder-Unternehmer in den 1970er Jahren, in: Ders./Roman Rossfeld (Hg.), Pleitiers und Bankrotteure. Geschichte des ökonomischen Scheiterns vom 18. bis 20. Jahrhundert, Frankfurt am Main 2012, S. 251–283.

Köhler, Jochen, Helmuth James von Moltke. Geschichte einer Kindheit und Jugend, Hamburg 2008.

König, Wolfgang, Geschichte der Konsumgesellschaft, Stuttgart 2000.

Kopper, Christopher, Hjalmar Schacht. Aufstieg und Fall von Hitlers mächtigstem Bankier, München 2006.

Krenn, Karoline, Alle Macht den Banken? Zur Struktur personaler Netzwerke deutscher Unternehmen am Beginn des 20. Jahrhunderts, Wiesbaden 2012.

Kretschmer, Matthias, Vom Merkurstab zum «Ponto-Auge». Die Geschichte des Logos der Dresdner Bank, in: Michael Wedell (Hg.), Die Bank in der Gesellschaft. Das Engagement der Dresdner Bank, Frankfurt am Main 2009, S. 167–181.

Krönig, Waldemar/Müller, Klaus-Dieter, Nachkriegssemester. Studium in Kriegs- und Nachkriegszeit, Stuttgart 1990.

Kruk, Max/Lingnau, Gerold, 100 Jahre Daimler-Benz. Das Unternehmen, Mainz 1986.

Krümmel, Hans-Jacob, German Universal Banking Scrutinized. Some Remarks Concerning the Gessler Report, in: Journal of Banking and Finance 4 (1980), S. 33–55.

Landfried, Christine, Parteifinanzen und politische Macht. Eine vergleichende Studie zur Bundesrepublik Deutschland, zu Italien und den USA, Baden-Baden 1990.

Lang, Hans-Joachim, Hamburger Akademische Rundschau: Balanceakt zwischen Hoffnung und Illusion, in: Hamburger Akademische Rundschau, Begleitband. Berichte, Dokumentation, Register, hg. von Angela Bottin, Berlin/Hamburg 1991, S. 9–33.

Lässig, Simone, Die historische Biographie auf neuen Wegen?, in: Geschichte in Wissenschaft und Unterricht 60 (2009), S. 540–553.

Leinkauf, Simone, Sternstunde. Die Geschichte der Mercedes Aktiengesellschaft Holding. Unter Mitarbeit von Peter Wendt, Stuttgart 1995.

Lenz, Rudolf, Karstadt. Ein deutscher Warenhauskonzern 1920–1950, Stuttgart 1995.

Leopold, Günter, Wandlungstendenzen in der Geschäftsstruktur der deutschen Großbanken. Bankbetriebliche Bedeutung und Problematik der Einführung von Kleinkrediten, Anschaffungsdarlehen und Lohn- und Gehaltskonten durch die deutschen Großbanken, Diss. Hamburg 1966.

Loeffelholz, Bernhard Freiherr von, Die Stiftungen der Dresdner Bank, in: Michael Wedell (Hg.), Die Bank in der Gesellschaft. Das Engagement der Dresdner Bank, Frankfurt am Main 2009, S. 101–119.

Lütjen, Torben, Karl Schiller (1911–1994). «Superminister» Willy Brandts, Bonn 2007.

Lutz, Burkart, Der kurze Traum immerwährender Prosperität. Eine Neuinterpretation industriell-kapitalistischer Entwicklung im Europa des 20. Jahrhunderts, Frankfurt am Main 1984.

Marjasch, Sonja, Erinnerungen an einen Freundeskreis, in: Hamburger Akademische Rundschau, Begleitband. Berichte, Dokumentation, Register, hg. von Angela Bottin, Berlin/Hamburg 1991, S. 51–55.

Meyen, Hans G., 120 Jahre Dresdner Bank. Unternehmens-Chronik 1872–1992, Frankfurt am Main 1992.

Meyer, Beate, Die Verfolgung und Ermordung der Hamburger Juden 1933–1945, Göttingen 2006.

Moltke, Dorothy von, Ein Leben in Deutschland. Briefe aus Kreisau und Berlin, 1907–1945, München 1999.

Moltke, Helmuth James, Briefe an Freya 1939–1945, hg. von Beate von Oppen, München 1988.

Mosel, Wilhelm, Wegweiser zu ehemaligen jüdischen Stätten in den Stadtteilen

Eimsbüttel/Rotherbaum (I) (Wegweiser zu ehemaligen jüdischen Stätten Hamburg, H. 2), Hamburg 1985.

Moser, Eva, Otl Aicher. Gestalter, Ostfildern 2012.

Mülhaupt, Ludwig, Strukturwandlungen im westdeutschen Bankwesen, Wiesbaden 1971.

Nagel, Rolf W., Die Transformation der Bank für Gemeinwirtschaft (BfG) als morphologisch-typologisches Problem. Die Entstehung und Entwicklung eines Kreditinstituts, Berlin 1992.

Naumann, Stefan, Kulturförderpolitik. Ein systemtheoretischer Ansatz zur Identifikation von Effizienzkriterien beim Vergleich öffentlicher und unternehmenspolitisch motivierter Kulturförderung, Marburg 2002.

Nicolaysen, Rainer, «Frei soll die Lehre sein und frei das Lernen». Zur Geschichte der Universität Hamburg, Hamburg 2008.

Niethammer, Lutz, Kommentar zu Pierre Bourdieu: Die biographische Illusion, in: BIOS. Zeitschrift für Biographieforschung und Oral History 3 (1990), S. 91–93.

Platthaus, Andreas, Alfred Herrhausen. Eine deutsche Karriere, Reinbek 2007.

Plumpe, Werner, Das Ende des deutschen Kapitalismus, in: Westend. Neue Zeitschrift für Sozialforschung 2 (2005), H. 2, S. 3–26.

Plumpe, Werner, Entscheidung für den Strukturbruch: Die westdeutsche Währungsreform und ihre Folgen, in: Detlef Junker (Hg.), Die USA und Deutschland im Zeitalter des Kalten Krieges 1945–1990. Ein Handbuch, Bd. 1, Stuttgart 2001, S. 457–467.

Plumpe, Werner, Die Unwahrscheinlichkeit des Jubiläums – oder: warum Unternehmen nur historisch erklärt werden können, in: Jahrbuch für Wirtschaftsgeschichte (2003), H. 1, S. 143–156.

Plumpe, Werner, «Wir sind wieder wer!» Konzept und Praxis der Sozialen Marktwirtschaft in der Rekonstruktionsphase der westdeutschen Wirtschaft nach dem Zweiten Weltkrieg, in: Marie-Luise Recker/Burkhard Jellonek/Bernd Rauls (Hg.), Bilanz. 50 Jahre Bundesrepublik Deutschland, St. Ingbert 2001, S. 237–278.

Pohl, Hans, Von der Hülfskasse von 1832 zur Landesbank, Düsseldorf 1982.

Pohl, Hans (Hg.), Deutsche Bankiers des 20. Jahrhunderts, Stuttgart 2008.

Pohl, Hans/Jachmich, Gabriele, Verschärfung des Wettbewerbs (1966–1973), in: Hans Pohl (Hg.), Geschichte der deutschen Kreditwirtschaft seit 1945, Frankfurt am Main 1998, S. 203–248.

Pohl, Manfred, Konzentration im deutschen Bankwesen (1848–1980), Frankfurt am Main 1982.

Pollems, Sebastian T., Der Bankplatz Berlin zur Nachkriegszeit. Transformation und Rekonstruktion des Ost- und Westberliner Bankwesens zwischen 1945 und 1953, Berlin 2006.

Ponto, Ignes, Sie kamen mit Rosen in der Hand … Lebens-Einschnitte, Frankfurt am Main 1991.

Ponto, Jürgen, Mut zur Freiheit. Gedanken zu Politik und Wirtschaft, Düsseldorf 1977.

Ponto, Jürgen, Strukturprobleme der Kapitalmärkte in internationaler Sicht (Vortrag vor dem Hauptausschuss des Verbandes der Chemischen Industrie am 11. 3. 1968), Frankfurt am Main 1968.

Ponto, Jürgen, Wirtschaft auf dem Prüfstand, Düsseldorf 1975.

Pötzl, Norbert F., Beitz. Eine deutsche Geschichte, München 2011.

Priemel, Kim Christian, Flick. Eine Konzerngeschichte vom Kaiserreich bis zur Bundesrepublik, Göttingen 2007.

Pyta, Wolfram, Biographisches Arbeiten als Methode, in: Christian Klein (Hg.), Handbuch Biographie. Methoden, Traditionen, Theorien, Stuttgart 2009, S. 331–338.

Radkau, Joachim, Aufstieg und Krise der deutschen Atomwirtschaft 1945–1975. Verdrängte Alternativen in der Kerntechnik und der Ursprung der nuklearen Kontroverse, Reinbek 1983.

Radkau, Joachim, Das RWE zwischen Kernenergie und Diversifizierung 1968–1988, in: Dieter Schweer/Wolf Thieme (Hg.), Der gläserne Riese. RWE – ein Konzern wird transparent, Wiesbaden 1998, S. 221–244.

Raithel, Thomas/Rödder, Andreas/Wirsching, Andreas (Hg.), Auf dem Weg in eine neue Moderne? Die Bundesrepublik Deutschland in den siebziger und achtziger Jahren, München 2009.

Rathgeb, Markus, Otl Aicher, London 2006.

Redenius, Oliver, Strukturwandel und Konzentrationsprozesse im deutschen Hypothekenbankwesen, Wiesbaden 2009.

Reichel, Clemens, Vom Verbund zum Konzern. Die Metallgesellschaft AG 1945–1975, Darmstadt 2008.

Reitmayer, Morten, Ein integrierter Ansatz der Unternehmer- und Unternehmensgeschichte, in: Rudolf Boch u. a. (Hg.), Unternehmensgeschichte heute: Theorieangebote, Quellen, Forschungstrends, Leipzig 2005, S. 47–60.

Reitmayer, Morten/Rosenberger, Ruth (Hg.), Unternehmen am Ende des «goldenen Zeitalters». Die 1970er Jahre in unternehmens- und wirtschaftshistorischer Perspektive, Essen 2008.

Roggenbruck, Harald E., Begrenzung des Anteilsbesitzes von Kreditinstituten an Nichtbanken – gesetzliche Regelungen, empirischer Befund sowie anlage- und geschäftspolitische Bedeutung. Analyse auf der Grundlage von Vorschlägen der Studienkommission «Grundsatzfragen der Kreditwirtschaft», Frankfurt am Main 1992.

Rosenberger, Ruth, Experten für Humankapital. Die Entdeckung des Personalmanagements in der Bundesrepublik Deutschland, München 2008.

Ruck, Michael, Ein kurzer Sommer der konkreten Utopie. Zur westdeutschen Planungsgeschichte der langen 60er Jahre, in: Axel Schildt/Detlef Siegfried/Karl Christian Lammers (Hg.), Dynamische Zeiten. Die 60er Jahre in den beiden deutschen Gesellschaften, Hamburg 2000, S. 362–401.

Sattler, Friederike, Der «Napoleon des deutschen Aktienmarktes». Hermann D. Krages und die Netzwerke des «rheinischen Kapitalismus»: Die Geschichte einer scheiternden Karriere, in: Jahrbuch für Wirtschaftsgeschichte (2010), H. 2, S. 165–198.

Sattler, Friederike, Ernst Matthiensen 1900–1980. Ein deutscher Bankier im 20. Jahrhundert, Dresden 2009.

Sattler, Friederike, «Investmentsparen» – ein früher Durchbruch der Geschäftsbanken zu breiteren Privatkundenkreisen?, in: Ahrens/Wixforth (Hg.), Strukturwandel, S. 35–70.

Sattler, Friederike, Offene Vermögensfragen? Die Dresdner Bank und ihr beschlagnahmtes Auslandsvermögen in den Niederlanden nach 1945, in: Ralf Ahrens (Hg.), Umbrüche und Kontinuitäten in der mitteleuropäischen Kreditwirtschaft nach dem Zweiten Weltkrieg, Stuttgart 2008, S. 197–219.

Sauer, Thomas, Westorientierung im deutschen Protestantismus? Vorstellungen und Tätigkeit des Kronberger Kreises, München 1999.

Schanetzky, Tim, Die große Ernüchterung. Wirtschaftspolitik, Expertise und Gesellschaft in der Bundesrepublik 1966 bis 1982, Berlin 2007.

Schauenberg, Bernd, Die Betriebswirtschaftslehre an der Frankfurter Universität nach 1945, in: Bertram Schefold (Hg.), Wirtschafts- und Sozialwissenschaftler in Frankfurt am Main, 2. Aufl. Marburg 2004, S. 501–524.

Schmidt, Reinhard H./Noth, Felix, Die Entwicklung der Corporate Governance deutscher Banken seit 1950, in: Bankhistorisches Archiv 37 (2011), S. 164–197.

Schneider, Hansjörg, Erich Ponto. Ein Schauspielerleben, Berlin 2000.

Schubert, Ludwig, In jenen Nachkriegstagen, in: Hamburger Akademische Rundschau, Begleitband. Berichte, Dokumentation, Register, hg. von Angela Bottin, Berlin/Hamburg 1991, S. 61–66.

Schulz, Peter-Rudolf (Hg.), Wilhelm-Gymnasium Hamburg 1881–1981. Eine Dokumentation über 100 Jahre Wilhelm-Gymnasium, Hamburg 1981.

Seidenzahl, Fritz, 100 Jahre Deutsche Bank 1870–1970, Frankfurt am Main 1970.

Siemens, Anne, Für die RAF war er das System, für mich der Vater. Eine andere Geschichte des deutschen Terrorismus, 2. Aufl. München 2007.

Sohl, Hans-Günther, Notizen, Düsseldorf 1983.

Sontheimer, Michael, «Natürlich kann geschossen werden». Eine kurze Geschichte der Roten Armee Fraktion, München 2010.

Stenglein, Frank, Krupp. Höhen und Tiefen eines Industrieunternehmens, Essen 2009.

Steuber, Ursel, Internationale Bankenkooperation. Deutsche Banken in Internationalen Gruppen, Hamburg 1976.

Stier, Bernhard/Krauß, Martin, Drei Wurzeln – ein Unternehmen. 125 Jahre Bilfinger Berger AG, Heidelberg 2005.

Storck, Ekkehard, Globale Drehscheibe Euromarkt, 3. Aufl. München 2005.

Streeck, Wolfgang, Re-Forming Capitalism. Institutional Change in the German Political Economy, Oxford 2009.

Streeck, Wolfgang/Höpner, Martin (Hg.), Alle Macht dem Markt? Fallstudien zur Abwicklung der Deutschland AG, Frankfurt am Main 2003.

Strunk, Peter, AEG. Aufstieg und Niedergang einer Industrielegende, 2. Aufl. Berlin 2000.

Stücker, Britta, Konsum auf Kredit in der Bundesrepublik, in: Jahrbuch für Wirtschaftsgeschichte (2007), H. 2, S. 63–88.

Süchting, Joachim (Hg.), Der Bankbetrieb zwischen Theorie und Praxis. Festschrift zum 60. Geburtstag von Karl Friedrich Hagenmüller, Wiesbaden 1977.

Tanner, Jacob, «Bankenmacht»: politischer Popanz, antisemitisches Stereotyp oder analytische Kategorie?, in: Zeitschrift für Unternehmensgeschichte 43 (1998), S. 19–34.

Thies, Jochen, Die Moltkes, Von Königgrätz nach Kreisau. Eine deutsche Familiengeschichte, München 2010.

Tilly, Richard, Geschäftsbanken und Wirtschaft in Westdeutschland seit dem Zweiten Weltkrieg, in: Eckart Schremmer (Hg.), Geld und Währung vom 16. Jahrhundert bis zur Gegenwart, Stuttgart 1993, S. 315–343.

Tilly, Richard, Trust and Mistrust: Banks, Giant Debtors, and Enterprise Crises in Germany, 1960–2002, in: Jahrbuch für Wirtschaftsgeschichte (2005), H. 1, S. 107–135.

Tilly, Richard, Willy H. Schlieker. Aufstieg und Fall eines Unternehmers (1914–1980), Berlin 2008.

Uebbing, Helmut, Wege und Wegmarken. 100 Jahre Thyssen, Berlin 1991.

Ullmann, Hans-Peter, Der deutsche Steuerstaat. Geschichte der öffentlichen Finanzen vom 18. Jahrhundert bis heute, München 2005.

Ullrich, Volker, «… und der alte Kaiser Wilhelm blickte gnädig und gutmütig von oben herab.» – Schulalltag am Wilhelm-Gymnasium in der Zeit des Nationalsozialismus, in: Peter-Rudolf Schulz (Hg.), Wilhelm-Gymnasium Hamburg 1881–1981. Eine Dokumentation über 100 Jahre Wilhelm-Gymnasium, Hamburg 1981, S. 153–165.

Voeltzer, Friedrich, Lübecks Wirtschaftslage unter dem Druck der Kontinentalsperre, Lübeck 1925.

Weber, Alfred, Student und Politik, in: Die Wandlung 2 (1947), S. 283–294.

Wellhöner, Volker, Großbanken und Großindustrie im Kaiserreich, Göttingen 1989.

Wessel, Horst A., Kontinuität im Wandel. 100 Jahre Mannesmann 1890–1990, Gütersloh 1990.

Wiborg, Susanne/Wiborg, Klaus, 1847–1997. Unser Feld ist die Welt. 150 Jahre Hapag-Lloyd, Hamburg 1997.

Wildt, Michael, Vom kleinen Wohlstand. Eine Konsumgeschichte der fünfziger Jahre, Frankfurt am Main 1994.

Wixforth, Harald, Banken und Schwerindustrie in der Weimarer Republik, Köln 1995.

Wixforth, Harald, «Global Players» im «Europäischen Haus»? Die Expansionsstra-

tegien deutscher Großbanken nach 1945, in: Ahrens/Wixforth (Hg.), Strukturwandel, S. 97–120.

Wixforth, Harald, «unserer lieben ältesten Tochter». 150 Jahre Bremer Bank. Eine
Finanz- und Wirtschaftsgeschichte der Hansestadt Bremen, Dresden 2006.

Wolf, Joachim, Strategie und Struktur 1955–1995. Ein Kapitel der Geschichte deutscher nationaler und internationaler Unternehmen, Wiesbaden 2000.

Zauner, Stefan, Erziehung und Kulturmission. Frankreichs Bildungspolitik in
Deutschland 1945–1949, München 1994.

Ziegler, Dieter, Strukturwandel und Elitenwechsel im Bankwesen 1900–1957, in:
Volker R. Berghahn/Stefan Unger/Dieter Ziegler (Hg.), Die deutsche Wirt-
schaftselite im 20. Jahrhundert. Kontinuität und Mentalität, Essen 2003,
S. 187–218.

Abbildungsnachweis

Alle anderen Abbildungen stammen aus dem Historischen Archiv der Commerzbank, Frankfurt am Main.

Bei einigen Bildern konnten die Inhaber der Rechte nicht ermittelt werden. Berechtigte Ansprüche werden selbstverständlich, nach marktgültigen Tarifen, abgegolten.

Bildredaktion: Dr. Matthias Kretschmer

Personenverzeichnis

(kursiv gesetzte Zahlen verweisen auf Abbildungen)

Geschichte der BRD bei C. H. Beck

Werner Abelshauser
Deutsche Wirtschaftsgeschichte
Von 1945 bis zur Gegenwart
2., vollständig überarbeitete, aktualisierte und erweiterte Auflage. 2011. 620 Seiten
mit 17 Abbildungen und 22 Tabellen. Paperback
Beck'sche Reihe Band 1587

Edgar Wolfrum
Rot-Grün an der Macht
Deutschland 1998–2005
2013. 848 Seiten mit 37 Abbildungen. Gebunden

Manfred Görtemaker
Kleine Geschichte der Bundesrepublik Deutschland
2002. 413 Seiten mit 163 Abbildungen, davon 47 in Farbe und 2 Karten im Vor-
und Nachsatz. Gebunden

Edgar Wolfrum
Die 101 wichtigsten Fragen – Bundesrepublik Deutschland
2009. 152 Seiten. Paperback
Beck'sche Reihe Band 7018

Norbert Frei
Vergangenheitspolitik
Die Anfänge der Bundesrepublik und die NS-Vergangenheit
2012. 468 Seiten. Paperback
Beck'sche Reihe Band 6060

Marie-Luise Recker
Geschichte der Bundesrepublik Deutschland
2009. 128 Seiten. Paperback
C. H. Beck Wissen in der Beck'schen Reihe Band 2471

Verlag C. H. Beck München